南开哲学百年文萃（1919—2022）

南开大学中外文明交叉科学中心资助出版

总主编　翟锦程

通变古今　融汇中外

（马克思主义哲学卷）

王时中　主编

南開大學出版社

天　津

图书在版编目(CIP)数据

通变古今 融汇中外.马克思主义哲学卷 / 王时中主编.—天津：南开大学出版社,2023.3
（南开哲学百年文萃：1919—2022 / 翟锦程总主编）
ISBN 978-7-310-06378-9

Ⅰ.①通… Ⅱ.①王… Ⅲ.①马克思主义哲学－文集
Ⅳ.①B－53②B0－0

中国国家版本馆 CIP 数据核字(2023)第 002287 号

通变古今 融汇中外（马克思主义哲学卷）
TONGBIAN GUJIN RONGHUI ZHONGWAI(MAKESI ZHUYI ZHEXUE JUAN)

南开大学出版社出版发行
出版人：陈　敬

地址：天津市南开区卫津路 94 号　　邮政编码：300071
营销部电话：(022)23508339　营销部传真：(022)23508542
https://nkup.nankai.edu.cn

天津创先河普业印刷有限公司印刷　全国各地新华书店经销
2023 年 3 月第 1 版　　2023 年 3 月第 1 次印刷
230×170 毫米　16 开本　27.75 印张　2 插页　455 千字
定价：156.00 元

如遇图书印装质量问题,请与本社营销部联系调换,电话:(022)23508339

出版说明

一、2022 年是南开哲学学科建立 103 年，建系 100 周年，哲学院（系）重建 60 周年。为全面展现南开哲学百年来的发展进程和历史底蕴，特编选出版"南开哲学百年文萃（1919—2022）"。

二、本文萃的编选范围是自 1919 年南开大学设立哲学门以来，在南开哲学学科任教教师所发表的代表性论文，并按现行一级学科的分类标准，分马克思主义哲学、中国哲学、外国哲学、逻辑学、伦理学、美学、宗教学、科学技术哲学八个专集编辑出版。

三、本文萃编务组通过各种方式比较全面地汇集了在南开哲学学科任教的教师名单，但由于 1952 年以来的历史档案和线索不甚完整，难免有所遗漏。如有此情况，专此致歉。

四、本文萃列入南开大学中外文明交叉科学中心 2022 年度支持计划。

五、本文萃在编辑过程中，得到校内外各界人士的全力支持，在此一并致谢。

六、本文萃所收录文章由于时间跨度大、发表于不同刊物以及原出版物辨识困难等原因，难免有文字错误及体例格式不统一等问题，敬请读者谅解。

南开大学哲学院

2022 年 10 月

目 录

马克思主义中国化研究中的十个理论问题

杨瑞森

马克思主义中国化问题，是一个很大的研究课题。它涉及马克思主义的理论、历史和社会主义现实等诸多领域，关涉到哲学社会科学的各个学科，涵盖了中国共产党人的全部理论活动和实践活动。近些年来，党中央突出强调对马克思主义中国化问题的研究，并鲜明地提出了"马克思主义中国化、时代化、大众化"的要求。与此相关，马克思主义中国化问题的研究作为一门显学，引起学界广泛重视和热烈讨论，并出版了大量科研论著。这是一件十分可喜的事情。但是，亦应看到，我国学界在对马克思主义中国化问题的研究中对许多重要理论问题的认识并未取得共识，有一些深层次理论问题和认识问题尚待深入研究。为进一步推动马克思主义中国化这一重大课题研究的深入开展，我提出关于马克思主义中国化问题需要深入研究的十个理论问题，并简略地谈一些对这些问题的粗浅看法。不妥之处，请理论界同仁们惠予批评指正。

一、关于研究马克思主义中国化的理论前提

1. 研究马克思主义中国化问题的首要理论前提是承认马克思主义理论的科学性和真理的普遍性。马克思主义中国化既是一个理论问题，也是一个实践问题。马克思主义中国化的实践依据，是近代以来中国的革命、建设和改革的实践需要有科学的世界观和方法论指导；马克思主义中国化的理论依据是，马克思主义理论乃是认识世界和改造世界的科学世界观和方法论。我们研究和谈论马克思主义中国化问题，倘若离开对马克思主义理论科学性和真理普遍性的承认，那么，就谈不上用马克思主义来"化"

中国了，"马克思主义中国化"这个命题就难以存在，就成了"无本之木""无源之水"。这样，马克思主义中国化问题的研究就失去了固有的根基或根据，就可能偏离正确的方向。因此，我们在研究马克思主义中国化问题时，务必不能忽视对马克思主义中国化理论前提的研究和把握。

2. 马克思主义中国化的"合法性"与历史必然性。马克思主义中国化的历史必然性问题，也就是马克思主义中国化的历史的、实践的和理论的根据问题，用西方某些学者的话语来表述，就是近代中国引进马克思主义理论解决中国社会问题的"合法性"问题。有人经常抱怨近代先进的中国人为什么不引进西方先进的社会政治学说来解决中国的社会问题，说共产党人引进马克思主义缺乏历史根据。其实，这是对中国近现代政治思想史缺乏了解。众所周知，近代先进的中国人为解决中国的社会问题，首先接触的也最为坚持的是西方社会政治学说，他们甚至在马克思主义这一科学的世界观和方法论在欧洲早已产生并被世界许多国家的无产阶级所广泛接受的几十年之后，还在热衷于向西方资产阶级学习。他们只是在经过长期革命斗争实践的反复比较之后才接受马克思主义的。正如毛泽东所指出的："马克思列宁主义来到中国之所以发生这样大的作用，是因为中国的社会条件有了这种需要，是因为同中国人民革命的实践发生了联系，是因为被中国人民所掌握了。"①这也就是说，马克思主义中国化的合法性存在于它的历史必然性之中，马克思主义中国化是近代中国人民的历史选择。因此，我们研究马克思主义中国化必须同近代中国的社会矛盾和中华民族伟大复兴的两大历史任务联系起来，同近代先进的中国人为挽救民族危亡、探索民族复兴之路的革命斗争实践联系起来，同马克思主义理论的科学性及其在中国革命、建设和改革实践中所发挥的伟大指导作用联系起来。离开中国革命斗争实践的客观需要和马克思主义理论自身的科学性去研究马克思主义中国化，离开近代中国社会发展的历史必然性和中国人民的历史选择性去讨论马克思主义中国化问题，不可能科学揭示马克思主义中国化的实践本质和伟大意义，也不可能有效回应社会上一些人对共产党执政合法性的种种诘难。

3. 对马克思主义中国化中真理普遍性与特殊性关系的理解。所谓马克思主义中国化，就是要把马克思主义普遍原理同中国具体实际结合起来，

---

① 毛泽东：《毛泽东选集》第 4 卷，北京：人民出版社，1991 年，第 1515 页。

这在马克思主义理论上和认识上就存在一个普遍性与特殊性的关系及其理解问题。我们有些同志在研究和谈论马克思主义中国化并强调认识和把握中国具体国情和世情特殊性的重要意义时，常常对马克思主义中国化中的一般与个别即普遍性与特殊性的关系作简单化的理解和推论，认为离开中国具体国情和世情的特殊性，就根本不存在马克思主义真理的普遍性，马克思主义就失去意义，变成抽象的教条，等等。这些论点是值得关注和深入研究的。应该说，强调矛盾的特殊性，强调要着眼于中国国情的具体特点和发展，强调要用发展了的中国化马克思主义理论指导现实，这无疑是完全正确的和必要的。但是，我们在强调研究和把握矛盾特殊性的重要意义时，务必不要把矛盾的特殊性与普遍性的关系割裂开来或对立起来，不要在强调矛盾特殊性时忽视或否定矛盾普遍性的存在，否定普遍真理的存在及其普遍指导意义。按照唯物辩证法原理，矛盾的普遍性存在于矛盾的特殊性之中，即共性寓于个性之中，无个性即无共性。然而，我们不能依据这一原理推论出离开中国具体国情的特殊性，就不存在马克思主义普遍真理，马克思主义就失去意义，就变成抽象的教条。这是因为，矛盾特殊性与矛盾普遍性及其相互联结存在于每一事物之中；在马克思主义传入中国并同中国具体实际结合之前很久，它作为科学的世界观和方法论在世界上早已产生，并在推动世界社会主义运动中发挥了巨大的指导作用；马克思主义普遍真理是否同某一国家的具体实际相结合或结合得好坏，这同马克思主义理论自身的科学性和真理普遍性不是等同概念，因此，不能加以混淆。毛泽东曾经说过，关于"共性个性、绝对相对的道理，是关于事物矛盾的问题的精髓，不懂得它，就等于抛弃了辩证法"①。我们在研究马克思主义中国化问题时，也务必不要忘记这个原理。

二、关于马克思主义中国化科学内涵的界定和把握

1. 从我国主流媒体对马克思主义中国化科学内涵的三种流行说法谈起。科学地界定和把握马克思主义中国化的基本内涵，是研究马克思主义中国化全部问题的基础，离开了对马克思主义中国化科学内涵的准确界定

---

① 毛泽东：《毛泽东选集》第1卷，北京：人民出版社，1991年，第320页。

和全面理解与把握，人们对马克思主义中国化问题的研究或讨论就势必会南辕北辙，难以取得共识。从目前我国理论界和主流媒体关于马克思主义中国化科学内涵的界定、理解和把握的具体情况来看，有三种流行的观点值得关注和研究。一是"三化"并列说。我们看到，自党的十七届四中全会提出关于"马克思主义中国化、时代化、大众化"要求之后，把"中国化、时代化、大众化"这"三化"并列起来，成为理论宣传的基本倾向。人们有时也提到"三化"间存在着基础、关键或核心的关系，但并未弄清其中的主从关系，这实际上是没有弄清马克思主义中国化的科学内涵及其同马克思主义时代化和大众化的关系。二是理论"化"理论说。有些同志在论述马克思主义中国化问题时，虽然也提到所谓马克思主义中国化就是将马克思主义基本原理同中国具体实际相结合，但其落脚点却是把马克思主义中国化说成是"形成具有中国特色、中国风格、中国气派的新理论"。这实际上是把马克思主义中国化与中国化马克思主义理论这两个概念混同起来了，把马克思主义中国化界定为把马克思主义普遍原理具体化为中国式或中国特色的马克思主义，把马克思主义中国化的历史过程理解为由一种理论形态向另一种理论形态的转化过程。三是前提与目的说。有些同志在讨论马克思主义中国化同马克思主义大众化的关系问题时，把两者关系界定为是前提、基础与目的、归宿的关系等等。我认为，我国主流媒体对马克思主义中国化科学内涵的上述三种流行说法，都值得进一步深入研究和推敲。

　　2. 毛泽东对马克思主义中国化科学内涵的经典界定及其启示。应该说，在我们党的历史上第一个明确提出、使用和界定"马克思主义中国化"这一科学概念的是毛泽东。他在 1938 年 10 月中共六届六中全会上所作的《论新阶段》报告中指出，共产党员是国际主义的马克思主义者，但马克思主义必须通过民族形式才能实现。没有抽象的马克思主义，只有具体的马克思主义。所谓具体的马克思主义，就是通过民族形式的马克思主义，就是把马克思主义应用到中国具体环境的具体斗争中去，而不是抽象地应用它。马克思主义中国化，使之于每一表现中带着中国的特性，即是说，按照中国的特点去应用它，成为全党亟待了解并亟待解决的问题。新中国成立后出版的《毛泽东选集》第 2 卷中，将"马克思主义中国化"这一表述改为"使马克思主义在中国具体化"。从毛泽东的这些论述中可以看出，"马克思主义中国化"这一科学概念的另一种科学表述方式就是"使马克思主义在中国具体化"，其科学内涵包括两个基本方面：一是将马克思主义普遍原理具体化为具有中国民族形式和民族特点的马克思主义，这就是人们常说的使马克思主义本土化，将马克思主义理论具体化为中国式即中国特色的马克思主义理论；二是将马克思主义理论在中国实践化，即应用马克思主义基本原理去研究、分析和解决中国的实际问题。由此看来，那种把使马克思主义中国化只理解为使马克思主义理论在表述形式和阐述方式上通俗化的观点，那种对马克思主义中国化的理解只停留在或局限在思想理论范围之内、把马克思主义中国化界定为将马克思主义理论转化为中国化马克思主义理论的观点，就值得进一步商榷了。这里，还应强调指出，我们在上面谈到的关于马克思主义中国化科学内涵的两个基本方面中，理论向实践的转化更加重要，更具本质意义。这是因为，在马克思主义看来，"十分重要的问题，不在于懂得了客观世界的规律性，因而能够解释世界，而在于拿了这种对于客观规律性的认识去能动地改造世界"①。我们在研究马克思主义中国化科学内涵问题时，切不可忘记马克思主义的上述基本观点。

3. 马克思主义中国化科学内涵问题尚待深入研究。马克思主义中国化的科学内涵问题，是马克思主义中国化研究中的一个基础性的和重要的理论问题，有许多重要问题尚待深入研究。比如，前面我们提到的对中央提出的关于"马克思主义中国化、时代化、大众化"这"三化"及其相互关系的理解，就需要深入研究。在我看来，在这"三化"要求中，"马克思主义中国化"是个总题目或总任务，而"马克思主义时代化、大众化"则是马克思主义中国化过程中需要着力研究和解决的两个重要问题，是马克思主义中国化的题中应有之义。"马克思主义时代化、大众化"具有相对独立的意义，可以同"马克思主义中国化"并列使用，但这决不意味着"马克思主义中国化、时代化、大众化"这"三化"之间的关系在地位上是平列的。又如，关于"马克思主义中国化"的理论、道路、模式、经验的普遍性问题，也需要深入研究和审慎对待。应该说，我们党在领导和推进马克思主义中国化的历程中，逐步形成了具有中国特色的马克思主义理论和社会主义发展道路、模式及经验，这是毫无疑义的。但是，如何评价和表述马克思主义中国化理论、道路、模式、经验的普遍性即世界意义，则须十

---

① 毛泽东：《毛泽东选集》第 1 卷，第 292 页。

分慎重，不宜把有中国特色的理论、道路、模式、经验说成是具有普遍意义的成果。因为这是涉及马克思主义关于真理普遍性与特殊性关系的原理，我们应该用马克思主义关于共性与个性、绝对与相对关系的原理来认识和处理这一问题。再如，关于"马克思主义中国化"的具体表现形式问题，也即关于"马克思主义中国化"究竟怎么个"化"法，或"化"成什么的问题，亦属马克思主义中国化科学内涵研究的范围。马克思主义中国化是一个由理论到实践的复杂转化过程，中间要经历一个漫长的链条，要通过若干不同的中介和转化形式。我们研究马克思主义中国化的科学内涵，研究马克思主义理论在中国的具体化及其应用，研究我们党及其主要领导人在不同历史时期对马克思主义中国化伟大事业的贡献，就不能不深入研究马克思主义中国化的具体表现形式问题。我在 2003 年为纪念毛泽东诞辰 110 周年而撰写的一篇题为《关于马克思主义哲学中国化的几个问题》一文中，曾将马克思主义哲学中国化的具体表现形式简略地概括为"五化"，即民族化、方法化、理论化、群众化和实践化，认为马克思主义哲学中国化并不是一种纯粹精神领域中的思辨活动，不是只从一种哲学形态向另一种哲学形态的飞跃或转变，而是由哲学理论向实践的转化，是创造性学习和应用马克思主义科学世界观和方法论研究和解决中国社会实际问题的历史过程。马克思主义哲学中国化的具体表现形式是如此，马克思主义中国化的具体表现形式亦是如此。

三、关于马克思主义中国化与弘扬祖国优秀传统文化的关系

　　1. 要充分重视对马克思主义中国化文化内涵的研究。所谓马克思主义中国化，就是马克思主义基本原理与中国具体实际相结合。那么，"中国具体实际"又是什么呢？大家知道，1936 年毛泽东在《致林彪》的信中谈到理论与实际的关系问题时曾经指出，所谓"实际与理论并重，文化工具就是'实际'的一部分"[①]。1943 年 5 月，在由毛泽东主持起草的《中共中央关于共产国际执委主席团提议解散共产国际的决定》中，对"相结合"问题作过这样的表述："中国共产党近年来所进行的反主观主义、反宗派主

――――――――――――――――――

① 毛泽东：《毛泽东书信选集》，北京：人民出版社，1981 年，第 52 页。

义、反党八股的整风运动，就是要使马克思列宁主义这一革命科学更进一步地和中国革命实践、中国历史、中国文化深相结合起来。"①从毛泽东的这些论述看，"中国文化"乃是"中国具体实际"的重要内容和重要组成部分，因此，我们研究马克思主义中国化就不能不重视对马克思主义中国化文化内涵的研究。应该说，马克思主义中国化是以中国固有的民族文化为土壤和条件的。在西方产生的马克思主义理论之所以能够在中国的土壤上生根、开花、结果，是同其与中国传统文化的相互贯通、有机结合直接相关的。毛泽东之所以能够对马克思主义中国化作出伟大贡献并成为马克思主义中国化伟大理论成果即毛泽东思想的创始人，是同他具有深厚的中国传统文化特别是传统哲学的造诣分不开的。就毛泽东个人的特质和修养而言，我们看到，毛泽东的整个人格特征，也即在他身上所表现出来的那种坚毅顽强的性格，那种深邃开拓的思维方式，那种求真务实的工作作风，那种生动风趣的语言风格等，都在相当大程度上反映出中国优秀的传统文化特别是传统哲学对他的深刻影响。我们也看到，在我们党领导和推进马克思主义中国化的历史进程中，从我国民主革命时期刘少奇撰写并倡导加强共产党员的个人"修养"，到社会主义建设新时期倡导树立以"八荣八耻"为主要内容的社会主义荣辱观，以及倡导和谐理念，培养和谐精神，从党的实事求是思想路线的提出、确立和坚持，到构建社会主义和谐社会和建设"小康社会"战略目标的提出，以及对中国特色社会主义本质属性的界定和"以人为本"价值观的倡导与尊重等，都深刻地体现了马克思主义中国化的文化内涵，表现了弘扬民族优秀传统文化对推进马克思主义中国化的重要作用。所以，研究马克思主义中国化问题，不能忽视对马克思主义中国化文化内涵的研究。从目前我国学界对马克思主义中国化问题研究的情况来看，虽然也有些同志以文化内涵为视野研究马克思主义中国化问题，并发表了一些研究成果，但从总体上说，对马克思主义中国化文化内涵的研究似未引起足够重视，马克思主义中国化的研究同中国传统文化的研究尚处在分离状态，坚持马克思主义中国化与批判继承祖国传统文化关系中的某些深层次理论问题和认识问题还有待进一步深入研究，其中有些思想理论问题也有待进一步澄清。

2. 对祖国传统文化的科学性和历史作用需要作全面分析和整体性估

---

① 毛泽东：《毛泽东文集》第 3 卷，北京：人民出版社，1996 年，第 23 页注 3。

量。中国作为一个具有悠久历史和深厚文化传统的东方文明大国，为什么不用自己的传统文化来解决近代中国的社会问题，反而需要引进在西方土壤上产生的马克思主义来"化"中国呢？这就需要对中国传统文化的科学性和历史作用作出全面分析和整体性估量。中国是一个具有悠久历史和丰富文化传统的国家。中华民族以其丰富而深邃的文化著称于世，为推动中国的社会发展和人类的文明进步作出了重要贡献，成为中华民族和世界思想文化宝库中的一份极其珍贵的遗产。但是，亦应看到，由于历史条件的限制，中国传统文化不可避免地带有其历史的和阶级的局限性，其历史作用也是有限的。包括中国优秀传统哲学在内的中国优秀传统文化，从总体上说，尚不是一种科学的世界观和方法论，因而不可能引导中国人民去认识和解决近代中国的社会矛盾，为中华民族振兴指明出路。近代中国人民为振兴中华而进行的反帝反封建革命斗争，需要有马克思主义这一科学世界观和方法论指导。这就是我们在前面所讲的马克思主义中国化历史必然性的理论依据。近几年来，我国有些学者在论述文化与历史的关系问题时，把历史归结为文化，用文化史观去说明历史；也有学者在论述传统文化的当代价值问题时，把历史发展中思想文化的传承同我国社会主义现代化建设中的理论来源和理论根据混同起来，甚至公开鼓吹"儒化中国""儒化社会""儒化共产党""立儒教为国教""用儒学取代马克思主义"等，显然，这是需要澄清的。毫无疑问，包括中国哲学在内的中国传统文化具有重要的当代价值，应加以发扬光大；与此同时，中国传统文化本身还有一个如何适应我国社会主义现代化建设的需要问题，有一个中国传统文化的现代化问题。

3. 建设和谐文化与坚持社会主义核心价值体系。为推进马克思主义中国化，实现中央提出的构建社会主义和谐社会的战略任务，如何认识与处理在思想文化领域中倡导建设和谐文化、尊重思想文化多样性与坚持社会主义核心价值体系、坚持马克思主义对意识形态的指导地位的关系，是一个重要的理论问题和实践问题。构建社会主义和谐社会，需要倡导"尊重差异、包容多样"，坚持多样性和差异性的统一。众所周知，在人类历史上和现实世界中，人们的思想文化观念和价值观呈现多样化存在，这是不容否定的客观事实。按照马克思主义的观点，"一定的文化（当作观念形态的文化）是一定社会的政治和经济的反映"①。由于各个国家、各个民族发展的历史时代和历史阶段不同，其社会结构、阶级状况和社会制度不同，因而他们在价值观念、思维模式、道德情操、宗教情绪、民族性格、社会心理等诸多方面，都会有所不同，这就形成了文化的差异性和多样性。这种文化上的差异性和多样性的存在，是人类文明发展的重要动力，也是中国共产党人推进马克思主义中国化、认识和处理复杂的社会历史文化问题，并制定相关政策的基础和依据。在当今中国，伴随着社会经济成分和社会结构多样化，利益主体和分配形式多样化，人们的思想观念和价值取向亦日趋多样化。这是一个自然的历史过程和客观存在，所以，我们应当承认差异性和多样性，应当尊重差异、包容多样，反对思想文化领域中僵化过时的"单一论"。与此同时，还需着重指出，我们在强调尊重差异、包容多样时，亦应强调要正确认识和处理思想文化发展中的共性与个别、差异性与共同性的关系，把尊重差异、包容多样同承认共性、扩大思想文化上的共识统一起来，把承认和尊重文化的差异性与多样性同承认和尊重主流文化的主导地位与指导作用一致起来，以便增强全社会的凝聚力，推动马克思主义中国化伟大事业健康、有序、和谐地发展。在我国社会主义建设新时期，由诸多因素所决定，我国意识形态领域的斗争呈现出十分复杂的局面，存在着多种社会思潮的影响。党的十七届四中全会通过的《中共中央关于加强和改进新形势下党的建设若干重大问题的决定》指出，要"自觉划清马克思主义同反马克思主义的界限，社会主义公有制为主体、多种所有制经济共同发展的基本经济制度同私有化和单一公有制的界限，中国特色社会主义民主同西方资本主义民主的界限，社会主义思想文化同封建主义、资本主义腐朽思想文化的界限，坚决抵制各种错误思想影响，始终保持立场坚定、头脑清醒"②。从当前我国社会主义现代化建设的实际情况来看，划清上述"四个界限"，筑牢思想理论防线是十分必要的。在认识与处理马克思主义中国化与弘扬祖国传统文化的关系问题上，既要反对历史虚无主义，又要反对文化保守主义，把坚持马克思主义科学世界观和方法论的指导同弘扬祖国优秀传统文化并吸收世界各国先进文化紧密结合起来。

---

① 毛泽东：《毛泽东选集》第 2 卷，北京：人民出版社，1991 年，第 663 页。
②《中共中央关于加强和改进新形势下党的建设若干重大问题的决定》，北京：中国方正出版社，2009 年，第 13 页。

四、关于马克思主义中国化的根本问题和根本经验

1. 要善于从哲学上研究和总结马克思主义中国化的历史经验。马克思主义中国化的伟大事业，是在马克思主义科学世界观和方法论指导下进行的。思维与存在的关系问题是马克思主义哲学的根本问题。与此相关，主观与客观、理论与实践、领导与群众的关系问题，则是思维与存在关系这一哲学根本问题在中国共产党领导的革命、建设和改革实践中的理论表现，是实际工作中的根本问题或核心内容。我们党领导和推动的马克思主义中国化的历史进程，是围绕着正确认识和处理思维与存在这一根本问题展开的，马克思主义中国化历史进程中出现的种种思想理论倾向及其深刻的认识论根源，都是在如何认识这一根本问题上产生的，马克思主义中国化几大理论成果的认识论本质，正在于实现主观与客观、理论与实践的具体的历史的统一。为此，我们研究马克思主义中国化问题，总结马克思主义中国化的历史经验，应该重视从哲学世界观和方法论的角度加以研究和总结，重视对马克思主义中国化历史经验的整体性分析和把握，把马克思主义中国化历史经验的研究同研究和分析近代中国的社会矛盾结合起来，同研究和分析我们党如何创造性学习和应用马克思主义科学世界观与方法论解决近代中国社会问题的斗争实际结合起来。

2. 实事求是是马克思主义的精髓，也是马克思主义中国化的根本历史经验。在我们党领导和推动的马克思主义中国化的整个历史进程中，人们使用频率最高、内涵最为深刻、影响最大和最为深远、最使人振聋发聩的关键词是"实事求是"四个大字。毛泽东认为，"实事求是"是马克思主义的一个最基本的立场、观点和原则，是中国共产党的思想路线和最基本的思想方法和工作方法，是我们党在实际工作中制定方针、政策和办法的根本指导原则和依据，是我们党的党性、作风和科学态度、优良传统的集中体现，是我们党区别于其他任何政党的一个显著标志，是我们党从历史实际和革命实际中抽出来的总结论，是我们党领导中国革命和建设长期的和根本的历史经验的科学总结。毛泽东在延安给中央党校的题词就是"实事求是"四个大字。陈云说过，他参加延安整风运动学习的最大收获是真正懂得了"实事求是"的深邃含义，他把自己一生从事革命和建设领导工作

的最大的经验和最深体会归结为"不唯书、不唯上、只唯实"。在我国社会主义现代化建设新时期，对"实事求是"问题讲得最多而且讲得最重的是邓小平。他认为，实事求是是毛泽东思想的精髓，也是马克思主义的精髓，是马克思主义最基本的立场、观点和方法，是中国革命和建设根本历史经验的科学概括和总结，应加以继承和发扬。他在领导全党总结新中国成立以来的历史经验和进行拨乱反正的复杂斗争中，正是牢牢抓住实事求是这一精髓和历史经验，去科学评价毛泽东和毛泽东思想的历史地位，去重新恢复和确立党的实事求是的思想路线。他说："二十年的历史教训告诉我们一条最重要的原则：搞社会主义一定要遵循马克思主义的辩证唯物主义和历史唯物主义，也就是毛泽东同志概括的实事求是，或者说一切从实际出发。"①他在谈到我们党对过去、现在和将来在指导思想上的联系或关系问题时，强调指出："我读的书并不多，就是一条，相信毛主席讲的实事求是。过去我们打仗靠这个，现在搞建设、搞改革也靠这个。"②为此，他风趣地和意味深长地称自己是"实事求是派"。他在谈到他对中国特色社会主义理论的贡献，比如"一国两制"构想的国际意义时，总是同坚持"实事求是"这一马克思主义精髓联结在一起，指出："如果'一国两制'的构想是一个对国际上有意义的想法的话，那要归功于马克思主义的辩证唯物主义和历史唯物主义，用毛泽东主席的话来讲就是实事求是。这个构想是在中国的实际情况下提出来的。"③他在强调解放思想和理论创新的重要性时，总是把坚持解放思想、理论创新同坚持实事求是、坚持四项基本原则统一起来，强调实事求是的本质性和根本性，指出"解放思想，就是使思想和实际相符合，使主观和客观相符合，就是实事求是"④。正因为"实事求是"是马克思主义的精髓，是马克思主义最基本的立场、观点和方法，是马克思主义中国化的根本问题、核心内容和关键所在，就应以实事求是为视野和指导思想，去研究马克思主义中国化问题，去总结马克思主义中国化的历史经验。

　　3. 我们党对"相结合"历史经验的总结同坚持实事求是思想的一致性。我们党及其主要领导人在领导和推进马克思主义中国化的历史进程中，始

---

① 邓小平：《邓小平文选》第 3 卷，北京：人民出版社，1993 年，第 118 页。

② 邓小平：《邓小平文选》第 3 卷，第 382 页。

③ 邓小平：《邓小平文选》第 3 卷，第 101 页。

④ 邓小平：《邓小平文选》第 2 卷，北京：人民出版社，1994 年，第 364 页。

终十分重视对历史经验的科学总结。他们总结马克思主义中国化历史经验的一个共同特点和得出的基本结论，都是强调马克思主义普遍原理与中国具体实际相结合。毛泽东多次指出："马克思列宁主义的普遍真理一经和中国革命的具体实践相结合，就使中国革命的面目为之一新，产生了新民主主义的整个历史阶段"①；"马克思主义的普遍真理一定要同中国革命的具体实践相结合，如果不结合，那就不行"②；过去斗争失败的"教训就是理论和实际相脱离"，"后来一结合就灵了，就打胜仗了"③；"我国的革命和建设的胜利，都是马克思列宁主义的胜利。把马克思列宁主义的理论和中国革命的实践密切地结合起来，这是我们党的一贯的思想原则"④。邓小平在党的十二大开幕词中也指出："把马克思主义的普遍真理同我国的具体实际结合起来，走自己的道路，建设有中国特色的社会主义，这就是我们总结长期历史经验得出的基本结论。"⑤在党的十七大报告对改革开放 30 年历史经验的总结的"十个结合"中，其根本内容仍然是马克思主义普遍真理同我国的具体实际相结合。这里，我们不难看出，马克思主义的精髓和最基本的原则同我们党一贯坚持的根本原则和优良传统以及马克思主义中国化的根本经验，是完全一致的。正如毛泽东所指出的，"我们党是有实事求是传统的，就是把马列主义的普遍真理同中国的实际相结合"⑥。他还指出："马列主义的普遍真理与中国革命具体实际相结合，这是唯物论；二者是对立的统一，也就是辩证法。"⑦我们党历来把指导中国革命和建设、推进马克思主义中国化的根本历史经验概括为马克思主义普遍真理与中国具体实际相结合。这里的"相结合"包含着两个基本思想：一是认为马克思主义是科学的世界观和方法论，因而我们党领导和推进的马克思主义中国化的伟大事业需要有马克思主义来指导；二是认为中国的国情具有特殊性，要使马克思主义在中国发挥指导作用，推进我们党领导的革命、建设和改革事业，就必须把马克思主义普遍真理同中国的具体实际紧密地结合起来，并在斗争实践中进一步丰富和发展马克思主义。我们对"相结合"

---

① 毛泽东：《毛泽东选集》第 3 卷，北京：人民出版社，1991 年，第 1093 页。

② 毛泽东：《毛泽东文集》第 7 卷，北京：人民出版社，1996 年，第 90 页。

③ 毛泽东：《毛泽东文集》第 7 卷，第 383 页。

④《中国共产党第八次全国代表大会开幕词》，http://cpc.people.com。

⑤ 邓小平：《邓小平文选》第 3 卷，第 3 页。

⑥ 毛泽东：《毛泽东文集》第 8 卷，北京：人民出版社，1996 年，第 237 页。

⑦ 毛泽东：《毛泽东文集》第 7 卷，第 366 页。

历史经验的这两个基本思想应该全面把握。

五、关于继承和发扬马克思主义中国化的优良传统

1.创造性地学习和应用马克思主义哲学是马克思主义中国化的显著特点和优良传统。中国是一个具有优良哲学传统的国家，中国以其悠久而丰富的哲学成果著称于世，并至今仍在深刻地影响着世界。中国共产党是一个富于哲学思维并善于把哲学思维运用于对实际工作指导的党。早在中国共产党成立前夕，毛泽东就深刻指出："唯物史观是吾党哲学的根据。"①在我们党的第一代领导人中，他们的世界观和政治观由革命民主主义者向共产主义者的转变，主要是在革命斗争实践中通过马克思主义哲学的学习实现的。在中国共产党成立之后，以毛泽东为代表的中国共产党人始终十分重视对马克思主义科学世界观和方法论的创造性学习和应用，马克思主义哲学在推进马克思主义中国化的整个历史进程中起着至关重要的作用。我们看到，我们党在领导中国革命和建设的伟大斗争实践中，从党的实事求是思想路线的提出、确立和坚持，到党的科学的思想方法和工作方法的倡导和使用，从不同历史时期党的具体的理论、路线、方针、政策的制定和贯彻，到广大党员干部思想政治教育，从对实际工作中具体经验和教训的科学总结，到对"左"、右倾机会主义错误的批判和纠正等，都深刻地表现了中国共产党人对马克思主义哲学的创造性学习和应用，在实际工作中学哲学、用哲学的氛围和色彩十分浓郁，实践效果也极为明显。创造性地学习和应用马克思主义哲学，是中国共产党人领导和推进马克思主义中国化的历史进程中所形成的显著特点和优良传统，是中国共产党在理论上和政治上走向成熟的主要表现和标志，是中国共产党人历史活动的本质特征。正因如此，对我们党在推进马克思主义中国化历史进程中所形成和产生的这一优良传统，就需要坚决继承和大力发扬。邓小平提出并大力强调的"不忘老祖宗"这个警示，其基本含义就是不忘我们党在领导和推进马克思主义中国化历史进程中所形成的创造性地学习和应用马克思主义哲学这一优良传统，并在新的历史条件下加以发扬光大。

---

① 毛泽东：《毛泽东书信选集》第15页。

2. 要深入研究和总结毛泽东对马克思主义哲学中国化的伟大贡献。马克思主义中国化同马克思主义哲学中国化是一致的。在马克思主义中国化的历史上，毛泽东是实现马克思主义普遍原理同中国具体实际相结合的最早的和最杰出的代表，也是把马克思主义哲学创造性地应用于党对实际工作指导的光辉典范。正是在他的倡导和推动下，创造性地学习和应用马克思主义哲学成为马克思主义中国化的显著特点和优良传统，由此才推进了马克思主义中国化的历史进程。在我看来，毛泽东对马克思主义哲学中国化的伟大贡献，主要有如下几点。

其一，毛泽东把马克思主义哲学同中国传统文化结合起来，形成了具有鲜明民族风格和民族气派的中国化的马克思主义哲学。其中既包括他用中国传统文化典籍中某些含义深邃的词语和思想，来表述马克思主义哲学的一些重要原理和原则，从而大大丰富了马克思主义哲学的内容，也包括用马克思主义哲学基本原理去研究和总结中国思想史上长期争论的某些重大哲学问题，对中国传统文化或传统哲学作出科学分析。

其二，毛泽东把马克思主义哲学基本原理具体化为我们党指导实际工作的思想路线、思想方法和工作方法。他在深入研究和总结中国革命历史经验的基础上，把马克思主义关于主观与客观、理论与实践辩证关系的原理创造性地应用于党对实际工作的指导，在全党确立了实事求是的思想路线即认识路线；他把马克思主义哲学关于人民群众在社会历史发展中的地位和作用的原理创造性地应用于党对实际工作的指导，不仅提出了在指导思想上坚持一切为了群众、一切依靠群众的群众观点，而且在党的实际工作中形成了一整套从群众中来、到群众中去的领导方法和工作方法；他把马克思主义的唯物辩证法创造性地应用于党对实际工作的指导，形成了一整套唯物辩证的思想方法和工作方法。毛泽东把马克思主义的科学世界观和方法论统一起来，并具体化为党指导实际工作的思想路线和工作路线、思想方法和工作方法、领导方法和领导艺术，从而极大地增强了马克思主义对客观世界的改造作用。

其三，毛泽东继承和发扬了马克思主义与时俱进的理论品质，在深入研究和科学总结国际与国内社会主义建设实践经验的基础上，提出了一些重要的马克思主义哲学原理或学说。比如，在 20 世纪 50 年代中期即新中国成立后社会历史发展的转折时期，他提出了关于社会主义社会基本矛盾理论和正确处理人民内部矛盾学说，从而丰富和发展了马克思主义哲学理论，具有深远的理论意义和实践指导意义。

其四，毛泽东创造性地运用马克思主义哲学的基本原理和方法，在深入调查与研究中国历史和国情以及国际发展态势和特点的基础上，提出了一整套符合中国国情的正确理论、指导方针和战略策略。其中主要包括关于我国新民主主义革命、关于我国社会主义革命和建设、关于革命军队建设和军事战略、关于政策和策略、关于思想政治工作和文化工作，以及关于党的建设等许多重要的理论和思想。上述这些思想理论内容，是我们党和毛泽东将马克思主义哲学在党所领导的中国革命和建设实践中的创造性应用、丰富和具体化。

其五，毛泽东把马克思主义哲学指导作用的原理创造性地运用于党的建设，大力倡导用马克思主义科学世界观和方法论武装广大干部和群众，并在全党培育了理论联系实际的优良传统和作风。他认为，伟大的革命斗争实践不但需要有伟大的理论作指导，而且还需要有伟大的理论教育与之相配合，其中特别需要向全党进行科学世界观和方法论教育。他不但身体力行，善于从哲学的高度分析形势、总结经验、指导工作，而且还在全党倡导并培育了理论联系实际的优良作风。在他的倡导和推动下，自觉地学哲学、用哲学遂成为马克思主义中国化历史进程中的鲜明特点和优良传统。

3. 自觉地继承和发扬我们党创造性地学习和应用马克思主义哲学的优良传统。近期以来，我国理论界有学者提出了一个"理论自觉"的概念，我认为是很有见地的。所谓"理论自觉"，顾名思义，就是要倡导加强理论思维特别是哲学思维的自觉性。在我国社会主义现代化建设事业飞速发展的今天，提出加强"理论自觉"、增强哲学思维的自觉性，是很有意义的。我们研究马克思主义中国化问题，亦应倡导这种"理论自觉"，努力增强继承和发扬我们党创造性学习和应用马克思主义哲学这一优良传统的自觉性和坚定性。在我看来，增强继承和发扬我们党创造性学习和运用马克思主义哲学优良传统的自觉性和坚定性，包括历史、理论和现实三个方面。

其一，要自觉地认识和把握马克思主义中国化的历史特点和优良传统。上面，我们已经谈到要善于从哲学上研究、总结和把握马克思主义中国化的根本内容和根本经验，谈到马克思主义哲学在我们党领导和推动的马克思主义中国化历史进程中的巨大作用，谈到毛泽东对马克思主义哲学中国化的伟大贡献，谈到创造性地学习和应用马克思主义哲学是马克思主义中国化的显著特点和优良传统等，我们现在在思想理论战线上面临的一项重要任务，就是要自觉地认识、把握和坚持我们党的这一优良传统。有的同志认为，学哲学、用哲学是我们党在以往特定斗争实践中形成的历史特点和历史传统，而且这一历史特点和传统的形成又是与毛泽东个人的文化背景和兴趣爱好直接相关的。其实，在我看来，毛泽东的个人特点在马克思主义中国化的历史进程中无疑会起着重要作用，留有很深的印迹；但是，从本质上讲，创造性地学习和应用马克思主义哲学这一历史特点和传统，并不是一个一般性的历史文化特点，更不是一个纯粹由毛泽东的个人性格、兴趣爱好等思想文化特点所决定的历史特点和传统，而是一个由马克思主义理论自身的本质特征和马克思主义中国化的根本内容所决定而形成的中国共产党人历史活动的本质特征和优良传统。正因如此，我们应该自觉地和坚定地继承和发扬我们党在长期革命斗争中形成的创造性学习和应用马克思主义哲学的优良传统。

其二，要把坚持中国特色社会主义理论体系的指导同继承和发扬我们党创造性学习和应用马克思主义哲学的优良传统结合起来。与毛泽东所处的历史时代相比较，我们今天所处的历史时代、国际国内的历史条件和科技发展，都发生了巨大变化。与毛泽东思想相比较，中国特色社会主义理论体系作为当代中国的马克思主义，不论在其具体的理论内容上还是在具体的思维方式和表现形式上，都会有其特殊性，有其鲜明的时代特点或特征。但是，我们应强调指出，贯串于马克思主义中国化两大理论成果中的世界观和方法论却是一致的，中国特色社会主义理论体系是对马克思主义哲学、毛泽东哲学思想的创造性应用和发展。我们看到，中国特色社会主义理论体系的创立，是坚持和应用马克思主义哲学关于理论与实践辩证关系原理的结果；我们党所坚持的解放思想、实事求是、与时俱进的思想路线是对毛泽东提出的实事求是思想路线的继承和发展；我们党所提出的"以人为本"的指导方针和一整套惠民利民的政策以及民主科学决策的工作方法和领导方法，是马克思主义关于人民群众历史作用的理论和我们党一贯遵循的群众观点和群众路线的创造性应用和发展；我们党所坚持的关于改革开放的基本国策和制定的一系列相关方针政策，都是以马克思主义和毛泽东思想关于社会主义社会基本矛盾的理论为根本理论依据的；等等。正因如此，我们应当自觉地把学习和坚持中国特色社会主义理论体系同继承和发扬我们党创造性地学习和应用马克思主义哲学的优良传统结合起来。须知，离开了对马克思主义哲学和毛泽东哲学思想的深入学习和理解，就很难真正把握中国特色社会主义理论体系的本质内容和精神实质。

其三，要把研究和解决当今中国社会的现实问题同自觉学习和应用马克思主义哲学、毛泽东哲学思想紧密结合起来。当前，我们党领导和推进的马克思主义中国化伟大事业已进入新的历史发展时期，面临着许多复杂的新情况和新问题，需要高举中国特色社会主义理论体系的伟大旗帜，坚持用发展了的当代中国马克思主义指导我国的社会主义现代化建设。应该说，坚持中国特色社会主义理论的伟大旗帜是同学习和应用马克思主义哲学、毛泽东哲学思想完全一致的。马克思主义哲学是科学的世界观和方法论，毛泽东哲学思想是中国化的马克思主义哲学，是被实践证明了的中国共产党人的科学的立场、观点和方法。只有认真深入地学习并善于应用马克思主义哲学和毛泽东哲学思想，才能深刻理解和正确把握中国特色社会主义理论体系的深刻内涵和精神实质，从而更加有效地推进中国特色社会主义事业的发展；才能真正把我们党建设成为马克思主义学习型政党，从而教育广大党员干部特别是党的各级领导干部树立正确的世界观、人生观和价值观，提高全党的执政能力，始终保持党的先进性；才能帮助和教育广大干部群众掌握科学的思想方法和工作方法，从而使他们在国际国内纷繁复杂的形势下，能辨明方向，分析矛盾，把握事物发展的本质和规律，使我们党领导的各项工作开展得健康、有序、富有成效。总之，在我国社会主义现代化建设新时期，为胜利推进马克思主义中国化的历史进程，就应努力增强继承和发扬我们党创造性地学习和应用马克思主义哲学优良传统的自觉性和坚定性。

参考文献：

[1]毛泽东：《毛泽东选集》第 4 卷，北京：人民出版社，1991 年。
[2]毛泽东：《毛泽东选集》第 1 卷，北京：人民出版社，1991 年。
[3]毛泽东：晋察冀日报社编，1944 年。
[4]毛泽东：《毛泽东书信选集》，北京：人民出版社，1981 年。
[5]毛泽东：《毛泽东文集》第 3 卷，北京：人民出版社，1996 年。
[6]毛泽东：《毛泽东选集》第 2 卷，北京：人民出版社，1991 年。
[7]《中共中央关于加强和改进新形势下党的建设若干重大问题的决

定》，北京：中国方正出版社，2009 年。

　　[8]邓小平：《邓小平文选》第 3 卷，北京：人民出版社，1993 年。

　　[9]邓小平：《邓小平文选》第 2 卷，北京：人民出版社，1994 年。

　　[10]毛泽东：《毛泽东选集》第 3 卷，北京：人民出版社，1991 年。

　　[11]毛泽东：《毛泽东文集》第 7 卷，北京：人民出版社，1996 年。

　　[12]《中国共产党第八次全国代表大会开幕词》，http://cpc.people.com。

　　[13]毛泽东：《毛泽东文集》第 8 卷，北京：人民出版社，1996 年。

（本文原载于《教学与研究》2010 年第 7 期）

论黑格尔的《逻辑学》与马克思的"《资本论》的逻辑"

——兼论加强马克思主义经典著作的学习

杨焕章

中共中央关于进一步繁荣发展哲学社会科学的意见强调指出："加强马克思主义基本原理研究是繁荣发展哲学社会科学的一项极为重要的工作。"学习马克思主义经典作家的经典著作，是学习马克思主义的基本途径和重要方法。然而，近年来人们在这方面花的功夫实在是太少了，甚至一些专门学习和研究马克思主义理论的人也少有下大力气去精读几本马克思主义经典著作的。这不能不引起我们的注意。老实说，我们不怕别人攻击马克思主义，因为自从马克思主义诞生那天起这种攻击就一天也没有停止过，怕的是什么？是我们自己对马克思主义的轻视。

一

马克思的《资本论》是马克思主义理论大厦的奠基石。它不仅是一部极为重要的马克思主义政治经济学的经典著作，而且也是一部极为重要的科学社会主义的经典著作，也是一部极为重要的辩证唯物主义历史唯物主义的哲学经典著作。如果打算选择几本作为精读的马克思主义经典著作，那么首先就应当把马克思的《资本论》，特别是它的第一卷，列进去认真地加以钻研。同时，也可以把在方法论上与它有着内在联系的黑格尔的《逻辑学》选来阅读。无论黑格尔的《逻辑学》，还是马克思的《资本论》，对于我们学习辩证法，养成辩证分析的习惯，掌握辩证分析的方法，提高辩证思维的能力，都是很有价值的。我们学习马克思的《资本论》，不仅可以从中学到马克思主义的政治经济学理论和科学社会主义的理论，而且可以学到马克思主义的哲学思想，特别是它的辩证法思想，而且还可以学到马克思研究社会问题和经济问题的立场、观点和方法，这对于我们今天所从事的各项工作都是很有现实意义的。

为什么钻研马克思的《资本论》时一定要阅读黑格尔的《逻辑学》呢？列宁在谈到这个问题时有一段很有名的"警言"。他说："不钻研和不理解黑格尔的全部逻辑学，就不能完全理解马克思的《资本论》，特别是它的第1章。因此，半个世纪以来，没有一个马克思主义者是理解马克思的！！"①列宁在说到这个观点时特别在它前面加上了"警言"二字，还特别在后面打了两个惊叹号，可见其对这一问题的高度重视。当然，列宁这句话主要是针对着普列汉诺夫等第二国际的理论家们说的。但是，这句话所包含的基本精神却是具有一定的普遍意义的。当看到列宁说"半个世纪以来，没有一个马克思主义者是理解马克思的"时，难道不也很自然地会让我们自省：我们中国的马克思主义者有多少是真正理解了马克思的呢？我们中国的马克思主义经济学家有多少是真正完全理解了马克思的《资本论》的呢？我们自己是不是真正地理解了马克思主义呢？我们自己认真地钻研了马克思的《资本论》了吗？在阅读《资本论》时钻研并理解了"黑格尔的全部逻辑学"了吗？列宁这样说是不是有些过分或者夸张呢？不！列宁这样说没有一丝一毫的夸张，而是有充分的根据的。马克思自己也说过他的《资本论》跟黑格尔的《逻辑学》中所阐述的辩证法的关系。他说："将近三十年以前，当黑格尔辩证法还很流行的时候，我就批判过黑格尔辩证法的神秘方面。但是，正当我写《资本论》第一卷时，愤懑的、自负的、平庸的、今天在德国知识界发号施令的模仿者们，却已高兴地像莱辛时代大胆的莫泽斯·门德尔森对待斯宾诺莎那样对待黑格尔，即把他当作一条'死狗'了。因此，我要公开承认我是这位大思想家的学生，并且在关于价值理论的一章中，有些地方我甚至卖弄起黑格尔特有的表达方式。辩证法在黑格尔手中神秘化了，但这决不妨碍他第一个全面地有意识地叙述了辩证法的一般运动形式。"②1858年1月14日马克思给恩格斯的一封关于《资本论》的信中，在谈到黑格尔的《逻辑学》时说道："完全由于偶然的机会——弗

---

① 列宁：《列宁全集》第38卷，北京：人民出版社，1960年，第191页。

② 马克思、恩格斯：《马克思恩格斯选集》第2卷，北京：人民出版社，1972年，第217-218页。

莱里格拉特发现了几卷原为巴枯宁所有的黑格尔著作，并把它们当做礼物送给了我，——我又把黑格尔的《逻辑学》浏览了一遍，这在材料加工的方法上帮了我很大的忙。如果以后再有功夫做这类工作的话，我很愿意用两三个印张把黑格尔所发现、但同时又加以神秘化的方法中所存在的合理的东西阐述一番，使一般人都能够理解。"①但是，当"德国的评论家"大叫马克思的《资本论》是什么"黑格尔的诡辩"，说"马克思是最大的唯心主义哲学家，而且是'德国的'最坏的唯心主义哲学家"的时候，马克思又严正地声明："我的辩证方法，从根本上来说，不仅和黑格尔的辩证方法不同，而且和它截然相反。在黑格尔看来，思维过程，即他称为观念而甚至把它变成独立主体的思维过程，是现实事物的创造主，而现实事物只是思维过程的外部表现。我的看法则相反，观念的东西不外是移入人的头脑并在人的头脑中改造过的物质的东西而已。"②无论马克思是强调他如何"卖弄黑格尔特有的表达方式"，还是强调他的辩证法如何与黑格尔的辩证法"截然相反"，都表明了马克思的《资本论》与黑格尔的《逻辑学》在方法上有着某种十分明显的不容否认的内在的联系，有着一种批判继承的关系。这种联系是不能割断，也不能否认的。不了解这种联系，就不能真正理解马克思的基本思想的来龙去脉，也就不能完全理解他的理论的精神实质。马克思自己也说过：《资本论》的"第一章，特别是分析商品的部分，是最难理解的"③。我想，马克思之所以这样说，一个重要的原因恐怕就是人们一般地都没能很好地钻研和理解"黑格尔的全部逻辑学"。

二

黑格尔是马克思以前最伟大的哲学家之一，是作为马克思主义哲学理论来源的德国古典哲学的集大成者。他的哲学的基本出发点是客观唯心主义的。他认为，在现实世界出现以前，早就存在着一个被他称作"绝对观念"的东西，自然界和人类社会都是它的表现，都是由它演变而来的。他认为，绝对观念的发展经历了三个阶段：逻辑阶段、自然阶段和精神阶段。

① 马克思、恩格斯：《马克思恩格斯〈资本论〉书信集》，北京：人民出版社，1976年，第121页。
② 马克思、恩格斯：《马克思恩格斯选集》第2卷，第217页。
③ 马克思、恩格斯：《马克思恩格斯选集》第2卷，第205页。

与绝对观念发展的三个阶段相应的哲学体系，也有三个部门：逻辑学、自然哲学和精神哲学。逻辑学是研究绝对观念自在自为的学问，自然哲学是研究绝对观念他在或外在化的学问，精神哲学是研究绝对观念由他在向自在回复的学问。逻辑阶段是绝对观念发展过程中一个极为重要的阶段。因而，逻辑学也就成为黑格尔哲学体系中极为重要的一个部分。

逻辑学的对象是自在自为的绝对观念，其任务是说明宇宙精神是怎样从纯存在发展到绝对观念的。黑格尔认为，绝对观念在逻辑阶段的三个基本的表现形式或发展的三个基本的阶段是：存在、本质和概念。因而，他的《逻辑学》一书相应地也就分成三篇来研究这三个阶段，即：《存在论》《本质论》和《概念论》。《存在论》研究思想的直接性，即思想的自在或潜在性，《本质论》研究思想的反映或间接性，即概念的自为或映现，《概念论》研究思想的回复及其在自身中的发展，即概念的自在自为。在《逻辑学》中黑格尔还专门论述了他的方法。他认为，逻辑学所研究的是绝对观念的自己运动，因此，所谓的方法，也就是绝对观念自己运动的形式，也就是概念的辩证法。在《逻辑学》第一篇《存在论》中集中阐述了关于量转化为质、质转化为量的思想，在第二篇《本质论》中集中阐述了关于矛盾的思想，在第三篇《概念论》中集中对贯穿全书的否定之否定的思想做了总结。《存在论》有三章：《质》《量》《度》。在黑格尔看来，绝对观念在"存在"范围内的发展是质、量、度三个范畴的依次更替。"存在"在"度"中达到顶点就要被"本质"代替。《本质论》也有三章：《本质自身》《现象》《现实》。在黑格尔看来，概念由于其内在的矛盾才能表现出自己运动，才能发展。"存在"和"本质"的统一，是"概念"。《概念论》也有三章：《主观性》《客观性》《观念》。黑格尔绝对观念的发展在《概念论》达到最高阶段。概念中的各个环节在《概念论》中逐步地由潜在状态实现出来，概念也就成为一个有机的统一的整体。黑格尔的哲学体系是一个由"纯存在"到"绝对观念"的发展过程，在这个过程的每一个阶段都是由三个范畴即正题、反题和合题构成的一个"三一体"。正题是肯定，反题是否定，合题则是否定之否定。总的体系是由"存在""本质""概念"这三个范畴构成的"三一体"。"存在"又是由"质""量""度"构成的"三一体"。"本质"是由"作为存在根据的本质""现象""现实"三个范畴构成的"三一体"。"概念"是由"主观概念""客体""观念"三个范畴构成的"三一体"。余此类推。在这个范畴体系中，前面的范畴是后面的范畴的真理或根据，后面的范畴则是前面的范畴的展开或表现。前面的范畴潜在地包含着后面的范畴。作为黑格尔哲学体系逻辑起点的"纯存在"是规定性最少的范畴，但它却已经潜在地包含着最高的范畴"绝对观念"了，可以说是萌芽状态的"绝对观念"，或潜在的"绝对观念"。而作为最高范畴的"绝对观念"则是完全充分展开了的"纯存在"。

如前所述，黑格尔的逻辑学是以自在自为的绝对观念为对象的，其任务是说明宇宙精神是怎样从纯存在发展到绝对观念的。按道理说，作为黑格尔这位唯心主义哲学家最重要的代表作，《逻辑学》一书应当是充满着唯心主义的，然而，列宁在阅读完这部著作之后对它的总的评价却是："黑格尔逻辑学的总结和概要、最高成就和实质，就是辩证的方法，——这是绝妙的。还有一点：在黑格尔这部最唯心的著作中，唯心主义最少，唯物主义最多。'矛盾'，然而是事实！"①列宁的评价是正确的。《逻辑学》这部著作确实充满了对于辩证法的精辟绝妙的论述，到处都闪耀着辩证法思想的光辉。它对于辩证法与形而上学这两种思维方式的对立的论述以及对于形而上学思维方式的批判，对于辩证法思维方式的基本特征以及辩证法的基本规律系统而全面的揭示，都是前无古人的。他在唯心主义的思维和存在同一性的基础上把辩证法与认识论和逻辑学当作同一个东西加以理解和使用。这是非常有意义的思想。可以说，《逻辑学》是马克思以前最优秀的哲学著作之一。正因为如此，黑格尔哲学才成了马克思主义哲学的理论来源。马克思和恩格斯都对它给过很高的评价，并在唯物主义的基础上对它加以改造，在新的高度对它加以发扬光大。马克思的《资本论》就是改造黑格尔的辩证法并进一步把它应用于社会经济研究活动的杰出的典范。

在阅读黑格尔的《逻辑学》所做的笔记《黑格尔〈逻辑学〉一书摘要》中，列宁在黑格尔关于辩证法、认识论、逻辑学三者关系的思想的基础上，进一步明确地提出了辩证法、认识论、辩证逻辑三者一致的问题，认为这是一个"极重要的问题"②。在后来的《黑格尔辩证法（逻辑学）的纲要》中他对这一思想又做了进一步的论述，并且特别突出地强调了马克思对于黑格尔在《逻辑学》中涉及的这一思想所做的发展。他说："虽说马克思没有遗留下'逻辑'（大写字母的），但他遗留下'资本论'的逻辑，应当充

① 列宁：《列宁全集》第38卷，第253页。
② 列宁：《列宁全集》第38卷，第186页。

分地利用这种逻辑来解决当前的问题。在'资本论'中，逻辑、辩证法和唯物主义的认识论（不必要三个词：它们是同一个东西）都应用于同一门科学，而唯物主义则从黑格尔那里吸取了全部有价值的东西，并且向前推进了这些有价值的东西。"①列宁这里所说的逻辑，指的就是黑格尔在《逻辑学》一书中用以与以形而上学为思想特征的形式逻辑相区别并专门加以论述的以辩证法为思想特征的辩证逻辑，也就是那个与辩证法和认识论完全一致的辩证逻辑。列宁的这个论断不仅明确地揭示了辩证法、认识论和逻辑学三者之间内在的本质的联系，而且从方法论上对于马克思的《资本论》做了理论上的概括，并且还从根本的方法论上给我们的研究工作指明了方向：把马克思给我们遗留下的"《资本论》的逻辑"应用于解决当前的问题。列宁给我们遗留下的这一指示是非常宝贵的，我们应当认真地加以理解和贯彻。为了充分地利用"《资本论》的逻辑"来解决我们当前的问题，我们首先就应当对《资本论》的逻辑进行深入的学习，以便掌握其精神实质，在实际工作中能够灵活地加以应用。

三

《资本论》是马克思整个一生科学研究的成果，是一部观点和材料、逻辑和历史、理论和实践高度统一的科学著作，是马克思主义最成熟、最权威的著作，它的诞生，正如列宁所说"标志着马克思主义具有全副理论武装"。马克思主义作为一个完整的思想体系，其内容主要是哲学、政治经济学和科学社会主义三个组成部分。由于马克思主义的思想体系是为无产阶级的解放事业服务的，它的最终目的是在全世界实现社会主义和共产主义，因此社会主义和共产主义的问题就成为马克思主义的核心问题。马克思主义的其他部分，哲学和政治经济学，都是围绕着这个核心问题展开的，都是为它做论证的。马克思主义的哲学主要是从世界观和方法论上揭示并论证社会主义和共产主义的必然性，马克思主义的政治经济学主要是从社会经济发展的规律上揭示并论证社会主义和共产主义的必然性。马克思的《资本论》从哲学和政治经济学的结合上论证了社会主义和共产主义的必然性，

① 列宁：《列宁全集》第38卷，第357页。

因此，它既是一部伟大的科学社会主义著作，也是一部伟大的哲学著作和政治经济学著作。正如列宁所说：在《资本论》中，"马克思的哲学和政治经济学结合成了一个完整的唯物主义世界观"①。马克思虽然没有实现他本人的愿望，写一部专门阐述辩证法的哲学著作，即列宁所说的"大写字母的逻辑"，但是他的《资本论》却是一部应用辩证法的伟大著作，是把辩证法、认识论和辩证逻辑同时应用于同一门科学的伟大著作。我们从中不仅可以学到马克思的科学社会主义思想和政治经济学理论，而且可以学到伟大的辩证法思想、认识论思想、辩证逻辑思想，特别是可以学到如何应用这些思想，如何把这三者应用于同一门科学的方法。这是更重要的，是在别的地方很难学得到的。马克思在《资本论》中所实现的哲学和政治经济学的结合，是得到人们普遍承认和赞许的。美国学者伊格斯尔在谈到马克思的理论和方法时就说过："马克思对政治经济学的基本批判既是哲学性的，又是经济学性的。"②

对于马克思《资本论》的方法，或《资本论》的逻辑，以及它与黑格尔的逻辑之间的内在联系，恩格斯曾经做过精辟的分析和论述。他说："黑格尔思维方式不同于所有其他哲学家的地方，就是他的思维方式有巨大的历史感作基础。""他是第一个想证明历史中有一种发展、有一种内在联系的人。""这个划时代的历史观是新的唯物主义观点的直接的理论前提，单单由于这种历史观，也就为逻辑方法提供了一个出发点。"马克思"从黑格尔逻辑学中把包含着黑格尔在这方面的真正发现的内核剥出来，使辩证方法摆脱它的唯心主义的外壳并把辩证方法在使它成为唯一正确的思想发展方式的简单形式上建立起来。马克思对于政治经济学的批判就是以这个方法作基础的，这个方法的制定，在我们看来是一个意义不亚于唯物主义基本观点的成果"。③

在理解和掌握马克思的"《资本论》的逻辑"的问题上，深刻理解他在《资本论》第1卷"第二版跋"中关于研究方法与叙述方法的联系和区别的论述，具有特别重要的意义，是理解这一问题的关键。马克思说："当然，在形式上，叙述方法必须与研究方法不同。研究必须充分地占有材料，分析它的各种发展形式，探寻这些形式的内在联系。只有这项工作完成以后，

---

① 列宁：《列宁全集》第 25 卷，北京：人民出版社，1995 年，第 39 页。
② 伊斯格尔：《欧洲史学新方向》，北京：华夏出版社，1989 年，第 141 页。
③ 马克思、恩格斯：《马克思恩格斯选集》第 2 卷，第 121-122 页。

现实的运动才能适当地叙述出来。这点一旦做到，材料的生命一旦观念地反映出来，呈现在我们面前的就好像是一个先验的结构了。"①马克思的《资本论》，并不像某些人所说的那样，是一个"先验主义"的结构，相反地，它的形成是以唯物主义做基础和前提的。这一点是与黑格尔根本不同的。马克思强调，研究必须充分地占有大量的可靠的材料，必须从客观的、现实的事实出发。只有以从感性的具体上升到思维的抽象做前提，才有可能进一步从思维的抽象上升到思维的具体。只有以唯物主义的研究方法做基础，才有《资本论》的叙述方法。《资本论》的叙述方法就是列宁所特别重视并特别加以强调的"《资本论》的逻辑"。马克思在《资本论》中对于问题的叙述是按照辩证逻辑的从抽象上升到具体的方法进行的。在这个过程中，马克思杰出地运用了辩证逻辑的归纳和演绎的方法、分析和综合的方法、抽象和具体的方法、逻辑和历史的方法等。

与黑格尔的《逻辑学》的体系有一个逻辑起点一样，马克思的《资本论》的科学体系也有一个逻辑起点。黑格尔《逻辑学》的逻辑起点是"纯存在"，马克思《资本论》则是以"商品"作为自己的逻辑起点的。黑格尔在他的《逻辑学》里第一次提出并论述了科学体系的开端问题。他认为，一门科学就是一个概念的体系，一个体系就必须有一个概念作为开端，即体系的逻辑起点。在他看来，作为一门科学体系的开端，必须是这个体系的"根据和原则"，从这个"根据和原则"里可以找到它以后的规定。他认为，逻辑起点的形式不能是一个具体物，而必须是具有抽象普遍性的意义和形式，即具有概念或范畴的形式。但是，就逻辑起点的内容来说，它是"思维的直接的东西"。在哲学中，所谓的"直接性"又总是表现为个体性的，只不过是在逻辑中典型化了的个体性罢了。它的《逻辑学》就是从"纯存在"到"绝对观念"的发展过程，亦即概念自己运动的过程。在《资本论》中，马克思在创立自己的科学体系时批判地吸取了黑格尔《逻辑学》关于科学体系逻辑起点的合理思想，把"商品"作为《资本论》的逻辑起点。在《资本论》第一卷第一章的一开头，马克思就明确指出，单个的商品表现为这种财富的元素形式，商品首先是一个外界的对象。因此，他把作为《资本论》逻辑起点的商品称为"最简单的经济的具体物"。就其形式来说，它具有经济的形式规定性，是抽象的东西，就其内容来说，它又是

---

① 马克思、恩格斯：《马克思恩格斯选集》第 2 卷，第 217 页。

现实中存在着的"具体物"在逻辑上的反映，具有直接性、个体性的特点。作为《资本论》逻辑起点的"商品"，是资本主义社会中最抽象、最简单的概念。但是，它却是其后所有概念的根据，潜在地包含着其后的所有概念和资本主义的全部关系或矛盾。《资本论》的整个体系都是由"商品"概念推演出来的。马克思就是通过分析"商品"的内部矛盾，即它的二重性，及其矛盾运动，一步步深入资本主义，揭露资本主义的秘密，揭示资本主义发展的规律,指出资本主义必然灭亡社会主义必然胜利的历史发展趋势。列宁在谈到这个问题时指出："马克思在'资本论'中首先分析资产阶级社会（商品社会）里最简单、最普遍、最基本、最常见、最平凡、碰到过亿万次的关系——商品交换。这一分析从这个最简单的现象中（在资产阶级社会的这个'细胞'中）揭示出现代社会的一切矛盾（或一切矛盾的胚芽）。往后的叙述为我们揭明了这些矛盾以及这个社会在这个社会的各个部分的总和中,在这个社会的开始直到终结的过程中的发展（和生长,和运动）。"①马克思就是运用这一科学的方法研究了劳动形成价值的特性，第一次确定了什么样的劳动形成价值以及怎样形成价值；马克思进而研究了商品和货币的关系，论证了商品和商品交换怎样和为什么由于商品内在的价值属性必然要造成商品和货币的对立，马克思研究了货币向资本的转化，并证明了这种转化是以劳动力的买卖为基础的，马克思确定了资本分为不变资本和可变资本，阐述了剩余价值形成的过程，马克思进一步研究了剩余价值本身，说明了资本主义积累的历史趋势。列宁对于马克思在《资本论》中所运用的这个方法特别赞赏，说"一般辩证法的阐述（以及研究）方法也应当如此"②。毛泽东同志在《矛盾论》中分析事物发展过程的自始至终的矛盾运动时也特别赞扬了马克思的这个方法，认为"这是研究任何事物发展过程所必须应用的方法"。"中国共产党人必须学会这个方法，才能正确地分析中国革命的历史和现状，并推断革命的将来。"③

---

① 列宁：《列宁全集》第 38 卷，第 409 页。
② 列宁：《列宁全集》第 38 卷，第 409 页。
③ 毛泽东：《毛泽东选集》第 1 卷，北京：人民出版社，1991 年，第 307-308 页。

四

马克思以其《资本论》为我们做出了榜样。我们应当像马克思那样为了无产阶级革命实践的需要而研究理论。早在延安时期，毛泽东同志本人就带头研究马克思列宁主义理论。毛泽东同志在谈到反对写那种"空话连篇，言之无物"，"懒婆娘的裹脚，又臭又长"的文章时还专门说到读《资本论》的事。他说："或者有人要说：《资本论》不是很长的吗？那又怎么办？这是好办的，看下去就是了。"①毛泽东同志的这句话现在对于我们仍然具有教育意义。现在许多人在做学问上缺乏耐心，追求"短平快"，不能沉下心来认真攻读马克思主义的经典著作，特别是像《资本论》这样的巨著。这是很不好的。我们党自从 1942 年延安整风运动中强调分清真假马克思主义以后特别重视马克思主义理论的学习，而且我们党一直非常重视继承和发扬这一良好的传统，在全党范围内一直保持着一种浓厚的认真读书学习马克思主义的氛围。但是，近年来我们许多同志对于马克思主义理论的学习不像过去那样重视了。有的同志认为，现在搞经济建设只要学习西方的经济理论和发达国家的管理经验就可以了，马克思主义派不上什么实际的用场，学不学问题不大。这种想法本身就是个大问题。应当承认，我们许多同志，特别是担任各种领导职务的同志，马克思主义的书读得并不那么多，马克思主义理论的功底并不那么深厚，理论素养并不那么高，如果思想上再不重视，再不奋力补上这一课，那就相当危险了。它直接关系着我们党的路线方针政策的制定和执行，关系着我们的事业能不能沿着马克思主义的轨道继续前进。早在 1985 年，邓小平同志就专门针对着这种思想十分耐心地做过说明。他说："或者会有同志问：现在我们是在建设，最需要学专业知识和管理知识，学马克思主义理论有什么实际意义？同志们，这是一种误解……我们现在要建设有中国特色的社会主义，时代和任务不同了，要学习的新知识确实很多，这就更要求我们努力针对新的实际，掌握马克思主义基本理论。因为只有这样，才能提高我们运用它的基本原则基本方法，来积极探索解决新的政治经济社会文化基本问题的本领，既把

---

① 毛泽东：《毛泽东选集》第 3 卷，北京：人民出版社，1991 年，第 834 页。

我们的事业和马克思主义理论本身推向前进，也防止一些同志，特别是一些新上来的中青年同志在日益复杂的斗争中迷失方向。因此，我希望党中央能作出切实可行的决定，使全党的各级干部，首先是领导干部，在繁忙的工作中，仍然有一定的时间学习，熟悉马克思主义的基本理论，从而加强我们工作中的原则性、系统性、预见性和创造性。只有这样，我们党才能坚持社会主义道路，建设和发展有中国特色的社会主义，一直达到我们的最后目的，实现共产主义。"[1]我们一定要牢记毛泽东同志和邓小平同志关于加强马克思主义理论学习的号召，贯彻落实《中共中央关于进一步繁荣发展哲学社会科学的意见》，学习马克思主义理论，认真地钻研几本马克思主义的经典著作，自觉地、熟练地掌握马克思主义的立场、观点和方法。

参考文献：

[1]列宁：《列宁全集》第 38 卷，北京：人民出版社，1960 年。

[2]马克思、恩格斯：《马克思恩格斯选集》第 2 卷，北京：人民出版社，1972 年。

[3]马克思、恩格斯：《马克思恩格斯〈资本论〉书信集》，北京：人民出版社，1976 年。

[4]列宁：《列宁全集》第 25 卷，北京：人民出版社，1995 年。

[5]伊斯格尔：《欧洲史学新方向》，北京：华夏出版社，1989 年。

[6]毛泽东：《毛泽东选集》第 1 卷，北京：人民出版社，1991 年。

[7]毛泽东：《毛泽东选集》第 3 卷，北京：人民出版社，1991 年。

[8]邓小平：《邓小平文选》第 3 卷，北京：人民出版社，1993 年。

（本文原载于《新视野》2006 年第 6 期）

---

① 邓小平：《邓小平文选》第 3 卷，北京：人民出版社，1993 年，第 147-148 页。

马克思的"跨越资本主义卡夫丁峡谷"设想是东方社会的发展道路吗?

——所谓"马克思的东方社会理论"质疑

葛树先

近几年在理论界出现一种议论，认为马克思关于俄国农村公社可以跨越资本主义"卡夫丁峡谷"直接过渡到共产主义的论述是他在晚年找到的一条"东方社会的发展道路"，因而被称为"马克思的东方社会理论"。这种议论是以马克思 1877 年给《祖国纪事》杂志编辑部的信、1881 年给查苏利奇的复信及其草稿和 1882 年同恩格斯联名为《共产党宣言》俄文版写的序言为根据的。但是我们在对马克思这些论述进行一次认真的研读之后看到，据此做出上述论断在理论上是极不严谨的。

一、"跨越卡夫丁峡谷"的设想从理论上说同样适用于西欧

马克思关于俄国农村公社可以跨越资本主义卡夫丁峡谷的论述所以被说成是他提出的一条"东方社会的发展道路"，原因是马克思在给查苏利奇的复信草稿中讲道："俄国是在全国范围内把'农业公社'保存到今天的欧洲唯一的国家。""在欧洲，只有俄国的'农村公社'是广泛地在全国范围内保存下来了"，"只有它（俄国公社）是一个巨大的帝国内农村生活中占统治地位的组织形式"。①而西欧则不同，"在日耳曼部落占领意大利、西

---

① 马克思、恩格斯：《马克思恩格斯全集》第 19 卷，北京：人民出版社，1963 年，第 435、438、451 页。

班牙、高卢等地时，古代类型的公社已经不存在了"。"公社所有制曾在西欧各地存在过，在社会进步过程中，它在各地都消失了。"①这就是说，正是 19 世纪 70 年代至 80 年代的历史情况，决定了地处西欧之外的俄国可能走一条西欧社会没有走过的道路。但是对此必须指出，在考虑到这一重要历史情况时，应该对马克思的论述有完整的理解，不能忽略马克思所提出的俄国公社向高级的共产主义公有制直接过渡的道路是以假定的条件为基础的，即如果俄国公社不继续遭到 1861 年所开始的破坏，它就可以直接向高级形态的公有制过渡。因此马克思是"从纯理论观点，即假定以永远正常的生活条件为前提，来判断农村公社可能有的命运"②的。

既然马克思是以假定的条件来论述俄国公社的发展道路的，那么对于西欧的公社为什么不可以假定同样的条件，即假定它不遭受历史原因给它带来的破坏瓦解过程而保存到马克思的时代，并且假定它处在"永远正常的生活条件"之中？我们知道，马克思为俄国公社的发展道路所假定的条件并不是必定会具备的。因此我们也不必对这里为西欧公社所假定的发展条件是否一定可以实现而提出疑问。需要讨论的问题是，如果为俄国公社所假定的发展条件是有一定可能性的，那么为已经消失了的西欧公社假定这种发展条件，是否具有一定的可能性呢？

回答是肯定的。马克思在他给查苏利奇的复信草稿中指出过这样一件事实：由于西欧古代公社的"天赋的生命力"，"有个别的公社经历了中世纪的一切波折，一直保存到今天，例如，在我的家乡特利尔专区就有"。③

俄国公社向共产主义公有制直接过渡需要在理论上假定有正常的生活条件，毫无疑问，对西欧公社也同样可以在理论上肯定它在正常生活条件下直接过渡到共产主义的可能性。

当然，俄国公社向共产主义直接过渡的意义在于它跨越西欧社会所经过的资本主义制度的卡夫丁峡谷，这一点之所以可能又恰恰是因为历史使俄国公社幸运地保存到西欧资本主义有了高度发展的时代，这使它有可能利用西欧资本主义所取得的、对共产主义不可缺少的巨大成就。然而西欧的公社如果在历史上不经历瓦解过程并最终向资本主义过渡，世界上也就不存在资本主义所提供的巨大成就。那么它就没有俄国公社所处的那种有

---

① 马克思、恩格斯：《马克思恩格斯全集》第 19 卷，第 443 页。
② 马克思、恩格斯：《马克思恩格斯全集》第 19 卷，第 434 页。
③ 马克思、恩格斯：《马克思恩格斯全集》第 19 卷，第 433 页。

利的历史条件，又如何能在缺少这种条件的基础上像俄国公社一样具有直接过渡到共产主义的可能性呢？

对这个问题需要分析。如果说在整个西欧地域内的所有公社都没有最终被资本主义制度所取代，应该说在这样的历史条件下从公社向共产主义直接过渡是没有可能的。但是如果在西欧有某个个别国家的公社在其他西欧国家充分发展了资本主义的环境中保存下来，它就可以像俄国公社一样在正常生活条件下利用其他西欧国家的资本主义积极成果向共产主义直接过渡。历史已经表明，面对西欧的强大资本主义影响，俄国可以独立地把农村公社保存下来，历史更向我们表明，在资本主义化了的西欧，甚至可以有一个小小的专区在资本主义包围中顽强地把公社保存下来，就没有理由怀疑某个个别西欧国家能够在周围各国都走上资本主义发展道路的环境中，像俄国一样在全国范围内把农村公社保存下来。

尽管可以从各个方面指出俄国公社与西欧公社的许多不同，但是决定俄国农村公社能在正常生活条件下直接向共产主义过渡的却是它的一个基本特征——土地公有制。马克思说："撇开目前压迫着俄国'农村公社'的一切灾难而来注意一下它的构成形式和历史环境，那么应当承认，它的一个基本特征，即土地公有制，一看就很清楚是构成集体生产和集体占有的自然基础。"①正是俄国公社的土地公有制使它在 19 世纪的历史环境中，有可能利用西欧资本主义提供的肯定成果进行共产主义的大规模集体生产，而土地公有制则是包括俄国公社和西欧公社在内的各种类型公社所共同具有的基本特征，因此在理论上必须肯定西欧某个国家的公社也具有在一定历史条件下向共产主义直接过渡的可能性。

二、不能把马克思这一设想变成东方社会的"一般历史哲学理论"

通过上文的分析可以看出，不能单纯着眼于俄国农村公社在19世纪仍然保存而西欧公社已经消失这一事实来理解马克思的论述。因为如果这一事实是充足条件，马克思就不必为俄国公社向共产主义直接过渡的发展道

———————————
① 马克思、恩格斯：《马克思恩格斯全集》第 19 卷，第 437 页。

路提出假定条件。

这个假定条件的绝对必要是由俄国农村公社本身固有的二重性决定的："无可讳言，俄国公社所属的古代类型，包含着一种内在的二重性"[①]，即一方面是土地公有制，另一方面是房屋私有、耕地的小块耕种和产品的私人占有。马克思认为，这种二重性是俄国公社强大生命力的源泉，但是这种二重性又可能是俄国公社解体的根源，因为"土地私有制已经通过房屋及农作园地的私有渗入公社内部，这就可能变为从那里准备对公有土地进攻的堡垒。这是已经发生的事情。但是，最重要的还是私人占有的泉源——小土地劳动。它是牲畜、货币、有时甚至奴隶或农奴等动产积累的基础"[②]。

由于俄国农业公社本身的这种二重性，它的发展前途就存在着两种可能：或者是其中的私有制因素战胜公有制因素，或者是后者战胜前者。究竟是哪一种结局，就要看历史所给它提供的具体条件。俄国的历史会给它的农业公社提供哪一种发展条件呢？这是不能"先验地"确定的，因此俄国公社向共产主义直接过渡的道路在理论上只能以假定的条件为前提。这就是说，俄国农村公社直接向共产主义过渡从理论上说并不具有历史必然性。如果俄国农村公社不具备马克思为它假定的正常发展条件，它就会在历史给它提供的另一种条件下，重复西欧历史发展的道路。

马克思当时已经清醒地看到，俄国农村公社的处境并不乐观，指出它"目前正处于危险境地"[③]，因为自从在 1861 年开始的所谓农民解放的时候起，国家使俄国公社处在不正常的经济条件下，它借助手中各种社会力量不断压迫公社，因财政搜刮而束手无策的公社成了商人、地主、高利贷者剥削的对象。这种外部的压迫使得公社内部原来已经产生的各种利益的斗争更加尖锐，并加速了公社内各种瓦解因素的发展。而国家靠牺牲农民培植起来的资本主义势力又吮吸着农村公社本来已经枯竭的血液。那些从农村公社的现状中得到好处的所有受益者，竭力想杀死给他们下金蛋的母鸡，他们"感到现在的剥削方式已经不行了"，"因此，必须有点新东西，而这种新东西，虽然表现为各种不同的形式，但总不外是，消灭公社所有制，使比较富裕的少数农民形成农村中等阶级，而使绝大多数的农民干脆

---

① 马克思、恩格斯：《马克思恩格斯全集》第 19 卷，第 445 页。
② 马克思、恩格斯：《马克思恩格斯全集》第 19 卷，第 450 页。
③ 马克思、恩格斯：《马克思恩格斯全集》第 19 卷，第 439 页。

变为无产者"。①

　　一切都以具体条件为转移，这是马克思学说的精髓。对于西欧公社经过瓦解过程并最终为资本主义制度所取代的历史道路，马克思曾指出，把他关于西欧资本主义起源的历史概述说成是"一切民族，不管他们所处的历史环境如何，都注定要走这条道路"②，那就把他的概述变成"一般历史哲学理论"③，而"这种历史哲学理论的最大长处就在于它是超历史的"④。同样，在关于俄国农村公社可以走一条不同于西欧历史道路的论述中，马克思也限定了具体的条件，而没有把这条道路说成在任何历史条件下都是必然的，因为马克思指出俄国公社有两种可能的前途，而当时它的处境正濒于被消灭的边缘。因此，不顾俄国农村公社可以因不同的历史条件而有两种不同的前途，只把马克思的论述抽象地归结为俄国公社可以避免资本主义前途向共产主义直接过渡，那就把他的论述变成了超历史的一般历史哲学理论。实际上，俄国农村公社历史发展的最终结局已经宣告了这个历史哲学理论的破产。

三、俄国十月革命跨越了资本主义卡夫丁峡谷吗？

　　俄国农村公社直接向共产主义过渡需要具备正常的发展条件，但是它本身固有的二重性决定它不可能从本身自发地产生出这种条件。俄国公社如何才能具备它所必需的正常发展条件？马克思曾设想过由国家来创立这种条件，不过这种设想完全是纯理论上的假定，即并不讨论这种假定在实际上是否可能。因为事实上，不仅退回到解放农民时的 1861 年，国家没有立即把农村公社放在正常的发展条件下，而且直到马克思提出这种设想的 1881 年，国家也没有创立这种条件。相反，马克思却指出了俄国农村公社遭受到国家的压迫，已经岌岌可危："一方面，'农村公社'几乎被推向灭亡的边缘；另一方面，强有力的阴谋正等待着它，准备给它以最后的打

---

① 马克思、恩格斯：《马克思恩格斯全集》第 19 卷，第 441 页。
② 马克思、恩格斯：《马克思恩格斯全集》第 19 卷，第 130 页。
③ 马克思、恩格斯：《马克思恩格斯全集》第 19 卷，第 130 页。
④ 马克思、恩格斯：《马克思恩格斯全集》第 19 卷，第 131 页。

击。"^①鉴于俄国公社所面临的这种现实，马克思断然指出，"要挽救俄国公社，就必须有俄国革命"^②。这是马克思在逝世前两年写的。俄国公社已经到了不发生革命就不能得到挽救的地步，在这种形势下，从俄国公社向共产主义直接过渡的条件就只能由俄国革命来创立了："如果革命在适当的时刻发生，如果它能把自己的一切力量集中起来以保证农村公社的自由发展，那么，农村公社就会很快地变为俄国社会复兴的因素，变为使俄国比其他还处在资本主义制度压迫下的国家优越的因素。"^③革命一日不发生，俄国公社就会一日比一日接近灭亡,而资本主义就会一日比一日发展起来。

但是俄国革命直到十年后恩格斯逝世也没有发生。在这期间俄国经历了什么变化呢？对此恩格斯在他逝世前一年即1894年曾指出,自从克里木战争失败和皇帝尼古拉一世自杀以后，"俄国在短短的时间里就奠定了资本主义生产方式的全部基础。但是与此同时也就举起了砍断俄国农民公社根子的斧头"^④。这种发展所带来的结果就是：俄国"以愈来愈快的速度转变为资本主义工业国，很大一部分农民愈来愈快地无产阶级化，旧的共产主义公社也愈来愈快地崩溃"^⑤。恩格斯的叙述既是对马克思逝世以后到恩格斯逝世前俄国历史的真实记录，又同马克思的论述一脉相承，互相补充。因此恩格斯同马克思一样，把挽救俄国公社的希望寄托于俄国革命："我不敢判断目前这种公社是否还保存得这样完整……。但是有一点是勿庸置疑的：要想从这种公社保全点什么东西下来，就必须首先推翻沙皇专制制度，必须在俄国进行革命。"^⑥

历史已经告诉我们,恩格斯写了这段话不久在1895年逝世之后过了十年，俄国于1905年爆发了第一次推翻沙皇统治的革命，然而是资产阶级革命，尽管没有成功，却充分表明，在这期间俄国公社已所存无几而资本主义在俄国强大到要夺取政权了。因此马克思关于俄国公社向共产主义直接过渡的论述，除从理论上肯定了只有在正常发展条件下才有这种可能性之外，已经没有实际上的意义了。

---

① 马克思、恩格斯：《马克思恩格斯全集》第19卷，第441页。
② 马克思、恩格斯：《马克思恩格斯全集》第19卷，第441页。
③ 马克思、恩格斯：《马克思恩格斯全集》第19卷，第441页。
④ 马克思、恩格斯：《马克思恩格斯全集》第22卷，北京：人民出版社，1965年，第507页。
⑤ 马克思、恩格斯：《马克思恩格斯全集》第22卷，第509-510页。
⑥ 马克思、恩格斯：《马克思恩格斯全集》第22卷，第510页。

列宁正是在俄国处于这样的历史发展趋势中投身于无产阶级革命的，他在革命活动初期为确定俄国社会的性质所撰写的第一部论著即《论俄国资本主义的发展》，而在他领导下的十月社会主义革命又是在推翻了克伦茨基资产阶级政府之后取得胜利的。这个历史事实明确无误地告诉我们，俄国农村公社终于没能跨越资本主义卡夫丁峡谷，因而俄国十月革命不是在农村公社的基础上却是在资本主义的基础上开始向共产主义过渡的。马克思为俄国农村公社所设想的"直接过渡"的道路，即便在俄国也没有成为现实，又如何能叫作"东方社会的发展道路"呢？

四、"跨越卡夫丁峡谷"对东方各国的现实社会不具有普遍意义

马克思提出跨越资本主义阶段向共产主义直接过渡的可能性，这是从讨论俄国农村公社的命运这个问题提出来的，因此马克思关于这条可能的道路的论述只是针对俄国农村公社的。

但是，俄国农村公社的这条可能的发展道路，可不可以认为它带有东方的典型性，对东方各国具有某种普遍的意义呢？

回答这个问题需要具体分析。如果给予肯定的回答，那么首先要指出一点就是，不能把马克思的论述变成东方的一般历史哲学理论，即不能作超历史的理解，也就是说，在理论上必须假定必要的历史条件。例如，当时印度还保存有农村公社，而马克思却没有提出印度公社可以跨越资本主义卡夫丁峡谷向共产主义直接过渡。相反，他指出俄国的农村公社所以有这种直接过渡的可能，除其他条件之外，还因为"它不像东印度那样，是外国征服者的猎获物"[①]。英国殖民主义者曾对印度公社采取了种种措施，结果对印度公社造成了严重的破坏，"英国人在东印度就这样做过：他们得到的结果不过是破坏了当地的农业，使荒年更加频繁，灾难更加严重"[②]。这就是说，印度公社因当时处在殖民主义统治的历史条件下，马克思明确排除了它跨越资本主义卡夫丁峡谷向共产主义直接过渡的可能。其次要指

---

① 马克思、恩格斯：《马克思恩格斯全集》第19卷，第435页。

② 马克思、恩格斯：《马克思恩格斯全集》第19卷，第451页。

出的是，如果说在假定必要历史条件的前提下——例如假定印度公社摆脱殖民主义统治并处在正常发展条件之中——可以承认马克思关于俄国公社跨越资本主义卡夫丁峡谷向共产主义直接过渡的论述在东方国家具有普遍意义，那么应该说，在这个前提下马克思的论述就不只是对东方有普遍意义，而且对西方也是有普遍意义的，这一点本文在第一部分中已经阐述过了。

但是，如果考虑到，在马克思的时代，东方各国除俄国、印度等个别国家之外，其他多数国家正如马克思对西欧各国所说的情况一样，农村公社在历史上早已消失了，那么马克思所论述的俄国从农村公社向共产主义直接过渡的道路也就不带有东方的典型性，因此对东方各国的现实社会来说，就不具有普遍意义。

马克思论述俄国公社可以向共产主义直接过渡的立论根据之一，是俄国公社的"基本特征"，即土地公有制。马克思所说的"直接过渡"，就是指从原始的土地公有制向高级的共产主义公有制过渡："土地公有制使它有可能直接地、逐步地把小土地个体耕作变为集体耕作。"[①]这种"直接过渡"的意义在于，它是在公有制的两种形式之间的过渡，其间不经过私有制形式，因此才叫作"跨越"。马克思指出，从农村公社向共产主义直接过渡，它所跨越的是包括奴隶制、农奴制以及资本主义制度在内的"一系列"私有制社会。[②]由于当时的俄国处在原始土地公有制和共产主义公有制之间，是正在向私有制的最后形式即资本主义私有制形式发展的阶段，因此在俄国从前者向后者直接过渡只需跨越最后一种私有制形式。

然而那些现在已不存在农村公社的东方国家，只能处在或是奴隶制的或是封建的或是资本主义的或是半封建半资本主义的社会阶段，在这些国家里向共产主义过渡，不论从哪一个社会阶段起步，都是从一种私有制开始，而不是以公有制为起点。不从公有制起步向共产主义过渡，就不是马克思所论述的"直接过渡"，尽管有某个还不曾进入或没有充分发展资本主义的国家由于向共产主义过渡而阻断了资本主义的发展，这也并不是严格确切意义上的"直接过渡"，当然也就无所谓"跨越"。

因此在这里必须指出一个严重的理论混淆，就是把中国选择社会主义

---

① 马克思、恩格斯：《马克思恩格斯全集》第19卷，第435页。
② 马克思、恩格斯：《马克思恩格斯全集》第19卷，第450页。

道路而没有走上资本主义发展道路说成是跨越了资本主义卡夫丁峡谷。应该说明，在中国进行社会主义革命由于并没有现成的几种公有制作为出发点，因此这一革命不是从一种公有制向另一种公有制"直接过渡"，当然就不是马克思论述的那种"跨越资本主义卡夫丁峡谷"。至于我们通常所说中国避免了资本主义道路这一点则是完全不同的另外一个理论问题，对于这另一个问题是否可叫作超越资本主义阶段固然可以讨论，但是无论如何也不是马克思所说的"直接过渡"，因而，绝不能混同于马克思的"跨越卡夫丁峡谷"的理论。也正是基于这一理解，同样不能把当前中国社会主义建设采取引进资本主义国家先进技术的政策，附会于马克思的这一理论。

参考文献：

[1]马克思、恩格斯：《马克思恩格斯全集》第 19 卷，北京：人民出版社，1963 年。

[2]马克思、恩格斯：《马克思恩格斯全集》第 22 卷，北京：人民出版社，1965 年。

（本文原载于《现代哲学》1991 年第 2 期）

认识的生成论理解

封毓昌

认识是人的认识，是对对象客体的认识。人之所以能认识，在于人有意识，能思维。这种所谓认识也就成了一个意识、思维和对象客体的关系问题。哲学从产生之日起，就不得不思考这个问题，研究这个问题。到了近代，哲学家们更把这个问题作为最重要的基本问题提了出来。最初人们遵从固有的思维方式，习惯地将意识、思维以及对象客体作为既有的存在，然后依据意识、思维和对象客体的状况去思考作为它们之间关系的认识。假如思维和对象客体是既有的存在，它们之间关系变化的可能性空间也就是可以划定的。既然如此，人们依照先行决定后继的原则，就可以逻辑地确定认识发展、变化的轨迹，建构自己的认识论。随着研究的深入，人们开始思考这样一个问题，即认识的变化发展对主体思维以及对对象客体有什么意义？它对主体思维、对对象世界有什么影响？这里有一个不容抹煞的事实是，随着认识的发展，人的主体世界会得到充实，认识能力会提高，视野会扩大：随着主观世界的变化，认识所指向的对象会转移，对象范围会扩大。这样，随着认识的变化、发展，主体思维自身以及它的对象世界会变得越来越不同，它们根本不是固定不变的东西。既然如此，由主体思维和对象客体既有的状况逻辑地确定认识发展的轨迹，也就只能是一种幻想。也就是说，认识以及主体思维、对象客体的状况，虽然是先行状况发展而来的，但后继的状况却并不是先行状况完全决定了的。结论只能是，认识是一个不断创造、不断超越的过程，认识以及主体、客体都处在不停的建构之中，都是生成着的东西。现代哲学家的大多数，对这个问题都作了肯定的回答，马克思也作了肯定的回答。所不同的是，在主体和客体的认识关系之外，马克思还发现了另外一种关系即主体和客体之间的劳动实践关系，发现了这两种关系的关系。假如说，主体与客体的关系，在其他哲学家那里是一重的认识关系的话，而在马克思那里，主体和客体的关系则是双重的，是主体与客体的实践关系结构与认识关系结构的同一。

一、人的生成和认识的生成

认识论的任务是研究认识自身的规定、特质，发现认识的运行机制，把握认识过程的规律。但认识论研究和其他研究一样，都是有前提的。认识是主体人的认识，脱离开人的存在，任何认识都不可能发生。这样主体人就成了认识论所要确定的第一个前提。另外，既要认识，就要有相应的对象客体。对象客体是认识论所要确定的第二个前提。在确定了这两个前提之后，才能确定认识自身。

旧唯物主义用生物学的观点去理解人，把人看作一种动物。这种观点遭到现代哲学家的一致批判。动物以自然物满足自己的需要，生活在自然环境中，与自然界处在直接的同一之中。大自然没有给人准备下既成的生活环境，本然的自然界不是人的生活之所，人和大自然处在对立之中。人要生存，唯一的出路是运用并发展自己的能力，改造自然，创造满足自己生活的产品，创造适合自己生活的环境，这就是劳动。人正是靠了劳动，创造出与自然过程相区别的社会过程，把自己从动物中提升出来，有了自己的历史。人就是人的生活，人的生活怎样，人也就怎样。而人创造了自己的生活，人生活在自己创造的环境之中。在这个意义上，人自己创造了自己。创造人们生活的劳动实践是处在创造、超越中的不断生成着的，人们的生活是不断生成着的，主体人也是不断生成着的。马克思说："整个所谓世界历史不外是人通过人的劳动而诞生的过程。"[①]

劳动实践不仅使人成为主体，把人同动物区别开来，而且把人的世界同动物的世界完全区别开来。劳动是一种功能，是指向外部世界的力量。通过劳动，人把荒原改造成肥沃的耕地，把野生的动物驯化成家畜，把野生植物培养成农作物；通过劳动，人们改变了山川、河流的面貌，建起了住所，发展了交通，在物质的自然界的基础上创造出适合自己生存的环境。没有先在的物质的自然界，人固然不能生产出满足自己需要的产品，不会

---

① 马克思、恩格斯：《马克思恩格斯全集》第42卷，北京：人民出版社，1979年，第131页。

创造适合自己生存的环境，但没有劳动，人就不能占有自然，自然不会为人所用。假如说，人们生活的环境也还算是一种自然界的话，它也是已经改变了面貌的自然界，是人将自己的本质力量灌注于其中的人化了的、和人的本质相统一的自然界，是一个属人的世界。这个属人的世界，是人的唯一的对象世界，只有它才是人们所要认识的现实的对象。人们的劳动实践是不断生成着的，不言而喻，它所创造的世界也是不断变化着的，生成着的。在这里，后继的发展同样要以先行的发展所达到的高度为起点，后继的东西与先行的东西有着密切的联系，而后继东西的状况又不是先行状况完全决定的。人们的认识所面临的对象世界，是一个开放的世界，不是静止的、不动的、封闭的世界。

主体人和认识的对象世界是认识的前提，没有这样的前提，认识无以发生。但认识的前提还不是认识本身。为了把握认识的本质规定，尚需进一步考察认识本身。

按照国内学界流行的说法，认识是在人的意识中观念地反映客观现实的过程及其结果，或认识是对客观存在的反映。这种说法假定着意识的存在。为了说明意识存在，哲学家们沿着法国唯物主义者狄德罗的思路，说物质世界普遍存在着跟感觉相类似的反应特性。随着生命的出现，产生了生命特有的反应形式——刺激感应。生命由低级向高级发展，反应形式也不断变化，到了人，有了大脑，也就有了反映对象客体的意识。这里所遵循的原则是由某物的可能性证明某物的现实性。这种方法，并不是哲学家的发明，它最早出现在生物学的研究中，用来说明生物体的遗传和变异。这种观点，在现代生物学中已经遭到驳斥。现代生物学发现，基因是控制生物性状的遗传物质的功能单位和结构单位，每一物种的遗传物质都是基因可能组合的一种。尽管如此，人们却无法用基因组合的可能去证明任何一个物种的现实性，因为基因组合的可能方式是算不完的。用可能性什么也说明不了。对主体人，对人的意识，只能像马克思那样，从现实出发，而不是从可能出发。

现实是，人们的实践活动是受目的和意识支配的，意识和意识的活动现实地存在于人的实践活动之中；现实的是，人们生活在其中的世界是人们有意识有目的活动的结果，"是一本打开了的关于人的本质力量的书，是感性地摆在我们面前的人的心理学"①。人们的实践活动以及作为这种活动结果的人们生活在其中的世界，是我们理解和探讨意识的本质和活动机制的唯一可靠的基础。正如前述，人和动物不同，动物和自然界处在直接统一之中，动物的机体是自然界赋予的，它一生下来就获得了全部生活能力，所以它不需要劳神去了解自己是什么，自己需要什么，也不需要知道周围环境怎么样。人却不同，大自然没有给准备下满足需要的物品和相应的生活环境，也没有规定下人应有的活动方式。假如说生命活动对动物不是个问题，而对人则成为不得不认真对待的问题，成了人的对象。马克思说："动物不把自己同自己的生命活动区分开来。它就是这种生命活动。人则使自己的生命活动本身变成自己的意志和意识的对象。"②因为与自然界的直接统一，动物作为一个浑然的整体存在。相反，因为与自然界的对立，人将自己同自己生命活动区分开来，成为"二分主义者"。人处在与自然的对立之中，不能顺应自然，而他又要生活，在此只有一条路可走，即改造自然界，使之变得符合自己的需要。为了有效地改造自然，就不得不了解自然，为了使自然界变得符合自己的本性、需要，人又必须去了解自己的本性和需要。正是基于这种生存的需要，经过漫长的历史年代，类人猿的仅仅表达欲望的心理逐步演化为表达人的需要和对象的意识。类人猿向人演化的过程，是动物逐步人化的过程，同时也是动物心理意识化的过程。最初的意识是一种本能意识。马克思、恩格斯指出，最初受人对自然的狭隘关系限制，意识是一种纯粹的"畜群意识"；在此时，"人和绵羊不同的地方只在于：意识代替了他的本能，或者说他的本能是被意识到了的本能"。③而本能一旦被意识到就成了一份持久的精神财富。人们会经常想到它，想到和它相关的对象物，成为一种持久的刺激。

　　意识到的本能或本能的意识，是最早的自我意识。人既意识到了自我，又要同生活的环境发生关系，人对环境的关系也就成了被意识所中介了的。马克思、恩格斯说："我对我的环境的关系是我的意识。"④意识的中介作用，把人对环境的关系同动物对环境的关系彻底区分开来。动物与自然界的关系是无中介的，它对外部刺激的应答是直接的，其活动是直接由需要

---

① 马克思、恩格斯：《马克思恩格斯全集》第 42 卷，第 127 页。

② 马克思、恩格斯：《马克思恩格斯全集》第 42 卷，第 96 页。

③ 马克思、恩格斯：《马克思恩格斯全集》第 3 卷，北京：人民出版社，1960 年，第 35 页。

④ 马克思、恩格斯：《马克思恩格斯全集》第 3 卷，第 34 页注 2。

决定的。而在人，外物的刺激先转化为思想，然后才对人发挥作用；人对外部的作用也不是直接由自己的需要决定的，而是由思想意志决定的。马克思说："动物只是在直接的肉体需要的支配下生产，而人甚至不受肉体需要的支配也进行生产，并且只有在不受这种需要的支配时才进行真正的生产；动物只生产自身，而人再生产整个自然界；动物的产品直接同它的肉体相联系，而人则自由地对待自己的产品。动物只是按照它所属的那个种的尺度和需要来建造，而人却懂得按照任何一个种的尺度来进行生产。"①

意识既然是人同外部环境发生关系和进行交往的中介，那么它也就是一种活动或行动。活动总是指向对象的，当意识指向对象时，它已经是认识。马克思指出："意识的存在方式，以及对意识说来某个东西的存在方式，这就是知识。知识是意识的唯一的行动。"②意识在活动，也就在认识。反过来说，认识也就是意识的活动。又因为意识的活动总是指向对象的，我们又可以说，认识是意识的存在方式。意识和作为它的活动与存在方式的认识，是一起生成的。意识的生成也就是认识的生成与实现。那种先讨论意识的产生、生成，然后再思考认识形成和实现的想法和做法，是旧的二元对立思维方式的残余。

其实，在人出现在这个世界之前，在人的活动之外，主体与客体、思维与存在的区别根本不存在。只是人作为与自然的对立物出现之后，其生活成为问题，它必须把自己的生命活动作为自己的对象并把它创造出来，主体与客体、思维与存在的区别和对立才成为现实，或者说，是因为人这个以自己的生命活动为对象的"二分主义者"出现在地球上之后，才有主体与客体、思维与存在的区别和对立。

二、人的生成方式的分化和认识现象领域的划分

作为人类存在方式的实践，是有意识的对象性活动，是人的全部本质、本质力量之所在。意识性和对象性作为实践活动的两个方面，它们分有着人的本质，它们都是一个人的本质全息点，它们是统一的。正如一个机体

---

① 马克思、恩格斯：《马克思恩格斯全集》第42卷，第97页。
② 马克思、恩格斯：《马克思恩格斯全集》第42卷，第170页。

的不同器官或不同细胞，虽然都是机体的一个全息点，但因为它们在整体结构中的地位不同，它们的活动方式、机能彼此区别一样，实践活动中的意识活动和对象活动亦是彼此区别的。实践活动的对象性方面即实践中的对象活动，总是在确定的时间和空间中进行的。对它来说，空间是物理空间，有三个量度；时间是物理时间，有一个量度。意识活动不同，它在人的头脑里进行，却不受时间空间的限制。意识的触角可以伸展到世界的任何一个角落，人在斗室之中可以思考亿万光年以外的天体，亦可以想象以人的视线所不及的微观物体的结构。意识活动的空间是时间，而它的时间不是物理时间，而是历史时间。意识现在在活动，处在现在之中，可它知道现在是从过去发展来的，过去发生的东西就在它的知之中并参与现在的过程；在它那里，现在也不停留于自己，它正指向未来。对意识而言，过去、未来同时集中在现时刻之中，时间的过去、现在、未来同时存在。意识活动中有历史，历史就表现在意识活动中。这正如马克思所说："历史是在人的意识中反映出来的。"①动物没有意识，也就没有历史，它只生活在现时刻之中。正因为如此，那些没有历史观念的人总是表现出某种动物性，而在某些罪犯身上的动物性表现，也总是非历史的。人的意识活动和对象性活动，同是从人的实践中分化出来的活动，而它们又迥然不同。

人的意识性活动和对象性活动尽管是相区别的，但它们毕竟是统一的人的活动的两个方面，本质上是统一的。这种统一，在原始时代就具体体现在每个社会成员的活动之中。到了文明时代，出现了体力劳动和脑力劳动的分工，人们的对象性活动和意识活动陷入尖锐的对立之中。也就在这个时候，哲学诞生了。当哲学家思考人们的意识活动和对象性活动的关系的时候，直接面对的是彼此对立的两部分人的活动，两种活动的统一成为难以寻觅的东西。到了17世纪，它以思维与存在尖锐对立的形式出现在人们面前，思维对存在的关系也就成了认识论乃至整个哲学的基本问题。

思维与存在的矛盾，是意识活动中的矛盾。历史上的哲学家就意识活动的范围讨论它们、规定它们，全然作为一个理论问题来对待，在理论中寻找思维与存在同一的理论基础。而理论只是意识的代名词，至多是意识活动中的一种。马克思主义在哲学上引起的根本变革就是将思维与存在的矛盾和同一的基础还给引起主客体分化的人的活动自身，还给作为人的存

---

① 马克思、恩格斯：《马克思恩格斯全集》第42卷，第169页。

在方式的实践，在实践基础上解决思维与存在的矛盾。实践之作为人的存在方式是人改造外部世界的过程，其中包含着矛盾，这个矛盾就是主体与客体的矛盾。当马克思将实践引入认识论的时候，也就把主体与客体的矛盾问题带入了认识论。与历史上只在理论范围探讨思维与存在的关系的认识论不同，马克思主义认为，首先是主体与客体的关系，然后才是思维与存在的关系。也就是说，马克思主义认识论认为，在人们的认识中除了思维与存在的矛盾之外，更重要的是主体与客体的矛盾。

前面我们考察实践活动的意识性和对象性，分析它们的不同特点，研究它们在不同时空进行，那种研究对意识活动来说较为合适，而对对象性活动来说，并不十分贴切。因为对人来说，可以有不包括物质生产内容的意识活动，却从不存在不包括意识活动的对象性活动，人的对象性活动从来就是有目的的，受意志支配的。马克思说："正如在自然机体中头和手组成一体一样，劳动过程把脑力劳动和体力劳动结合在一起了。"①就这一点而言，对象性的劳动实践，更具全面性，高于实践活动之外的意识活动。

通常所说的理论、理论认识，其作用于在揭示、反映客观真实情况，是一种求真意识。实践活动的目的在于获得物质产品、满足人们的需要，在于创造价值，是一种价值意识。为了与其他意识样式相区别，可以把这种作为对象性实践活动支配力量的意识称作实践意识（这是一种狭义的实践意识）。因为实践是人的存在方式，人们的意识是作为实践意识而产生的，所有的意识样式都是最初的实践意识中分化的结果，本质上都是实践的。实践意识渗透于人们对象性实践活动之中，但它在实践活动之前有自己的存在。人类实践活动的特征是它的自觉性、目的性。人们实践活动的目的是根据需要确定的，作为实践活动最后结果的产品，是在实践活动开始之前就规定了的。马克思说："劳动过程结束时得到的结果，在这个过程开始时就已经在劳动者的表象中存在着，即已经观念地存在着。"②这样，同一个劳动产品，就有了两种存在，即观念的存在和现实的存在；两个生产过程，一是观念产品的生产过程，一是现实的产品的生产过程。观念产品的生产过程，也就是现实的实践过程之外的实践意识过程。与其他意识样式相较，实践意识具有双重的性质，一方面它具有渗透于对象性实践活动之

---

① 马克思、恩格斯：《马克思恩格斯全集》第 23 卷，北京：人民出版社，1972 年，第 555 页。
② 马克思、恩格斯：《马克思恩格斯全集》第 23 卷，第 202 页。

中的特殊性；另一方面它和其他任何意识一样，在对象性实践活动之外有着自己的存在。实践意识是一种中介性存在。正是有了这种中介，超时空的意识活动同现实的在特定时空中进行的实践活动连成了一体，成为统一的人的活动。马克思把实践纳入认识论研究范围，实际是把中介性的实践意识纳入了认识论的研究范围。也正是借助实践意识把握了非对象性的意识过程和对象性的实践过程的统一的时候，我们才能现实地在实践基础上讨论一切认识论问题。

实践意识，作为主体与客体矛盾的反映，它必须在观念上把握主体与客体的同一，否则它就不足以支配劳动实践在现实上实现主体与客体的同一，或者说，它就不足以保证劳动实践达到目的，取得成功。而要在观念中实现主体与客体的同一，其前提是了解、把握客体自身的规律和尺度，同时了解、把握主体自身的本质和尺度。这就提出了认识主体自身和认识客观对象的任务。认识主体自身的问题，是自我意识问题；认识客观对象的问题，是对象意识问题。这样，在认识论面前就有了三种意识样式，即自我意识、对象意识，以及作为它们的统一的实践意识。这三种意识样式，恰好构成了马克思主义认识论研究的三个现象领域。传统认识论只研究了一种意识现象，即对象意识。而对象意识是一种求真意识，因此，传统认识论把认识、把握客观真理作为自己的全部任务。马克思主义不同，在对象意识即求真意识之外，同时将自我意识和实践意识纳入认识论的研究之中，进而将人们的全部认识归结为实践意识的形成，突破了把认识归结为知识论的传统观点。

三、人生成的逻辑和认识的逻辑

人作为天生的二分主义者，他把自己的生命活动作为自己的对象，通过自己的生命活动和自己改造的对象反观自己、意识自己，形成自我意识、自我观念。正是有了自我意识、自我观念，人使自己的活动成为受自己的意识和意志支配的有目的的活动。有了自觉目的的介入，人的活动突破了种的限制，开启了一个可能的世界，使他可以按照任何尺度去生产。对人说来，按照目的去活动，也就是依照人的需要、价值和情趣，一句话，按照人的本性去审视世界，改造世界，使之符合人的需要。恩格斯说："人……

要了解自己本身，使自己成为衡量一切生活关系的尺度，按照自己的本质去估价这些关系，真正依照人的方式，根据自己本性的需要，来安排世界。"①安排世界的过程，是依照人的本性、人的需要进行的，人是出发点。又因为这个过程是人依照自己的目的和意志进行的，那么，重新安排了的世界，也就是人的本质力量的确证，人的对象性存在。这样，安排世界的过程也就呈现为一个由人的自我出发，经过人的对象性活动即人的他在，又回到自我的循环。这个循环是人自己创造自己生活的逻辑，也是人的自我实现、自我生成的逻辑。这个逻辑表明，人之成为人，在于他中介着运动，中介着自我实现的过程，也就在这个过程中，人成为为我的存在物，成为顶天立地的主体。所谓人的主体性，只能是人的自我生成性、自我实现性、自我完成性。脱离开人的自我生成的逻辑，所谓人的主体性，只能是一个空洞的抽象。

我们曾指出，实践作为人的生成方式是二分的，有其意识性活动方面和对象性活动方面，由于两者有着不同的时空特性，它们分化为两个相对立的过程，即意识活动过程和对象性活动过程。但人和人的生成方式是统一的，由作为人的生成方式的实践活动中分化出来的意识过程和对象性过程，它们只能是人的过程，即人的意识过程和人的对象性活动过程，而且它们的逻辑，只能是人的生成的逻辑。人的对象性活动的逻辑，只能是从人的对象性的自我出发，经过人的对象性自我的他在，然后回到人的对象性的自我的循环；人的意识活动的逻辑，只能是从人的意识的自我出发，经过人的意识的他在，再重新回到意识的自我的循环。这是两个有着不同的起点和终点的逻辑循环，后者是人的精神生活世界生成的逻辑，前者是人的物质生活世界生成的逻辑。人们所说的认识，就属于人的意识生成的过程，它遵循着从意识的自我，经过自己的他在，然后回到意识的自我的逻辑。

就人的自我意识而言，就人对自我的认识而言，这一过程是从意识的自我出发，经过对对象自我的考察研究，然后再回到新的对自我的意识和认识，其中贯串着的矛盾是意识的自我和对象的自我的矛盾。这里作为出发点的自我并不是空洞的抽象，它是以往人的意识生成过程全部成果的凝结，是历史发展的结果。正是依赖以往所获得的一切，人的意识去分析、

---

① 马克思、恩格斯：《马克思恩格斯全集》第 1 卷，北京：人民出版社，1956 年，第 651 页。

观察自己眼前的人的对象性存在，确证自我，同时发现自我，发现人的潜能、人的未来。通过对象性的自我分析，所得到的具体成果，一是对人的需要的把握，一是对人的本质力量的把握，然后经过对已经把握了的人的需要和人的本质力量的结合，提出自己的理想目标，作为评价和处理各种关系的尺度。人是生成着的人，人的需要是个变量，人的本质力量也是个变量，人不会有永恒的不变的理想。但在一个特定的时代，人的需要是相对确定的，因此人的理想目标也会有个合理的限度。

对象意识的对象，不是泛指人的对象性存在，它所指的是人们的实践活动正在或将要改造的对象，它可以是人们已经加工改造过的对象，也可以是尚未加工过的将要纳入实践过程中的对象。尽管一种现象只有人将自己的需要和本质投射到上面时才是现实的认识对象，但意识、认识在这里的任务，不是在对象中发现人的自我，而是发现对象自身的本质、规律，把握它同其他对象物发生关系的尺度。对象意识或对对象认识的出发点，是以往人们对外部世界积累的全部认识成果，其中介是客观对象，其终点是对对象客观尺度的把握，其中的矛盾是思维与存在的矛盾，所达到的同一是主观服从客观的同一，其原则是客观性原则。传统认识论所研究的主要是对象意识，特别是自然科学对自然界的认识，它把这种认识作为人的认识的全部。因此，在它看来，所谓认识也就是对外部对象的认识。认识论也就是知识论、真理论。

实践意识比较特殊。人的实践活动的本质特征是自觉性，受人的意识和意志支配。所谓实践意识是作为实践活动的支配力量诞生的。但与一个特定的实践意识相应的特定的实践过程并不是出现在实践意识形成之前，而是在它之后。关于修建一条铁路、一项水利工程的实践意识，是在铁路、水利工程的实施之前形成的，而不是在它之后形成的。在这里，实践意识不是现实的实践过程的反映者，而首先是实践过程的设计者、创造者。当实践过程开始进行的时候，它又成了支配者。这并不是说实践意识没有自己的对象中介，它有自己的中介，这就是自我意识所提供的主体的需要和本质力量、主体的理想目标，以及对象意识所提供的关于客体自身的本质和规律的认识。实践意识就是依据主体的需要、本质力量和客观对象的实际，构想能最大限度满足主体现实需要的实践过程。其中，人的需要是能动的，人的本质力量是能动的，被改造的对象一般说来是比较确定的因素，但它一加入实践过程，随即就成了一个变量。因此，对实践过程的设计，是一个复杂的过程，它要依据人的需要和本质力量去确定被改造对象，又要依据人的需要和被改造对象的实际去确定主体力量的调配和使用，最后要根据人的本质力量和对象的实际去确定如何以最佳方式、最大限度地满足人的需要，如此等等。在这里，实践活动所要改造的对象、所使用的本质力量和所要满足的需要，是在它们的相互制约关系中共同确定下来的，但其中人的需要是中心环节。实践意识的任务归结到一点，是依据人的需要、本质力量和被改造对象的实际，为未来的实践提出一个明确的作为最后结果的目的，这个目的实现能满足人的某种或某些需要。实践意识在自己的运动中所遵循的是主体性原则，是客观尺度服从主观尺度。人们的实践指向的是一个可能的世界，所谓的目的是人选择的结果。因此，在这里所谓以最佳方式、最大限度地满足人的需要，只具有相对的意义。

按照常规，是认识、意识去符合对象，而实践意识却要让未来的实践活动和最后结果去符合自己，把它叫作认识的话，它也是一种超前认识。它对未来的实践活动，具有先验的性质，它是实践活动之前的一种思想的实践或思想的实验。它作为思想实验，实践意识也有"加工"，也有"生产"。它"加工"的材料是对象意识和自我意识所获得的思想成果，它生产的是"观念产品"。人们通常把对思想的再思想、再加工，称作反思。从这个角度上说，实践意识也是一种反思。区别在于，通常的反思是思想的再生产，且仅仅是思想的再生产，而实践意识的反思，不是得出一般的思想，而在于得出用于支配物质生产的思想。假如我们把意识的自我生成过程，称作精神生活的再生产，而把人的对象性活动称作人的物质生活的再生产的话，那么，实践意识就是精神生产和物质生产彼此联系的纽带。前面我们曾指出，人的意识活动和对象性活动互为中介。现在应当进一步指出，正是有了实践意识，它们互为中介的矛盾运动，才成为现实。

在行文中，多次出现"从自我出发""回到自我"的字样，这个"我"正是生成着的"我"。任何时代的"我"都是历史发展的结果，历史使"我"成为现在的"我"，这个"我"凝结着历史所给予的一切。但历史所给予的一切并不就是"我"的一切，因为"我"正在对历史所给予的一切进行反思，正在思想中对历史所给予的一切进行重组，进行再生产。虽说这只是思想范围内的再生产，但它确实正在思想范围内改变着历史所给予"我"的一切，更何况，人从来不会让自己的观念停留于自己，一定要把它对象化。而观念一旦对象化，也就是对象性"我"的再生产。在这里，作为出发点和复归点的"我"，是自我二分的"我"、自我关照的"我"，因此，他造成了一个自我实现的过程，从而成为主体。

参考文献：

[1]马克思、恩格斯：《马克思恩格斯全集》第 42 卷，北京：人民出版社，1979 年。

[2]马克思、恩格斯：《马克思恩格斯全集》第 3 卷，北京：人民出版社，1960 年。

[3]马克思、恩格斯：《马克思恩格斯全集》第 23 卷，北京：人民出版社，1972 年。

[4]马克思、恩格斯：《马克思恩格斯全集》第 1 卷，北京：人民出版社，1956 年。

（本文原载于《中共中央党校学报》1999 年第 2 期）

"新时代政治思维方式研究丛书"总序

陈晏清

  党的十八届三中全会决议提出:"把完善和发展中国特色社会主义制度,推进国家治理体系和治理能力的现代化作为全面深化改革的总目标。"这是党中央在新时期推进中国社会改革和建设的伟大战略部署,是习近平新时代中国特色社会主义思想的重要组成部分。

  国家治理就是国家秩序、社会秩序的建构,在广义上就是政治建设。实现这个目标,依赖于高超的政治智慧,特别是正确的政治思维方式。国家治理现代化问题的提出,表明我们国家的社会治理已经逐渐由传统的自上而下的国家统治向更加复杂的现代社会治理转变。与此相适应,一些重要的政治观念及建立于其上的政治思维方式也应随之变更。基于这些考虑,我们选择了"新时代政治思维方式"的研究课题,并获准列入天津市社科规划重大委托项目。这套丛书就是这个课题研究的最终成果。

  政治思维方式的研究是一种政治哲学的研究。马克思创立的政治哲学可以理解为一种基于事实与价值相统一的理想性政治哲学,它主要是对资本主义社会政治的批判,没有也不可能有关于社会主义制度下政治活动的系统性哲学阐释。在现时代,我们无疑应在承续这种理想性政治哲学批判性传统的同时,着力建设一种适应于现实生活的现实性政治哲学,即基于事实与价值相统一的建构性的马克思主义政治哲学。这套丛书的写作和出版,就是朝着这个学术目标所作的一种努力。因此,在这里,我想结合这套丛书的设计、研究和写作过程中的一些问题及其解决之道,就研究和建构现实性马克思主义政治哲学中的几个重要问题,谈谈我的一些初步认识,以作为这套丛书的序言。

一、"政治"概念的澄明

古往今来，特别是近代以来，出现了各种"政治"定义，但相互之间没有公度性，几乎不可通用。究其原因，主要在于两个方面：一是各种政治学说的学术旨趣不同，或理论视角不同，因而对于"政治"的本质的理解和阐释也就不同；二是现实社会政治生活的变化较快，"政治"概念的外延不确定，相应地，它的内涵也难以确定，现代社会尤其如此。这使得政治思想的研究和对话、交流都不可避免地存在着逻辑上的障碍。我们过去使用的"政治"概念，是列宁的"政治"定义（政治就是各阶级之间的斗争），这在阶级社会是正确的、适用的，即使在现时代，对于某些重要的政治现象的思考仍然必须运用阶级的观点，但从总体上说，这样的概念显然是不够用了。

现在对于政治的关注和研究成为哲学社会科学的热点，政治哲学和政治科学的研究都十分活跃，却极少有人试图根据变化了的社会政治生活重新定义"政治"。有些学者对原来使用的"政治"概念作了必要的修正和补充，这当然是非常有益的，而且目前来说也只能如此。在我看来，出于上面所说的原因，要作出一个可公度、可通用的"政治"定义仍是很困难的。但若没有对于"政治"的基本规定，研究工作便无所依循。这套丛书是一套政治哲学的研究著作。我想超出政治科学的视野，先从哲学上作些思考，将来如有可能的话再回到政治科学上来，这样或许可以提供一些新的研究线索。这里说的从哲学上思考，也不是企图作一个关于"政治"的哲学定义，而只是从哲学角度把握政治的一般规定，提供一个研究政治生活的观念框架。

按照马克思主义的人类活动论（或实践论）的哲学范式，哲学是对于人类自身活动的反思。人类是以自己能动地改变世界的活动来满足自己的需要的。人类生活有三大基本的需要：一是作为有生命的存在物，首先有生存的需要或物质生活资料的需要；二是作为社会性的存在物，有秩序的需要；三是作为有意识有思想的存在物，有意义的需要。满足物质生活资料需要的活动是物质生产活动或广义的经济活动，满足秩序需要的活动是广义的政治活动，而满足生活意义的需要的活动便是广义的文化活动，它们构成人类活动的三大基本领域，即经济、政治、文化的领域。哲学反思人类自身的活动，当然包括对于这三大基本活动及其相互关系的思考。而政治哲学作为哲学的一个重要分支，作为一种专门的哲学形式，它的主要任务正应当是对于现存秩序及其构成方式的合理性（主要是正义性）的批判性思考。这个看法，就是我作出国家治理是广义上的政治建设以及对于国家治理问题的哲学研究是一种政治哲学的研究这一论断的观念依据。这样的观念，同列宁的"政治"定义是可以相容的。在阶级社会，阶级斗争无疑是改变旧秩序、建设新秩序的根本途径。只是在我国剥削阶级作为一个阶级已不复存在，阶级矛盾已不是社会的主要矛盾，社会主义建设包括政治建设即社会秩序的建构和维护的活动，不再以阶级斗争为纲，因此，就国内政治来说，对于原来作为指导思想的"政治"概念需要有所澄清。

当然，说广义的政治活动是满足人类的秩序需要的活动，这是对于"政治"的最为一般即最为抽象的规定，还必须有一系列的补充说明，即作出一系列的限定。秩序普遍存在于自然界和人类社会中，进入"政治"范畴的只能是社会秩序。进一步说，即使在社会生活中，也不是任何一种秩序都与政治相关。人的一切活动都是需要有一定秩序的，这种"秩序"或"秩序性"同人的理性的运作直接相关，但有的只是同科学理性相关，只是一种技术上的要求，而同价值理性无涉，不关乎人们的利益关系的调整。例如，在经济活动中，任何一个具体的生产过程都是按照一定的操作规程有序地进行的，这种"秩序"与政治不相干，而宏观的经济运行秩序如市场秩序，则会涉及人们的利益关系，不仅影响经济活动，而且会影响整个社会生活。这样的秩序合理与否就具有政治的性质了，这是经济中的政治。政治视野里的秩序，主要是社会成员共同生活的公共秩序，它的最重要的内容或标志，就是形成能够组织、协调和控制社会共同生活的社会权力，并建立起社会个体对社会权力的服从关系。

公共秩序实际上就是调控和维护个体与共同体即个人与社会的关系的秩序。它的存在样态是由社会和人本身的发展状态决定的，是历史关系的产物。马克思指出："人的依赖关系（起初完全是自然发生的），是最初的社会形态。在这种形态下，人的生产能力只是在狭窄的范围内和孤立的地点上发展着。以物的依赖性为基础的人的独立性，是第二大形态，在这种形态下，才形成普遍的社会物质变换，全面的关系，多方面的需求以及全面的能力的体系。建立在个人全面发展和他们共同的社会生产能力成为他们的社会财富这一基础上的自由个性，是第三个阶段。第二个阶段为第三个阶段创造条件。"①马克思的这个论述，为我们研究社会秩序建构的历史类型提供了基本的指导线索。

就文明社会以来的历史考察而论,这第一个阶段即人的依赖性的阶段，是指的前市场经济社会。在这个阶段上，个体依附于共同体，没有个体的独立性；生产规模狭小，生产力水平低下，人们相互之间的经济交往和社会交往极不发达，因而社会关系十分狭隘和简单，基本上是一种以人身依附关系为基础的自上而下的统治和服从的线性关系；经济活动本身不可能起到对于社会个体活动的整合作用，公共秩序只能依靠超经济的力量特别是政治的强制性力量来建立和维持。这就是专制政治得以产生的社会基础。在这种社会形态下，人只是"一定的狭隘人群的附属物"。这种"狭隘人群"就是古代的共同体，如家族、公社、行会等。社会与国家一体，国家就是社会的共同体。皇帝、国王就是国家，皇权、王权就是秩序。所有的人包括那些小的共同体的首领和成员都是国家的臣民，都依附于国家，即依附于皇帝或国王。

第二个阶段是指市场经济社会。这个阶段上传统的共同体解体，人们解除了人身依附关系，成为独立的自主活动的主体；社会生产有了巨大的发展，生产规模不断扩大，日益成为社会化的大生产；随着商品经济的发展，人们相互之间的经济交往和社会交往也逐步发展起来，使整个社会关系越来越丰富和复杂，使从前的以人身依附关系为基础的线性的关系，逐步为以纯粹的经济利益关系为基础的、由错综复杂的横向交往所织成的非线性的网络式的关系所代替；社会化的生产和市场化的经济本身也对个体的活动具有整合的功能，社会秩序的建立和维护对于政治的强制性力量的依赖程度显然不如上述第一个阶段那么高，而主要依靠强力支撑的专制政治在客观上也已不适合于管理一个社会关系日益复杂的商品社会。这就是近代资产阶级民主政治兴起的社会基础。这里需要特别注意的是，马克思讲的第二个阶段的人的独立性是"以物的依赖性为基础的人的独立性"。这种"独立性"，只是说个人已解脱了人身依附，由人的依赖性变成了物的依赖性。这个"物"不是指的自然物，而是社会关系的物化，或物化的社会

---

① 马克思:《经济学手稿（1857—1858）》,《马克思恩格斯全集》第 46 卷（上），北京：人民出版社，1979 年，第 104 页。

关系。"物的依赖性无非是与外表上独立的个人相对立的独立的社会关系，也就是与这些个人本身相对立而独立化的、他们相互间的生产关系。"①由人的依赖性转变到物的依赖性，不过是由"人的限制即个人受他人限制"转变为"物的限制即个人受不以他人为转移并独立存在的关系的限制"。②本来是人在自己的活动中创造的并作为自己活动的社会形式的社会关系，又反过来限制人的活动，并成为支配人的力量，这也是一种异化，即社会关系的异化。在以交换价值为基础的市场经济社会，"个人的产品或活动必须先转化为交换价值的形式，转化为货币，才能通过这种物的形式取得和表明自己的社会权力"③。所以马克思说，这种个人是"在衣袋里装着自己的社会权力"④，谁的腰包越鼓，谁的社会权力就越大。而且，按照市场经济自身的逻辑，它的自发发展的逻辑，必定是一部分人即少数人的腰包越来越鼓，另一部分人即大多数人的腰包越来越相对缩小的两极分化的趋势。所以，资本主义的市场社会，就是一个信奉货币万能、金钱万能的社会。这个社会中人的独立性，如马克思所说是"外表上"的，即形式上的，这个社会中表现人的独立性的一些基本的社会价值如平等、自由、民主等，也就都只能是形式上的，而不能是事实上的或实质上的。我们只有按照马克思主义的观点，这样去理解所谓"以物的依赖性为基础的人的独立性"，理解这个社会的社会关系的性质，理解以此为基础和依据的社会秩序的构成方式，才能真正理解资本主义市场经济社会的政治。

第三个阶段就是指共产主义社会（社会主义是它的低级阶段）。在这个阶段，既消除了人的依赖性，也消除了物的依赖性，而是在个人全面发展基础上的自由个性；人们的社会结合方式是在共同占有和共同控制生产资料基础上的自由人联合体。这第三阶段同第二阶段的根本性的区别就在于人不再受物化的社会关系的支配，而是能够支配自己的社会关系，因而能够支配和控制自己的生存条件，成为自己的社会结合的主人。正是在这个意义上，恩格斯把从第二个阶段向第三个阶段的转变，称为"人类从必然

---

① 马克思：《政治经济学批判》，《马克思恩格斯全集》第 46 卷（上），北京：人民出版社，1979年，第 111 页。

② 马克思：《政治经济学批判》，《马克思恩格斯全集》第 46 卷（上），第 110 页。

③ 马克思：《政治经济学批判》，《马克思恩格斯全集》第 46 卷（上），第 105 页。

④ 马克思：《政治经济学批判》，《马克思恩格斯全集》第 46 卷（上），第 103 页。

王国进入自由王国的飞跃"①。

中国已经建立了社会主义制度，就表明中国已经进入了马克思说的人类社会发展的第三阶段，尽管现在仍处在这个阶段的初始时期。决不可因为中国现在仍在发展市场经济，就认为中国同其他没有建立社会主义制度的市场经济国家处在相同的发展阶段上。如果这样认为，那就是一种明显的错误认识，而且是一种政治思考的前提性错误。马克思说"第二个阶段为第三个阶段创造条件"，但由于历史的原因，中国社会的第二个阶段即市场经济社会的阶段没有获得充分的发展，即没有为中国社会进入第三个阶段准备好充分的条件。这正是中国的社会主义社会必须经历一个漫长的初级阶段的原因。中国需要在社会主义的初级阶段，运用社会主义制度的优势，发展市场经济，为自己在第三个阶段内的发展创造条件。市场经济是人类社会的发展不可超脱的历史阶段。"全面发展的个人……不是自然的产物，而是历史的产物。要使这种个性成为可能，能力的发展就要达到一定的程度和全面性，这正是以建立在交换价值基础上的生产为前提的，这种生产才在产生出同自己和同别人的普遍异化的同时，也产生出个人关系和个人能力的普遍性和全面性。"②没有以交换价值为基础的市场经济的发展，就不会有普遍的社会物质变换和社会交往活动，不会有丰富的社会关系，当然也就不会产生出个人关系和个人能力的普遍性和全面性，不会产生出马克思说的"自由个性"，不会具备人类社会在第三阶段运行的前提和条件。因此，我国在现阶段，在整个社会主义初级阶段，政治建设的基本任务，就其主要之点来说，就是建立和完善同社会主义市场经济的发展相适应的社会秩序，保证社会主义市场经济的健康发展。一方面，坚持社会主义方向，依靠市场经济的发展，建立起社会主义的强大物质基础，积累社会文明进步的种种积极成果；另一方面，发挥社会主义政治上层建筑干预、引导和规范市场经济的作用，矫正和克服市场经济的自发性，最大限度地防止市场经济的消极后果。这种思考，也正是这套丛书各卷立论的依据和基础。

上述关于政治的理解，是笼统了一些，但可公度性、可通用性增强了。各种政治学说的理论立场、理论观点可能不同甚至互相对立，但可以是讨

---

① 恩格斯：《反杜林论》，《马克思恩格斯选集》第 3 卷，北京：人民出版社，1995 年，第 634 页。

② 马克思：《政治经济学批判》，《马克思恩格斯全集》第 46 卷（上），第 108-109 页。

论同一个问题，而不至于各吹各的调。这样理解的"政治"是可以持续研究的，不用担心什么时候会停滞乃至消失。将来，阶级在全球范围内消灭了，国家消亡了，政治会不会也随之消失？议论这样的问题还为时尚早，但有一点可以肯定，即人类生活对于秩序的需要永远不会消失。人总是社会中的个人，总要结成一定的社会关系才能活动，也就总会有社会关系的维护和调整，社会总会要有规范，总会有权威和服从，等等。人类将来会在一种什么性质的秩序下生活？这倒是可以引用马克思在谈论"自由王国"问题时说的话来表达：社会化的人，将"在最无愧于和最适合于他们的人类本性"[1]的秩序下生产和生活。这同马克思关于人类解放的思想在精神实质上是完全一致的。毫无疑问，这个伟大目标的最终实现，还需要经过一个漫长的、艰巨的社会改造过程。但这是我们不可动摇的信念和理想。我们现在所做的一切都是朝向这个目标的努力。所谓现实性政治哲学的研究，就是要把握这一价值目标在现阶段实现的可能程度，探讨将这一理想现实化的条件和途径。可以坚信，国家治理现代化的实现将是向这个伟大目标前进的一大步。

二、哲学的进步和政治思维方式的更新

政治思维方式变更的根本原因和动力固然是现实社会生活特别是政治生活的变化，但哲学进步的影响也不可低估。关于现实社会生活的变化推动政治思维方式的变更，我将会在后面的论述中有较多的涉及，而且整个这套丛书讲的就是社会改革和政治思维方式变革的关系。所以，在这里，我先专门讲讲哲学对政治思维方式的影响。

哲学是普照的光。哲学思维的重大变化必定会影响社会生活和科学的各个领域，政治生活当然也不例外，甚至可以说，政治生活领域的反应会比其他领域更加敏感。从世界范围来说，当代哲学实现了一种可以称作后形而上学的转向，即在理论旨趣和哲学思维方式上由传统形而上学向后形而上学的全面转换。马克思主义哲学在实际上就是引领这种历史转向的潮流的。它首先是一种哲学的实践转向。针对传统形而上学理论至上、热衷

---

① 马克思：《资本论》，《马克思恩格斯全集》第25卷，北京：人民出版社，1974年，第927页。

于构造理论体系的哲学活动方式，不少哲学家纷纷提出哲学回归生活世界，主张实践活动优先于理论活动，社会生活世界成为哲学家们理论探索的第一视域。这种转向的直接表现就是领域哲学的纷纷兴起。哲学的研究不再是对世界总体的笼统的直接性追问并在此基础上建构起无所不包的哲学体系，而是从社会生活世界的各个领域切入，在不同的维度上把握总体世界，即从不同的哲学视界去把握同一个总体世界。这是 20 世纪下半叶以来政治哲学复兴的学术背景。而且政治哲学特殊的问题域、切入生活世界的独特视角，使得它成为思考和把握人类生存困境的最佳方式之一，因而迅速成为各种领域哲学中的显学。在后形而上学转向中表现的一些哲学倾向和提出的一些新的哲学观点，也对政治思维方式的更新产生了重要的影响。例如，批判绝对理性主义、遏制技术理性的单一性膨胀、要求重建理性的思潮，促使价值理性、道德实践理性得以凸显，这是直接为以规范性研究为特征的政治哲学的复兴开道。传统形而上学遵从理性至上、理论优先，满足于抽象的理论思辨，因而关注的是城邦、国家等宏大叙事；而在后形而上学的实践优先的思想语境下，有关人的日常生活的话题如权利、自由、社会公平、民主等则不断凸显。改变传统形而上学对于"一"和"多"关系的抽象理解，肯定和强调异质性存在的合法性，便提倡多元性思维方式，要求人们在处理价值观念、生活方式和文化问题时持多样性共存的宽容态度。主体间性哲学的提出，促进了西方协商民主理论的兴起。至于对传统形而上学的主体性及与之密切相关的个体性思想的反思而导致的对公共性的追寻，更是引导人们进入当代政治思考的核心，即个人权利与公共善的关系问题，亦即个人和社会的关系问题。

就国内情况而论，除上述世界共同的学术背景外，中国还有其更为特殊的背景，哲学对政治思维的影响也更为明显和深刻。中国共产党在对于"文化大革命"的反思中，以纠正自己错误的巨大理论勇气，果断地否定了所谓"无产阶级专政下继续革命"的理论。这是政治观念和政治思维方式的根本性转变。这种反思是伴随着一系列的理论争论的，其中，最重要的正是哲学上的争论。首先是关于真理标准问题的哲学大讨论。经过这场讨论，重新确立了实践的权威，恢复了马克思主义的思想路线，这是敢于纠正自己错误的理论勇气的来源和保证。同"无产阶级专政下继续革命"的理论内容直接相关的最重要的哲学争论主要是这样相互密切关联的三个方面：一是批判上层建筑决定论包括唯心主义的阶级斗争观和唯心的阶级估量，以及建立于其上并作为其集中体现的"全面专政"论，果断地停止了"以阶级斗争为纲"的口号。这是我国政治生活的最重要的历史性转折。二是对于批判所谓"唯生产力论"的反思。通过这种反思，重新认定并强调了生产力是社会发展的最终决定力量的观点，重新认定并强调了社会化的大生产是社会主义所绝对必需的物质基础，小生产必然向社会化大生产发展，而生产的社会化必须经过生产的商品化才能实现，进而从历史发展的普遍规律上认识到市场经济是社会发展必经的、不可超脱的历史阶段。三是对于批判所谓"折中主义"的反思。有人把政治和经济的统一、政治和业务的统一等斥为"折中主义"，以至"宁要社会主义的草，不要资本主义的苗"一类极端化的言论满天飞舞。这在哲学上体现的是一种极端主义的思维方式。这种以哲学的名义又完全不顾哲学常识的"大批判"，歪曲了社会主义的本质，把整个社会的政治思维也引向了极端的混乱和荒谬。在这一类问题上澄清理论是非，其影响更为广泛和深远。这些哲学上的反思，同其他学科或领域的理论思考相结合，其直接的作用就是促成了社会主义初级阶段理论和社会主义市场经济理论的产生（社会主义市场经济理论也属于社会主义初级阶段理论，是其支柱性的核心内容）。这是彪炳史册的伟大理论成果，它为我们的政治思维确立了前提和方向。

可见，政治思维方式是密切相关于哲学思维方式的，政治哲学并不是游离于整个哲学发展状况的一个哲学领域。德国当代政治哲学家奥特弗利德·赫费也说过："从概念上廓清政治的正义性观念，尽可能使它成为可应用的标准，成为正义原则，一直是哲学的最高任务……政治讨论亦主要是从哲学角度进行的，而且成了道德的统治批判的决定性部分，并以这种形式建立了哲学的法和国家伦理学。"[①]赫费的话是对的。只要是哲学，就都是概念思维，政治哲学当然也是如此。政治哲学作为有着悠久学术传统的特殊的领域哲学，有其独特的概念系统，这是由它独特的问题域和切入问题的独特的理论视角所决定的。但我们不能局限于既有的这个政治哲学的概念系统。近代以来的西方政治哲学主要是以自由主义为价值基点的，在此基点上建立的是以个人权利为核心的概念系统，它的理论内容是以政治解放为限度的，而我们要建构的现实性政治哲学，是超越政治解放、走向

---

① 奥特弗利德·赫费：《政治的正义性——法和国家的批判哲学之基础》，庞学铨、李张林译，上海：上海译文出版社，1998年，第3页。

人类解放的政治哲学。中国处在社会主义的初级阶段。一方面，还要大力发展市场经济，作为市场经济存在条件的个人权利、个人自由还需要维护和规范，民主制度还需要完善等，总之，还有一些属于政治解放范畴的历史任务需要继续完成，因而属于政治解放范畴的概念系统作为问题构架仍会保持，但要补充和更新概念的内涵，因为这些任务对于我们来说是已经走上人类解放之路、同人类解放的目标直接关联的任务了。另一方面，则是要着力探讨人类解放的目标在我国现阶段现实化的途径和条件。这是包含着全新内容的理论探索。对于我国国家治理现代化的研究就多属于这种研究，它涉及许多原来的概念系统难以容纳的新问题、新内容，必须由马克思主义的基础哲学为其提供理论基础和方法论的指导，才能使这种研究达到政治哲学的层面，并在研究中逐步形成和完善新的政治哲学的概念系统，也才能真正把握和阐明政治思维方式的更新。正是出于这样的考虑，这套丛书特别注重对于相关问题的哲学阐释，构成这套丛书的理论支点的是若干哲学命题或蕴含丰富哲学内容的命题。例如"以人民为中心"就既是无比重大的政治命题，也是无比重大的哲学命题。中国共产党根基在人民、血脉在人民、力量在人民。因此，必须坚守党在一切事业中的人民立场，一切依靠人民，一切为了人民。它的哲学基础就是人民创造历史的历史观、人民利益至上的价值观。为了更好、更准确地理解"以人民为中心"的思想，在正面阐述马克思主义的历史观、价值观的同时，对于与此相悖的思想和理论如精英主义、民粹主义、无政府主义等，也做了适当的分析和批判。这套丛书对于其他重要问题的叙述方式都大体如此。

有一个问题需要顺便说明一下。这套丛书的名目是"新时代政治思维方式研究丛书"，却并没有处处都刻意说明某种理论何以称作"政治思维方式"，而似乎多是讲的"政治观念"。其实，"政治观念"和"政治思维方式"在实际的思维过程中是不可分割的，是一种一而二、二而一的存在形态，只是在对于这个思维过程进行研究和述说的时候，需要运用思维的抽象把它们分割开来，即抽象出它们各自的规定性。毛泽东在《矛盾论》中说："这个辩证法的宇宙观，主要地就是教导人们要善于去观察和分析各种事物的矛盾的运动，并根据这种分析，指出解决矛盾的方法。"①事物的矛盾法则即对立统一学说，是一种宇宙观，但又是方法论。这就是说的马克思主

----

① 毛泽东：《毛泽东选集》第 1 卷，北京：人民出版社，1991 年，第 304 页。

义哲学的世界观与方法论的统一。马克思主义的政治哲学也是如此，也是观念和方法的统一。任何一种思维方式都有它的观念基础，而在观念向实践转化时，第一步就是将观念化为方法。政治哲学是一种地道的实践哲学，现实性政治哲学更是如此，它的现实基础是我们正在做的事情，它所形成的观念随时都会运用于政治实践。当它运用于政治实践时，就是作为政治思维方式在起作用了。因此，将它称为"政治思维方式研究"只有一个用意，那就是突出现实性政治哲学的实践性。现实总是时代的现实，实践总是时代的实践。我们研究的现实和实践是我们身处其中的这个时代的现实和实践。它与马克思时代的现实和实践相接续，但又有差异。这就是我们将丛书命名为"新时代政治思维方式研究"的基本考虑。

三、建构中国化马克思主义政治哲学的话语体系

话语体系当然包括话语风格、话语方式等，但其实质或内核则是观念框架、理论框架，说到底也就是思维方式。政治哲学是关注政治事物的内在本性、价值指向和政治活动的应然规范，是一种有别于经验性研究的规范性研究，是要对人类应当怎样生活即人类生活的伦理价值目标进行哲学的追问。但在我们过去的哲学研究中，极少有这种规范性研究。我们长时期里只会在流行的历史唯物主义教科书的框架内说话，而没有政治哲学的独立的话语。改革前流行的历史唯物主义教科书体系是排除了价值论的维度的。它把历史唯物主义规定为"关于人类社会发展一般规律的科学"，这就只剩下认知的维度了。所以，虽然也曾有人用"马克思主义政治哲学"的名义写书写文章，但讲的基本上还是历史唯物主义教科书里关于阶级、国家、革命的内容，一涉及基本的社会价值如自由、平等、人权等，就难以与国际学术界对话了，因为这些内容恰恰是作为规范性理论的政治哲学的话语范围内所讨论的问题。这就是话语体系上的障碍。

曾经流行的历史唯物主义教科书和政治哲学两种话语体系的差异，主要是表现在认知和规范（即事实性与价值性）这两个维度的关系上。虽然任何一种政治哲学都要求在理论上达成规范和认知的统一，但就其知识形式来说，无疑是属于规范理论。所谓进入政治哲学的话语体系，首先就是遵照政治哲学的学术传统，认定政治哲学是一种规范理论，接受规范理论

的话语体系。当然，历史唯物主义的政治哲学比任何一种政治哲学都更加重视事实性对价值性的制约，这是维护政治哲学的唯物主义基础，但这并不排斥政治哲学话语的独立性。这两个维度在任何时候、任何情况下都不能互相排斥、互相割裂，而应当互相结合、互相统一。只有从认知与规范、科学与价值的统一中，才能把握和阐明政治哲学之作为哲学的本质。

用价值与事实之统一的观念框架解读马克思，肯定马克思创立了自己的政治哲学是毫无疑义的。马克思是不是创立了自己的政治哲学，是不是从政治思考的特殊角度把握了时代的精神，首先就看他是否把握了为历史的事实性所规定的具有客观可能性的价值目标。19世纪中叶，即在工业革命之后，马克思从这种社会化大生产看出它在促进生产力高度发展的基础上，开放了一种人类解放的可能性，因而创立了以人类解放为价值目标的政治哲学。马克思把握到的事实性是一种表现历史发展趋势的事实性，因而其价值目标也就是一种表现人类历史进步的新的可能性的价值目标。马克思的政治哲学所达成的事实性与价值性的统一，是一种基于理想的事实性的统一，所以叫作理想性的政治哲学。这种理想性政治哲学既有批判性，也有建设性，但首先和主要的是它的批判性。以"人类解放"即人的全面自由发展的价值理想观照资本主义社会的现实，看到资本主义社会是人的全面异化，是资本主义剥削制度下的种种不正义、不道德。因此，实现"人类解放"这一理想目标的决定性条件就是消灭资本主义私有制，消灭剥削，消灭阶级。"全部问题都在于使现存世界革命化，实际地反对并改变现存的事物。"[①]马克思主义哲学的革命的批判的本质在马克思的政治哲学的批判性之维得到了最充分的表现。这种政治哲学也是建设性的，它也包含了对于新的能够保证人的自由全面发展的社会制度的建设性构想，是有关于未来社会的理论模型的。

俄国十月革命使社会主义由理论变为实践。第二次世界大战后，社会主义又由一国的实践变为多国的实践。按说，应当建立一种现实性的政治哲学，以利于更具体更切实地指导社会主义的政治实践。但是，几十年来，建构系统性的现实性政治哲学的理论任务一直未能提到日程上来。究其原因，无非是两个方面。一方面，是在学科观念上，不理解政治哲学的学科

---

① 马克思、恩格斯：《德意志意识形态（节选）》，《马克思恩格斯选集》第1卷，北京：人民出版社，1995年，第75页。

性质，普遍认为历史唯物论就包括了政治哲学，没有必要在历史唯物论之外再建立一种政治哲学。另一方面，对于社会主义实践所处的历史方位把握得不清楚，甚至不正确。政治哲学中事实性与价值性的统一，是以事实性为基础的，价值性是受事实性制约的，在现实性政治哲学中这种制约更加明显。对于社会主义实践所处的历史方位不清楚，也就是它的历史任务不清楚，当然也就不能清楚地规定它在当下的价值目标。这种情况，突出地表现在对于所谓"过渡时期"的认识上。

马克思在《哥达纲领批判》里有一个非常重要的著名论断："在资本主义社会和共产主义社会之间，有一个从前者变为后者的革命转变时期。同这个时期相适应的也有一个政治上的过渡时期，这个时期的国家只能是无产阶级的革命专政。"①在马克思的概念里，"共产主义"和"社会主义"是在同一意义上使用的，在《哥达纲领批判》里就有"共产主义社会第一阶段"和"共产主义社会高级阶段"的区分。后来列宁明确把马克思说的共产主义社会第一阶段称为社会主义社会，有"在共产主义社会的第一阶段（通常称为社会主义）"②的说法。后人都是按马克思和列宁的说法，把社会主义社会理解为"共产主义社会的第一阶段"的。所以，马克思在这里说的"革命转变"时期是指由资本主义社会向社会主义社会的转变，而不是指向共产主义社会高级阶段的转变。这个"革命转变时期"的主要任务就是剥夺剥夺者，即"利用自己的政治统治，一步一步地夺取资产阶级的全部资本，把一切生产工具集中在国家即组织成为统治阶级的无产阶级手里，并且尽可能地增加生产力的总量"③。可见，马克思说的这个过渡时期是很短暂的，是社会生活急剧变化的"革命转变"时期，非常规时期。④

但是，这个"过渡时期"被后人不断拉长了。列宁时期还是比较清楚的，至少"过渡时期"和"共产主义社会第一阶级"即社会主义社会的区别是清楚的。我们在开始的时候也是十分清楚的，后来有一个时期就不清楚了。我们曾提出过两个"过渡时期"，学界俗称"小过渡"和"大过渡"。

---

① 马克思：《哥达纲领批判》，《马克思恩格斯选集》第 3 卷，北京：人民出版社，1995 年，第 314 页。

② 列宁：《列宁选集》第 3 卷，北京：人民出版社，1995 年，第 196 页。

③ 马克思、恩格斯：《共产党宣言》，《马克思恩格斯选集》第 1 卷，北京：人民出版社，1995 年，第 293 页。

④ 参见王南湜、王新生：《从理想性到现实性——当代中国马克思主义政治哲学建构之路》，《中国社会科学》2007 年第 1 期；陈晏清等：《政治哲学的当代复兴》，北京：中国社会科学出版社，2011 年，第 10-16 页。

20 世纪 50 年代初提出的过渡时期，即是"小过渡"。这个"过渡时期"是指从中华人民共和国成立到社会主义改造基本完成这一时期。党在这个过渡时期的总路线和总任务，是要在一个相当长的时期内，基本上完成国家工业化和对农业、手工业、资本主义工商业的社会主义改造。1956 年，社会主义改造基本完成，这个"过渡时期"也就宣告结束。所以，1957 年 2 月毛泽东在最高国务会议上作"关于正确处理人民内部矛盾的问题"的报告时郑重宣布："革命时期的大规模的急风暴雨式的群众阶级斗争基本结束。"①这个"小过渡"的理论是符合《哥达纲领批判》的基本思想的，也是符合中国国情的，无疑是正确的。但几年之后，即 1962 年，党的八届十中全会又提出了一个"过渡时期"。提出"在由资本主义过渡到共产主义的整个历史时期……存在着无产阶级和资产阶级之间的阶级斗争，存在着社会主义和资本主义两条道路的斗争"。1963 年，《关于国际共产主义运动总路线的建议》更明确地提出："在进入共产主义的高级阶段以前，都是属于从资本主义到共产主义的过渡时期，都是无产阶级专政时期。"此即所谓"大过渡"。显然，这个"大过渡"理论是所谓"无产阶级专政下继续革命理论"的一部分，是它的理论前提。这个理论的社会实践后果，也已经有许多文章阐述过了。这里只是就现实性的马克思主义政治哲学的建构何以可能或不可能的问题谈点看法。

按照这种"大过渡"的理论，不仅把阶级斗争严重地扩大化了，而且把整个社会主义阶段归入"过渡时期"，社会主义社会就成了一个没有质的稳定性的过渡性社会，而不是一个具有自身稳定结构的独立的社会发展阶段。过渡性社会是一个社会生活变动不居的社会，人们难以说明这个社会的政治结构，没有也不须有阶段性的即现实性的价值目标，因此，难以为这种"大过渡"提供一种事实性与价值性相统一的政治哲学的支持，恐怕事实上也没有人想过要去做这种政治哲学的研究。

"文革"结束，中国社会主义事业的发展，显然是处在一个极其重要的历史转折关头，亟须有理论上的重大创新，社会主义初级阶段理论便应运而生了。放弃了"大过渡"的观点，把社会主义社会看成不同于"过渡时期"也不同于共产主义社会的独立的社会发展阶段，而且这个阶段会很漫长，这就会合乎逻辑地肯定社会主义社会的发展也是分阶段的，也就合乎

---

① 毛泽东：《毛泽东选集》第 7 卷，北京：人民出版社，1999 年，第 216 页。

逻辑地将我们身处其中的社会看作一种需要从政治哲学上加以把握的稳态社会。当然，对于中国社会主义初级阶段的概念，还不能仅仅从一般社会主义发展过程去理解，它不是泛指任何国家进入社会主义都会经历的初始阶段，而是特指中国在生产力落后、市场经济不发达的条件下建设社会主义必然要经历的特定阶段。在这个阶段，已经建立了社会主义的基本制度、法律制度和初步的社会权利规范，但还不完善；已经具有了稳定的社会结构包括政治结构，但还不成熟。因为还需要进行系统的改革，所以可以说也是一个社会大变动的阶段，但这个改革是在共产党的领导下有序进行的，是有明确的目标和步骤的，各种制度、规范正是在改革中，即通过改革逐步完善的。因此立足于社会主义初级阶段的理论和实践，建构一种事实性和价值性相统一的现实性政治哲学就不仅是可能的，而且是非常必要的。习近平同志在主持十八届中央政治局第一次集体学习时指出，要深刻领会中国特色社会主义的总依据、总布局、总任务，总依据就是社会主义初级阶段，"不仅在经济建设中要始终立足初级阶段，而且在政治建设、文化建设、社会建设、生态文明建设中也要始终牢记初级阶段"。社会主义初级阶段是现在中国最基本、最重大、最确凿的事实性。所以，我们现在建构的现实性政治哲学毋宁说是社会主义初级阶段的政治哲学。

国家治理现代化就是针对中国特色社会主义制度尚不完善、国家治理体系尚不完善的状况提出的，是我们在社会主义初级阶段必须实现的一项重大的基本任务。在党的领导下，在推进深化改革的过程中，建立了并逐步完善着包括制度、法律、权利规范等在内的各种社会规范。这是我们建构现实性政治哲学的极为重要的基础和条件。从科学与价值的统一中，对这些社会规范的正当性（主要是正义性）进行哲学的追问就是一种政治哲学的研究，而且是最地道的政治哲学研究。政治哲学是典型的实践哲学，不能按照某种理论哲学的模式，从逻辑上推导出一种"政治哲学"来，而只能在建设、改革的实践中创造出来。可见，现在是政治哲学研究的最好时机。错过这个时机，我们将愧对这个伟大的时代。

关于政治哲学的话语建构，还需要作一点必要的补充说明。事实性与价值性的统一或认知与规范的统一，只是对于政治哲学学科性质的最基本的说明，还远不是完全的或充分的说明。说白了，那只是说的进入政治哲学领域的门槛儿。至于进入这个门槛儿以后，能做出什么样的政治哲学来，那就取决于对于这个统一的理解和实现这个统一的方式了。马克思主义和自由主义活跃于同一个时代，但它们对于这个时代的事实性的把握和价值目标的选定就完全不一样。马克思主义从资本主义的生产方式，从社会化的大生产，看出了它推动人类社会向更高的阶段发展的趋势，从而提出了人类解放的价值目标。而自由主义所把握到的事实性则只是一种局限于资产阶级狭隘眼界的事实性，它从资本主义生产方式取得的成就，从资本主义取代封建主义所显示出来的优越性，认定资本主义是人类历史的最完备的社会形式，受这种认知上的局限，它提出的价值目标也就是适应于资本主义生产方式的政治解放的目标，即或者是继续完成政治解放的任务，或者是巩固和扩大政治解放的成果。这说明，如何把握事实，如何确定价值目标，如何达成事实与价值的统一，都是受着人们的理论立场、理论视角等等制约的，是由基本的世界观和方法论支配的。

可见，建构马克思主义政治哲学的话语体系，并不是要放弃历史唯物主义的话语，用一种与其不同的话语去取代它，而只是要把它置于政治哲学的思想语境即事实性与价值性相统一的思想语境下。前面说的曾经流行的历史唯物主义教科书的缺陷（排除价值论的维度），不是历史唯物主义本身的缺陷。历史唯物主义是有鲜明的价值维度的，人类解放就是整个马克思主义哲学的价值旨归。排除价值论的维度只是传统教科书的缺陷，即人们对历史唯物主义的解释上的缺陷。这是决不容许混淆的两回事。建构马克思主义政治哲学的话语体系，丝毫也不意味着失去历史唯物主义的话语，而是保持并强化历史唯物主义所固有的话语优势。

四、把握政治哲学研究的社会维度

政治哲学的研究必须有社会的维度。所谓社会的维度，就是社会结构分析的维度，即政治与经济、文化、社会、生态诸方面的关系考察的维度。这实际上是马克思教给我们的基本方法。他说："法的关系正像国家的形式一样，既不能从它们本身来理解，也不能从所谓人类精神的一般发展来理解，相反，它们根源于物质的生活关系，这种物质的生活关系的总和，黑格尔按照 18 世纪的英国人和法国人的先例，概括为'市民社会'，而对市民社会的解剖应该到政治经济学中去寻求。"①我们现在研究的问题，同当时马克思面对的问题不大一样了，但马克思的方法论的精髓对我们的研究仍有极重要的启示意义和指导作用。国家治理体系的现代化是通过全面深化改革实现的，党中央把全面改革的部署称为"五位一体"总体布局，这套丛书也就设置了五卷，从国家治理体系的变革这个角度，分别对经济、政治、文化、社会、生态等五个领域的改革、建设和治理及其体现的政治思维方式进行专门的研究和阐述，单设一卷"以人民为中心"，是超越上述各个领域的总体性叙述。还有两卷（"国家治理中的道德建设"和"建构人类命运共同体"）是不能完全归属于国家治理，但同国家治理关系密切且内容十分重要的两卷，一共八卷。下面我对各卷的核心内容和基本的研究意图作一简要的介绍。

1. 第一卷"以人民为中心"及其践行路径

"以人民为中心"是新时代政治思维方式的总规定、总特征。它为共产党人的政治思维确立了一个坐标，是共产党人一切政治思考的基点。

中国共产党自诞生之日起，一个世纪来在实际上是一贯坚守以人民为中心的思想的，而在新的历史条件下又有很强的现实针对性。一方面，中国特色社会主义进入新时代，改革开放和现代化建设的任务更加艰巨复杂，更加需要发扬人民群众的历史首创精神；另一方面，与此相悖的消极因素也在滋生，例如，党取得执政地位后脱离人民的危险在增加，在利益关系日趋复杂的情况下，"人民主体"的意识在淡化、模糊和动摇，在价值多元化的情况下人民共同意识在缺失，等等。历史的经验和教训都证明，是否坚守"以人民为中心"，是关乎党和社会主义国家前途命运的根本问题。

从国家治理的角度说，以人民为中心就是要全面确立人民在国家治理中的主体地位；坚守党在一切事业中的人民立场；用"以人民为中心"的思维方式理解社会主要矛盾的变化，全面贯彻"以人民为中心"的发展思想，推动社会全面进步和人的全面发展；推进人民共同富裕，让发展成果更多更公平惠及全体人民；坚持人民共建、共治、共享的统一；等等。它体现在国家治理的方方面面，在理论构架上，"以人民为中心"的思想也就贯通于丛书的各卷，所以，"以人民为中心"作为丛书中具有总论性质的一

---

① 马克思：《政治经济学批判》序言，《马克思恩格斯选集》第 2 卷，北京：人民出版社，1995 年，第 32 页。

卷，列为第一卷。

2．第二卷民主和法治

这一卷的主题是中国特色社会主义政治建设的基本逻辑，主要是运用"以人民为中心"的思维方式，从理论上阐明人民和党的关系、人民和国家的关系，从而阐明"坚持党的领导，人民当家作主，依法治国的有机统一"。这是直接意义上的政治建设。

中国共产党的领导是中国特色社会主义的最本质特征，也是中国特色社会主义事业取得成功的根本保证。"以人民为中心"的观念就是一个共产党的观念，是其他任何政党都不可能真正具备的观念。人民的根本利益就是党的利益，共产党除了代表和维护人民的利益，没有自己的私利。因此，只有加强和改进党的领导，"以人民为中心"的原则才能真正得到贯彻。

民主化和法治化是国家治理现代化的基本标志。社会主义民主就是人民当家作主。中国社会主义民主化有自己特殊的条件，必须走自己特殊的道路，决不照搬外国的民主模式。在坚持中国基本的民主制度即人民代表大会制的前提下，要大力推进作为中国民主政治发展新路向的协商民主。

民主必然走向法治。人民当家作主就是按人民的意志治理国家。但必须通过立法把人民意志提升为国家意志。如马克思所说，国家法律才使国家意志获得一般表现形式，而不是表现为任何个人的任性。

法治根本区别于人治。法治是同民主相伴随的现代政治文明形态，人治则是同专制相伴随的陈旧的政治文明形态。

坚持党的领导、人民当家作主、依法治国，三者是彼此互相依赖、互相制约的有机整体。实现三者的统一，是国家治理体系现代化的一个基本目标。

3．第三卷效率和公平

按照这套丛书的总体设计，这一卷的主题是讲政治和经济的关系，从政治与经济的关系中思考政治。但政治和经济的关系问题太大，只能从其中的一个问题即公平和效率的关系问题切入。实际上，公平和效率的关系问题仍是很大的。公平和效率是人类社会生活中两种基本的价值。公平不只是讲分配公平，即使讲分配也不只是经济收入的分配，还包括各种社会资源的分配。效率也不只是讲生产效率、经济效率，而是整个社会活动的效率。而且不论公平还是效率，各种相关社会因素之间是相互关联、相互影响的。本卷作者着力于效率与公平的关系问题的综合研究，在取得对此问题的总体性认识以后，再回到经济领域，对经济领域的效率与公平问题的认识也就会更加清晰和深入。因此，看来是论域扩大了，但主要内容还是讲经济领域，讲关于经济领域的效率和公平问题，而且是从一种综合的即更加开阔的视角去讲的。

就经济领域而论，公平与效率的关系是典型地集中地体现政治和经济的关系的。市场经济本身只解决效率问题，不解决公平问题。按市场经济自身的逻辑即按其自发性来说，只能是越来越不公平（贫富悬殊、两极分化），必须由政治（政府）从市场经济外部干预，矫正其自发性。社会主义市场经济更需要政府干预。因此，效率和公平的关系问题在市场经济发展的实践形态上即表现为市场和政府的关系问题。

在我们国家，不论效率还是公平，价值主体都是人民，价值旨归都是人民需要的满足。效率和公平两种价值都要保证，不能只顾一种不顾另一种。价值基点就是让发展成果更多更公平地惠及全体人民。

处理好效率与公平的关系，关键是找到二者的合理的结合点。这个结合点是历史的，变动的。探寻这个合理的结合点的过程，是一个实现效率和公平的动态平衡的过程。本卷在阐明上述基本理论的基础上，较大的力气用在探寻确立这个结合点的基本因素，以及实现这种动态平衡的条件和途径，例如市场、政府和社会各起何种作用，以及这种作用如何按照一个正确的方向配合而形成一种良好的合力，等等。

4. 第四卷论中华民族的文化自信

这一卷讲政治和文化的关系，即从政治和文化的关系中思考政治。过去较多地强调政治对文化的支配作用，实际上文化对政治的影响和制约作用也是十分强大的。在"四个自信"里，道路自信、制度自信是政治自信，它必须有文化自信的保证和支持（在这种关系中，理论自信和文化自信的作用是一致的）。制度、道路是历史主体的自觉选择。"选择"就说明有观念引导、观念支持，这观念就是广义上的文化观念。

"文化自信"当然包括了对于民族优秀传统文化的自信。文化自信本质上是一种民族自信，这是我们的底气所在。因此，本卷用较大的篇幅系统地梳理了中国传统文化的精粹，它和中国共产党领导的革命和建设中产生的革命文化、社会主义先进文化都是当今文化建设的极其珍贵的资源。

但传统文化再优秀，也只是有助于我们理解现在的问题，而不足以解决现在的问题。因此，从根本上说，所谓"文化自信"应当定义为对中华民族文化创造力的自信。党的十九大报告说："当代中国共产党人和中国人民应当而且一定能够担负起新的文化使命，在实践创造中进行文化创造，在历史进步中实现文化进步！"这是文化自信的真谛所在。

本卷从理论上回答了现实的文化生活中的重大问题，例如如何对待传统文化和外来文化，现代社会中的文化整合及社会主义核心价值观现实化的问题等，在对这些问题的理论回应中，阐明了马克思主义的文化观点和党的文化建设方针。

本卷着重阐述了文化的变革和创新，阐述了文化变革对于社会变革的意义，文化创新的社会基础，文化创新的价值目标和价值尺度，文化创新和马克思主义中国化，以及文化的变革和继承，批判了文化保守主义和文化虚无主义。

5. 第五卷创造社会治理的新格局

这一卷是从政治与社会治理的关系中思考政治。可以说，这一卷是体现政治思维方式的变更最为明显的一卷。党的十九大报告讲社会治理这一部分的开头就说："全党必须牢记，为什么人的问题，是检验一个政党、一个政权性质的试金石。"这样的话，在什么地方讲都是合适的，为什么选在这里讲？这很值得深思。社会治理、社会建设的问题，看起来比较零散，不似其他领域那么集中，那么宏大，可事事关乎人民切身利益，都是为人民造福，都要把人民利益至上作为最高的价值准则。

创建社会治理新格局的前提，是我国社会结构的新变化。市场经济具有越来越强的社会整合功能。社会的整合不再需要完全依靠政治的力量，因而逐渐由以往政治统摄一切的领域合一状态转变到各领域相对分离的状态。领域分离的最重要的结果和表现是国家和社会的结构状态的改变，即由国家与社会一体向国家与社会相对分离的转变，也就是独立于政治国家的自主社会生活领域的形成。国家的一部分社会管理职能需要让渡给社会。在"党委领导、政府负责、社会协同、公众参与、法制保障"的新格局中，新就新在增添了社会协同、公众参与的环节。

坚守"以人民为中心"的社会治理理念。人民是国家的主人，也是社会的主人。所谓"多元主体共治"也只是从多种维度体现人民的主体地位。国家是社会治理主体的一个重要层次，但国家也是代表人民的意志治理社会。社会治理的目标是把社会治理得符合人民的需要，社会治理的成效由人民说了算。人民也需要管理，但本质上是人民的自我管理。

社会治理和社会建设不可分割。社会建设是社会治理的基础，是在建设中治理。坚持人民共建、共治和共享的统一，让发展成果更多更公平惠及全体人民。

6. 第六卷生态文明建设

这一卷是从政治与生态文明的关系中思考政治。党的十六大增添了社会建设，使原来的经济、政治、文化"三位一体"改为"四位一体"。党的十八大又增添了"生态文明建设"，进一步改为"五位一体"。这种摆位本身就是中国社会改革和建设在实践和理论上的重大创新。生态问题关乎人民的幸福，关乎中华民族的永续发展，生态环境质量已成为评判政治合法性的重要依据，生态问题的解决在很大程度上依靠社会的政治的方式。将生态问题的思考纳入政治思维的范畴，这本身就是政治思维方式的重大革新。

"人与自然是生命共同体"，这是马克思主义生态理论的核心命题，也是本卷全部立论的基础。人作为一种生命存在，是自然界的一部分。自然界也是人的一部分，是人的"无机的身体"。人与自然是一种一体性的存在，是性命相关的整体，所以，人与自然只能互相依赖，互相滋养，而不能互相伤害。

正确看待人与自然关系中的"以人为本"。人是主体、自然是客体的价值关系是不能改变的，但对传统的"人类中心主义"应有反思。人类是主体、是"中心"，主要不意味着人的权利，而是意味着人的责任。人作为主体，是能动地对待自然界的。人应当以人的方式对待自然。

人对待自然有两种尺度，一是物的尺度，即科学的尺度，这就是认识和尊重自然规律。所谓人的方式，就是以认识和尊重自然规律为前提的自觉活动的方式，而不似动物的盲目活动的方式。二是人的内在尺度即价值的尺度。人是通过自己的活动改变自然物的存在形式，在对人有用的形式上占有自然物以满足自己的需要。这个价值尺度就表现人在对待自然上的伦理态度，所谓人的方式又是有伦理态度的方式。人改造和利用自然的实践活动的合理性，就在于实践中运用于对象的尺度及其运用过程的合理性。

人与自然的关系受人与人的社会关系的制约，社会关系的基础是利益关系。所谓环境伦理就是调整在处理人与自然关系中发生的人与人的利益关系的行为规范。共产党人的伦理立场是立足于人类的全面幸福和长远发展，或叫作人类社会的可持续发展。

基于上述理念，要大力提倡、培育公民节制、公平、友善的生态美德，要批判资本逻辑，批判消费主义。

7. 第七卷国家治理中的道德建设

这一卷的一个重点问题也是讲法治和德治，但与第二卷在侧重点上不同。第二卷是侧重于讲德治要以法治为基础，离开法治基础的德治还是人治。这一卷侧重于讲法治要有德治的配合才能顺利推进。法治，或一般地说法律、制度和社会权利规范等的建立和完善，是外在的社会秩序的建构，而德治或道德建设则是人的内在的心灵秩序的建构。内外两种秩序一致，相互适应，相互协调，就可以相互为用，相互促进。一个社会的良法善治，总是同道德的普遍进步相伴随的。

本卷较为系统地分析了当前中国社会道德建设的困境。这个困境主要是由于市场经济的兴起引起的人的精神生活物欲化倾向的加剧，传统共同体的解体和传统道德文化的断裂，以及由于道德转型的艰难而引发的道德相对主义的盛行等构成的，是一种现代性的困境，具有世界的普遍性。作为一种现代性困境，是社会现代化过程中不可避免的困境，当然也是国家治理现代化过程中随时会遇到的困境。

对于走出这种困境的途径和措施，本卷也作了初步的探讨。其中，关于区分道德建设的层次，从回归道德常识，培养人之为人的基本道德品质，到崇尚美德，再到追求崇高，有底线，有高端，道德建设和道德教育都视不同对象、不同情况而有所侧重。这是一个有价值的意见，因为它适应于社会转型时期整个社会的道德状况。另外，本卷特别关注对社会道德生活影响越来越大的互联网，对网络空间中的道德建设也作了专门的系统性的研究。

8. 第八卷构建人类命运共同体

经济全球化进程的加速，世界市场的形成和扩大，在全球范围内构成了一个"需要的体系"；又由于经济全球化对世界政治、文化的影响，历史已真正成为"世界历史"。人类已经成为命运相关的整体。任何一个国家，不论富国还是穷国，都不可能关起门来搞"现代化"。

习近平同志说，"经济全球化是社会生产力发展的客观要求和科技进步的必然结果"①。以市场经济为基础的社会化大生产发展到一定阶段，

① 习近平：《习近平谈治国理政》第二卷，北京：外文出版社，2017年，第476页。

要求继续提升生产的社会化程度，突破国家或地域的限制，让生产要素在全球范围内流动，资源在全球范围内优化组合，这是在现代科技革命推动下生产发展的必然趋势。事实上，经济全球化也确实带动了世界经济的发展，并促进了世界各国各民族的文化的交流和文明的互鉴，为新的合理公正的国际秩序的建立准备了条件、提供了动力。

然而，经济全球化犹如"双刃剑"。在一个长时期里，是由美国等少数发达国家主导全球的现代性事业，由其主导建立的国际经济秩序及相应的国际规则越来越不适应世界的深刻变化，市场经济的自发性未能得到应有的限制，市场经济发展的负面效应同它的正面效应同时在全球范围内放大，从而产生了一系列全球性的问题。例如，贫富分化加剧，不论在各个国家还是在世界范围内（例如南北差距）都越来越严重；以利润最大化为唯一目的的无序竞争造成的发展失衡；环境污染加大了治理难度，以及恐怖主义、难民问题等等。这就是所谓全球问题，即需要全世界共同面对、共同治理的问题。

全球治理和人类命运共同体是互构共生的。也就是说，对于全球治理要放在人类命运共同体的背景下思考，要摒弃旧的治理理念和模式，例如摒弃西方中心主义的理念和模式，建立以《联合国宪章》的宗旨和原则为核心的平等合理的新型国际政治秩序，以合作共赢为核心的新型国际经济秩序等。正是在这样重大的时代背景下，习近平同志反复阐明了建构人类命运共同体和新型国际经济政治关系的理念，并一再表示中国愿意积极参与全球治理体系的改革。我们在全球经济治理、安全治理、环境治理、网络治理诸方面，都提出了"中国方案"或参与途径。我们不仅在理论上提倡，而且在实践上身体力行。倡议"一带一路"并推动各种相关项目落实，同国际社会通力合作，共同抗击新冠肺炎疫情，就是践行"人类命运共同体"理念的突出事例，表现了中国在全球治理中的大国担当，获得了国际社会的认同和赞扬。

以上就是这套丛书各卷的主要内容或主要思路。它的研究内容涉及哲学、经济学、政治学、法学、社会学、伦理学、生态学以及历史、文化的多个领域，是一种以哲学为基础的多学科的综合研究。现实问题的研究多属这类研究，因为现实生活中的问题都不是按学科发生的，只是在谋求对于这些问题的理论解决时常常会涉及多个学科。所以，从研究方法说，这套丛书不仅对于推进现实性政治哲学的研究，而且对于推进马克思主义理论的整体性研究，都会有借鉴意义。

参考文献：

[1]马克思、恩格斯：《马克思恩格斯全集》第 46 卷（上），北京：人民出版社，1979 年。

[2]马克思、恩格斯：《马克思恩格斯选集》第 3 卷，北京：人民出版社，1995 年。

[3]马克思、恩格斯：《马克思恩格斯全集》第 25 卷，北京：人民出版社，1974 年。

[4]奥特弗利德·赫费：《政治的正义性——法和国家的批判哲学之基础》，上海：上海译文出版社，1998 年。

[5]毛泽东：《毛泽东选集》第 1 卷，北京：人民出版社，1991 年。

[6]马克思、恩格斯：《马克思恩格斯选集》第 1 卷，北京：人民出版社，1995 年。

[7]马克思、恩格斯：《马克思恩格斯选集》第 3 卷，北京：人民出版社，1995 年。

[8]列宁：《列宁选集》第 3 卷，北京：人民出版社，1995 年。

[9]王南湜、王新生：《从理想性到现实性——当代中国马克思主义政治哲学建构之路》，《中国社会科学》2007 年第 1 期。

[10]陈晏清等：《政治哲学的当代复兴》，北京：中国社会科学出版社，2011 年。

[11]毛泽东：《毛泽东文集》第 7 卷，北京：人民出版社，1999 年。

[12]陈晏清主编：《当代中国社会哲学》，天津：天津人民出版社，1990 年。

[13]马克思、恩格斯：《马克思恩格斯选集》第 2 卷，北京：人民出版社，1995 年。

[14]习近平：《习近平谈治国理政》第二卷，北京：外文出版社，2017 年。

[本文摘自陈晏清主编，王新生、阎孟伟副主编：《新时代政治思维方式研究丛书》（八卷），北京：人民出版社，2022 年]

从列宁的辩证法两原则到毛泽东的内外因理论

吴振海

唯物辩证法是一个科学体系，包含着一系列重要的原则和原理，客观事物的普遍联系和普遍发展的原则，便是其中的两个基本原则。

两原则的思想最初是由马克思、恩格斯提出来的。马克思认为，世界上的一切事物都是相互联系的，都是运动发展的。恩格斯也说，"我们所面对着的整个自然界形成一个体系，即各种物体相互联系的总体，……这些物体是互相联系的，这就是说，它们是相互作用着的，并且正是这种相互作用构成了运动"[①]。

列宁继承了这一思想，在批判地吸取黑格尔辩证法合理思想的基础上，第一个提出了唯物辩证法的两个原则。他说："一、发展原则，二、统一原则。"[②]所谓"发展原则"即是指宇宙间的一切事物都是自己发展、自己运动的，事物本身具有自我发展、自我运动的动力和泉源。列宁在《辩证法的要素》中是这样表述这一原则的："这个事物（或现象）的发展、它自身的运动、它自身的生命。"[③]

发展原则的第一个特征是：不把发展看成是数量上的增加或减少，是重复，而认为发展是对立面的统一。列宁认为形而上学的发展原则是对发展的庸俗理解，是对真理的窒息。他说："对于'发展原则'，在 20 世纪（以及 19 世纪末叶）'大家都已经同意'。——是的，不过这种表面的、未经过深思熟虑的、偶然的、庸俗的'同意'，是一种窒息真理、使真理庸俗化的同意。——如果一切都发展着，那么一切就都相互转化，因为发展显然不

---

① 马克思、恩格斯：《马克思恩格斯选集》第 3 卷，中央编译局编译，北京：人民出版社，1972 年，第 492 页。

② 列宁：《列宁全集》第 38 卷，中央编译局编译，北京：人民出版社，1959 年，第 280 页。

③ 列宁：《列宁全集》第 38 卷，第 238 页。

是简单的、普遍的和永恒的生长、增多（或减少）等等。"①发展是对立面的统一，是旧东西的消灭，新东西的产生，是飞跃，是渐进性的中断。

　　发展原则的第二个特征是：内部的矛盾性是事物发展的动力和泉源。列宁指出，要认识世界上一切过程的"自己运动"，自己的发展和蓬勃的生活，就要把这些过程当作对立面的统一来认识。唯有这种观点，才能把握发展的实质，揭示发展的规律，才是活生生的。形而上学的发展原则所以是死板的、贫乏的、枯竭的，因为它忽视了事物的自己运动，它的动力、泉源、动因，或者是把这个泉源转移到神、主体等外部那里去了，陷入了外因论。

　　普遍联系的原则是唯物辩证法的另一个原则。普遍联系的原则即是指自然、社会和思维领域中的一切现象都是相互联系的，世界是一个有机联系的整体。因此，普遍联系原则也称为世界统一原则。列宁在《辩证法的要素》中是这样表述这一原则的："这个事物对其他事物的多种多样的关系的全部总和。""每个事物（现象等等）的关系不仅是多种多样的，并且是一般的、普遍的。每个事物（现象、过程等等）是和其他的每个事物联系着的。"②

　　普遍联系原则的第一个特征是：承认宇宙间没有绝对孤立的事物，每个事物都处在同其他事物的多种多样的关系或联系中。每个事物之所以是运动发展的，又因为它们是相互联系、互相作用、相互规定的。一种规定表现为一种联系或关系内在规定表现为内部联系，外在规定表现为外部联系，直接规定表现为直接联系，间接规定表现为间接联系。总之，事物的规定性越多，越丰富，事物之间的联系就越是多种多样。其中最重要的是本质的规定，它表现为本质的联系，也就是规律。普遍联系的原则不仅承认事物的联系是多种多样的，尤其是强调一般的普遍联系中一般规律性，认为只有认识了这种联系，才算掌握了事物间的真正的联系——本质的联系，才能预见事物的发展方向，指导人们的行动。

　　普遍联系原则的第二个特征是：每个事物和其他事物的联系是通过转化实现的。列宁指出，任何事物经过千百万次的转化而与另一类事物相联系。否认通过转化而联系，否认通过中介而联系，就是否认事物联系的普

---

　　① 列宁：《列宁全集》第 38 卷，第 280 页。

　　② 列宁：《列宁全集》第 38 卷，第 238—239 页。

遍性，因为转化就是联系，而"联系也就是转化"①。列宁又指出："一切都是互为中介，连成一体，通过转化而联系的。"②不仅事物之间是如此，事物内部所具有的一切方面也是如此，"每种现象的一切方面（而历史不断揭示出新的方面），都是互相依存的，彼此有极其密切而不可分割的联系，形成统一的、有规律的世界运动过程"③。

普遍联系的第三个特征是：承认事物是多种多样的关系或联系的全部总和。每个事物既然总是这样或那样地、直接或间接地同其他事物相互联系着，那它们就总是相互作用和互相规定着。事物正是在这种相互规定中形成了自己的性质、特征和属性，又在相互联系中表现出这些特征和属性。列宁指出："自在之物一般地是空洞的、无生命的抽象。在生活中，在运动中，一切的一切总是'自在'的，在对他物的关系上又是'为他'的，它们从一种状态转化为另一种状态。"④可见，同周围的环境完全割离开来，不同其他事物发生任何联系的事物，是没有任何规定性，没有任何特征、特性的事物，这种事物是没有任何意义的。反之，事物"只有在其联系中才是它们本来应当的那样"。黑格尔说："肉体上各个器官肢体之所以是它们那样，只是由于它们的统一性，并由于它们和统一性有联系。譬如一只手，如果从身体上割下来，按照名称虽仍然可叫做手，但按照实质说来，已不是手了。这点亚里士多德早已说过。"⑤对此列宁写道："身体的各个部分只有在其联系中才是它们本来应当的那样。脱离了身体的手，只是名义上的手。"⑥任何事物一旦离开了它们的联系的话，就要失去它们本来的面貌，成为不可理解，不可认识的怪物。"要真正地认识事物，就必须把握、研究它的一切方面、一切联系和'中介'。"⑦

普遍发展和普遍联系虽然是两个原则，彼此不同，但是它们之间有着十分密切的内在联系，以至于可以说，普遍发展的原则，即是普遍联系的原则，而普遍联系的原则也即是普遍发展的原则。因为有了相互联系、相互作用，才有运动的发生；而事物的发展和运动又产生了更多的联系。世

---

① 列宁：《列宁全集》第 38 卷，第 192 页。
② 列宁：《列宁全集》第 38 卷，第 103 页。
③ 列宁：《列宁全集》第 2 卷，中央编译局编译，北京：人民出版社，1959 年，第 584 页。
④ 列宁：《列宁全集》第 38 卷，第 110 页。
⑤ 黑格尔：《小逻辑》，贺麟译，北京：商务印书馆，1980 年，第 405 页。
⑥ 列宁：《列宁全集》第 38 卷，第 217 页。
⑦ 列宁：《列宁选集》第 4 卷，中央编译局编译，北京：人民出版社，1959 年，第 453 页。

界上没有脱离开联系的运动，也没有脱离开运动的联系，运动和联系是不可分割的。正因为如此，列宁认为有必要把这两个原则"联结、联系、结合起来"，创立一个完整的新的理论形式。但是，这个任务斯大林没有完成。众所周知，他在《辩证唯物主义与历史唯物主义》一书中，仍然把这两个原则作为辩证法的两个独立的特征加以阐述。斯大林关于辩证法四大特征的讲法，没有指出对立统一规律是辩证法的实质与核心，割裂了辩证法各个原则之间的内在联系。列宁提出的把普遍发展与普遍联系的原则结合起来的任务，是由毛泽东同志提出的内外因理论完成的。

内外因理论是毛泽东同志对唯物辩证法两原则的重大发展。根据毛泽东同志的规定，内外因理论的基本点是：矛盾是推动事物发展的原因，矛盾分为内部矛盾和外部矛盾，内部矛盾是事物发展的内在原因，简称为内因，外部矛盾是事物发展的外在原因，简称为外因，内因和外因在一定条件下是可以相互转化的；内因是事物发展的根本原因，外因是事物发展的第二位的原因；外因是变化的条件，内因是变化的根据，外因通过内因而起作用；因此，内外因理论主张从事物的内部，从一事物对他事物的关系去研究事物的发展，把事物的发展当作事物内部的必然的自己的运动，而每一事物的运动都是和它的周围其他事物相互联系着和相互影响着。由此不难看出，毛泽东同志的内外因理论比列宁的辩证法两原则具有更加丰富更加具体的内容，是对两原则的发展。这一发展主要表现在以下几个方面上。

第一，内外因理论是发展观上的二因论。

列宁提出的普遍发展的原则，强调运动的普遍性，强调只有事物的内部矛盾性才是发展的动力和泉源。同样，普遍联系的原则着重说明了一切事物都是相互联系的，世界不存在着绝对孤立的事物。而毛泽东同志提出的内外因理论则是发展观上的"二因论"。他紧紧抓住了联系和发展的内在关系，把事物的联系区分为两种：一种是内部的联系，即对立之间的联系，一种是外部的联系，即一事物和他事物间的相互联系和相互影响。他把内部联系看成是内部矛盾，认为它是事物发展的内在原因，简称为内因，把外部联系看成是外部矛盾，认为它是事物发展的外部原因，简称为外因。这个理论除了主张内因之外，还主张事物间的外部联系也是事物发展的不可缺少的必备原因，因而它在说明事物发展的原因上是二因论的。

第二，内外因理论是发展观上的重点论。

内外因理论认为事物运动发展的原因有两个方面，即内因和外因，但是内因和外因在事物发展中的地位和作用又是不同的，有重点和非重点、第一因和第二因的区分，毛泽东同志历来强调矛盾有主次之分，矛盾着的两个方面也有主次之分，矛盾着的力量是不平衡的。研究内外因在发展中的作用也必须坚持这种观点，不可以将内因和外因一律等同看待，必须强调内因是事物发展的根本原因，第一位的原因。这是因为内因即是内部矛盾，发展就是内部矛盾的双方之间的斗争和统一，它是推动事物由一种质态转化为另一种质态、推动旧东西的消灭和新东西的产生，推动事物向自己的对立面转化的动力和源泉。

内外因理论在强调内因是事物发展的重点原因、是根本原因时，丝毫也没有看轻非重点原因即外因的作用，相反，它对非重点原因的作用也做了充分肯定。它认为世界上没有绝对孤立的事物，任何一个具体事物都是在同其他事物的联系中存在和发展的，这种联系乃是事物存在和发展不可缺少的条件。毛泽东把一事物和他事物的相互联系和相互影响，看成是事物发展的外部原因。外因所以是非重点的原因，首先在于外因"是事物发展的第二位的原因"。其次在于它必须"通过内因而起作用"。他说："事实上，即使是外力推动的机械运动，也要通过事物内部的矛盾性。植物和动物的单纯的增长，数量的发展，主要地也是由于内部矛盾所引起的。同样，社会的发展，主要地不是由于外因而是由于内因。"①即使在某些情况下，当外因起着巨大作用，甚至起着决定性作用时，它也不能不通过内因而成为直接决定事物发展的根本原因，即第一位的原因。外因在事物发展中只能起第二位原因的作用，它不会超出这个地位和作用的。同样，内因在事物发展中只能起根本原因的作用，它在转化为外因之前是不会失掉这个地位和作用的。它一旦失去了这个规定，内因就不成其为内因了。

第三，内外因理论是发展观上的彻底论。

列宁的辩证法两原则认为，事物内部的矛盾性是事物发展的动力和源泉，反对外因论，坚持内因论。毛泽东同志提出的内外因理论则进一步强调，矛盾存在于一切事物发展的过程中，又贯穿于一切过程的始终。这才是发展观上的彻底论。内因论和彻底论既有联系又有区别，不能简单地认

① 毛泽东：《毛泽东选集》第 1 卷，北京：人民出版社，1969 年，第 276-277 页。

为内因论一定就是发展观上的彻底论。毛泽东同志根据当时苏联哲学界对德波林学派的批评，认为他们的发展观虽然是内因论，但不是发展观上的彻底论，因为他们否认差别是矛盾，不承认在发展过程中自始至终存在着矛盾运动，"他们认为矛盾不是一开始就在过程中出现，须待过程发展到一定的阶段才出现。那么，在那一时间以前，过程发展的原因不是由于内部的原因，而是由于外部的原因了。这样，德波林回到形而上学的外因论和机械论去了"①。由此可见，要把内因论贯彻到底，使之成为彻底的发展论，就要承认差别就是矛盾，德波林学派的错误就是"他们不知道世界上的每一差异中就已经包含着矛盾，差异就是矛盾"②。

第四，内外因理论是完备的发展论。

列宁的辩证法两原则认为，内部矛盾性是事物发展的动力和源泉，但是他在进一步说明这个问题时，没有深入地探讨根据和条件在事物发展过程中的作用，也没有进一步探讨根据和条件同泉源和动力的关系。毛泽东同志的内外因理论不但研究了根据和条件在事物发展中的作用，而且把它同内外因结合为一个有机的整体，科学地解决了根据、条件、内因、外因的内在关系。他指出，外因是变化的条件，内因是变化的根据，外因通过内因而起作用，条件通过根据而起作用。这里讲的条件显然指的是外部条件，一般说来它就是促进根据发生变化的各种因素、事物的总和。这里讲的根据指的是内部矛盾，或内在本质，它是事物发展的基础。根据的作用是规定事物的本质，决定事物发展的方向或可能性。根据不同，事物的本质也不同，发展的方向也不同，鸡蛋可以变化为鸡子，而石头却不能，就是因为二者的根据是不同的。根据是内在的东西，它的发展一定要求有条件的帮助，才能变为外部的现实的存在。条件的作用是促使根据从可能性转变为现实性。可见根据的作用和条件的作用是不同的，不能将两者不加分别地等同起来。但是也不能将两者决然分开，条件是在根据的发展过程中产生的，根据的作用规定和条件的作用，条件的作用必须通过根据来实现。条件对根据的发展也有制约作用，它可以加速、延缓事物的发展，有了一定的条件，根据所提供的可能性就可以变为现实，没有一定的条件，这种可能性就不能变为现实。条件的作用是要引起根据的变化，事物只有

---

① 毛泽东：《毛泽东选集》第 1 卷，第 281-282 页。
② 毛泽东：《毛泽东选集》第 1 卷，第 281-282 页。

其根据发生了变化，才会发生质变，才会转化为新的事物。世间一切事物的发展都是如此，条件不能引起根据发生变化，便失去了条件作用的意义。根据是事物发展的基础，没有根据，就谈不到事物的发展，但是由此无限夸大根据的作用，否定或忽视条件的作用，同样也是错误的。任何事物的发展，首先必须有根据，还要具备一定的必要条件，要有内因的作用，也要有外因的作用，它是根据和条件、内因和外因共同作用的结果。可见，内外因理论比起一般发展论来，不但更加全面和彻底，而且也更加符合实际情况，是科学的完备的辩证发展论。

此外，毛泽东同志把内因看成是变化的根据还有另一层更深刻的意义，这就是除了说明内因是事物发展的根本原因之外，它还可以说明世界万物何以有质的多样性，他认为这是由特殊的根据即矛盾的特殊性决定的。他说：矛盾的特殊性"就是世界上诸种事物所以有千差万别的内在的原因，或者叫做根据"。因此，他要求人们一定要认识矛盾的普遍性，否则"就无从发现事物运动发展的普遍的原因或普遍的根据"，但是，也一定要认识矛盾的特殊性，否则"就无从确定一事物不同于他事物的特殊的本质，就无从发现事物运动发展的特殊的原因，或特殊的根据，也就无从辨别事物"。[①]毛泽东同志在这里把发展的普遍原因和特殊原因，普遍的根据和特殊的根据结合了起来，并同认识论的问题有机地联系了起来，这是他对列宁的辩证法两原则的又一重大发展。

（本文原载于《中州学刊》1984 年第 1 期）

---

① 毛泽东：《毛泽东选集》第 1 卷，第 281 页。

恩格斯对婚姻家庭发展趋势的考察

——读《家庭、私有制和国家的起源》

马俊迈

《家庭、私有制和国家的起源》是恩格斯晚年的一部光辉著作，它的一个重要贡献是运用历史唯物主义考察家庭的起源、历史演变和发展的前进性质，系统地阐述了马克思主义关于家庭的基本思想。

今天，我们学习恩格斯关于婚姻、家庭的基本观点和研究方法，对于加强社会主义两个文明的建设，抵制资本主义腐朽思想的侵蚀有着重要的现实意义。

一、以物质生活条件的变化为主要根据，
阐明家庭的产生和发展的规律

家庭是人类社会生活的重要组织形式，是特殊而复杂的社会关系，认真地研究它有助于认识人类社会的发展。恩格斯充分肯定了巴霍芬和高度评价了摩尔根在这方面的功绩，并从物质生活条件入手，考察了家庭演变的历史，从而使其建立在科学的基础上。

恩格斯认为，家庭不是从来就有的，也不是僵死凝固的。他研究了蒙昧时代低级阶段的生活状况，指明人类发展的初期根本没有家庭，也谈不上有机的社会结构，刚刚脱离动物界的人类，在原始群内部实行的是毫无限制的杂乱性交关系，认为这是符合当时的生产水平和道德准则的，是从动物状态转变为人类状态的漫长过程中不可逾越的阶段，并以此批判了资产阶级思想家为了论证一夫一妻制的永恒性而否定杂乱两性关系存在的错

误观点。他分析了蒙昧时代低级阶段后期和中级阶段的经济条件，阐述了从杂乱性关系中必然产生种群婚制的问题。血缘婚是群婚的最初阶段，由此而构成的血缘家庭是人类的第一个家庭形式，也是"第一个社会组织"，它"大概同漂泊不定的社会发展水平相适应的"；普那路亚是家庭的第二个形式，也是群婚的高级阶段，它"是以比较牢固定居的共产制公社为前提"。[①]氏族是这个历史时期的必然产物，是社会的基本组织，是社会体制的基础和单位。他研究了蒙昧时代和野蛮时代交替时期的物质生产，论述了人类家庭的第二种形式，即对偶家庭，认为它的产生是随着氏族的日趋发达，由近及远地次第排除亲属通婚的结果。但是，群婚被对偶婚排挤并取而代之，最根本的原因是社会经济生活条件的发展，使古代共产制的群体和人口密度增大。这是由于生产力的提高，财富的增多产生了"全新的社会关系"。从而母权制过时，父权制兴起。他研究了野蛮时代的高级阶段的经济关系，阐明了人类家庭的第三种形式，即一夫一妻制的出现是"由于大量财富集中于一人之手，并且是男子之手，而且这种财富必须传给这一男子的子女，而不是传给其它任何人的子女"[②]。

根据上述考察，恩格斯做出总结：①历史上已经历的三种主要婚姻形式，大体上与人类发展的三个主要阶段相适应，群婚与蒙昧时代相适应，对偶婚与野蛮时代相适应，一夫一妻制与文明时代相适应；②经济因素归根到底是引起家庭变革的决定性因素。但在从群婚到对偶婚的过程中，婚姻家庭发展的直接动力是自然选择，不过这种作用是在经济变化的基础上发生的；③婚姻家庭发展的总趋势是男女两性间的性关系的限制越来越多，越来越严，婚姻范围愈来愈小，最后只留下占主要地位的成对配偶，家庭由大变小，由不稳定变得较为牢固而持久。

恩格斯强调，这种顺序的发展是个漫长的过程，是"历史的进步"，同时也是"相对的退步"，在婚姻家庭生活中出现了男尊女卑，对女子贞操的片面要求，婚姻缔结受经济因素及其他社会权力的支配等现象。恩格斯还说，只有到了共产主义社会才能彻底消除这种不合理的状况。可见，恩格斯在对婚姻家庭的历史考察中肯定什么，否定什么，未来婚姻家庭将朝着什么方向发展，意思是很清楚的。

---

① 恩格斯：《家庭、私有制和国家的起源》，中央编译局编译，北京：人民出版社，1972年，第43页。

② 恩格斯：《家庭、私有制和国家的起源》，第73页。

二、着眼于对文明时代的剖析，揭示了一夫一妻制，

特别是资产阶级家庭的本质和历史过渡性

恩格斯说："个体婚制是文明社会的细胞形态，根据这种形态，我们可以研究文明社会内部充分发展着对立和矛盾的本来性质。"[①]一夫一妻制从其起源来看，它决不是个人性爱的结果，它与此绝对没有任何共同之处，它的产生"是不以自然条件为基础，而是以经济条件为基础，即以私有制对原始的自然长成的公有制的胜利为基础的"[②]。同时，"历史上出现的最初的阶级对立，是同个体婚制下的夫妻间的对抗的发展同时发生的，而最初的阶级压迫是同男性对女性的奴役同时发生的"[③]。尽管一夫一妻制在剥削制度中的表现形态有所不同，但其本质都是为了保存和继承父系私有财产的、男性统治女性的、片面和对抗的，并以杂婚卖淫为补充的婚姻家庭形式。

资产阶级的一夫一妻制，是个体婚制发展的最高阶段，是资本主义社会关系的反映，虽然在法律上，婚姻被标榜为"双方自愿缔结的契约"，是什么"平等自由的权利"，但实际上是"权衡利害的婚姻""阶级的婚姻""商品化"的婚姻。正如《共产党宣言》中揭露的，"它的补充现象是无产者的被迫独居和公开的卖淫"，然而资产者并不以此为满足，"还以互相诱奸妻子为最大的享乐"。因此，资本主义家庭关系就其本质而言是建立在"纯粹的金钱关系"上的，是公开的或隐蔽的妇女的家庭奴隶制，其结果不但没有消灭一夫一妻制所固有的矛盾，相反在前所未有的范围内得到了最充分的发展。在资本主义社会，只有无产阶级中间，性爱才可能成为并且确实成为对妇女关系的常规。不过，在资本主义条件下由于没有它存在的必要基础，是得不到发展的。固然，资本主义大工业给妇女开辟了一条参加社会生产的途径，使男子统治的最后残余失去了任何基础，并使之寻求爱情有了可能，但是，他们又挣脱不了资本主义的牢笼，而获得完全的、独立的地位。妇女的解放，只有通过社会的根本变革才能实现。

---

① 恩格斯：《家庭、私有制和国家的起源》，第63页。

② 恩格斯：《家庭、私有制和国家的起源》，第62页。

③ 恩格斯：《家庭、私有制和国家的起源》，第63页。

恩格斯极其明确地告诉我们："在这种社会中，家庭制度完全受所有制的支配，阶级对立和阶级斗争从此自由开展起来，这种阶级对立和阶级斗争构成了直到今日的全部成文历史的内容。"①可见，那种认为现在西方各国在婚姻家庭问题方面普遍出现的离异和不稳定的现象，是大生产带来的进步的看法是错误的。恰当地说，它是资本主义生产资料私人占有制度所固有的矛盾尖锐化的反映，是资本主义制度腐朽、没落的表现。

三、基于彻底的发展论，
分析了社会主义家庭的性质、特点和前进的方向

依据社会发展的规律，无产阶级社会主义革命将成为历史的必然。当这一社会变革实现之后，一夫一妻制的命运如何呢？它会发生怎样的变化？对此，恩格斯以严谨的科学态度和方法做了推想和展望。

恩格斯指出，在社会主义条件下，可以不无理由地回答，一夫一妻制"不仅不会消失，而且相反地，只有那时它才能十足地实现"②。社会主义革命的胜利，推翻了资本主义制度，消灭了资产阶级家庭赖以存在的私有制和阶级对抗的基础，建立了生产资料社会主义公有制及其崭新的家庭关系。随着生产资料转归社会所有，雇佣劳动、一定数量的妇女为金钱而献身的必要性等都要消失。随着生产资料转归社会所有，男女的社会地位都将发生很大变化，一夫一妻制不仅对女子而且对男子也将变成现实。随着生产资料转归社会所有，个体家庭不再是社会的经济单位，私人经济变成社会的劳动部门，随着生产资料转归社会所有，孩子的抚养教育将成为公共事业，社会同等地关怀一切儿童，消除了障碍少女毫无顾虑地委身于所爱男子的最重要的道德的和经济的因素。于是，恩格斯强调，新的动力开始出现了，在一夫一妻制发展的时候多只处于萌芽状态的因素，即个人性爱开始发生作用了。纵观历史，男女两性爱情高于一切而成为婚姻基础的事，在统治阶级的实践中自古以来都没有，至多在浪漫的事迹中或在被压迫阶级中才有这样的事。社会主义社会则不同，它为性爱的实现创造了优

① 恩格斯：《家庭、私有制和国家的起源》，第4页。
② 恩格斯：《家庭、私有制和国家的起源》，第73页。

越的社会条件，妇女的解放，在各个方面都和男子处于平等地位，并且这一情况将随着社会主义物质文明和精神文明建设的发展而发展。

诚然，社会主义的婚姻家庭，同旧社会相比发生了性质的变化。但是，它同任何事物一样，也都有个发展过程。由于社会主义社会还不可避免地在经济、道德和精神等各方面带有旧社会的痕迹，由于社会实际不平等现象的存在，婚姻在相当长的历史时期中，还不能完全做到以性爱为基础。因此，旧社会的痕迹，加上现代西方资产阶级生活方式的腐蚀，可能成为婚姻离异和不稳定的重要因素。因此有人认为，社会主义的不断发展，妇女的进一步解放和男女实际平等的逐步实现，造成了离婚率升高的必然趋势。这种看法是很轻率的，因为他们把生产力在历史中的决定作用视为唯一的决定性因素，而忽视了上层建筑、社会意识的能动的反作用，他们只看到了社会主义生产力的发展为婚姻离异自由创造条件的一面，而没有看到它的发展对以爱情为基础的婚姻所起的积极、稳固作用的另一面，他们把当代西方在婚姻家庭问题上出现的性自由等现象，看成为我国未来婚姻家庭生活发展的必然趋势，而忽视了社会主义制度、社会主义精神文明建设的重要作用。

四、在科学世界观指导下，
指明了共产主义社会中两性关系的新秩序

恩格斯指出："结婚的充分自由，只有在消灭了资本主义生产和它所造成的财产关系，从而把今日对选择配偶还有巨大影响的一切派生的经济考虑消除以后，才能普遍实现。到那时候，除了相互爱慕以外，就再也不会有别的动机了。"[①]共产主义是人类历史上最进步、最合理、最美好的社会制度，物质生产和精神生产极大提高，能够满足所有社会成员各个方面的需要。随着男女之间对经济、家务等各种"后果"担心的彻底消除，那时的人们必然创造出与共产主义的伟大时代相适应的两性关系的新秩序。

完全以爱情为基础的婚姻家庭制度有着自己的特点，有着人们遵循的共产主义道德的基本原则，正如恩格斯所说："这一代男子一生中将永远不

---

① 恩格斯：《家庭、私有制和国家的起源》，第79页。

会因金钱或其它社会权力手段去买得妇女的献身；而妇女除了真正的爱情以外，也永远不会出于其它某种考虑而委身于男子，或者由于担心经济后果而拒绝委身于她所爱的男子。"①

以爱情为唯一基础的婚姻发展的最后结果，只能是完善的"真正的一夫一妻制"。因为"性爱按其本性来说就是排他的"，所以"以性爱为基础的婚姻，按其本性来说就是个体婚姻"。②

可是有的同志在探讨婚姻的离异和不稳定的问题时，提出在共产主义社会中一夫一妻制将被彻底否定，家庭要消灭，爱情也要消亡，取而代之的是类似原始社会的对偶婚和群婚，并认为这是受恩格斯的"启发"云云，很显然，这种观点是荒唐的，它不仅不是恩格斯的原意，而且大相径庭。

（本文原载于《道德与文明》1986 年第 2 期）

---

① 恩格斯：《家庭、私有制和国家的起源》，第 80-81 页。
② 恩格斯：《家庭、私有制和国家的起源》，第 79 页。

论人类的发展

张步仁

人的发展，按理说，应该包括人类的发展和人类个体的发展。这里所说的人的发展，指的是人类的发展，而非人类个体的发展。之所以要作这一强调和区分，是因为站在人类的角度研究人的发展与站在人类个体的角度研究人的发展，结论完全不一样。如果把考察人的发展的视野，专注于人类个体，那么人的发展的内容和历程就十分简单、贫乏。而一些人在考察人的发展时恰恰是把人类个体的发展内容和历程当作人类发展的内容和历程，或者说，误认为对人类个体发展的研究就是对人类发展的研究。人类个体当然也有如何发展和发展什么的问题。但任何人类个体的发展都不能脱离人类发展轨道，都是要汇入人类发展总体之中的。马克思在考察人的发展问题时，考察的是人类的发展而非人类个体的发展。离开人类发展来考察人类个体发展是没有意义的。正如对社会、自然的研究一样，马克思不会研究人类个体发展的细微问题、具体问题，他关心的是整个人类的命运，是人类发展的普遍性、规律性问题。当然，人类个体的发展可以而且也有必要研究，但绝不能以此代替对人类发展的研究。

一、人类发展的七个方面

人类在漫长的生存时间里主要从以下方面发展。

第一，形体。从古代类人猿进化成人类以后，人类的发展最初表现在形体上。人类的形体为了适应生存和发展需要，逐渐演化，由早期猿人到晚期猿人，又从晚期猿人到早期智人，再从早期智人到晚期智人，即能人→直立人→智人→现代人。现代人在形体上还会不会发展变化？人类学家大致有三种看法。一是衰退论。认为人类会变成树栖动物。人类之所以会走向衰退是由于医学科学的进步，使许多疾病患者得到治疗，可他们体内的致病、易致病基因却遗传给了下一代。同时，由于正常基因中总有一些会突变成致病基因，结果使人群中致病基因分布率一代比一代高。最后，人类的体质每况愈下，唯有大脑、感觉器官和生殖器官保存了下来。二是进化论。认为人类的诞生和进化是沿着一条直线发展的，人类终究会变成恐龙模样。人的双手会变得越来越灵活，大脑会变得越来越发达，然而肢体将逐步退化，最终出现大脑袋、大眼睛、细长四肢的人。三是稳定论。认为在今后 50 万年内，人类体质的改变，大脑体积的增加，与社会进步、智慧高度发达相比，是微不足道的。未来的人类在身体结构比例上，和今天的人类没多大的差别。对这三种观点根本无法作谁是谁非的评论。但我认为，有一点是可以肯定的，即现代人类不可能是人类形体发展的终点，现代人正处在人类形体发展的中期鼎盛阶段，所以必将继续进化。现代人之后会出现未来人，未来人之后会出现末代人。顽强地生存在地球临近毁灭之前的是末代人类。

第二，智力。人类智力是不断增强的，智商会越来越高。原始人的智力不会比动物强多少。人类曾长期地处在愚昧无知的状态。在改造自然和社会的过程中，人类为了生存和发展的需要，不断地积累知识和经验，增添了智慧，变得越来越聪明，科学技术越来越发达。人类智力还会发展、提高，创造出一个又一个令现代人惊叹不已的科学奇迹。由愚昧走向科学是人类智力发展的方向。

第三，认识能力。人类的智力在不断发展，人类的认识能力也在不断发展。人类最初只是凭借感官认识世界、事物的表面和现象，后来又懂得了运用理性思维认识世界、事物的本质和规律。为了克服感官的局限，人类发明和借助于科学的仪器和工具，探知微观、宏观和宇观世界，拓展了认识的广度和深度。人类不仅具有理性、感性的认识能力，而且还具有非感性、非理性的认识能力，例如直觉、灵感、顿悟等等。人类肯定还有许多未知的认识能力。人类的认识能力会在认识和改造自然、社会的过程中不断发展和完善。

第四，物质生活。人的发展，在很大程度上是通过物质生活条件、水平和质量的提高直接反映和体现出来的。自从人类出现以后，人类一直在谋求物质生活的改善并将此当作目的。迄今为止，人类所做的一切包括战争、阶级之间的大搏斗、对自然的征服和掠夺以及科学技术的发明创造等，都是为了提高物质生活的水平和质量。人类在物质生活方面发展的总趋势，是摆脱贫困，逐渐致富，由贫困走向富裕。追求幸福、富裕的物质生活，是人类最终生存和发展的目的和目标。

第五，精神生活。人由动物进化而来，但还是社会动物。把人与自然界的动物严格区别开来的，不仅在于人过的是幸福富裕的物质生活，享受着自然界动物根本不可能拥有的衣食住行，而且还表现在人类能够进行科学技术的发明创造，文学艺术的创作；人类有伦理道德观念和行为规范，有羞耻心、同情心、怜悯心，人有良知，有理智。一句话，人类有精神文明。人的行为越文明，人的发展越成熟。一部人类发展史，也就是人类从野蛮走向文明的历史。人类在追求和实现物质文明的同时，也在追求和实现精神文明。人类的道德不断地提高，越来越理智地控制自己的情欲；法制不断地完善，人类越来越严格地规范自己的行为，妥善地处理人与人之间、人与社会之间乃至人与自然之间的关系。人类越发展，人类的行为会越文明和高尚。私心、私欲会被公心、公德代替；利己主义、个人主义会被利他主义、集体主义代替；尔虞我诈、以邻为壑会被助人为乐、和谐相处代替；声色犬马、骄奢淫逸会被科学、健康、合理的生活方式所代替。人类朝着物质文明和精神文明方向发展的历史趋势，是不可能改变和逆转的。

第六，政治生活。追求民主、自由、平等，是人类发展的重要内容。只有人类才有政治生活，才有民主、自由、平等的意识和观念。自然界的动物是不可能有政治生活的，也根本不可能具有民主、自由、平等的意识和观念。人类在政治生活上将经历由原始社会的天然民主、自由、平等到阶级社会的阶级民主、自由、平等，再到共产主义社会真正的人人民主、自由、平等的发展。这是极其漫长和艰难而又不可避免的发展过程。人类的民主、自由、平等的意识和观念，也不是天生固有的，而是在人类的发展和社会发展过程中逐渐萌发、觉醒和增强的。原始人尽管过着天然民主、自由、平等的生活，可是并无民主、自由、平等的意识和观念，他们也没有刻意去要求这种天然的民主、自由、平等。进入阶级社会和文明社会以后，人类开始了阶级的民主、自由、平等的政治生活，但无论是奴隶阶级和奴隶主阶级，还是农民阶级和地主阶级，在很长的历史时期内，也都没有自觉地认识到存在着这种阶级的民主、自由、平等的政治生活。人的民主、自由、平等的意识的觉醒，是从资产阶级开始的。资产阶级是第一个为民主、自由、平等而大声呐喊的阶级，他们要求阶级的民主、自由、平等。资产阶级向封建阶级争取民主、自由、平等的斗争，也唤醒了无产阶级。无产阶级同样也向取得了统治地位的资产阶级发出挑战，提出民主、自由、平等的要求，并取得了某些成果。最后只是在胜利了的社会主义国家才真正实现了无产阶级自己的民主、自由和平等。但是，无产阶级与历史上的剥削阶级根本不同，它不会去独享自己的民主、自由和平等，而是要消灭阶级的民主、自由、平等，实现人类的民主、自由、平等。因此在政治生活方面，人类的发展，既没有停留在原始社会天然的民主、自由、平等阶段，也不会停留在阶级的民主、自由、平等阶段，而是必然要发展到真正的民主、自由、平等阶段。人类在政治生活方面的发展，对人的发展来说，是有决定性意义的，它是人的价值和尊严的确证，因而为此所付出的努力和代价也将是最大、最惊人的。

第七，人的素质。人的素质是人的质量、品质和各种工作态度、能力、水平的总称。人的发展突出地表现在人的素质提高上，即人的政治思想道德素质的提高，认识和改造世界能力、水平的提高，以及文明程度的提高。人的素质的提高，意味着"人"的成分、因素越来越多，"兽"的成分、因素越来越少。人的素质的提高是人真正发展和成熟的标志。人的其他方面的发展都与人的素质发展分不开，是人的素质不断提高的结果和表现，并依赖于人的素质发展。人的素质是多方面的，有身体素质、文化素质、政治素质、思想素质、道德素质、业务素质、科学素质、心理素质等等。其一，人的素质提高过程也就是人自身不断完善的过程。其二，人的素质的提高和发展又是一个渐进的过程。人要生存和发展，首先必须具备一些基本素质，例如身体素质、文化素质。人要能够适应气候变化，抵御严寒和酷暑，抵御各种疾病和传染病的侵袭，改善个人卫生和环境卫生，锻炼身体，增强体质，减少疾病的发生和降低死亡率，延长寿命；要接受教育，学习各种文化知识和技能，增强自己的认识和改造自然、社会的能力及水平，获得所需要的生产资料和生活资料；人要成为社会人，继而必须具备政治思想品质和伦理道德观念，协调和处理好与他人、社会、异性之间的关系、矛盾、利益和纷争；人要成为全面发展的人，为了更好地适应工作，提高工作效率和效果，还必须具备业务素质、科学素质和心理素质，这是更高层次的素质要求。人的所有这些素质要在人的发展和社会发展过程中逐渐形成和完善起来，绝非一朝一夕而能达到的。其三，人的素质不断提高和完善，是社会发展对人提出的要求。人的发展要与社会发展相同步。社会越发展对人的素质要求会越高。否则，社会发展便会停滞，甚至倒退。社会发展的每一种形态和阶段，都需要有相应素质的人来完成改造自然和社会的历史使命。社会形态由低级到高级的发展，意味着人的素质由低级到高级的发展。社会发展的不断完善，意味着人的素质的不断完善。所以人的素质由低级到高级的发展，特别是人的综合素质的提高，是人在素质方面发展的方向和趋势。

二、人类的发展历程

第一，人类的发展是一个自然历史过程。人类的形体、智力、素质和认识能力方面的发展是纯自然历史进程；而人的物质生活、精神生活和政治生活方面的发展，既是自然历史进程，又是自觉的历史进程，是自然历史进程和自觉历史过程的统一。也就是说，人的物质生活、精神生活和政治生活的发展，虽然有其客观必然性，但必须要有人的主观能动性的发挥。没有人的能动参与，这些发展是断然不能实现的。

第二，人必须与社会同步发展。人的发展既不能超越社会发展，也不能落后于社会发展。因为社会发展是人的发展的前提和基础。社会物质文明和精神文明的发展，社会生产力的发展，是人的发展的基本保障，人的种种发展要求都必须在社会发展中实现。所以，人的发展离开社会的发展是不可思议的。同时，人的发展又是社会发展的目的和手段。社会必须把人的发展作为发展的目的。社会发展的一切都是为了人，为了满足人的需要，为了适应人的生存和发展。社会又必须把人的发展作为发展的手段。社会发展的任务和目标，必须通过人的发展来实现，没有人的发展，社会发展同样是不可思议的。既然人的发展是社会发展的目的和手段，那么，人的发展就要与社会发展相协调。如果人的发展超越社会发展，那么人的发展就缺乏必然的物质和精神基础；如果人的发展落后于社会发展，那么社会发展就失去了目标和方向。

第三，人的发展需要经历从非自由发展到自由发展的过程。人的发展总是在自然和社会的环境和条件下进行的。环境恶劣、条件缺乏，人的发展就受到影响和牵制。人的发展，无论是哪方面的内容，自然和社会在很长时期内，客观上是难以满足需要的，因而是非自由的。这种发展的非自由性，由以下原因造成：一是人对自然和社会发展规律的认识处于必然王国阶段；二是自然和社会的物质条件匮乏；三是人类自身利益触发的矛盾和斗争设置了诸多障碍。这些问题不解决，人的发展就必定是非自由的，要受到限制和束缚。自然和社会环境的改造，自然和社会条件的改善，人际矛盾和斗争的解决，都需要时间，有个过程。而这一切，能够为人的自由发展提供理想环境和优越条件的，只有共产主义社会。所谓人的自由发展，当然不是指人可以不顾环境和条件，违反客观规律，随心所欲地发展，不是唯意志论，而是指人能在没有外在强加的自然压迫和社会压迫，在没有内在主观滋生的私欲、情欲的压迫下发展；或者说，在既没有客观的、自然的，也没有主观的、人为的束缚和限制下发展。自然和社会的规律，人在没有认识和掌握之前当然对人的发展是一种制约，但只要人发现和遵从了规律，那么人的发展就获得了自由；自然和社会的环境和条件，在人没有能控制和改造之前，限制着人的发展，而在被人能动地支配和驾驭之后，人的发展就获得了自由；人类只有在摆脱物质利益的争夺和精神思想的禁锢、羁绊之后，才能真正自由地发展。但是不管要经历多少艰难曲折，人类终究是要从非自由发展走向自由发展的，是没有任何力量能够阻挡住的。

第四，人的发展是由片面发展到全面发展的过程。任何事物的发展都有一个逐渐完善的过程，人的发展也不例外。人的发展不可能一下子尽善尽美。由于各种原因，人必须由片面发展逐渐走向全面发展。在某个历史阶段或历史时期，人类主要在某一方面发展，或者说，某一方面的发展比较突出。如在人类发展的原始社会蒙昧阶段，人的智力、认识能力、素质、物质生活、精神生活和政治生活的发展几乎是不存在的，人的形体进化才是主要的。人的认识能力、素质、精神生活和政治生活的发展在奴隶社会、封建社会也是微不足道的，只是到了近代才凸显出来。人的政治生活也是到了近代才有了长足的发展。人的物质生活、认识能力到了现代才有了飞速发展。就某个阶级的发展来说也是如此。资产阶级先是争取政治生活方面的发展，组织政党，进行革命求解放，夺取政权，争民主、自由、平等，尔后再进行工业革命，实现物质生活方面的发展。在人的发展途程中，必须经过片面发展。一是由片面发展到全面发展是事物发展的规律和必经过程；二是受自然和社会环境、条件的限制；三是人类在每个历史时期或阶段所要完成的历史任务和使命不同，所要解决的主要问题不同，所以人的发展内容和侧重点也就不同；四是人类自身有一个逐渐成长、成熟的过程，在这个过程中，每一阶段会出现不同的发展要求和发展内容。因此，人的片面发展既有历史局限性又有历史必然性。没有人的片面发展，也就没有人的全面发展，不经历人的片面发展也就不可能出现人的全面发展。过分指责人的片面发展，或过早要求人的全面发展，都不是历史唯物主义。如果没有原始社会、奴隶社会、封建社会和资本主义社会人的片面发展，就不可能有共产主义社会人的全面发展。共产主义社会人的全面发展，正是在经历了上述社会人的片面发展之后才能出现。不考虑人的发展规律和必然历史进程，一味否定人的片面发展和一味肯定人的全面发展，都是不对的。

第五，人的发展要经历社会主义社会人的全面发展到共产主义社会人的全面发展的过程。长期以来，学术界在人的全面发展问题上，存在一个认识误区，即认为共产主义社会的人才可能全面发展，而在社会主义社会人是不可能全面发展的。其实，人们忘记了马克思说的共产主义是包括社会主义的共产主义，他是把社会主义当作共产主义第一阶段或低级阶段来看待的。既然如此，共产主义社会人的全面发展，就应该包括社会主义社会人的全面发展和共产主义社会高级阶段人的全面发展两个方面。事实上，人类只有经过社会主义社会人的全面发展，才能实现共主义社会人的全面发展其原因主要有：

其一，社会主义社会人的全面发展，是由人的片面发展到共产主义社会人的全面发展的过渡阶段、过渡形态。由前共产主义社会（不含社会主义）人的片面发展到共产主义社会（同样不含低级阶段社会主义）人的全面发展，是人的发展途程中的根本质变。这个根本质变的发生，需要经过部分质变的积累。这个阶段性部分质变就是社会主义社会人的全面发展。社会主义社会人的全面发展，无论是内容还是形式，既不同于前共产主义社会人的片面发展，也不同于共产主义高级阶段人的全面发展，它是从人的片面发展到人的全面发展的过渡形态，它既保留了人的片面发展的浓厚痕迹，也显示出人的全面发展的显著特征。人的发展不经过社会主义社会的阶段性部分质变，要完成由片面发展到全面发展的飞跃和突变，是不可能的。因此，我们在人的全面发展问题上，必须理直气壮地承认存在一个社会主义社会人的全面发展的过渡阶段和过渡形态。

其二，社会主义社会人的全面发展是共产主义社会人的全面发展的低级阶段，共产主义社会人的全面发展则是社会主义社会人的全面发展的高级阶段。与共产主义社会人的全面发展相比，社会主义社会人的全面发展还是低层次的，非理想状态的，在人的全面发展的内容和形式上都是不完善的。这是因为社会主义社会无论哪方面都还不具备真正实现人的全面发展的条件。马克思所说的全面发展的人，是指能够从事消除了建立在社会分工基础之上的脑力劳动和体力劳动差别的劳动的人。这种共产主义社会全面发展的人，既不是从事体力劳动的人，也不是从事脑力劳动的人，更不是既可从事体力劳动又可从事脑力劳动的人，而是从事既具智力含量又具体力含量劳动的人。换言之，共产主义社会全面发展的人，是从事没有脑体差别的劳动的人。社会主义社会存在体力劳动和脑力劳动的差别，也就根本不可能有消除这种差别的劳动存在，更不会出现从事消除这种差别的劳动的全面发展的人。但是，社会主义社会应该涌现出既能从事体力劳动又能从事脑力劳动，能文能武、文武双全的人，就是社会主义社会某种类型全面发展的人。而社会主义社会绝大多数还不是这种全面发展的人。在社会主义社会这种既能从事体力劳动又能从事脑力劳动的全面发展的人的基础上进一步发展，就会产生出从事消除脑体差别的劳动的共产主义社会全面发展的人。

其三，社会主义社会人的全面发展，是共产主义社会人的全面发展的准备和基础，共产主义社会人的全面发展是社会主义社会人的全面发展的必然趋势。人的全面发展的内容和形式是多方面的，不是仅仅体现在消除脑体差别上。人的全面发展在社会主义社会有以下内容和形式。（1）劳动能力结构。一个既能从事体力劳动又能从事脑力劳动的，或者说能文能武、文武双全的人，应该是在劳动能力的结构方面全面发展的人。（2）知识结构。一个既具有自然科学知识又具有社会科学知识的人，或者是文理兼通的人，应该是在知识结构方面全面发展的人。（3）素质结构。一个德、智、体、美、劳诸多方面都优秀的人，或者是一个"有理想、有道德、有文化、有纪律"的人，或者是一个政治思想道德素质、文化身体及业务素质都较好的人，应该是在素质结构方面全面发展的人。（4）兴趣爱好。一个诗、琴、书、画都擅长的人，或者对文学艺术、音乐舞蹈和体育等涉猎甚广的人，应该是兴趣爱好方面全面发展的人。上述四个方面的全面发展，社会主义社会的人要全部实现恐怕是有困难的，但经过努力，实现其中某一个方面的全面发展则应该是完全可能的。

第六，人的发展是永无止境的。从人的片面发展到社会主义社会人的全面发展，再到共产主义社会人的全面发展，这是人的发展的大致历程。在某种意义上我们也可以这么说，共产主义社会人的全面发展，是人的发展的最高目标和最理想境界。但这绝不意味着共产主义社会人的全面发展是人发展的终结。人的发展是个过程，这个过程永远不会完结。凭人类现在的智慧，只能预测到共产主义社会人的发展，至于共产主义社会之后社会如何发展，人又如何发展，尚且不可知。这并不是人类智力的无能，而是实事求是。因为任何人都无法穷尽社会发展和人的发展的全部历程。如果硬要作某种先验的预见，那么这种预见不是空想就是伪科学。然而，我们虽然不必过多地、过早地去关心和设想共产主义社会之后社会如何发展、人如何发展的问题，但又不能把共产主义社会人的全面发展绝对化、凝固化。在这个问题上，我们同样既要坚持唯物论又要坚持辩证法防止思想僵化。

（本文原载于《学习与探索》2007 年第 3 期）

对立统一规律的内容和地位

——学习列宁《哲学笔记》的札记

吕鸿儒

对立统一规律的内容是什么？它在辩证法中的地位究竟如何？这是哲学界正在讨论的重要问题。要想弄清这两个问题，很有必要认真读一读列宁的不朽遗著《哲学笔记》。

一、对立统一规律的内容

《哲学笔记》是列宁时代的时代精神的精华。所谓列宁时代，就是帝国主义和无产阶级革命时代，这正是人类历史上的一个极其重大的转折时期。在这个时期，各主要资本主义国家已经先后进入帝国主义阶段，垄断已经代替了自由竞争，资本主义世界的固有矛盾越来越激化，以至爆发了1914—1918年的第一次世界大战；也是在这个时期，窃取国际共产主义运动领导权的第二国际"领袖"们相继背叛了马克思主义，把欧洲各主要国家的无产阶级政党几乎都变成了修正主义党，使之成为帝国主义政策的卫道士；还是在这个时期，以列宁为首的布尔什维克党，高举着反帝、反修的旗帜，利用帝国主义战争所造成的社会危机，接连推翻了沙皇和资产阶级政府，建立了世界上第一个社会主义国家，开辟了俄国历史和世界历史的新纪元。就是在反帝、反修，领导俄国革命和国际共产主义运动的伟大实践中，列宁坚决捍卫、忠实继承、全面发展了马克思主义。应当特别指出的是，在新的历史条件下，为适应新形势、总结新经验、解决新问题，列宁曾经系统而深入地探讨过辩证法，而且还准备写一部唯物辩证法专著。

《哲学笔记》就是他研究历代的辩证法思想、为准备写辩证法专著而做的读书笔记。从《哲学笔记》中可以极为清楚地看出，在研究辩证法的过程中，列宁尤其注意的是对立统一学说，因此，他对这个学说的贡献也最为突出。

列宁对对立统一学说的重大贡献之一，就在于他比他的前人更加深刻和准确地揭示了这个学说的内容。

在批判继承历代一切优秀辩证法思想的基础上，特别是在直接继承马克思主义唯物辩证法的基础上，列宁用哲学语言明确指出，对立统一，指的是"统一物之分为两个互相排斥的对立面以及它们之间的互相关联"。还指出，对立面的统一，"就是承认（发现）自然界（精神和社会都在内）的一切现象和过程具有矛盾着的、互相排斥的、对立的倾向"[①]。这是列宁对对立统一学说的高度概括，也可以说是对立统一学说的基本内容。我们认为，列宁的概括既科学又准确，确实抓住了对立统一学说的实质。

全部科学史雄辩地证明，不论是在自然、社会，还是在人们的思维活动中，任何事物、现象和过程，都是由矛盾构成的，都包含着既互相对立又互相统一的两个方面，都是靠这两个方面的对立和统一来推动其发展的。因此，研究对立统一学说，认识事物的矛盾运动，都必须紧紧抓住矛盾的斗争性、矛盾的统一性以及二者的辩证关系这一中心内容，而不应把对立统一规律说成是无所不包的"万宝囊"。近 20 年来，在我国编写的许多哲学教科书中，包括公开发行和校内使用的，一写到对立统一规律，都无例外地全部照抄《矛盾论》，致使这个规律不但包括了诸如矛盾的普遍性，矛盾的特殊性，主要的矛盾和矛盾的主要方面，对抗性矛盾和非对抗性矛盾等，而且还包括了远非它本身所能包括的"两种宇宙观"这类最大的哲学论题。这不仅冲淡了对立统一规律的中心内容，而且也颠倒了宇宙观和对立统一规律之间的种属关系（是两种宇宙观包括辩证法，因而也包括对立统一规律呢，还是对立统一规律包括辩证法，而且也包括两种宇宙观呢？）。之所以会出现这种情况，看起来是为了尊重毛泽东同志的意见，其实是一种误解。在《矛盾论》的简短前言中，毛泽东同志曾经说过，在研究对立统一规律时，"不得不涉及广泛的方面，不得不涉及许多的哲学问题"。很清楚，这里说的是"涉及"而不是"包括"，如果硬要把"涉及"当作"包括"，硬要把这个规律"涉及"的"广泛的方面"和"许多的哲学问题"统

---

① 列宁：《哲学笔记》，中央编译局编译，北京：人民出版社，1957 年，第 362 页。

统包括进来，那么，世间最大的杂货铺也得让位给对立统一规律了。

仔细看看《哲学笔记》，我们便不难发现，列宁在研究对立统一规律时，始终是紧紧抓住它的基本内容，即紧紧围绕矛盾的同一性、矛盾的斗争性，以及同一性和斗争性的关系这三个方面而进行探讨的。首先，他认真探讨了矛盾的同一性，全面论述了同一性的内容。他说："辩证法是一种学说，它研究对立面怎样才能够同一，是怎样……同一的——在什么条件下它们是同一的、是互相转化的，——为什么人的头脑不应该把这些对立面当做僵死的、凝固的东西，而应该当做活生生的、有条件的、活动的、互相转化的东西。"①十分清楚，在列宁看来，矛盾的同一性的全部含义，是既包括着对立双方的互相联结、互相依存，又包括着矛盾双方在一定条件下的互相转化。这正是毛泽东同志在《矛盾论》中把同一性明确规定为两种意义的理论根据。

在探讨它们的同一性的同时，列宁还探讨了矛盾的斗争性。矛盾的斗争性，指的是矛盾双方的互相区别、互相对立、互相排斥、互相否定的趋向。由于一切事物都无例外地包含着这种趋向，所以列宁便把"对立面、矛盾趋向等等的斗争或展开"当作"辩证法的要素"之一。②事实上，一切事物或过程，都是矛盾的产生、发展、激化和解决的过程。有事物就有矛盾，有矛盾就有斗争。斗争是贯穿于过程始终的，没有斗争就不会有事物的发展变化。

关于同一性和斗争性的关系，列宁也有非常精辟的论述，他说："对立面的统一（一致、同一、均势）是有条件的、暂时的、易逝的、相对的。相互排斥的对立面的斗争则是绝对的，正如发展、运动是绝对的一样。"③说同一性是相对的，一是因为它具有条件性，没有一定的条件，矛盾双方是既不能互相依存，也不能互相转化的；二是因为任何矛盾统一体都是具体的、暂时的，迟早总会为新的矛盾统一体所取代；三是因为无论何时何地何种条件下，都没有纯而又纯的同一性，同一之中总是存在着斗争的。而说斗争性是绝对的，主要是因为它的无条件性，它无条件地存在于事物发展的一切状态、一切过程之中，并且无条件地贯穿于一切状态和一切过程的始终。就是说，不管是矛盾双方共处于一个统一体时，还是在统一体

---

① 列宁：《哲学笔记》，第86页。
② 列宁：《哲学笔记》，第209页。
③ 列宁：《哲学笔记》，第362页。

解体时；不管是矛盾双方尚未转化时，还是在矛盾双方正在转化时，斗争都是存在的。

同一性和斗争性之间虽然有相对和绝对之分，但它们又是紧密相联、不能分割的。列宁明确指出，在唯物辩证法看来，"相对和绝对的差别也是相对的"，"相对中有绝对"。①换句话说，就是相对的同一性和绝对的斗争性之间并没隔着一道不可超越的万里长城，绝对的斗争性就存在于相对的同一性之中，相对的同一性之中就存在着绝对的斗争性。在对立统一学说看来，一切事物的矛盾运动都包含着相对的同一性和绝对的斗争性，都是由相对的同一性和绝对的斗争性相结合而构成的。

一切事物都是由矛盾构成的，一切矛盾都包含着相对的同一性和绝对的斗争性。那么，推动事物发展的动力是什么呢？是斗争性还是统一性呢？列宁的回答是科学的、辩证的。他先说"发展是对立面的'斗争'"，紧接着又说"发展是对立面的统一"。②这两句话出自同一段文字内，前后相隔还不到两行。由此我们不难看出，列宁是把发展归结为对立面的斗争和统一的。毛泽东同志继承了列宁的这一光辉思想，他也不止一次地强调说："矛盾着的对立面又统一，又斗争，由此推动事物的运动和变化。"

我们认为，把发展归结为对立面的统一和斗争符合客观辩证法的正确见解，因为在客观事物中，斗争总是在统一体中进行的，统一也总是包含着斗争的，离开统一的斗争和离开斗争的统一都是不存在的。但是，长期以来，在极左政治路线的影响下，我们讲斗争性很多，对统一性则注意不够，这是应当纠正的偏向之一。近来，有不少同志相继发表文章，专门论证统一性在发展中的地位和作用，这是有利于我们完整准确地把握对立统一规律的。

列宁深刻揭示的对立统一规律的基本内容告诉我们，研究任何事物的矛盾运动，都必须充分注意它的矛盾双方的统一性和斗争性的辩证关系，决不可强调一个方面忽视另一个方面，更不能用一个方面排斥、否定另一个方面。形形色色的机会主义分子，为着推行其机会主义政治路线，总是千方百计地贩卖形而上学、不遗余力地割裂统一性和斗争性的关系。他们或者抓住统一性，否认斗争性，宣扬"矛盾融合""阶级合作"论，实行投

① 列宁：《哲学笔记》，第362页。
② 列宁：《哲学笔记》，第362页。

降主义，竭力从右的方面出卖革命利益；或者抓住斗争性，否认统一性，大搞"残酷斗争""无情打击"的过火行为，奉行宗派主义和盲动主义，拼命从"左"的方面破坏革命事业。林彪、"四人帮"比以往一切机会主义者更阴险、更毒辣。为了推行一条登峰造极的极左路线，他们居心险恶地把矛盾的斗争性和统一性故意分割开来，绝对对立起来，胡说什么"斗争哲学的中心在于'斗'"，"'一分为二'的核心在于'分'"，"一切矛盾的对立面都是在'对着干'"，甚至公然叫嚣什么"对立统一规律应改为'对立与斗争规律'"。如此歇斯底里地鼓吹斗、斗、斗，分、分、分的家伙，不仅在中国历史上是绝无仅有的，就是在世界历史上也是极为罕见的。这伙反革命黑帮之所以如此猖獗，其罪恶目的就是把跟随毛泽东同志南征北战的老一辈无产阶级革命家"分"出去、"斗"下台，把整个革命队伍"分"散、"斗"乱，以便他们趁机篡党夺权搞复辟。这伙反革命黑帮虽然被粉碎了，但他们的流毒至今还在继续影响着我们的一部分同志，使他们依旧念念不忘"斗争哲学"，一提统一就感到不舒服。所以，要想正确处理当前的各种社会矛盾，继续发展安定团结的政治局面，进一步加速"四化"建设的步伐，就必须继续深入批判林彪、"四人帮"的绝对主义，彻底肃清他们的影响。

二、对立统一规律的地位

列宁对对立统一学说最重要的贡献，是他在全面研究辩证法内部关系的基础上，继马克思、恩格斯之后，明确提出并简要论证了对立统一规律是辩证法的实质和核心这一重大哲学论题，强调了对立统一学说的地位和作用。

辩证法的三个基本规律，即对立统一规律、质量互变规律、否定之否定规律，是唯心主义辩证法大师黑格尔最先提出来的。在黑格尔那里，否定之否定规律被看作是辩证法的核心。马克思和恩格斯在彻底改造黑格尔的唯心主义辩证法、从头建立唯物主义辩证法的过程中，拯救了黑格尔的"合理内核"，其中就包括有批判地继承关于三个基本规律的合理见解。他们在肯定这三个基本规律的同时，也注意到了对立统一规律的重要性。在他们的著作中，始终都贯穿着对立统一思想。例如，马克思的《资本论》是用对立统一学说分析资本主义社会的，恩格斯的《自然辩证法》则是用对立统一学说研究自然界的矛盾运动的，等等。在谈到对立统一学说时，他们也很强调它的重要性。马克思说过："两个相互矛盾方面的共存、斗争以及融合成一个新范畴，就是辩证运动的实质。"①恩格斯也说过，"运动本身就是矛盾"，"生命""思维"也都是"矛盾"。对立面的互相渗透和互相转化，是"辩证自然观的核心"。（以上引文均见《反杜林论》）但正如恩格斯所说，因为我们要集中精力论述的是辩证法规律的客观性、普遍性和科学性，所以，"我们不能详细地考察这些规律的相互的内部联系"②。列宁直接继承并大大发展了马克思主义的唯物辩证法。他详细考察了唯物辩证法的内部联系，发现它的基本规律之间、规律和范畴之间，都不是彼此孤立的，而是互相联系的，其中对立统一规律具有特别重要的作用。于是，他有史以来第一次明确指出："统一物之分为两个部分以及对它的矛盾着的部分的认识，是辩证法的实质。"③他还指出："可以把辩证法简要地确定为关于对立面的统一的学说。这样就会抓住辩证法的核心，可是这需要说明和发挥。"④

为什么说对立统一规律是辩证法的实质和核心呢？列宁曾进行过简要的说明和发挥。根据他本人的简要说明和发挥，我们认为，他所以如此强调对立统一规律，是有以下理由的。

第一，对立统一规律是理解事物本质、揭示发展源泉的钥匙。列宁说："就本来的意义说，辩证法就是研究对象的本质自身中的矛盾。"⑤因为自然、社会和思维领域的一切事物都包含着矛盾，都是矛盾的统一体，所以我们应当着重研究的应是对象本身的对立统一。事物自身的矛盾规定事物的本质。不研究事物本身的矛盾，不研究其矛盾双方的统一和斗争，就无法把握它的本质。再说，矛盾不仅规定事物的本质，而且推动事物的发展。列宁强调指出："要认识世界上一切过程的'自己运动'、内部的开展和蓬勃的生活，就要把它们当做对立面的统一来认识。"因为只有对立统一规

---

① 马克思、恩格斯：《马克思恩格斯选集》第 1 卷，中央编译局编译，北京：人民出版社，1972 年，第 111 页。

② 马克思、恩格斯：《马克思恩格斯选集》第 3 卷，中央编译局编译，北京：人民出版社，1972 年，第 485 页。

③ 列宁：《哲学笔记》，第 361 页。

④ 列宁：《哲学笔记》，第 210 页。

⑤ 列宁：《哲学笔记》，第 256 页。

律，"才提供理解一切现存事物的'自己运动'的钥匙"。①说到底，事物之所以能够自己存在，自己运动，就是因为它本身包含有矛盾。由此可见，要把握事物的本质及其发展变化的动因，不把握对立统一规律，是根本不可能的。

第二，对立统一规律是理解辩证法的其他规律和一系列基本范畴的钥匙。列宁指出，只有对立统一规律，"才提供理解'飞跃'、'渐进过程的中断'、'向对立面的转化'、旧东西的消灭和新东西的产生的钥匙"②。所谓理解"飞跃"、理解"渐进过程的中断"的钥匙，实际上就是理解质量互变规律的钥匙；而所谓理解"向对立面的转化"、理解"旧东西的消灭和新东西的产生"的钥匙，实际上就是理解否定之否定规律的钥匙。试想，离开矛盾双方的统一和斗争，怎么能理解量变、质变以及二者的互相转化呢？没有矛盾的统一和斗争，又怎么能理解肯定、否定以及否定之否定呢？不仅如此，对立统一规律还是理解辩证法的一系列基本范畴的钥匙。在"辩证法的要素"中，列宁把"内容和形式"当作是对立统一规律的"实例"。③此外，在讲到本质和现象、原因和结果、必然和自由等范畴时，列宁也是用对立统一规律进行解释的。因为在列宁看来，范畴之锁，也只有用对立统一这把钥匙才能打开。

第三，对立统一规律是理解认识的辩证过程和逻辑的辩证内容的钥匙。辩证法、认识论和逻辑学的一致性问题，是列宁首先提出并做过初步探讨的重大课题。从列宁的简要论述中我们可以清晰地看到，对立统一是联结这三者的纽带，因而也是理解认识的辩证过程和逻辑的辩证内容的钥匙。首先，认识是一个无限发展的辩证过程，这个过程是由主观与客观、认识与实践、感性与理性、真理与谬论、相对与绝对等一系列矛盾构成的。所以，列宁说："认识是思维对客体的永远的、不终止的接近。自然界在人的思想中的反映，应当了解为不是'僵死的'，不是'抽象的'，不是没有运动的，不是没有矛盾的，而是处在运动的永恒过程中，处在矛盾的产生和解决的永恒过程中。"④由此可以得知，不懂得对立统一规律，是无法理解认识发展的辩证过程的。其次，作为具有"活生生的实在内容"的辩证逻

---

① 列宁：《哲学笔记》，第 362 页。
② 列宁：《哲学笔记》，第 362 页。
③ 列宁：《哲学笔记》，第 210 页。
④ 列宁：《哲学笔记》，第 180 页。

辑，也是由"现象、现实的一切方面的总和以及它们的（相互）关系构成的。概念的关系（＝转化＝矛盾）＝逻辑的主要内容，并且这些概念（及其关系、转化、矛盾）是作为客观世界的反映而被表现出来的"①。由此又不难得知，要掌握辩证逻辑的实在内容，不懂得对立统一规律也是根本办不到的。

第四，是否承认对立统一规律是辩证法和形而上学的根本分歧。辩证法和形而上学是两种根本对立的发展观，它们对一切问题的看法都是针锋相对的，但最根本的分歧就在于是否承认对立统一规律，即是否承认事物的内部矛盾性。辩证法坚持对立统一学说，强调勇于正视矛盾、大胆揭发矛盾、深入分析矛盾、正确处理矛盾，因而是"最完整深刻而无片面性弊病的关于发展的学说"②，是活生生的；形而上学则否认对立统一学说，否认事物的内部矛盾及其客观性，或随意抹煞矛盾，或人为制造矛盾，忽而大搞相对的统一性，忽而大搞绝对的斗争性，因而是唯心的、片面的、枯竭的。

列宁特别重视对立统一规律的地位和作用，以至把它强调为辩证法的实质和核心，这是符合客观实际的科学真理的。然而，真理走过一小步就会变成谬误。如果把对立统一规律夸大为辩证法的唯一规律，用它取代辩证法的其他两个规律，那就违反了客观实际，违反了列宁的原意。马克思主义哲学认为，辩证法的三个基本规律都是从客观世界中抽象出来的，都是关于自然、社会和人类思维的最一般、最普遍的规律。如前所述，对立统一规律是辩证法的实质和核心，它揭示了事物发展变化的动力和源泉，因而是理解辩证法的其他两个规律的钥匙，这是肯定不移的，但这只是问题的一个方面，问题的另一个方面是，其他两个规律在辩证法中也有不容忽视的作用。我们知道，列宁论述对立统一规律是辩证法的实质和核心时，并没有把这个规律当作辩证法的唯一规律，也没有因强调对立统一规律而否定其他两个规律。例如，在该书第 209 页上，列宁说："辩证的转化和非辩证的转化的区别在哪里呢？在于飞跃，在于矛盾性，在于渐进过程的中断，在于存在和非存在的统一。"在这里，列宁强调了飞跃即质变的重要性，把它同事物的矛盾性一起当作两种根本对立的转化的区别所在。可见，

---

① 列宁：《哲学笔记》，第 181-182 页。

② 列宁：《列宁选集》第 2 卷，中央编译局编译，北京：人民出版社，1972 年，第 442 页。

列宁并不轻看质量互变规律。在第 214 页上，列宁又说："辩证法的特征的和本质的东西并不是单纯的否定，并不是任意的否定，并不是怀疑的否定、动摇、疑惑（当然，辩证法的自身包含着否定的因素，并且这是它的最重要的因素），并不是这些，而是作为联系环节、作为发展环节的否定，是保持肯定的东西的、即没有任何动摇、没有任何折衷的否定。"在这里，列宁又简要地论证了辩证的否定观，把辩证的否定当作辩证法的最重要的因素，称它是联系的环节、发展的环节。可见，列宁也不低估否定之否定规律。此外，在《谈谈辩证法问题》和《辩证法的要素》中，列宁也都论到了质量互变规律和否定之否定规律。总之，在《哲学笔记》中，列宁是这样看待辩证法的三个基本规律的：对立统一规律是核心，是贯穿于其他两个规律中的动力，是理解它们的钥匙，但它并不排斥其他两个规律，质量互变规律和否定之否定规律只有依靠对立统一规律才能发挥作用、得到解释，但它们又是对立统一规律的表现和展开，各自都有特定的地位和作用，因而是不能任意排挤和代替的。之所以不能任意取消和代替，归根到底是由客观事物的千差万别而又千变万化所决定的。

林彪、"四人帮"和他们那个高级"顾问"不仅是一伙政治上的野心家，而且是一伙理论上的大恶霸。他们主观武断地把质量互变和否定之否定规律排斥在辩证法的基本规律之外，似乎只要一个被他们歪曲了的"对立统一规律"（其实是不要统一性的一斗到底，不准讲发展的"终极真理"），就可以招摇撞骗、为所欲为了。这种理论上极端残暴的恶霸行径，造成了思想上政治上的极大混乱，带来了实际工作中的一系列严重恶果。因此，彻底拨正被林彪、"四人帮"和他们那个高级"顾问"损乱了的理论是非，切实弄清对立统一规律在辩证法中的地位和作用，对我们完整准确地理解唯物辩证法的内在关系，用唯物辩证法的基本原理指导我们端正思想政治路线，加速"四化"建设进程，都是非常必要的。

［本文原载于《郑州大学学报（社会科学版）》1980 年第 1 期］

历史唯物主义的社会心理范畴

王桂娥

社会心理是历史唯物主义的重要范畴,它在社会意识中占有重要地位,对社会生活起着重要作用。本文仅就社会心理的涵义、内容及其本质特征作一初步探讨。

一、社会心理的涵义

什么是社会心理？如何规定社会心理范畴？对此问题我国学术界很少讨论。国内有些论著根据马克思、恩格斯和普列汉诺夫的有关论述，把社会心理看作较低水平的社会意识，并把二者完全等同起来，认为全部的较低水平的社会意识都包含于社会心理之中。这不仅扩大了社会心理的内涵，而且也不符合经典作家的原意。

我们知道，马克思、恩格斯都没有对社会心理作过专门论述，甚至没有直接使用过"社会心理"一词。在马克思主义哲学发展史上，普列汉诺夫第一次提出社会心理范畴，并论述了社会心理在社会意识中的地位和作用。然而，普列汉诺夫只是把社会心理范畴引进历史唯物主义，并没有对社会心理作出明确规定。普列汉诺夫有时把人类全部精神活动都概括为社会心理，在这种意义上，他强调的是社会存在决定社会心理；有时又认为社会心理是与思想体系相区别的一种人类基本的精神活动,在这种意义上，他强调的是社会心理是在感性经验范围内反映社会存在的精神活动。这些思想都是合理的，也是非常重要的，在理解和规定社会心理范畴时应该把它们吸取进来。但是，无论是哪一种用法，都没有真正揭示社会心理的涵义，不能把它们作为社会心理的定义来使用。我们应当从历史唯物主义的基本原则出发来规定社会心理范畴，不能把社会心理的内容、来源和作用混为一谈。

社会心理无疑属于较低水平的社会意识即普通的社会意识。普通的社会意识是相对于理论化了的社会意识而言的，它是以感性经验的形式反映社会存在的。普通的社会意识也包含着知识和价值两个方面，即日常生活经验及经验知识和朴素的价值意识。日常生活的经验知识是社会主体对客观事物的现象和外部联系的认识。这种经验知识不具备理论的形态，只是所谓常识。在较低水平的实践活动中，人们多是遵循自己日积月累或向他人学习来的经验和常识来处理人与自然、人与人之间的关系。朴素的价值意识是一个由社会的感情、情绪、习惯、意志、动机等构成的观念领域。它是一定的人群、社会集团对自己所处社会生活条件和状况的直接感受和评价，是对社会生活意义的一种理解。朴素的价值意识以感性的东西为主，不具备理论的形态。它虽然是主体对客体的一种体验、评价和态度，较多地受主体主观因素的影响，但它并不是人生来就有的，而是后天形成的，是在人们的实践中产生并随着社会实践的变化而变化的。日常生活的经验知识和朴素的价值意识是普通社会意识不可缺少的两个方面，二者既有联系又有区别，把二者完全对立起来或等同起来都是错误的。

据此，笔者认为，所谓社会心理只是包括普通社会意识的价值方面，它是人们对社会生活中的利益和价值关系的直接反映。以价值为核心的社会心理，就其内容来说，与以知识为核心的日常生活的经验知识是有本质区别的。日常生活的经验知识是对社会生活的一种感性认识，是社会主体对客观对象的现象及外部特征的复写、摄影、描绘或陈述，它为社会主体提供有关的知识、经验和技能。社会心理虽然以人们对社会生活的认识为前提，但它决不以提供有关社会生活的知识为己任。它是由人们的情感、情绪、习惯和自发的信念等表现出来的对于社会生活的态度和评价，提供的是朴素的社会理想、日常行为规则和朴素的价值观念。由于它是一种情感化、情绪化和习惯化了的东西，因而往往具有广泛的群众性，对于社会生活会发生不可低估的重要影响。

作为历史唯物主义范畴的社会心理虽然也是表征一种心理现象，但它又不同于一般的心理现象。在心理学中，心理指的是个体的心理过程和个体心理特征，如感觉、表象、记忆、思维、情感、意志以及气质、能力和性格等等。它具有特定的心理机制，特别是和个体大脑皮层的生理活动相联系。而社会心理则是指社会条件制约下的人们的心理活动，它的质的规定性是由社会生活的利益和价值关系来确定的，它与社会的团体和人群的经济利益和政治地位相联系。社会心理概念是对社会情感、情绪、习俗、动机等心理现象的概括。由于人是社会的人，因而个体心理也带有社会性。同样，社会是由个人组成的，社会心理也要通过个体或群体的心理表现出来。但是，它们反映的对象和包含的内容是不同的。为了研究问题的方便，把历史唯物主义的社会心理范畴与心理学的心理概念区分开来是必要的。

历史唯物主义的社会心理范畴也不同于社会心理学的社会心理概念。社会心理学认为，社会心理是通过社会中个人心理活动体现出来的特定社会群体、团体的共同的心理特征。具体表现为个体心理现象、群体心理现象等等。社会心理学就是通过研究这些社会心理现象的种种表现及其规律，揭示社会心理发生、发展和作用的微观机制。历史唯物主义把社会心理看作社会意识的一种基本形态，把它规定为人类社会生活过程中价值关系的直接反映，指的是社会群体的情绪、情感、意志、性格、习惯等心理特征的总和。历史唯物主义是在最一般的意义上即哲学层次上来研究人群中普遍流行的社会心理现象的，它着重探讨社会心理的本质及其在整个社会意识中的地位和作用。当然，历史唯物主义的社会心理范畴是在概括普通心理学和社会心理学研究成果的基础上制定的，社会心理学也要在历史唯物主义的原则指导下去研究社会心理。我们只是不能用二者的联系去抹煞二者的区别，把两个不同的范畴混淆起来。

二、社会心理的构成

社会心理是一种重要的社会现象，它有着极为丰富的内容。我们可以根据社会心理与社会生活的不同联系，划分出不同的部分和层次。可以按社会群体的不同层次，把社会心理划分为家庭心理、民族心理、阶级心理等等。也可以根据社会群体所从事的不同职业，把社会心理划分为工人心理、农民心理、学生心理等等。如果考察社会心理的一般表现，那么社会心理指社会情感、习惯、成见、风格等社会心理现象。从哲学的角度看，社会心理只是经验地反映社会生活中的价值关系，自发的价值观念构成社会心理的本质内容，社会心理中的许多因素乃至整个社会心理系统都是由它决定的。这样，我们可以根据价值关系的不同领域，把社会心理划分为以下几个方面。

第一，技术心理。技术心理作为社会心理的组成部分，是在人们改造自然界的活动中自发产生的，它普遍地存在于人们的头脑之中。在实践活动中，人们总是自觉不自觉地用有效与无效、先进与落后、新与旧去评价种种技术，并根据自己的经验及经验知识作出价值判断，决定取舍。技术心理一经形成以后就具有相对的稳定性，它也可以流传下去为下一代所继承。当然，它不是一成不变的，随着科学的发展，新技术的推广，人们也会改变旧的技术心理，产生新的技术心理，满腔热情地去运用和推广新的技术，这往往会使生产力发生质的变化。

第二，经济心理。经济心理实质上就是对人们物质利益关系的直接反映，它是人们对生产资料所有制的形式、各社会集团在社会生活中的地位及产品分配形式的直接感受、评价和态度。现实的社会经济关系总是具体的历史的，因而，在不同性质的经济关系中，就会有不同的经济心理。原始社会的平均主义心理，资本主义社会的竞争心理，都是由该社会的经济关系所决定的。即使在同一性质的经济关系中，由于人们所处的经济地位不同，也会产生不同的经济心理，奴隶主和奴隶、地主和农民、资产阶级与无产阶级的经济心理不仅是不同的，而且是根本对立的。经济心理是社会心理的主要因素，它是人们在物质资料的生产过程中自发形成的，它广泛地存在于人群之中，并对人们的行为起着一种规范作用。经济心理也是不断发展变化的，随着社会生产力的发展和生产关系的变革，人们的经济心理也会发生根本变化，因而，经济心理总是带有强烈的时代性。

第三，政治心理。政治心理是人们对社会生活中政治关系的直接反映，是人们对社会政治制度、政治生活、政治组织及各社会集团或阶级的政治关系的一种感受、评价和态度。因为政治是经济的集中表现，政治关系是经济关系最直接最集中的反映，所以政治心理的形成直接受到经济心理的影响和制约，二者紧密联系在一起。在阶级社会中，政治心理的形成有强烈的阶级性。政治和经济利益根本对立的阶级，有着根本对立的政治心理，统治阶级和被统治阶级的政治心理有天壤之别。处于共同经济和政治地位中的同一阶级的人们，尽管他们素不相识，也毫无个人来往，但他们却有着共同的政治倾向和政治心理。他们对一切重大的政治问题，特别是关系到本阶级生死存亡的重大问题，都会有大致相同的立场和态度。历史上，处于被剥削压迫地位的阶级，当自己的意识形态还没有形成的时候，往往就是在共同的政治心理支配下，组织起来，联系起来，为推翻统治阶级进行不懈的斗争。统治阶级有着自己的意识形态，但是在维护本阶级的利益、巩固本阶级的内部团结方面，共同的政治心理也起着重要的作用。

第四，道德心理。道德是调节人与人之间以及个人与社会之间关系的行为规范的总和。道德心理就是对这种行为规范的经验反映。它是调节人们的行为、维护社会生活相对稳定的重要心理因素。道德心理只是在社会生活中自发形成、世代流传于人们意识中的朴素的道德观念。道德心理只是从心灵上约束着人们的行为，在它的支配下，人们总是自觉不自觉地用善和恶、正义和非正义、诚实和虚伪、高尚和卑劣、光荣和耻辱等道德观念来评价他人的行为，规范自己的行为，从而调整人与人、人与社会之间的关系。道德心理作为社会心理的重要组成部分，也是对社会经济关系的比较直接的反映。有什么样的经济关系，就有什么样的道德心理。随着社会经济关系的变化，道德心理或迟或早地要发生变化。在阶级社会里，道德心理具有鲜明的阶级性。永恒的、超阶级的道德心理是不存在的。

第五，审美心理。这也是构成社会心理的要素之一。爱美之心，人皆有之。人们追求美，是因为美能引起人们的美感。美感是人们的审美体验，审美心理就是对这种审美体验的直接反映。审美心理作为社会心理的要素，是与主体的需要和愿望联系起来的。人们有什么样的需要和愿望，就会有什么样的审美心理。鲁迅说过，捡煤渣的老婆子不会去爱兰花，贾府里的焦大也绝不会爱林妹妹。人是社会的人，在共同的社会生活中，人们会有共同的需要和愿望，因而会产生共同的审美心理。但就不同的个体和群体来说，审美心理又是有差别的。同时，人们的审美心理也是不断变化的，它随着社会生活的变迁而不断变化。

上述五种心理要素构成了社会心理的基本内容，其中经济心理是最根本的，它起着决定的作用。社会心理的这五种要素，尽管在内容和形式上各不相同，地位和作用也不一样，但它们又是相互联系、相互渗透、相互作用的。在影响社会生活时，它们也是相互结合，共同发生作用。在现实的社会生活中，构成社会心理的诸种要素，作为价值意识，都要表现为一种价值取向。所谓社会信念即是这种价值取向。朴素的社会信念是人们在共同的社会实践中自发产生的。这种信念虽然没有经过逻辑的加工，但起着维系人们协同活动、保持着基本一致的心境的重要作用。一个人不能没有信念，一个社会、一个群体更不能没有统一的社会信念，没有信念就不能从事任何活动。当然，信念也有先进和落后、科学和迷信之分。要有效地组织社会生活，就要积极倡导先进的、科学的社会信念，摒弃落后的社会信念。

三、社会心理的主要特征

社会心理的主要特征是其本质的主要表现。就其本质来说，社会心理是人们对社会生活中利益和价值关系的直接反映。价值关系作为主体同满足其需要的客体之间的一种关系，本身也是一种实践关系。人们总是通过自己的实践活动来满足自己的需要，整个实践活动都是为了创造价值。社会生活中的价值关系反映到人们头脑中来，形成价值观念。价值观念反映着客体对主体所具有的效用和意义，对人们的意识起着价值导向的作用，它决定着人们活动的主观意向，并最终决定着人们的活动趋势。因为，人们所追求的目标，所从事的活动，都必须被认为是有价值的。人是社会的人，人的活动是社会的活动。社会的协同活动要求有统一的价值观念。在社会活动中，每个人的价值观念的具体内容可以有所不同，但从总体上都具有一定时期和范围内的一致性，它形成一种自发的意识，推动着人们形成大体一致的追求，并且不自主地联合起来去从事大体一致的活动。没有这种大体一致的价值观念，社会的人就无法协同活动。

社会心理属于较低水平的社会意识，它所包含的价值观念也只能是朴素的价值观念。在这种朴素的价值观念的作用下，社会心理表现出以下几个方面的特征。

第一，自发性。这里的自发性是指，社会心理的形成和存在是以群体的、不自觉的方式进行的，它没有经过思想家们自觉的理论建构，它的流传也没有经过人们有目的的组织和宣传，而是在特定的人群中自然而然地形成和发展的。人们生活于社会之中，对社会上发生的某种事件，往往不自主地用自己的价值观念去评价、判断，进而作出某种反应：或喜或悲、或褒或贬、或忧或怒，或者产生某种希望或幻想。这种反应在社会上流行开来，产生共鸣，就成为一种社会心理。任何社会心理的形成和流传都是自发的，人为地控制和推行的社会意识不能称为社会心理。

我们说社会心理具有自发性的特点，并不是说它的形成不需要任何前提。社会心理是社会意识的组成部分，归根结底是对社会存在的反映。有什么样的经济基础就会有什么样的社会心理。社会心理正是基于人们对自己所处的经济和政治条件的认识自发产生出来的。没有对社会生活的认识，就不能形成价值评价和价值判断，社会心理也就无从谈起。社会心理的产生无疑要经过主体的逻辑思维，其中也渗透着理性的成分，但从整体上说并没有超出经验的范围，更没有形成理论的体系。正是从这个意义说，社会心理不是主体自觉的理论概括，而只是自发的经验反映。社会心理的自发性的特征表现着社会心理作为社会意识的不成熟性，以及向更高级的形态发展的可能性。

第二，广泛性。社会心理由于它的自发性，也就会具有相当的广泛性。它不是在少数思想家的头脑中形成之后才传播开来，而是在许多社会成员甚至是绝大多数成员中自发地形成和流传的。社会心理的流传不需要经过专门的渠道，不限于特定的形式，没有范围的限制，更不需要有人去策划、组织和指挥，而是悄悄地发生并在适当的条件下迅速地在整个社会中蔓延，渗透到社会的各个角落，以弥漫的形态存在着，繁衍着。社会成员总是不自觉地去接受这种社会心理的影响，不自主地被社会心理牵引着，顺应着社会心理的要求去思考，去行动。社会心理的广泛性说明它对社会生活的影响是决不可低估的。

第三，时代性。社会心理的影响是一种自发的价值导向。这又使它表现出强烈的时代性。不同时代的人有着不同的价值观念，也就有着不同的社会心理。在原始母系社会中，妇女处于主导地位，后来母系社会被父系社会代替，随之就产生男尊女卑的心理，原始公有制时代认为人与人之间是平等的，奴隶制时代却认为奴隶主把奴隶当作会说话的工具是公平的，封建社会把皇帝看作"天子"，就连被压迫被剥削的农民也从心理上盼望有"英明天子""青天大老爷"来保护他们。同样，资本主义时代有资本主义时代的社会心理，社会主义时代有社会主义时代的社会心理。社会心理的时代性表现着它的相对稳定性，同时也说明它是发展的，随着社会的发展、时代的变迁而不断变化。

第四，民族性。生活于共同地域内的人群，由于处于共同的经济生活环境中，才有某些共同的利益和要求，也会历史地形成共同的社会心理即民族心理。世界上一切民族都有着自己特殊的心理素质，并通过语言、风俗、习惯、信仰、文化艺术等表现出来。在民族交往的过程中，民族心理的差异是十分明显的，有许多民族纠纷都是由于民族的风俗习惯不同而引起的。

第五，阶级性。价值观念具有鲜明的阶级性，这就使社会心理也表现出明显的阶级性。阶级关系是社会中经济利益关系的集中表现。在阶级社会中，由于各阶级的经济利益不同，价值观念不同，因而也会有不同的社会心理。各阶级的社会心理差异是十分明显的，特别是经济利益根本对立的阶级，例如：奴隶主和奴隶、地主和农民、资本家和工人，他们在情感、性格、意志、习惯上总是格格不入的。阶级心理在社会心理中占有重要地位，对本阶级乃至整个社会生活都有着很大的影响作用。

在现实的社会生活中，社会心理的主要特性是相互联系、相互交错、相互影响的。时代心理、民族心理、阶级心理的形成和传播都具有自发性和广泛性，阶级性作为社会心理的主要特征，对时代心理和民族心理具有决定性的作用，时代心理通过对整个时代的人的作用影响着阶级心理和民族心理的形成，使它们带上时代的特征，民族心理以它特有的形式影响着阶级心理的形式和变化，从而对时代心理发生作用。正是它们之间的相互影响、相互作用，构成了社会心理的复杂性和多样性。

（本文原载于《江汉论坛》1992 年第 2 期）

转化不是同一性的一个含义

于子明

矛盾的同一性和对立面转化的原理，是对立统一规律的重要内容。如何按照马克思主义著作家的论述，来规定它的科学含义，是一个很值得研究的问题。

在我国，长期以来，无论是在学校的哲学课本里，还是在各种宣传哲学的小册子里，都把对立面的转化规定为同一性的一个含义。但是，根据事物矛盾运动的实际情况来看，特别是结合新中国成立 30 年来革命实践正反两方面的经验来看，这个观点是否科学，是需要进一步探讨的。

我们认为，对立统一规律中关于同一性和转化的关系，犹如同一性和斗争性的关系一样，是既有区别又有联系的两个哲学范畴，而不是一个包含在另一个之中。其所以如此，是由两个哲学范畴的内涵和它们所反映的客观内容不同所决定的。

一

关于同一性的内涵，从德国古典哲学最高发展的黑格尔到马克思主义著作家，都有过明确的论述。

黑格尔在其《逻辑学》一书里，在谈到"有"和"无"的关系时，指出天地间任何东西都可以发现"存在"和"无"的统一。[①]也就是说"存在"和"无"二者是对立的统一。对此，黑格尔还认为用"不可分性"有时比用"统一"这个术语更好。列宁很赞赏黑格尔这个观点，他在《哲学

---

① 列宁：《哲学笔记》，中央编译局编译，北京：人民出版社，1974 年，第 106 页。

笔记》里作了摘录。[①]

马克思主义著作家也正是在上述意义上使用同一性这个概念的。他们都曾反复用过一些术语来说明这个概念的科学含义。列宁在《谈谈辩证法问题》一文中说,"统一"即"一致、同一、同等作用"。[②]毛泽东同志在《矛盾论》里谈到"同一性"时也说:"同一性、统一性、一致性、互相渗透、互相贯通、互相依赖(或依存)、互相联结或互相合作,这些不同的名词都是一个意思。"[③]对这些术语,我们大体上可以归结为如下两种情形:第一,矛盾双方相互依赖(或依存)、相互联结(或合作),即"事物发展过程中的每一种矛盾的两个方面,各以和它对立着的方面为自己存在的前提",双方彼此依赖不可分,共处于一个统一体中。第二,矛盾双方相互渗透、相互贯通,即事物发展过程中的每一种矛盾的两个方面各向自己的对立面渗透,此方有彼,彼方有此。由此可见,无论是黑格尔,还是马克思主义著作家,对于同一性科学含义的规定,都是指矛盾双方相互联系的属性,即矛盾双方相互依存、相互渗透的关系。同一性所反映的,是同矛盾双方的斗争性、对立面转化相反的一种倾向,它要求保持事物的相对稳定性和暂时的平衡状态,即在一定条件下,维持矛盾的统一体。因此,在同一性这个概念里,不应该把"极不统一"的对立面转化,包含在它的科学含义里。事实上,现在有许多论述同一性的文章,或在实践中用同一性原理分析问题,也都是按照上述意义来运用"同一性"这个概念的。

有的同志认为,如果把同一性仅仅理解为矛盾双方的相互依存而不包含转化,那就成了"静止的依存","是不符合客观事物本性的"。还有的同志认为,矛盾同一性里只有包含转化,才能同形而上学抽象的同一性划清界限。我们认为这种观点是值得商榷的。

不容否认,辩证法的同一性与形而上学的同一性是存在着原则区别的。但是,我们认为,二者区别的根本点,不在于同一性中是否包含转化,而在于是否承认同一性中包含着差别和对立。形而上学的同一性,是不包含差别、对立的同一,它是按照 a=a 的原则来理解同一性的,是等同论。这种同一才是僵死的同一、"静止的依存"。这种观点,早就受到了恩格斯的批判而被称为抽象的同一性。辩证法所说的同一,虽然不应包含转化,但

---

① 列宁:《哲学笔记》,第 107 页。

② 列宁:《哲学笔记》,第 408 页。

③ 毛泽东:《毛泽东选集》第 1 卷,北京:人民出版社,1966 年,第 301 页。

并不否定在同一性中存在着差异和对立。黑格尔在谈到同一的真正意义时要我们特别注意："不要把同一认作抽象的同一，认作排斥一切'异'的'同'。""它们之所以同一，只是由于它们同时包含有殊异于其自身。"①恩格斯指出："植物、动物，每一个细胞，在其生存的每一瞬间，既和自己同一而又和自己相区别。"②黑格尔和恩格斯的论述，清楚地告诉我们：辩证法的同一和形而上学抽象的同一的区别，主要在于是否把同一看作"包含有殊异于其自身"，而不在于是否包含转化。由于辩证法的同一性包含着"殊异""对立"，就必然不是僵死的同一、"静止的依存"，而是不断运动、发展和变化。

二

根据马克思主义著作家的论述，对立面的转化这个概念，往往是在反映与事物矛盾双方相互依存相反的意义上使用的。如果说同一性是指对立面相互联结的性质，是对事物的相对静止、暂时平衡状态的反映，那么，对立面的转化，则反映的是这种静止、平衡状态的打破，即旧统一体的分解和新统一体建立的过程。毛泽东同志在《矛盾论》中，是这样表述这个概念的含义的："统一物的分解、团结、联合、调和、均势、相持、僵局、静止、有常、平衡、凝聚、吸引等等状态的破坏，变到相反的状态。"③这里清楚地告诉我们，转化的含义指的是质变、"飞跃"、"渐进过程的中断"。它与同一性概念所反映的是完全相反的倾向，是非同一。

如果把转化包含在同一性的含义中，在形式逻辑上也是说不通的。一个概念的内涵，同时包含两个完全相反的意思，一个要求相对静止，维持矛盾统一体，一个要求绝对变动，打破统一体，这是不可思议的。在哲学领域，关于同一性的相对性问题之所以长期扯不清楚，一个重要原因，是与把转化和同一性混为一谈有关。

列宁在《哲学笔记》中，对关于对立面转化的原理，作了多方面的论述，但是他并没有明确说明过转化是同一性的一个含义。相反地，他在许

---

① 黑格尔：《小逻辑》，贺麟译，北京：生活·读书·新知三联书店，1954年，第258页。
② 恩格斯：《自然辩证法》，曹葆华、于光远、谢宁译，北京：人民出版社，1955年，第169页。
③ 毛泽东：《毛泽东选集》第1卷，第307页。

多地方，都是把对立面相互联结的同一性和对立面的转化并列起来讲的。例如，在《辩证法的要素》中，他把斗争、同一、转化，都各单独列为一条（要素的5、6、9条）。列宁在第九条中说："不仅是对立面的统一，而且是每个规定、质、特征、方面、特性向每个他者（向自己的对立面？）的转化。"①列宁用"不仅""而且"将"统一"和"转化"并列，表明同一性和转化是有区别的。

过去在讲矛盾同一性时，把转化说成是同一性的一个含义或表现，看来主要是根据列宁在《哲学笔记》中讲的这样一段话。列宁说："辩证法是一种学说，它研究对立面怎样才能够同一，是怎样（怎样成为）同一的——在什么条件下它们是同一的、是相互转化的，——为什么人的头脑不应该把这些对立面当做僵死的、凝固的东西，而应该当做活生生的、有条件的、活动的、互相转化的东西。"②我们认为，从列宁的这一段话里也得不出转化是同一性的一个含义的结论来。列宁的这段话，特别是他中间的那句话，即"在什么条件下它们是同一的、是相互转化的"，是明明白白地把同一和转化并列起来讲的。

总之，无论是从马克思主义著作家的论述来看，还是从转化这一概念的内涵来看，都不能认为把转化归结为同一性的一个含义是科学的。

三

从矛盾的同一性和对立面的转化这两个概念的内涵及其所反映的内容来看，二者不仅有严格的区别，而且也有着密切的联系。黑格尔认为，"'存在'和'无'的统一或不可分性提供转化、生成"③。列宁说："发展是对立面的统一（统一物之分为两个互相排斥的对立面以及它们之间的互相关联）。"并说只有这种观点，"才提供理解一切现存事物的'自己运动'的钥匙，才提供理解'飞跃'、'渐进过程的中断'、'向对立面的转化'、旧东西的消灭和新东西的产生的钥匙"④。列宁的这些著名论断，清楚地告诉我

---

① 列宁：《哲学笔记》，第238-239页。
② 列宁：《哲学笔记》，第111页。
③ 列宁：《哲学笔记》，第107页。
④ 列宁：《哲学笔记》，第408页。

们，同一性和转化不仅有着明显的区别，而且有着密切的联系。

具体地说，同一性和转化之间的联系主要表现在以下几个方面。

第一，矛盾的同一性为转化提供了前提和可能。任何事物的发展，都是不断地由量变到质变的过程，由旧的统一体过渡到新的统一体的过程。任何一个具体的矛盾统一体，在一定的时间和条件下，都有其存在的理由，具有质的稳定性，这就是矛盾双方相互依存的静止状态。正是事物具有这种相对静止状态，具有确定的性质，才能通过斗争，达到对立面的转化。恩格斯说："物体相对静止的可能性，暂时的平衡状态的可能性，是物质分化的根本条件，因而也是生命的根本条件。"①这就是说，保持事物的相对静止、暂时平衡状态，是事物转化的根本条件，暂时的不分化正是分化的条件。如果事物没有任何静止状态，一切变成倏忽即逝的、不可捉摸的，那还谈得上什么转化和质变？所以说，矛盾双方"共存"的同一性，是事物发展和转化的前提。

第二，矛盾的同一性是对立面转化的内在根据。在事物的运动过程中，矛盾双方终究要向自己的对立面转化，旧的统一体终究要被新的统一体代替。为什么矛盾双方能向自己的对立面转化呢？这是因为矛盾双方本来就是互相联系具有同一性的事物。同一性好比是由此达彼的桥，而转化好比是过桥的行动，过桥之所以能实现，就是因为有桥存在。两个互不相干的、没有同一性的事物，它们之间就没有这样一座桥，因此就谈不到过桥，就无所谓转化。例如，农民的私有制之所以能转化为社会主义的公有制，就是因为在"私产和公产之间有一条由此达彼的桥梁"②。鸡蛋为什么能转化为鸡子而不能转化为石头或别的什么东西，就在于鸡蛋中有联结鸡蛋和鸡子的胚胎，否则，是不能转化的。只有具有内在联系的同一性的事物，才能谈得上转化。

第三，对立面的转化是同一性和斗争性共同作用的结果。任何事物的发展、转化都不是突如其来的，而是事物矛盾双方又统一、又斗争的必然结果。马克思在《哲学的贫困》中极其深刻地指出："两个相互矛盾方面的共存、斗争以及融合成一个新范畴，就是辩证运动的实质。"③马克思在这

---

① 恩格斯：《自然辩证法》，第 244 页

② 毛泽东：《毛泽东选集》第 1 卷，第 304 页。

③ 马克思、恩格斯：《马克思恩格斯选集》第 1 卷，中央编译局编译，北京：人民出版社，1972年，第 111 页。

里把同一性、斗争性、转化三个范畴的联系，作了很好的说明。他告诉我们，事物的矛盾运动，是矛盾双方的共存、斗争，进而达到对立面的转化，"融合成一个新的范畴"。由旧的矛盾统一体转化为新的矛盾统一体，这就是辩证运动的实质。马克思的这个精辟的论述，进一步地说明，同一性和转化是既有区别又密切联系的两个哲学范畴。

四

弄清楚同一性和转化的关系，无论是在理论上准确地掌握矛盾运动的规律，还是在实践上指导社会主义革命和建设，都具有十分重要的意义。

我们在过去，由于在理论上把转化当作同一性的一个含义，而在同一性中又过分突出转化的意义，贬低相互依赖（或合作）的作用，因而在指导思想上，就往往忽视或者否认事物的相对稳定性和暂时的平衡状态，否定只有经过量变才能达到质变。理论上的失误，必然导致在实践上的失误。正是在这种"左"倾思想理论的影响下，我们的社会主义经济建设，在一个相当长的时期内，只讲打破平衡，不讲保持平衡；只讲"不断革命论"，忽视或者否定革命发展阶段论。例如，1956年我们在社会主义改造高潮中建立起来的集体经济，本来基本上是适合当时生产力发展水平的，应该让它稳定下来，巩固一个时期，以便充分发挥这种生产关系的优越性，促进生产力的发展。可是，在"不断革命"的"左"的思潮的影响下，这种新的经济组织尚未巩固，很快就被1958年的"大跃进"的浪潮卷进了"升级过渡"的漩涡。急于变革生产关系，结果严重地破坏了生产力的发展。

在十年动乱期间，林彪、"四人帮"更竭力鼓吹"斗争哲学"，歪曲矛盾转化，把斗争、转化抬高到吓人的程度，否定事物有任何相对静止状态。他们在这种极左思想的指导下，否定经济计划，肆意破坏国民经济的综合平衡，大搞"穷过渡"，给国民经济和人民生活造成了深重的灾难。

粉碎"四人帮"后，特别是党的十一届三中全会以来，我们党突出强调端正思想路线，实事求是，一切从实际出发，批判和纠正了"左"的指导思想，强调政治上的安定团结，经济上的综合平衡，制定和贯彻了一系列方针政策，调整了生产关系不适应生产力的状况。经过短短几年的时间，我们在政治、经济等各方面，都发生了根本性的变化，出现了新中国成立以来少有的好形势。当前，我们的经济正在实行进一步调整，我们深信，在党的正确思想路线的指引下，我国的四个现代化建设，一定能够更加坚实地前进。

　　新中国成立 30 年来社会主义革命和建设正反两方面的实践经验告诉我们，深入地研究矛盾的同一性和对立面转化及其相互关系，正确地理解和宣传对立统一规律，依然是摆在我们理论工作者面前的一个重大课题。

（本文原载于《求是学刊》1981 年第 3 期）

坚持哲学基本问题，发展哲学基本问题

——纪念恩格斯《费尔巴哈论》发表一百周年

郭保国

1886 年，恩格斯在《费尔巴哈论》中，第一次科学地概括出"全部哲学，特别是近代哲学的重大基本问题，是思维和存在的关系问题"[1]，"思维对存在、精神对自然界的关系问题"是"全部哲学的最高问题"[2]这一重要原理。

恩格斯关于哲学基本问题原理的提出，至今已经整整一百周年了。一百年来，无论是社会生活，还是自然科学都发生了重大变化，取得了飞速发展。科学的发展和社会的进步，不仅一再地证明着恩格斯关于哲学基本问题论述的科学性和真理性，而且也从各方面不断地充实丰富和发展着这一原理的内容，改变着这一原理的形式，使之达到了一个新的水平。

充实、丰富和发展哲学基本问题原理的内容，甚至改变这一原理的形式，并不是怀疑或否定这一原理，而这正是马克思主义哲学所必然要求的。但是有些人不懂得马克思主义哲学发展的辩证法，便从科学的发展和社会的进步本身中做出了错误的结论："哲学基本问题已经过时了"，"现在仍然用谁第一性，谁第二性，谁唯心，谁唯物来分析哲学斗争，指导社会生活。已经完全没有必要了"。他们甚至危言耸听地说：如果继续坚持哲学基本问题（或哲学党性原则），只会给人们的思想带来"极大的困惑"，只能是"庸人自扰"，"作茧自缚"，等等。对于上述错误观点我们是不能同意的。我们认为，思维和存在、精神和物质的关系这一哲学基本问题，不仅没有失去

---

① 恩格斯：《路德维希·费尔巴哈和德国古典哲学的终结》，《马克思恩格斯选集》第 4 卷，中央编译局编译，北京：人民出版社，1972 年，第 219 页。

② 恩格斯：《路德维希·费尔巴哈和德国古典哲学的终结》，《马克思恩格斯选集》第 4 卷，第 220 页。

它的本来意义，而且作为指导我们当今思想斗争和"四化"建设的根本性原则，却越来越闪耀着它的灿烂光辉。因此，批判那种怀疑或否定哲学基本问题的错误倾向，捍卫、坚持和发展哲学基本问题原理，就成了我们今天纪念恩格斯《费尔巴哈论》发表一百周年的最好方式之一。

一、哲学基本问题没有普遍性吗？

怀疑或否定哲学基本问题的人认为，思维和存在、精神和物质的关系问题，只是近现代阶级对立鲜明的表现，在古代就没有这个问题。意思就是说，哲学基本问题没有普遍性，因此可以取消哲学基本问题。很显然，这种观点不仅不符合几千年来哲学发展的历史事实，而且与恩格斯在《费尔巴哈论》中的科学论述背道而驰。

恩格斯指出："在远古时代，人们还完全不知道自己身体的构造，并且受梦中景象的影响，于是就产生一种观念：他们的思维和感觉不是他们身体的活动，而是一种独特的，寓于这个身体之中的而在人死亡时就离开身体的灵魂的活动。从这个时候起，人们不得不思考这种灵魂对外部世界的关系"[1]，即思维与存在、精神与物质的关系问题。只是由于生产力水平低下，科学知识贫乏，人们才根本不可能对这个问题做出正确回答。当时人们错误地认为，肉体之外还有一个灵魂，人死后，灵魂可以脱离肉体而存在，即灵魂不死。并由此推广去认识自然现象，认为在自然现象背后也有一个神秘的、精神的东西主宰着。这样，"由于自然力被人格化，最初的神产生了"[2]。

到了奴隶社会，随着哲学思想的产生，思维与存在的关系问题便成为哲学基本问题贯穿于整个哲学发展史。古希腊的德谟克利特的路线和柏拉图的路线，就是两条根本对立的哲学路线。

在中世纪，思维和存在、精神和物质的关系问题仍然是经院哲学内部争论的中心问题，这场争论是由唯名论和唯实论围绕个别和一般的关系问题展开的。唯名论认为，个别事物先于一般概念而存在，一般概念不过是

---

[1] 恩格斯：《路德维希·费尔巴哈和德国古典哲学的终结》，《马克思恩格斯选集》第 4 卷，第 219 页。

[2] 恩格斯：《路德维希·费尔巴哈和德国古典哲学的终结》，《马克思恩格斯选集》第 4 卷，第 220 页。

个名称。唯实论则认为，一般概念先于个别事物而存在，只有一般概念才是真正独立的实在。这个争论从表面看来是讨论一般和个别的关系，但是它的实质仍然是思维和存在、精神和物质的关系问题。

只是到了 15 世纪下半叶，资本主义生产关系出现以后，欧洲人才从基督教中世纪的长期冬眠中觉醒过来。这时，"什么是本原的？是精神，还是自然界？""世界是神创造的呢，还是从来就有的？"①这个思维和存在的地位问题，才以如此尖锐的形式鲜明地提了出来。

恩格斯总结了两千年来哲学发展的历史事实，并根据阶级斗争的新经验和自然科学的新成果，高度地概括出思维和存在、精神和物质的关系问题是哲学基本问题这一科学真理，这怎么能说哲学基本问题没有普遍性呢？这怎么能说哲学基本问题只是近现代的事情呢？当然，我们并不否认，尽管思维和存在的关系问题从一开始有哲学起就被提出来讨论了，可是当时并没有明确地把它作为哲学基本问题，作为哲学斗争的规律给予科学的论述和详尽的阐明。而这一工作是 1886 年由恩格斯在《费尔巴哈论》中首次完成的。然而由此决不能得出结论说，在恩格斯科学地概括出哲学基本问题以前，思维和存在的关系问题并不存在，或者说它并不是哲学的基本问题。问题只是在于，这个支配着人类哲学思想发展的客观规律还处在盲目起作用的状态，还没有被人们认识和把握，事实上，它作为一种客观规律无时无刻不在起着作用。恩格斯的伟大功绩只是在于，他使这种"盲目的必然性"转化成了"为我的必然性"。这种转化也就是认识。无产阶级和广大劳动人民也正是拿了这种对于哲学发展规律的正确认识，指导自己的实践，从而在革命斗争中取得一个又一个的胜利。总结我国社会主义革命和社会主义建设的历史经验，无可辩驳地证明了这一条真理：我们什么时候正确坚持了恩格斯关于哲学基本问题原理，我们什么时候就前进，就发展；我们什么时候违背了恩格斯关于哲学基本问题的原理，我们什么时候就受挫折，就遭失败。三年"大跃进"造成的重大损失和"十年内乱"带来的惨重灾难，不正是头脑发热，错误估计形势，违反实事求是的精神，违背了马克思主义哲学基本问题原理的必然结果吗？党的十一届三中全会以来，我们的各项事业取得了出人意料的重大发展，从思想路线上来讲，最根本的一点就是坚持了实事求是的精神，正确地解决了思维和存在、精

---

① 恩格斯：《路德维希·费尔巴哈和德国古典哲学的终结》，《马克思恩格斯选集》第 4 卷，第 220 页。

神和物质的关系这个哲学的基本问题。

二、哲学基本问题两个方面的关系是怎样的？

思维和存在、精神和物质的关系这个哲学的基本问题包括两个方面。第一方面是思维和存在何者为第一性的问题。"哲学家依照他们如何回答这个问题而分成了两大阵营。凡是断定精神对自然界说来是本原的，从而归根结底以某种方式承认创世说的人（……），组成唯心主义阵营。凡是认为自然界是本原的，则属于唯物主义的各种学派。"①第二个方面是思维能否正确地认识存在的问题，即"我们关于我们周围世界的思想对这个世界本身的关系是怎样的？我们的思维能不能认识现实世界？我们能不能在我们关于现实世界的表象和概念中正确地反映现实？用哲学的语言来说，这个问题叫做思维和存在的同一性问题"②。

哲学基本问题的第一个方面作为划分唯物主义和唯心主义两条基本路线、两个基本派的唯一标准，它廓清了两千多年来众多的哲学流派纷繁复杂的哲学斗争的基本线索，对于正确分析哲学史上的哲学论战，对于科学地指导现实生活都具有重要意义。对于这一点，尽管还有少数人持不同意见，但毕竟已为绝大多数人所接受，而对哲学基本问题第二个方面的意义以及它与第一个方面的关系的理解，人们的意见分歧就更大了。

比如有人认为，哲学基本问题的第一个方面只解决本体论问题，第二个方面只解决认识论问题。因此两个方面相互平立，没有关系。也有人认为，哲学基本问题的第一个方面是划分唯物主义和唯心主义的标准，第二个方面是划分可知论与不可知论的标准。还有人认为，可知论不能构成一个哲学流派，因为承认世界可知性的不仅有唯物主义哲学家，而且还有唯心主义哲学家，因此哲学基本问题第二个方面的意义，就在于把唯物主义和唯心主义之间的中间派区分出来了，如此等等。对于上述见解我们是不同意的。原因在于，前两种见解只看到了哲学基本问题两个方面的区别，忽视或否认了两个方面的内在联系，把两个方面割裂开来，对立起来，显

---

① 恩格斯：《路德维希·费尔巴哈和德国古典哲学的终结》，《马克思恩格斯选集》第 4 卷，第 220 页。
② 恩格斯：《路德维希·费尔巴哈和德国古典哲学的终结》，《马克思恩格斯选集》第 4 卷，第 221 页。

然是不符合恩格斯的原意的。早在 1908 年，列宁就批判过俄国马赫主义者为了对恩格斯的学说进行修改，而把哲学基本问题的两个方面割裂开来、对立起来的手法。列宁指出，"那些想当马克思主义者的俄国马赫主义者，圆滑地避开了恩格斯的最坚决最明确的声明中的一个声明，而对于恩格斯的另外一个声明则完全按照切尔诺夫的方式加以'修改'"①，第三种见解把唯物主义的可知论与唯心主义的可知论不加区分、不辨真伪地混为一谈，也是不妥当的。

那么究竟应该怎样理解哲学基本问题的第二个方面以及它与第一个方面的关系呢？我们的看法是，哲学基本问题的两个方面既相互区别，又相互联系。第一个方面是主要的，是基本前提和出发点。只有正确地解决了哲学基本问题的第一个方面，才可能对第二个方面做出正确的解决。第二个方面是从属的，为辅的，但这绝不是说它是可有可无的。对哲学基本问题第二个方面的解决正确与否，又反过来直接影响着对第一个方面的解决。因此，只有把两个方面分清主次的前提下，有机地结合起来，统一起来，才能真正划清哲学上的两条基本路线以及隐藏在这两条基本路线下面的各种不同的表现形式。

为什么要这样说呢？主要有两点理由。第一，物质和意识何者为第一性的问题，是人们首先遇到而且必须加以回答的问题。要想不回答，回避它或绕开它是不可能的。它是人们的一切思维活动和实践活动的出发点和基本前提，只有首先回答了思维和存在何者为第一性的问题，才可能进一步回答思维能否认识存在，即思维和存在有没有同一性的问题。比如唯物主义哲学家，他们首先承认物质第一性、意识第二性，即首先承认意识是物质的属性，物质是意识的内容，因此他们也就必须这样或那样地承认了物质世界的可知性，承认了思维和存在的同一性。唯心主义哲学家则相反，他们首先承认意识第一性，物质第二性，即首先承认意识是物质的属性，物质是意识的内容，而认为意识是本质、物质是属性，因此唯心主义哲学家也就必然否认认识物质世界的可能性，承认思维和存在的同一性。至于唯心主义哲学家所谓的"可知"和"同一"，并不是真正的"可知"和"同一"，即不是在思维可以正确地认识存在的意义上所理解的"可知"和"同一"。就拿主观唯心主义者贝克莱和客观唯心主义者黑格尔来说，他们虽然

---

① 列宁：《列宁选集》第 2 卷，中央编译局编译，北京：人民出版社，1972 年，第 104 页。

也并不否认世界的可知性，并不否认思维和存在的同一性，但是由于他们否认了物质第一性，否认了物质世界的客观性，因此他们所谓的"可知"和"同一"就不可能是对客观世界的正确认识，而只能是贝克莱的"主观感觉"和黑格尔的"客观精神"的自我认识和自身等同。而且由于他们根本颠倒了思维和存在、精神和物质的真实关系，最终必然会走向荒谬的"唯我论"和反动的神秘主义。

第二，哲学基本问题第二个方面的正确解决，又可以为正确解决哲学基本问题第一个方面提供可靠有力的证明。换句话说，只有坚持思维和存在同一性的原理，才能最终驳倒唯心主义，彻底贯彻唯物主义路线。假如有神论者说，在我们的视野范围之外有上帝存在，你怎么批驳他呢？如果你是个不可知论者，怀疑或否定我们认识"视野范围之外的存在"的可能性，那么你会动摇物质第一性、意识第二性的信念；如果你彻底坚持思维和存在的同一性，坚持人类认识世界的无限性，那么有神论者的谎言就会在人类科学的发明和发现面前彻底破产，而最终证明世界的物质性，即物质第一性。这正如恩格斯所说的，"世界的真正的统一性是在于它的物质性，而这种物质性不是魔术师的三两句话所能证明的，而是由哲学和自然科学的长期的和持续的发展来证明的"①。恩格斯的话一方面说明了唯物主义关于世界物质统一性的原理，可以由哲学和自然科学的长期发展得到证明，另一方面也告诉我们，要证明世界的物质性或物质第一性是一个长期的持续的发展过程，只有始终不渝地坚持物质世界的可知性，坚持思维和存在的同一性，世界的物质性或物质第一性才能最终得到证明。

三、哲学基本问题的深化和发展

哲学党性原则是对哲学基本问题原理的进一步深化和具体化，而对马克思主义哲学的这一极其宝贵的贡献是属于列宁的。"党性"本来是一个社会政治斗争中的概念。列宁第一次把党性概念引进哲学是 1894 年的事情。列宁当时这样写道："唯物主义本身包含有所谓党性，要求对事变做任何估

---

① 恩格斯：《反杜林论》，《马克思恩格斯选集》第 3 卷，中央编译局编译，北京：人民出版社，1972 年，第 83 页。

计时都必须直率而公开地站到一定社会集团的立场上。"①在这里，列宁主要是讲哲学的阶级性，主要是讲哲学唯物主义与无产阶级党性的一致性。列宁认为，无产阶级的党性是真正科学性的必要条件，二者的结合并不仅仅是因为马克思主义哲学的创始人兼有学者和革命家的品格，更主要的是马克思主义哲学本身就要求这种无产阶级党性和科学性的统一性。1908年，列宁在《唯物主义和经验批判主义》一书中集中论述了哲学的党性原则，把恩格斯关于哲学基本问题原理提高到了一个新的水平。列宁关于哲学党性原则的理论主要包括下面两点内容。第一，哲学是有党性的科学，哲学的党性首先就是指唯物主义和唯心主义两条基本路线、两个基本派别。列宁认为，这两条基本路线、两个基本派别的对立和斗争"从一开始"就有，并且"毫无例外"地存在于哲学的各个领域，贯穿于哲学发展的整个过程之中。这个斗争的核心问题或基本问题就是思维和存在的关系问题。列宁还指出，哲学上的"无党性"，不过是资产阶级掩盖其唯心主义党性的愚蠢企图。事实上，他们每时每刻都在宣扬唯心主义，每时每刻都在同唯物主义进行着始终不渝的斗争。列宁的这一思想完全是以恩格斯关于哲学基本问题原理为基础的，它是哲学基本问题原理的具体化。第二，哲学上的党派斗争归根结底表现着现代社会中敌对阶级的倾向和思想体系，它是阶级斗争的反映，并为阶级斗争服务。列宁在《唯物主义和经验批判主义》一书中，以海克尔《宇宙之谜》一书的出版引起的轩然大波为例，生动地说明了现代社会中的哲学是有党性的，生动地说明了唯物主义同唯心主义的斗争是有着真正的社会意义的。列宁写道："这本通俗的小册子成了阶级斗争的武器"②，"反对海克尔的'战争'证明：我们的这个观点是符合客观实在，也就是说，符合现代社会及其阶级思想倾向的阶级本性"③。列宁在谈到马赫主义哲学的阶级本质时也指出："马赫主义这个变相的唯心主义客观上就是反动派的武器，反动派的宣传工具。"④很明显，列宁的上述思想深化和发展了恩格斯关于哲学基本问题原理。但是，这并不是说在此之前马克思和恩格斯就没有讲过哲学的阶级性问题，而只是说，由于当时政治斗争和理论斗争的任务决定，马克思和恩格斯没有像列宁这样进行

---

① 列宁：《列宁全集》第 1 卷，中央编译局编译，北京：人民出版社，1955 年，第 379 页。

② 列宁：《列宁选集》第 2 卷，第 356 页。

③ 列宁：《列宁选集》第 2 卷，第 360 页。

④ 列宁：《列宁全集》第 17 卷，中央编译局编译，北京：人民出版社，1959 年，第 60 页。

集中的论述和详尽的阐明。

列宁高度评价马克思和恩格斯坚持唯物主义，反对唯心主义的基本观点和原则立场，认为这是马克思和恩格斯的天才表现和最伟大的功绩。列宁指出："马克思的全部哲学言论，都是以说明这两条路线的根本对立为中心的"①，恩格斯"在自己的一切哲学著作中，在一切问题上都简单明白地把唯物主义路线跟唯心主义路线对立起来"。"恩格斯同杜林的全部斗争始终是在彻底贯彻唯物主义这个口号下进行的。""在《反杜林论》的每一节中都是这样提出问题的：不是彻底的唯物主义，就是哲学唯心主义的谎言和糊涂观点。"②列宁还以马克思和恩格斯为榜样，正确地解决了判批与继承的关系。列宁指出，坚持唯物主义，反对唯心主义并不是要否定一切。"马克思主义者的任务就是要善于汲取和改造这些'帮办'所获得的成就（……），并且要善于消除他们的反动倾向，贯彻自己的路线，同敌视我们的各种力量和阶级的整个路线作斗争。"③

总而言之，作为一个马克思主义者，不仅必须懂得什么是唯物主义，什么是唯心主义，还必须懂得唯物主义为什么是正确的，唯心主义为什么是错误的、危险的和反动的。如果不在理论上和实践上彻底坚持唯物主义，坚决反对唯心主义，就不能成为一个真正的马克思主义者。历史的和现实的实践都证明：沿着马克思主义哲学的理论道路前进，我们将会越来越接近客观真理，而沿着其他的哲学理论道路前进，除了谬误之外我们什么也得不到！

（本文原载于《天津商学院学报》1986 年第 3 期）

---

① 列宁：《列宁选集》第 2 卷，第 344 页。
② 列宁：《列宁选集》第 2 卷，第 345 页。
③ 列宁：《列宁选集》第 2 卷，第 350 页。

毛泽东对马克思主义认识论的发展和贡献

薛纪恬

毛泽东对于马克思主义认识论的贡献，不仅在于《实践论》中对认识论一系列问题的创造性的阐述，而且表现在他把马克思主义认识论的一般原理和党的思想原则、工作方法、工作路线结合起来，为全党创造了系统的完整的实际工作的认识论，因而把认识论的普及和群众化推进到崭新的阶段。毛泽东在这一方面的贡献同样是值得我们认真研究的。

一

哲学群众化，特别是马克思主义认识论的群众化，是毛泽东同志的一贯愿望，也是他的理论创造活动的显著特点。在我国民主革命、社会主义革命和社会主义建设的各个历史时期，毛泽东多次向全党申明普及哲学特别是马克思主义认识论的必要性和急迫性，要求全党认真学习马克思主义认识论，并使之群众化，为广大干部和人民群众所掌握，成为群众手里的尖锐武器。

普及认识论，反映了马克思主义哲学发展的历史趋势。马克思主义以前的哲学，本质上是属于剥削阶级的思想财富，因而只能停留在哲学家的课堂上和书本里，为少数精神贵族所垄断。马克思主义哲学则不同，它本质上是属于无产阶级的思想财富，因而必然与无产阶级的实践活动相结合，成为无产阶级认识世界、改造世界的锐利思想武装。马克思曾经这样揭示无产阶级和新哲学的血肉联系："这个解放的头脑是哲学，它的心脏是无产阶级"；"哲学把无产阶级当做自己的物质武器，同样地，无产阶级也把哲学当做自己的精神武器"①。

毛泽东之所以能够在普及哲学，使马克思主义认识论群众化的斗争中作出巨大贡献，正是由于他尊重了马克思主义哲学发展的历史趋势和必然逻辑，因而荣膺了中国革命事业赋予的理论创造使命。

系统的完整的实际工作的认识论诞生在我国的具体环境，结晶于毛泽东的理论创造活动，决不是偶然的。毛泽东是在帝国主义和无产阶级革命时代，在半殖民地半封建的东方大国，在把马克思主义和中国革命实际相结合的过程中从事理论创造活动的，是为解决中国革命的任务、道路、方法问题，为制定党的路线、方针、政策发展马克思主义认识论的。应当说，我国革命经历了比世界其他各国艰难得多、曲折得多、复杂得多的历程。这种艰难、曲折、复杂的根本原因，在于中国革命力量在很长时期内处于帝国主义列强、买办资产阶级和封建势力的分割围剿之中，敌强我弱的对比十分悬殊。处在这种形势中的中国共产党，即使其主观能够正确地反映客观，即使其全部路线、方针、政策、策略、战略、战术都是正确的，要以弱小的力量战胜强大的力量，也必然要走过曲折的道路，遭遇很大的困难。更何况如果主观不能正确反映客观，革命的胜利更是不可想象的。正是由于这一原因，毛泽东在他漫长的革命生涯中，特别注意用马克思主义哲学，特别是马克思主义认识论武装全党，尤其注意把马克思主义认识论化为党的思想原则、工作方法、工作路线和工作作风。他多次强调要"实事求是"，"说老实话"，"一切从实际出发"，"靠实事求是吃饭"，要"从国内外、省内外、县内外、区内外的实际情况出发"；要"迈开双脚"，"每事问"，"眼睛向下"，"解剖麻雀"；要"知己知彼"，"了解敌我友三方面的情况"；要"多谋善断"，"多想苦想"，"多想出智慧"；要做到"情况明，决心大，方法对"；等等。

毛泽东创造的系统的完整的实际工作的认识论表明，他从来不是远离革命的旋涡，空洞地议论认识论问题。相反，他总是适应革命发展的迫切需要，结合革命重大问题的解决，具体地发展和发挥马克思主义认识论的基本原理。因此，毛泽东的认识论思想既不同于晦涩难懂的思辨哲学，也不同于繁琐论证的经院哲学；既排斥那种引经据典的教条主义，也排斥那

---

① 马克思、恩格斯：《马克思恩格斯选集》第1卷，中央编译局编译，北京：人民出版社，1972年，第15页。

种就事论事的经验主义。正是由于这一原因，毛泽东的具体工作指导，总是贯穿着深刻的认识论道理；他对于认识论思想的精湛论述，总是融会在对于具体问题的实际解决之中。也正由于这一原因，毛泽东的很多著述，既是对党的思想原则、工作方法、工作路线的阐发，也是对马克思主义认识论的阐述；他的很多论断，既是具体的工作指示，也是马克思主义认识论的命题。毛泽东在阐发理论时，总是深入浅出，生动活泼，具有强烈的生活实践气息；他在做具体的工作指导时，又总是蕴含最深刻的哲理，使我们得到举一反三、触类旁通的教益。

二

实事求是，一切从实际出发，是毛泽东向全党提出的根本的思想路线和工作原则，也是毛泽东对唯物主义认识路线的最高概括。

恩格斯说："唯物论的世界观不过是对自然界本来面目的了解，不附加以任何外来成分。"① 列宁把唯物主义的认识路线概括为"从物到感觉和思想"的路线，他说："这种认识论认真地坚决地以承认外部世界……为其一切论断的基础。"② 毛泽东完全继承了恩格斯和列宁阐明的唯物主义认识论的原则立场。然而，他并没有简单地重复这一真理，而是进一步把它具体化为党的实事求是、一切从实际出发的思想原则。在毛泽东看来，思维和存在的关系问题之所以能够成为哲学的基本问题，首先由于它是实际生活、实际斗争的基本问题。在哲学上坚持物质第一性，意识第二性，就必须在实际工作中实事求是，一切从实际出发。毛泽东指出："'实事'就是客观存在着的一切事物，'是'就是客观事物的内部联系，即规律性，'求'就是我们去研究。"③ 这就是说，客观存在的事实是第一性的，我们的意见、结论是第二性的。我们要从客观存在的实际事物出发，从其中引出规律，作为我们行动的向导。做任何工作，都不能凭主观想象，不能凭一时的热情，而要凭客观存在的事实；要在马克思列宁主义一般原理的指导下，对各种问题进行具体分析研究，并依据这种科学分析去处理问题。

---

① 恩格斯：《自然辩证法》，曹葆华、于光远、谢宁译，北京：人民出版社，1955 年，第 163 页。
② 列宁：《唯物主义和经验批判主义》，中央编译局译，北京：人民出版社，1960 年，第 16 页。
③ 毛泽东：《毛泽东选集》第 1 卷，北京：人民出版社，1967 年，第 759 页。

在毛泽东的著作中，所谓"实际"有双重含义，一是指客观存在的真实情况，二是指人们的社会活动即实践。他认为，认识离开这两方面的实际，就没有真理性可言。因此，"按照实际情况决定工作方针，这是一切共产党员所必须牢牢记住的最基本的工作方法"①。

为了使这一思想在全党同志的头脑中生根，毛泽东结合党的各个方面的工作，反复阐明了这一认识论的根本道理。在《中国革命战争的战略问题》一文中，毛泽东指出："事情要求比较地会办，军事上就要求多打胜仗，反面地说，要求比较地少打败仗。这里的关键，就在于把主观和客观二者之间好好地符合起来。"②这就是说，坚持实事求是，就必须竭尽全力，使战争的主观指导不断符合变动着的敌我双方的客观实际。战争是最不讲情面的，谁的主观不符合客观，就会受到血的惩罚。接着，毛泽东又以战术为例说明这个道理："攻击点选择在敌人阵地的某一翼，而那里正是敌人的薄弱部，突击因而成功，这叫做主观和客观相符合，也就是指挥员的侦察、判断和决心，和敌人及其配置的实在情形相符合。"③敌人力量的配置，这是"客观""存在"；指挥员通过侦察员的可靠的侦察，审慎地加以判断，认识到敌人阵地的某一翼是其薄弱部分，因而下决心向该部分突击，这是"主观""思维"。指挥员只有把自己的决断建立在知己知彼的基础上，才能实现主客观的统一。

毛泽东在《必须学会做经济工作》一文中指出："有一个问题必须再一次引起大家注意的，就是我们的思想要适合于目前我们所处的环境。……须注意使我们的思想适合我们所处的环境，然后才能使我们的工作样样见效……脱离今天的实际情况，做起来不是效率快慢的问题，而是老碰钉子，根本没有效果的问题。"④新中国成立以来正反两方面的经验，都证明这一论断具有普遍的方法论意义。我国是一个农业大国，底子薄，经济发展水平低，这是我们考虑问题的基点。我们在实行经济调整以来在各个方面采取的措施，都是适合我们这种国情的；我们在各条战线取得的伟大成就，都是实事求是精神结出的硕果。此外，我们也不会忘记在所谓"大跃进"的年代，由于无视客观现实，蔑视客观规律，盲目发挥主观能动性所受到

---

① 毛泽东：《毛泽东选集》第 1 卷，第 1203 页。
② 毛泽东：《毛泽东选集》第 1 卷，第 163 页。
③ 毛泽东：《毛泽东选集》第 1 卷，第 163 页。
④ 毛泽东：《毛泽东选集》第 1 卷，第 197 页。

的惩罚。事实证明，无产阶级实事求是的科学态度与敢于创新的革命精神是辩证统一的。没有革命精神，既不可能真正去"求"，也不会"求"出什么"是"来，更不可能以对"是"的认识指导改造世界的实践活动。没有实事求是的态度，也就谈不到真正的革命精神，谈不到充分发扬和经常保持革命精神。

中国共产党人是以马克思主义为指导开始自己的实际活动的，这就必然提出一个问题：有了马克思主义的理论指导，还要不要从实际出发？在党的历史上恣肆一时的本本主义者们恰恰是在这里失足的。他们认为，有了马克思主义的本本，就无须再从实际出发。这些人对中国的现状和历史不做深入的考察和分析，自恃读过一些马克思主义的著作，以为掌握了全部真理，讨论问题、决定方针开口闭口"拿本本来"，把马克思主义搞成了僵死的教条。这正是他们作出错误的形势分析、阶级估量和工作指导的认识论原因。"本本主义"的遭遇告诉我们，尽管有了马克思主义的本本，尽管这些本本总的说来是对客观世界的正确反映，但我们在应用这些本本阐明的普遍原理解决具体问题时，仍然必须坚持一切从实际出发。马克思主义的一般原则只能指导我们对具体事物的具体分析，不能代替对具体事物的具体分析。

毛泽东认为，以马克思主义的普遍原理解决中国革命实际问题的过程，也就是理论回到实际、联系实际、和实际相结合的过程，这种联系和结合的基础就是对于中国国情的周详完备的了解。如果说马克思主义在中国的命运取决于它和中国实际相联系、相结合的程度，那么这种相联系、相结合的程度则取决于中国共产党人对于中国革命实际认识的广度和深度。"中国革命斗争的胜利要靠中国同志了解中国情况"，毛泽东的这一著名论断告诉我们，说马克思主义是放之四海而皆准的普遍真理，决不意味着在运用马克思主义解决实际问题时，可以不管不顾"四海"的具体情况。恰恰相反，马克思主义要求我们着重认识本国情况，着力研究和探索本国革命的特殊逻辑，善于把普遍原则具体化。只有这样才能把党的一切路线、方针、政策置于坚实可靠的基础之上，也才能使马克思主义在和具体实际相结合中受到检验，并得到丰富和发展。

三

通过调查研究取得发言权，这是毛泽东倡导的科学工作方法，也是马克思主义认识论在实际工作中的卓越运用。

毛泽东认为，从感性认识能动地飞跃到理性认识，又从理性认识能动地指导革命实践的过程，从根本上说，也就是一个在实践中反复进行调查研究的过程。共产党人只有通过调查研究，才能把自己的一切意见和主张奠定在坚实的唯物论的基础之上："要了解情况，唯一的方法是向社会作调查，调查社会各阶级的生动情况……只有这样，才能使我们具有对中国社会问题的最基础的知识。"①

本本主义者曾经把毛泽东的调查研究思想诬蔑为"狭隘经验论"，对此，毛泽东回答说："'没有调查就没有发言权'，这句话，虽然曾经被人讥为'狭隘经验论'的，我却至今不悔；不但不悔，我仍然坚持没有调查是不可能有发言权的。"②毛泽东对于调查研究的这种毫不动摇的态度决不是偶然的，调查研究的方法是党的实际工作中完全符合唯物论反映论的工作方法。

毛泽东认为，调查研究的过程实际上也就是唯物辩证地认识世界的过程，因此，必须以马克思主义认识论的基本原理指导这一活动，才能进行科学的调查研究。

首先，必须充分占有事实材料，才能一切从实际出发。

马克思主义认识论认为，考察任何问题都必须"根据所考察的问题的全部事实总和"，如果仅仅依据一鳞半爪、残缺不全的材料，就不可能引出完整的科学结论。因此，毛泽东强调："只有感觉的材料十分丰富（不是零碎不全）和合于实际（不是错觉），才能根据这样的材料造出正确的概念和论理来。"③这就要求我们"应用马克思主义的理论和方法，对周围环境作系统的周密的调查和研究"，"详细地占有事实材料"。

毛泽东在他的一系列著作中，对于如何充分占有事实材料作了一系列

① 毛泽东：《毛泽东选集》第1卷，第747页。
② 毛泽东：《毛泽东选集》第1卷，第749页。
③ 毛泽东：《毛泽东选集》第1卷，第267页。

具体的指示，诸如要向群众作调查，不要在少数人中间兜圈子；要开展横断面的调查（即全面调查社会各阶级的经济、政治情况）和纵切面的调查（即系统调查某一过程的历史和现状），不能满足于星星点点、支离破碎的材料；要从"解剖麻雀"入手，作深入的典型调查，不能道听途说，满足于肤浅的认识，"开调查会，是最简单易行而又忠实可靠的方法"，调查方法必须是讨论式的……所有这些，都是我们在调查研究中应当遵循的。

其次，必须对事实材料进行科学加工，才能做到"实事求是"。

充分占有事实材料只是调查研究的第一步。要从事实材料中引出规律性的认识，就必须经过调查者的科学加工，把调查和研究结合起来。如果说认识的真正任务在于经过感觉而到达于思维，到达于理性认识，那么调查研究的真正目的不在于获取事实材料，而在于通过对事实材料的科学加工，引出一定的结论，一定的经验或教训，以期解决问题。因此，我们不能满足于材料的搜集，事实的罗列，更不能对事实材料采取自然主义的态度。

毛泽东曾经尖锐批评过经验主义的调查方法。由于调查的方法是错误的，"调查的结果就像挂了一篇狗肉账，像乡下人上街听了许多新奇故事，又像站在高山顶上观察人民城郭。这种调查用处不大，不能达到我们的目的"①。毛泽东指出：要"完全地反映整个的事物，反映事物的本质，反映事物的内部规律性，就必须经过思考的作用，将丰富的感性材料加以去粗取精、去伪存真、由此及彼、由表及里的改造制作工夫，造成概念和理论的系统，就必须从感性认识跃进到理性认识"②。

在调查研究中，就调查对象的情况而言，由于人们各自的阶级地位不同，生活经历不同，参加实践的深度和广度不同，关心和注意的问题不同，文化修养、表达能力、处世哲学不同，反映的情况往往精糙并存，真假相掺。从材料的糙、假这一方面说，有些是反映情况的人无意间歪曲了事实；有些虽属"眼见"却不一定"为实"，其间发生了错觉；特别当问题涉及被调查者的切身利害时，后者很可能有意扭曲事情真相。这就要求我们对获得的材料进行认真的分析比较，选取那些最真实、最可靠、最典型、最有说服力的材料作为科学加工的基础，通过分析、综合、抽象、概括等方法

---

① 毛泽东：《反对本本主义》，北京：人民出版社，1964年，第6页。
② 毛泽东：《毛泽东选集》第1卷，第268页。

的运用，捕捉事物发展的线索和规律性，使之成为我们行动的向导。

在长期革命实践中，毛泽东一贯注重亲自动手作调查研究，始终把了解情况摆在一切工作的首位。早在第二次国内革命战争时期，毛泽东就在赣西南、闽西到处留下了调查研究的足迹，先后写出了《寻乌调查》《兴国调查》《长冈乡调究》《才溪乡调查》等著名的农村调查，直接取得了中国社会的大量的第一手材料。在革命形势发生重大变化，时局发生急剧转折的每一紧要关头，毛泽东都提醒全党注意搞好调查研究，并且率先做出了通过调查研究解决问题的榜样。

毛泽东调查研究的理论和实践，对于中国共产党人具有巨大的方法论意义。必须看到，毛泽东当年曾经严厉批判过的那种不调查、不研究，"闭塞眼睛捉麻雀""瞎子摸鱼"的工作方法和工作作风在很多单位和部门又严重泛滥，不少人滋长了高高在上、脱离实际、好说空话、不干实事的恶习，满足于上传下达、照抄照搬的工作方式，思想僵化，办事拖拉，公文旅行，效率极低，完全不能适应改革开放和社会主义市场经济建设的要求。面对新的任务、新的情况和新的问题，我们必须大兴调查研究之风，这是我们取得各项工作的发言权，实行正确领导的关键。虽然在新的历史条件下，调查研究的具体方法应当有所改进，但毛泽东阐明的调查研究的基本原则和基本方法并没有过时，它仍然是我们做好一切工作的行之有效的方法。

四

"从群众中来，到群众中去"，这既是毛泽东对党的工作路线的概括，也是对党的认识路线的概括。群众路线也就是党在实际工作中的认识论。

毛泽东指出："在我党的一切实际工作中，凡属正确的领导，必须是从群众中来，到群众中去。这就是说，将群众的意见（分散的无系统的意见）集中起来（经过研究，化为集中的系统的意见），又到群众中去作宣传解释，化为群众的意见，使群众坚持下去，见之于行动，并在群众行动中考验这些意见是否正确。然后再从群众中集中起来，再到群众中坚持下去。如此无限循环，一次比一次地更正确、更生动、更丰富。这就是马克思主义的认识论。"①这就清楚说明，主张人民群众是历史创造者的唯物史观和主张实践是认识论的首要的基本的观点的马克思主义认识论本来就是内在地融为一体的。马克思主义认识论强调实践在认识论中的决定意义，实质上也就是强调人民群众在认识形成和发展中的决定意义。人民群众的实践既是改造世界的物质力量，又是认识的源泉和认识发展的动力。正是由于这一原因，毛泽东在把革命实践提高到理论的过程中，始终贯彻从群众中来，到群众中去的认识路线。他经常把自己和党的领导机关形象地比作制造思想产品的加工厂，认为思想、意见、计划、办法只能是客观世界的反映，其原料或半成品只能来自人民群众的实践。人民群众的实践，是认识的基础和目的，也是坚持和贯彻正确领导的前提和归宿。领导者意见的形成，要依靠群众实践提供经验材料；领导意见是否正确，要经过群众实践的考验；领导者意见的实施执行，要首先化为群众意见，变为群众的自觉行动。

群众路线的认识论，其基本精神就是领导者把群众的创造、智慧和斗争经验，看作一切正确理论和方法的基础，看作认识形成和发展取之不尽、用之不竭的源泉。毛泽东对于人民群众这种伟大作用给予了崇高的评价："'三个臭皮匠，合成一个诸葛亮'，这就是说，群众有伟大的创造力。中国人民中间，实在有成千成万的'诸葛亮'，每个乡村，每个市镇，都有那里的'诸葛亮'。"因此，毛泽东要求我们"应该走到群众中间去，向群众学习，把他们的经验综合起来"②。

无可否认，"群众"并不是一个清一色的概念，其中包括了不同的阶层乃至不同的阶级成分。群众的觉悟水平也是千差万别的。因而，群众的经验和意见往往是分散的、零乱的、偏于感性的，甚至是相互抵触的。个别地说来，群众由于分工的局限，往往难于全面总结自己的经验，也缺少机会全面研究和吸取他人的经验，因而，个别意见的片面性是难以避免的。因此，提倡领导者向群众学习，并不是说可以不加分析地兼收并蓄来自群众的一切经验和意见，而是要求领导者以马克思主义的立场、观点和方法为指导，对群众的意见和经验进行科学的加工改造。领导者只要善于比较和分析群众意见，总是能够从中概括综合出比较正确、比较完整的认识。我们党的历史一再证明：当我们真正按照群众路线办事时，工作总是好的

---

① 毛泽东：《毛泽东选集》第 1 卷，第 854 页。
② 毛泽东：《毛泽东选集》第 1 卷，第 887 页。

或比较好的，即使犯了错误也易于改正；相反，如果违反了群众路线或者仅仅是走走群众路线的形式，工作就不可避免地出现失误。

毛泽东曾这样表达过向群众学习的坚定信念："和全党同志共同一起向群众学习，继续当一个小学生，这就是我的志愿。"[①]这一宝贵教导，应当成为全党的座右铭。我们只有时时刻刻注意倾听群众的呼声，有事和群众商量，才能真正和群众同呼吸，共命运，才能真正成为人民的公仆和勤务员，才能切实端正我们的工作作风，才能彻底克服主观主义、官僚主义、命令主义、文牍主义、衙门作风等不良倾向，从根本上改善党群关系和干群关系，充分调动人民群众的积极性和创造精神。这对于我们的社会主义经济建设事业有着至关重要的意义。

（本文原载于《齐鲁学刊》1993 年第 6 期）

---

① 毛泽东：《毛泽东选集》第 1 卷，第 749 页。

习近平治国理政的战略思维

杨春贵

战略问题，对于党和国家来说，是一个根本性的问题。习近平说："战略上判断得准确，战略上谋划得科学，战略上赢得主动，党和人民事业就大有希望。"①党的十八大以来，习近平关于治国理政的一系列重要论述，涵盖经济、政治、文化、社会、生态等各个领域，涵盖改革发展稳定、内政外交国防、治党治国治军各个方面，集中体现了我们党在新的历史条件下高瞻远瞩、总揽全局的战略眼光、战略智慧和战略定力，为我国改革开放和现代化建设进一步指明了方向，提供了根本遵循。学习习近平系列重要讲话，应当努力掌握贯穿其中的战略思维。

一、坚持当代中国发展进步的根本方向

旗帜就是方向，道路决定命运。举什么旗、走什么路，是关系党和国家事业全局的战略抉择。中国近代以来170多年的历史证明，只有社会主义才能救中国，只有中国特色社会主义才能发展中国。党的十一届三中全会以来，我们党的全部实践活动和理论活动的主题就是坚持和发展中国特色社会主义。这是当代中国发展进步的根本方向。在这个重大战略方向问题上，习近平总书记要求我们必须立场坚定、旗帜鲜明，不惧任何干扰，不为任何风险所惧，真正做到"千磨万击还坚劲，任尔东西南北风"②，毫不动摇地坚持发展中国特色社会主义。

---

① 中共中央宣传部编：《习近平总书记系列重要讲话读本》，北京：人民出版社，2016年，第44页。
② 中共中央宣传部编：《习近平总书记系列重要讲话读本》，第30页。

党的十八大闭幕后不久，习近平有两次重要讲话，主题都是强调坚持和发展中国特色社会主义。一次是 2012 年 11 月 17 日，在中央政治局第一次集体学习时，他说，中国特色社会主义"是党和人民 90 多年奋斗、创造、积累的根本成就，必须倍加珍惜、始终坚持、不断发展"，我们学习贯彻党的十八大精神，"要紧紧抓住这条主线"，把它作为"聚焦点、着力点、落脚点"。①另一次是 2013 年 1 月 5 日，在新进中央委员会的委员、候补委员学习贯彻党的十八大精神研讨班上，他说："党的十八大精神，说一千道一万，归结为一点，就是坚持和发展中国特色社会主义。"②

在这两次讲话和其他多次讲话中，他回答了有关中国特色社会主义的一系列重大理论与实践问题，澄清了许多错误或模糊认识。他指出，"中国特色社会主义是社会主义而不是其他什么主义"③，如果丢掉了科学社会主义的基本原则就不是社会主义，在这个根本问题上，"必须有很强的战略定力"。他又指出，"中国特色社会主义是植根于中国大地、反映中国人民意愿、适应中国和时代发展进步要求的科学社会主义"④，"是实现我国社会主义现代化的必由之路，是创造人民美好生活的必由之路"⑤，是科学社会主义的"新版本"，我们必须在实践中不断丰富其"实践特色、理论特色、民族特色、时代特色"。他还指出，中国特色社会主义是不断发展、不断前进的，"世界上没有放之四海而皆准的发展模式，也没有一成不变的发展道路"⑥，我们要"不断推进理论创新、实践创新、制度创新"，在实践中努力谱写中国特色社会主义"新篇章"。

总之，高举中国特色社会主义伟大旗帜，"既不走封闭僵化的老路，也不走改旗易帜的邪路"，坚定不移走中国特色社会主义道路，这就是我们的经验，这就是我们的结论，这就是当代中国发展进步的根本方向和战略抉择。

---

① 习近平：《紧紧围绕坚持和发展中国特色社会主义 学习宣传贯彻党的十八大精神——在十八届中共中央政治局第一次集体学习时的讲话》，新华网，2012 年 11 月 19 日。

② 中共中央宣传部编：《习近平总书记系列重要讲话读本》，第 18 页。

③ 中共中央宣传部编：《习近平总书记系列重要讲话读本》，第 27 页。

④ 中共中央宣传部编：《习近平总书记系列重要讲话读本》，第 27 页。

⑤ 中共中央宣传部编：《习近平总书记系列重要讲话读本》，第 25 页。

⑥ 习近平：《携手建设中国-东盟命运共同体——在印度尼西亚国会的演讲》，中央政府门户网站，2013 年 10 月 03 日。

二、担当中华民族伟大复兴的历史使命

党的十八大闭幕后不久，习近平在集中论述坚持和发展中国特色社会主义这个战略方向的同时，在参观《复兴之路》展览时的讲话，在十二届人大第一次会议上的讲话以及在全国劳模代表座谈会、各界优秀青年代表座谈会上的讲话中，对实现中华民族伟大复兴的中国梦，作了深刻和系统的阐述，进一步指明了全国各族人民团结奋斗的共同战略目标，充分体现了我们党高度的历史担当和使命追求。

实现中华民族伟大复兴，是中华民族近代以来最伟大的梦想，凝聚了几代中国人的夙愿，是中华儿女共同的期盼。为达此目的，无数仁人志士前仆后继，历经千辛万苦，上下求索，最终才在中国共产党的领导下，实现了民族独立、人民解放，继而开始了建设自己国家的新征程。特别是改革开放以来，我们总结国际国内经验，开创中国特色社会主义新局面，终于找到实现中华民族伟大复兴的正确道路，取得了令世人瞩目的伟大成就：经济持续快速发展，综合国力显著增强，人民生活水平大幅提高，实现了从温饱不足到总体小康的历史性跨越，现在正在为实现"两个一百年"的目标而奋斗。习近平说："现在，我们比历史上任何时期都更接近中华民族伟大复兴的目标，比历史上任何时期都更有信心、有能力实现这个目标。"[1]"到中国共产党成立 100 年时全面建成小康社会的目标一定能实现，到新中国成立 100 年时建成富强民主文明和谐的社会主义现代化国家的目标一定能实现，中华民族伟大复兴的梦想一定能实现。"这是以习近平同志为核心的党中央对全国人民的庄严承诺，也是向全国人民发出的庄严号召和向伟大目标进军的动员令。

习近平对什么是中国梦即中国梦的本质作了深刻阐述。他说："中国梦的本质是国家富强、民族振兴、人民幸福。"[2]这就是说，实现中国梦，意味着我国经济实力、综合国力和国家影响力将大大提升；中华民族将以更加昂扬向上、生气勃勃、文明开放的姿态屹立于世界民族之林，为人类作

---

① 中共中央宣传部编：《习近平总书记系列重要讲话读本》，第 7 页。
② 中共中央宣传部编：《习近平总书记系列重要讲话读本》，第 8 页。

出更大的贡献；中国人民将过上更加富裕、安康、幸福、美满的新生活。因此，中国梦是国家的梦、民族的梦，也是每一个中国人的梦。中国人民的梦想同我们党的社会主义理想是完全一致的。

习近平对如何实现中国梦作了系统论述。他指出，实现中国梦"任重而道远"，必须坚持中国道路，必须弘扬中国精神，必须凝聚中国力量。这"三个必须"为我们实现中国梦指明了方向。中国道路，就是中国特色社会主义道路。只有这条道路才能发展中国、富强中国，而其他的道路，无论是封闭僵化的老路还是改旗易帜的邪路，都是绝路、死路。"中国精神"，就是"以爱国主义为核心的民族精神和以改革创新为核心的时代精神"①。这是兴国强国凝心聚力之魂，也是兴业创业智慧之源，实现中国梦必须有强大精神力量的支撑。"中国力量"就是"中国各民族大团结的力量"。中国梦归根到底是人民的梦，我们必须紧紧依靠最广大的工人、农民、知识分子，必须巩固和发展最广泛的爱国统一战线，必须依靠包括港澳同胞和海外华侨华人在内的全体中华儿女，为实现中华民族伟大复兴的中国梦而共同奋斗。这"三个必须"是实现中国梦的根本保证。

三、协调推进"四个全面"的战略布局

建设中国特色社会主义、实现中华民族伟大复兴的中国梦，是一个长期艰巨的历史任务。我们党规划了"三步走"的发展战略。现在正处于全面建成小康社会的决定性阶段，这是"实现中华民族伟大复兴的关键一步"②。以习近平同志为核心的党中央，高举中国特色社会主义伟大旗帜，立足中国社会主义初级阶段的基本国情，针对现阶段我国经济社会发展面临的突出矛盾和人民对美好生活的新期待，以问题为导向，作出了协调推进"四个全面"的战略布局，即全面建成小康社会、全面深化改革、全面依法治国、全面从严治党。这是现阶段我们党治国理政、开创中国特色社会主义新局面的"顶层设计"和重大战略部署。

"四个全面"体现了目标与举措的统一。全面建成小康社会是我们的战

---

① 中共中央宣传部编：《习近平总书记系列重要讲话读本》，第 11 页。

② 中共中央宣传部编：《习近平总书记系列重要讲话读本》，第 55 页。

略目标，到 2020 年实现这个目标，我们国家的发展水平就会迈上一个大台阶，我们的一切工作都要聚焦于这个目标。这是大局。为了实现这个目标，需要有坚强有力的措施作保障，其中最重要的是三大保障。一是全面深化改革，完善和发展中国特色社会主义制度，推进国家治理体系和治理能力现代化，为全面建成小康社会提供动力保障；二是全面依法治国，建设中国特色社会主义法治体系，建设社会主义法治国家，为全面建成小康社会提供法治保障；三是全面从严治党，使党始终保持先进性和纯洁性，为全面建成小康社会提供政治保障。习近平说，这三大战略举措"对实现全面建成小康社会战略目标一个都不能缺"①。不全面深化改革，发展就缺少动力，社会就没有活力；不全面依法治国，国家生活和社会生活就不能有序运转，就难以实现社会和谐稳定和国家长治久安；不全面从严治党，党就不可能成为我们事业的坚强领导核心。"四个全面"的战略布局，是一个有机整体，它们相互依存、相互促进、相得益彰，是党的十八大以来我们党的战略谋划的一个科学总结。

"四个全面"还体现了重点与全面的统一。习近平说："重点和全面是密切联系的，全面是有重点的全面，重点是全面中的重点。""四个全面"中每一个"全面"，都是有重点的"全面"。全面建成小康社会，是以经济建设为中心，包括经济、政治、文化、社会、生态"五位一体"的全面建设。全面深化改革，是以经济体制改革为重点，包括经济、政治、文化、社会、生态以及军队国防和党的建设在内的全面改革。全面依法治国，最根本的是依宪治国，完善以宪法为核心的法律体系，坚持法治国家、法治政府、法治社会一体建设。全面从严治党，最根本的是保持党的先进性和纯洁性，全面加强党的思想、组织、作风、制度、纪律、反腐倡廉建设。习近平说："每一个'全面'都蕴含着重大战略意义。"②我们都要把它们放在总体战略布局中加以把握和落实。

① 中共中央宣传部编：《习近平总书记系列重要讲话读本》，第 46 页。
② 中共中央宣传部编：《习近平总书记系列重要讲话读本》，第 45 页。

四、统筹国内国际两个大局

实现"两个一百年"的奋斗目标、实现中华民族伟大复兴的中国梦，必须创造一个良好的国际环境。党的十八大以来，以习近平同志为核心的党中央以开阔的世界眼光和战略思维，统筹国内国际两个大局，观大势、谋大事，加强外交顶层设计和战略谋划，开展一系列重大外交行动，提出许多重大对外战略思想，打开了外交工作新局面，展示了我国对外工作的新气象。

坚定不移走和平发展道路。这是我们党根据时代潮流和我国根本利益所作的战略抉择。当今世界正在发生深刻复杂的变化，但和平与发展仍是时代主题，国际力量对比继续朝着有利于世界和平与发展的方向发展，人类比以往任何时候都更有条件朝着和平与发展的目标迈进。这是我们对于当前世界局势的根本判断。正是据此判断，我们毫不动摇地坚持和平发展道路。这一重大战略决策，既符合时代潮流，也符合中国根本利益。习近平说："实现我们的奋斗目标，必须有和平国际环境。没有和平，中国和世界都不可能顺利发展；没有发展，中国和世界也不可能有持久和平。"①我们坚持从我国实际出发走自己的道路，同时以宽广的世界眼光和战略思维，把国内发展与对外开放统一起来，把中国发展与世界发展联系起来，把中国人民利益与各国人民共同利益结合起来，统筹国内国际两个大局，以更加积极的姿态参与国际事务，共同应对全球性挑战，努力为全球发展作出自身贡献。

推动建立以合作共赢为核心的国际关系。这是一个重大战略理念。习近平指出，世界繁荣稳定是中国的机遇，中国发展也是世界的机遇。和平发展道路能不能走得通，很大程度上要看我们能不能把世界的机遇转变为中国的机遇，把中国的机遇转变为世界的机遇，在中国与世界各国良性互动、互利共赢中开拓前进。因此，我们的发展不仅是和平的发展，而且是开放的发展，合作的发展，共赢的发展。零和思维已经过时，同舟共济、合作共赢才是出路。习近平还指出，文明因交流而多彩，因互鉴而丰富。

---

① 中共中央宣传部编：《习近平总书记系列重要讲话读本》，第263页。

文明交流互鉴，是推动人类文明进步与世界和平发展的重要动力。我们应当推动不同文明相互尊重、和谐共处，让文明交流互鉴成为增进各国人民友谊的桥梁、推动人类社会进步的动力、维护世界和平的纽带；从不同文明中寻求智慧、汲取营养，携手解决人类共同面临的各种挑战。

坚决维护国家核心利益，这是我国外交的神圣使命。一些国家片面理解中国的和平发展道路，片面理解我国倡导的合作共赢理念，以为中国为了发展会拿原则做交易。这完全是幻想。习近平旗帜鲜明地指出："我们要坚持走和平发展道路，但决不能放弃我们的正当权益，决不能牺牲国家核心利益。任何外国不要指望我们会拿自己的核心利益做交易，不要指望我们会吞下损害我国主权、安全、发展利益的苦果。"①坚决维护国家主权、安全、发展利益是我国外交工作的基本出发点和落脚点。在任何情况下，我们都坚决维护国家领土主权，坚决在国际上遏制"台独""藏独""东突"等分裂势力的破坏活动，防范国际暴力恐怖活动向境内渗透，维护国家主权安全。在涉及我国核心利益问题上，我们是有底线的。我们明确地划出红线，亮明底线，绝对不许逾越。

（本文原载于《哲学研究》2016 年第 6 期）

---

① 中共中央宣传部编：《习近平总书记系列重要讲话读本》，第 272 页。

马克思主义社会学理论辨析

张向东

马克思主义作为无产阶级认识世界、改造世界的理论武器，其作用已为现代一百多年的历史实践所证明；作为其科学体系的分支学科，诸如政治经济学、哲学和科学社会主义等在现实生活中的作用也已为大部分国内外学者所公认。而对马克思主义理论宝库中有无社会学的席位？有无与历史唯物论既有联系又有区别的社会学理论体系？这个体系的基本观点是什么？与西方社会学有何区别与联系？却无定论。这些问题是当前建立社会学理论体系遇到的首要问题，也是社会学界普遍关注的问题。对这些问题的研究和探讨，无疑会推动社会学理论的发展。

一、在马克思主义理论体系中存在着社会学理论

有人认为，马克思主义经典作家连社会学的概念都没有使用过，何谈社会学理论，并以此来否认社会学理论的存在。马克思、恩格斯的确没有使用过社会学这个名词，因为他们对使用这个概念的孔德学派一直持否定态度。孔德虽然承认资本主义社会存在各种弊病，但他却认为只要用"以爱为原则，以秩序为基础，以进步为目的"的万能药方加以治理，使人们树立起实证主义世界观，整个资本主义就能革除弊端，实现良性运行与协调发展。这种社会学理论的实质是阻止人们参加革命运动，在当时起着反动作用，它促使马克思表明："……我作为一个有党派的人，是同孔德主义

势不两立的，而作为一个学者，我对它的评价也很低。"①马克思、恩格斯是从本质上揭露资本主义种种社会弊端，而不是给这个机体注射"强心剂"以延缓其死亡。理论上的这种势不两立，使他们拒绝使用社会学概念，以表示与孔德主义彻底划清界限，这完全是顺理成章的。

使用不使用社会学概念只能标志这个学科成熟的程度，而不决定这个学科理论的有无。在西方社会学史上第一个使用"社会学"概念的是比利时统计学家库埃特莱，他在 1835 年提出社会学概念，但他并未创立相应的社会学理论，在学术界尚未产生重要影响。孔德在《实证哲学教程》里也提出了这个概念，并建立了社会静力学和社会动力学等范畴，论证了社会是一个有机整体。但是，他划不清这个社会学与其他学科的界限，对社会缺乏经验研究，其理论充满了思辨性。因而，当时在西方，社会学作为一个学科并未建立起来。在完成创立社会学学科的任务上，迪尔凯姆、马克斯·韦伯和美国芝加哥学派却做出了有益的贡献。他们把社会学从哲学的控制下解放出来，最终摆脱思辨性的影响，进行具体的社会问题研究，并确定了社会学的研究范畴与方法，社会学的内部分科以及与其他学科的区分，从此，社会学作为一个学科在西方正式建立了起来。

马克思创立的社会经济形态理论，不仅科学地揭示了社会各构成因素之间的相互作用及其关系，揭示了社会主体与客体相互关系的各个方面，从而创立了社会哲学及社会学宏观理论的科学体系，而且还提出了社会学研究的一系列方法，为具体社会学研究奠定了基础。在对社会进行理论研究的同时，马克思和恩格斯还对社会进行了大量的经济研究。民主德国学者认为，恩格斯的《英国工人阶级状况》是一部成熟的马克思主义社会学著作，这种社会学既反对平庸的、敌视理论的经验主义；又反对那种干瘪的、缺乏客观性、具体性的思辨和折衷的主观主义，运用了社会学的各种方法。这一评价是符合客观事实的。又如，马克思在写《资本论》的过程中也进行了许多经验研究，熟练地运用了多种社会学方法。

不能说列宁有意识地发展了马克思主义社会学，但当他在无产阶级夺取政权之后，面对社会主义社会的现实存在，却对社会主义社会良性运行与协调发展的机制和条件进行过理论探讨，并有十分精辟的论述，从而对

---

① 马克思：《马克思致列奥·弗兰克尔和路易·欧仁·瓦尔》，《马克思恩格斯全集》第 33 卷，中央编译局编译，北京：人民出版社，1973 年，第 227-228 页。

马克思主义社会学理论的发展做出了应有的贡献。现在，常有人引述列宁在《什么是"人民之友"以及他们如何攻击社会民主主义者？》长篇论文中第一次使用了社会学这一概念，并因此认为列宁对社会学这个流派感兴趣。事实恰恰相反，列宁是为了清算民粹派理论基础才借此批判米海洛夫斯基的主观社会学的。据与原文核对，可以确切地认为，在这里，列宁是在与社会科学同义的基础上使用社会学概念的，他着重指出的只是马克思主义唯物史观产生在社会科学领域里所引起的革命变革，并非为社会学做论证。列宁认为，无产阶级夺取政权以后首要的任务是加强组织和管理，以经济为基础，把整个社会组织成一架正常运行的机器，使几亿人都按照统一的节奏工作和生活。"社会主义的实质就是计算和监督"[1]，而"计算和监督是把共产主义社会第一阶段'调整好'，使它能正确地进行工作所必需的主要条件"[2]。

斯大林运用发展生产满足人们各种物质与文化需要的基本经济规律，尊重科学，重视生产，努力创立社会主义社会雄厚的物质基础，并在一定程度上促进了整个社会的良性运行和协调发展。1936年，他又适时地总结了苏联社会分层的新变化，坚持民族自决的原则，正确处理了民族这个巨大的社会问题，在实践中丰富和发展了马克思主义社会学理论。

斯大林与毛泽东在社会主义建设过程中都曾有过"左"的失误，他们在各自的国家里，在不同的时期，先后错误地剥夺了社会学存在的合法权利。但是，这并不妨碍他们对社会主义的经验研究。毛泽东早在青少年时期就组织过"问题研究会"，并在该会的章程开宗明义地指出："凡事或理之现代人生为所必需，或不必需，而均未得适当之解决，致影响于现代人生之进步者，成为问题。"[3]从而给社会问题下了精辟的定义，这个章程开列的教育、女子和国语等社会问题竟达71项，140多个。《论十大关系》《关于正确处理人民内部矛盾的问题》是毛泽东运用唯物辩证法对社会主义社会进行经验研究、分析各种社会问题的典范，也是给社会学研究提出的新课题，从不同角度对社会学理论进行了初步探索。

总之，并不是所有马克思主义经典作家都未使用过社会学概念，使用过这个概念的马克思主义者曾在不同程度上进行过社会学研究固不待言，

---

① 列宁：《列宁全集》（俄文第五版）第35卷，莫斯科：政治书籍出版社，1969年，第188页。

② 列宁：《列宁全集》（俄文第五版）第26卷，莫斯科：政治书籍出版社，1974年，第269页。

③ 毛泽东：《问题研究会章程》，《北京大学日刊》，1919年10月28日，第469号。

马克思和恩格斯虽然没有使用过这个概念，但他们却是不折不扣的社会学理论创始人；就连取消社会学在本国合法地位的斯大林和毛泽东，也都在不同领域对这一理论做出了卓越的贡献。可见，用是否使用过社会学概念作为判断马克思主义社会学理论是否存在的标准，是不科学的，也是没有说服力的。

马克思主义社会学的理论体系，不仅存在于马克思主义经典作家的理论贡献中，并且在追随并研究马克思主义的一些理论者的理论探讨中，得到不断的丰富和发展。

意大利马克思主义哲学家安·拉布里奥拉于 1896 年发表了《关于历史唯物主义》一书，在谈到构成社会各因素相互作用时指出："实际上，当历史资料研究中自然产生的问题同其他理论成分相结合的时候，它们会产生不同的所谓实际的学科。这些学科从古代到现代以不同的速度发展着并取得各种成就：从伦理学到法哲学，从政治学到社会学，从法学到政治经济学。"[1]他把社会学作为与法学、政治经济学等并列的一个独立学科提出来，说明这些学科均受唯物史观指导。他把社会学作为一个独立学科从社会科学中分离出来，在这个意义上比列宁又前进了一步。

布哈林于 1921 年底写成《历史唯物主义理论》，这本书的副标题就是"马克思主义社会学通俗教材"，他基本上是在与唯物史观同义的基础上使用社会学概念，"它是关于社会及其发展规律的一般学说，也就是社会学"[2]。但有时他又把社会学与历史学并列，强调其综合性，在某种程度上指出社会学与历史唯物论的区别，"历史唯物主义理论是研究历史的方法，这一情况决不抹煞它作为社会学理论的意义。一门较为抽象的科学给不太抽象的科学提供观点（即方法）"[3]。他在这里提出的不太抽象的科学，显然是指包括历史学和社会学在内的具体社会科学。可见，布哈林已经注意到社会学与历史唯物主义的关系，但是，由于种种条件局限，此问题没能得以解决。不过，他既反对把两者截然对立起来，又反对把社会学研究对象局限于"有关原始文化和人类共同生活基本形式（例如家庭）的起源

---

① 安·拉布里奥拉：《关于历史唯物主义》，杨启清、孙魁、朱中龙译，北京：人民出版社，1984年，第85-86页。

② 尼·布哈林：《历史唯物主义理论》，北京：人民出版社，1983年，第7页。

③ 尼·布哈林：《历史唯物主义理论》，第7页。

的科学"①的错误倾向，对马克思主义社会学理论做出了一定的贡献。

20 世纪 30 年代，西方社会学与马克思主义社会学先后传入我国，孙本文、晏阳初、言心哲等先生主要接受了西方社会学理论；瞿秋白、许德珩宣讲的社会学和李达写的《社会学大纲》基本内容都是历史唯物主义，他们受到的是布哈林的影响。

二、对马克思主义社会学理论体系的探讨

有无马克思主义社会学理论体系，是目前国内外部分社会学家争论的焦点。创立唯物史观是马克思、恩格斯杰出的贡献，它为社会科学各个学科提供了世界观和方法论，使之变成科学；然而，唯物史观却不是他们唯一的贡献，他们不以发现社会发展一般规律和勾画出人类社会总的轮廓为满足，而以资本主义生产方式为中心，对各种社会形态都进行了经验的和具体的研究。这种研究不同于西方社会学就事论事式的实证方法，而是强调以唯物史观为指导，因此，马克思主义社会学理论与唯物史观既有区别又有联系，使两者的关系变得错综复杂，一时难以区分。

对人类社会发展的普遍规律的唯物史观研究与对某一具体社会的社会学研究有一个衔接点。这个衔接点就是马克思创立的社会经济形态的理论。它是人类社会发展过程在抽象的和理论上的首尾一贯形式中的反映，不仅揭示了人类社会诸形态更替的规律，而且还揭示了以生产关系系统为骨骼的社会结构诸成分间的关系。它是历史唯物主义的核心范畴，用它对人类社会进行唯物史观的研究，既可以把握住某一生产关系为基础的所有社会有机体的基本相同点，又可以揭示出不同社会经济结构的具体社会之间的本质差别。而社会经济形态又总是作为奴隶制、封建制、资本主义等具体的社会形态而存在的，每个具体的社会形态又仅仅在个别社会、社会有机体中才存在，两者的关系是一般与个别的关系，从而，把对具体社会的唯物史观研究与社会学研究，有机地结合起来。

社会经济形态作为社会学的基本理论，又包含着社会学理论体系的基本内容：社会有机体是社会学的基本观点。西方社会学创始人之一的斯宾

---

① 尼·布哈林：《历史唯物主义理论》，第 7 页。

塞，用人体各种不同功能器官相互依存的关系，说明人类社会是有机整体。马克斯·韦伯用异质社会人们不同的社会分工，说明社会结构部分之间的有机统一。马克思运用社会经济形态理论来阐明社会有机体，相比于这些西方社会学主要代表的理论认识深刻得多。

社会分层也是社会学的基本理论。西方社会学家曾分别用收入多寡和职业为分层标准，结果有许多问题纠缠不清。马克思提出按照人们对生产资料占有的不同关系划分阶级，并认识社会结构，从而使西方社会学家困惑不解的问题迎刃而解，不少西方社会学家对马克思科学的社会分层理论给予了高度的评价。

个人行为理论也是社会学的重要理论之一。马克斯·韦伯是这个理论的创始人。他认为社会行动必须具备两个因素，一是驱使人们行动的主观动机；二是以他人为目标或期待，后者对前者有一定制约作用。他把社会行动区分为目标合理的行动、价值合理的行动、激情的行动和传统的行动四种类型，为社会学理论做出了不小的贡献。考茨基把人们的需要称为"欲"，并曾对其分类进行了专门研究。毛泽东则坚持动机与效果一致论，从效果衡量人们行为动机，辩证地解决了动机与效果的关系。可见，马克思主义社会学理论对社会行动的揭示比韦伯深刻得多、科学得多。马克思认为多种需要及其满足形成驱使人们行动的动机。马克思运用社会经济形态理论解决了个人行动与阶级行动的关系，从而把个人行动纳入了生产关系轨道。尽管马克思主义社会学对个人行动分析略显不足，然而，他们对社会行动的分析却比西方某些社会学家深刻。

同样，对于社会变迁问题的理论探讨，马克思主义的理论揭示比之于某些西方社会学家的认识要深刻得多。后者重点研究社会的点滴变化和人们价值观的改变，不涉及根本社会形态的改变，而马克思主义有关社会变迁的理论，既包括宏观的社会形态的更迭，也包括微观的社会变化，用宏观研究指导微观研究，是唯物史观与社会学理论关系的集中体现。马克思主义社会学指出，社会变迁是一自然历史过程，它不是人们任意所为的偶然事件的堆砌，而是有规律可循的客观必然，是通过千百万人的自觉行动实现的。

总之，以社会经济形态为中心、社会有机体思想、社会分层、社会行动理论和社会变迁理论构成马克思主义社会学科学的理论体系，其基本内容散见于马克思主义理论宝库，有待于我们去挖掘、整理和创立。这个科学体系不仅与历史唯物主义相区别，而且还与西方社会学理论相对应。

马克思主义社会学不仅具有完备的科学体系，而且还具备一般社会学理论的特点。一是综合性。马克思主义社会学从来不孤立地研究任何社会现象和社会问题，总是将它们放在一定历史条件下、放在社会生活整体之中综合分析。二是科学性。"马克思也推翻了那种把社会看作……机械的个人结合体的观点，第一次把社会学置于科学的基础上，确定了社会经济形态是一定生产关系的总和，确定了这种形态的发展是自然历史过程。"[1]与西方社会学满足于对社会现象的描述、就事论事不同，马克思主义社会学从总体上给予社会现象与社会过程以科学分析。马克思、恩格斯从实际问题出发，运用社会学理论分析具体社会问题，得出的结论又上升到理论，指导对类似问题的研究，这是马克思主义社会学超出西方社会学之处。三是理论与方法的统一性。正像哲学既是世界观又是方法论一样，马克思社会经济形态理论本身又是分析社会的科学方法论。列宁曾高度评价了这个理论的方法论意义，"他所用的方法就是从社会生活的各种领域中划分出经济领域来，从一切社会关系中划分出生产关系来，并把它当做决定其余一切关系的基本的原始的关系"[2]。四是实践性。以往的"哲学家们只是用不同的方法解释世界，而问题在于改变世界"[3]。马克思突出对社会的动态分析，充分发挥社会学在变革社会中的功能。马克思主义社会学家把对社会的科学分析与无产阶级认识其历史使命结合起来，他们既是学者又是无产阶级革命家，主张"对现存的一切进行无情的批判，尤其是'武器的批判'；他诉诸群众，诉诸无产阶级"[4]。他们把掌握了社会学理论的无产阶级的革命实践活动，看作向新社会过渡的保障，当作发挥社会学变革功能的阶级力量，在这个意义上，它把西方社会学理论远远地抛在了后边。

总之，马克思主义社会学理论不仅具有完备的科学体系，这个体系既保留着与西方社会学共有的普遍性，更重要的是还具有自己独有的特征，把社会学置于科学基础之上，实现了社会学领域里的革命。

---

① 列宁：《列宁全集》第 1 卷，中央编译局编译，北京：人民出版社，1955 年，第 122 页。

② 列宁：《列宁全集》第 1 卷，第 6 页。

③ 马克思：《马克思恩格斯选集》第 1 卷，中央编译局编译，北京：人民出版社，1972 年，第 19 页。

④ 列宁：《列宁选集》第 2 卷，中央编译局编译，北京：人民出版社，1972 年，第 577 页。

三、马克思主义社会学理论与西方社会学理论的关系

作为两种不同的理论体系，马克思主义社会学与西方社会学已经对立了一百多年，无产阶级夺取政权以前，马克思、恩格斯和列宁主要创立分析社会的科学理论，强调根本社会制度的变革，对旨在维护资产阶级统治地位的西方社会学家全盘否定或不屑一顾。无产阶级夺取政权以后，马克思主义者也没有在新的历史条件下创立促进新社会良性运行与协调发展的社会学体系，相反，却由于"左"倾思潮的干扰，苏联和我国曾先后在20世纪的30和50年代取消了社会学的合法地位。总结这个历史时期的经验教训，分析两种理论的根本区别，并看到两者某些共同之处，对于坚持批判继承原则、创立马克思主义社会学的理论体系，是非常必要的。

首先，马克思主义社会学与西方社会学具有本质区别。西方社会学不论哪一个流派，总是强调自己理论的"中立性"或"超阶级性"，他们使用"中性"的社会学概念，撇开社会形态的制约，孤立地研究社会问题，提出一般的模式去套不同社会制度的国家，结果必然歪曲社会的本质。社会学知识体系是人们对社会现实的正确的、规律的反映，是以抽象的概念和范畴体系反映处于具体历史形式下人们积极的活动。从客体分析，活动着的人们属于不同的阶级、处在不同的历史阶段，因而，带有强烈的阶级性；从主体分析，反映社会现实、创立社会学理论体系的人，也为不同阶级、阶层或社会利益集团所驱使，不可能没有派别性。正如马克思、恩格斯所说，"每个个人和每一代当作现成的东西承受下来的生产力、资金和社会交往形式的总和，是哲学家们想象为'实体'和'人的本质'的东西的现实基础……"[1]。列宁在批判米海洛夫斯基主观社会学的时候指出，"马克思在这方面的伟大成就在于他摒弃了所有这些关于一般社会和一般进步的议论，而对一种社会（资本主义社会）和一种进步（资本主义进步）做了科学的分析"[2]。

从理论基础来看，西方社会学理论基础是实证主义。实证主义具有强

---

[1] 马克思、恩格斯：《费尔巴哈》，《马克思恩格斯选集》第1卷，中央编译局编译，北京：人民出版社，1972年，第43页。

[2] 列宁：《列宁全集》第1卷，第12-13页。

调事实、直视经验的"科学"外表，实际上它只承认主观经验，否认理论思维在认识过程中的作用，认为人只能认识其主观经验，而不能揭示事物的本质，科学只是主观经验的描述，而不可能反映任何客观规律，是一种狭隘的经验主义理论。在研究社会发展过程的时候，实证主义声称要在社会学的术语中排除内容不是单独个人肉体行为的一切范畴，丝毫不考虑社会经济因素的作用，把社会发展过程同经济活动过程截然分开。否认理论思维作用的结果，必然限制人类认识社会的能力，并最终导致不可知论。几乎在同时产生的马克思主义社会学理论却建立在唯物辩证法的基础上，它标志着人类思维发展到一个崭新的阶段，显示了人类认识世界能力的无限性，揭示了自然界、人类社会和人类思维发展的最一般规律，从而把自然界与人类社会统一起来，把自然科学与社会科学统一起来，科学地分析了人类社会，为社会学奠定了科学的理论基础。从整体上否定西方社会学的科学性，并不妨碍我们客观地评价其优点，西方社会学家把横断科学引进社会学，对社会现象进行定量分析，在社会群体、个人行为、人际交往和互动等微观社会学领域，处于领先地位；一向擅长研究宏观领域的马克思主义社会学，在这方面似显微弱，切此相关，西方社会学从研究具体社会问题入手，主张对资本主义社会进行点滴的改良，以确保资产阶级的统治，强调社会秩序；而马克思主义社会学则以研究工人阶级状况为主线，在未夺取政权的国家侧重社会动态研究，在无产阶级掌权的国家，着重研究社会良性运行与协调发展的机制和条件，不断改革和排除社会发展的不适应环节和障碍，为逐步向共产主义社会过渡创造条件。

其次，在承认两大理论对立之差别的同时，我们还要看到两大理论体系相似之处，这是客观地对待西方社会学的前提条件。从产生的时代背景来看，西方社会学和马克思主义社会学都产生于 19 世纪的三四十年代，当时资产阶级与无产阶级的矛盾已充分显露，并逐步上升为主要矛盾，随之而来的是大量的社会问题。承认资本主义社会存在大量社会问题，并设法解决是两大理论的共同点。西方社会学企图在不触犯资产阶级根本利益的前提下，通过具体问题的改革，调和两大阶级的局部利益，在一定程度上使社会问题得以缓和；马克思主义社会学家则以揭露社会问题为手段，启发教育工人阶级充分认识其阶级地位和使命，积蓄力量、等待时机夺取政权。可见，当时两大阶级都想按照自己的面貌改造社会，制定本阶级的社会学理论。从对自然科学的关系来看，西方社会学奠基人孔德不满意长期占统治地位的思辨哲学对人类社会的解释。他自幼喜欢数学，后来又研究科学哲学，受到自然主义和进化论的影响，把人类社会分为神学、形而上学和科学（实证主义）三个阶段，他相信代替封建社会的资本主义社会的稳定性。孔德还接受了孟德斯鸠提出的政治法律观点受自然规律制约的理论，主张运用自然科学方法研究人类社会。马克思和恩格斯也很重视自然学研究，他们在各自从事的研究领域里对自然科学做出了应有的贡献。马克思、恩格斯不仅不满意黑格尔对人类社会的思辨解释，还把各种唯心主义从社会历史领域这个最后避难所里驱逐出来，创立了唯物主义历史观和社会学理论。社会科学研究要运用自然科学的方法，在马克思、恩格斯看来，完全是顺理成章的，马克思提出："一种科学只有在成功地运用数学时，才算达到了真完善的地步。"①马克思主义社会学理论不只是直接运用自然科学方法，更重要的是概括了自然科学新的成果，揭示了人类社会各个组成部分之间的辩证关系及发展规律。西方社会学则限于直接应用自然科学方法，如其另一位奠基人斯宾塞以介于生物机体与社会机体之间类似的东西为基础，把人类社会理解为"活的"自我组织的系统。这种理论有其合理之处，但他忽视了生物学规律与社会生活规律的根本区别，犯了社会达尔文主义的错误。两大理论体系都把社会调查当作自己的主要方法。马克思主义社会学以典型调查为基础，全面记述了社会调查的理论与方法，在这个领域取得了卓越的成绩；西方社会学理论则以随机抽样调查方法做补充，在数理统计和微机运用方面又处于领先的地位，在对社会现象进行定量分析方面也多有建树。两种理论异中有同，同中有异，异是本质的，同是非本质的。

最后，无论是西方社会学还是马克思主义社会学都不是封闭的体系。西方社会学长期无统一的研究对象和范畴，因此，不同历史时期所出现的社会学流派之间无明显的师承关系。马克思主义社会学也经历了一个从社会哲学到社会学，从抽象理论到具体社会问题研究的过程，这个过程仍在继续。由于种种历史原因，马克思主义经典作家没有在旧社会学基础上改造创建马克思主义社会学，而是借助其他学科的社会学理论，为社会学的

---

① 保尔·拉法格：《回忆马克思恩格斯》，马集译，北京：人民出版社，1973年版，第7页。

创立做出了划时代的贡献。但是，要使这个学科适应社会主义现代化建设的需要，更有成效地为现代化建设服务，则还有很大差距，还要做出巨大的努力。

（本文原载于《社会学研究》1986 年第 4 期）

邓小平对恩格斯权威理论的创造性运用和发展

杜云治 马云鹏

在马克思主义发展史上，围绕权威问题发生过马克思主义与无政府主义的激烈论战。19 世纪 70 年代，以巴枯宁为代表的无政府主义者把权威和自治绝对对立起来，把权威说成是绝对坏的东西，自治是绝对好的东西，反对一切权威，尤其反对无产阶级领袖马克思的权威。马克思、恩格斯运用唯物史观，从人类社会生活的客观条件和社会发展的必然性出发，批判了无政府主义的种种奇谈怪论，阐明了科学的权威理论。

社会主义革命胜利以后，在苏联出现过对斯大林同志的个人迷信，在中国出现过对毛泽东同志的个人崇拜现象，对党和国家的活动和社会发展都产生了不良影响，对社会主义事业造成了严重后果。这些情况表明，取得革命政权的无产阶级政党，必须在理论上和实践上正确处理权威问题，否则社会主义革命和社会主义建设就会出现挫折和失败。

邓小平同志在领导中国社会主义革命和建设的实践中，在总结国内外经验的基础上，继承、捍卫和发展了马克思主义的权威理论，使马克思主义权威理论成为建设有中国特色社会主义理论的重要组成部分。

一

恩格斯的权威理论有以下基本内容。第一，权威原则的基本含义是强制和服从的统一。恩格斯说，这里所说的权威，是指把别人的意志强加于我们；另一方面，权威又是以服从为前提的。这两种说法尽管不太好听，使服从的一方感到难堪，然而，在现代社会中，断然不能取消这种关系，使权威归于消失。第二，权威是社会发展的产物，是社会生产发展的必然要求。因为随着社会的发展，生产活动和社会活动越来越复杂，生产活动和社会活动需要人们组织起来，需要产生把人们活动组织起来的指挥中枢。这样就要承认一部分人在生产活动和社会活动中的领导和管理作用。在领导者和被领导者、管理者和被管理者之间除其他关系以外，还要建立以权威原则为指导的现实关系。现代大工业和农业发展更需要有经验有能力的权威实行管理。第三，权威原则是无产阶级政党组织制度的必要组成部分。恩格斯认为，无产阶级的政党和组织必须有统一的意志和纪律，有统一的行动，"没有权威，就不能有任何的一致行动"[①]。第四，革命权威对无产阶级有巨大意义。恩格斯说："革命无疑是天下最权威的东西，革命就是一部分人用枪杆、刺刀、大炮，即用非常权威的手段强迫另一部分人接受自己的意志。获得胜利的政党如果不愿失去自己努力争得的成果，就必须凭借它的武器对反动派造成的恐惧，来维持自己的统治。"[②]而巴黎公社的失败教训之一，就是运用这个权威太少了。第五，国家是政治权威机关，但国家和权威并不是相等同的概念，国家是阶级统治的工具，它将随阶级的消灭而逐渐消亡，国家消亡了，但是权威存在着。那时，政治权威将失去它的政治性质，从对人的政治统治变为对物的管理和对生产过程的领导。第六，权威和自治是相对的东西，它们的应用范围随社会的发展而变化。在剥削阶级专制国家里，自治常常用来削弱剥削阶级的专制统治。在无产阶级专政条件下，国家权力归人民所有，自治则是人民获得解放的政治形式之一。在保证国家统一的条件下，国家把部分权力交给地方，在有条件的地方实行自治，这种自治是人民获得解放的一种形式，而不是用来对抗国家权威的东西。第七，权威的载体可以是一个代表，也可以是负责执行有关大多数人的决议的委员会，"不论在哪一种场合，都要碰到一个表现得很明显的权威"[③]。第八，权威可以是政治性质，也可能是精神性质的，精神产品只要获得了人们信从的力量和相应的威望，它也就具有了权威的性质。以上所述，是恩格斯权威理论的要点，是恩格斯留给无产阶级及其政党的宝贵遗产。

---

① 马克思、恩格斯：《马克思恩格斯选集》第4卷，中央编译局编译，北京：人民出版社，1972年，第397页。

② 马克思、恩格斯：《马克思恩格斯选集》第2卷，中央编译局编译，北京：人民出版社，1972年，第554页。

③ 马克思、恩格斯：《马克思恩格斯选集》第2卷，中央编译局编译，第553页。

　　马克思、恩格斯的权威理论，是放之四海而皆准的普遍真理，列宁在领导俄国人民革命的过程中，毛泽东同志在领导中国人民革命的过程中，都正确遵循恩格斯的权威理论，尤其在革命的关键时刻和转折关头，都一再体现出权威理论的力量和作用，在实践中捍卫和发展了恩格斯的权威理论。

　　社会主义单一的计划经济体制，需要党中央和政府的绝对权威，否则经济就不能正常运行。但是由此也产生了种种弊端，影响经济发展。尤其苏联，多年经济发展处于停滞状态。中国共产党和人民政府也深深感到单一的计划经济体制和与之适应的政治体制必须改革，只有这样才能促进社会主义经济迅速发展，体现社会主义制度的优越性。以邓小平同志为核心的党中央第二代领导人，审时度势，根据马克思主义的基本原理，冷静地分析社会主义中国的国情，提出了社会主义经济体制改革和政治体制改革的宏伟任务和一系列方针、政策，大胆地提出用社会主义市场经济体制代替单一的计划经济体制。这样一部分人的思想产生了误解，认为单一的计划经济体制需要党中央和政府的权威，而建立社会主义市场经济运行体制这个权威就不再需要了。中央的权力下放，政治上一系列民主措施的出台，企业经理负责制的实行，本来是党中央权威作用的结果，但是在一些人心目中，其弱化了党和党中央的权威，出现了种种有损于社会主义经济体制改革和政治体制改革的现象，甚至有少数人对党的领导作用也产生了怀疑，想用多元政治来代替中国共产党的领导。领导苏联改革的戈尔巴乔夫，在改革困难的关键时刻，宣布解散苏联共产党，其结果使苏联社会主义改革归于失败。

　　新的社会历史现实，重新呼唤恩格斯的权威理论，恩格斯的权威理论面对着新的社会历史现实，新一代的马克思主义者必须把两者有机地结合起来，以回答社会历史提出的新的问题。

　　邓小平同志以马克思主义权威理论为指导，联系中国社会主义改革实际，提出了"中央要有权威"的科学论断。他认为，无论社会主义经济体制改革，还是社会主义政治体制改革，都会涉及中央和地方，全局和部分的关系问题，对于协调这些关系，对于全局性的重大问题，没有中央的权威是不行的。"特别是有困难的时候，没有中央、国务院这个权威，不可能解决问题。"①建立社会主义市场经济运行体制，是一个复杂的系统工程，需要进行总体设计，需要形成内部合理结构配置和科学的政策体系，还要时刻注意改革和发展的关系，宏观调控与市场机制的关系，建设社会主义物质文明和精神文明的关系，中央和地方的关系，社会分配中的各种利益关系，以及如何保证市场经济运行的社会主义方向等重大问题。尤其在当前条件下，社会主义市场的诸多要素还没培育起来，存在着市场盲目发展的经济现象，社会主义市场的作用还没有充分发挥作用。因此，"中央要有权威"，要充分发挥中央权威的作用。没有中央的权威，以上各种重大问题都不能解决，社会主义的市场经济就不会形成，社会主义改革可能失去社会主义方向，就会葬送社会主义。以江泽民同志为核心的党中央，清楚认识到无产阶级权威的意义，在党的十四届四中全会作出的《关于加强党的建设几个重大问题的决定》对于维护中央权威的重要性和必要性作出了精辟概括："我国是幅员辽阔、人口众多的发展中国家，我们党面临着艰巨复杂的改革和建设任务。只有维护中央的权威，才能增强党的凝聚力和战斗力；才能保证国家统一、民族团结和社会稳定；才能保证改革开放和现代化建设的顺利进行，逐步实现各族人民的共同富裕，实现社会主义物质文明与精神文明的共同发展。这是全党和全国人民的最高利益所在。"

二

无产阶级权威载体是指党的领袖、党的领导核心、党的领导集体，从精神方面讲，包括党的指导思想、路线方针和政策。

邓小平同志非常注意党的领导集体和党的领导核心的权威作用。他指出，在遵义会议之前，我们党没有形成过有能力的中央，从遵义会议开始，才逐渐形成了以毛泽东同志为首的坚强的领导，这个领导集体一直到"文化大革命"；第二代领导集体是从党的十一届三中全会建立起来的；党的第三代领导集体是从党的第十四次全国代表大会建立起来的。邓小平强调，"任何一个领导集体都要有一个核心，没有核心的领导是靠不住的"。中国共产党第一代领导集体的核心是毛泽东同志，"因为有了毛泽东作领导核

---

① 邓小平：《邓小平文选》第3卷，北京：人民出版社，1993年，第319页。

心，'文化大革命'就没有把共产党打倒"。第二代领导核心是邓小平同志，"因为有这个核心，即使发生了两个领导人的变动，都没有影响我们党的领导，党的领导始终是稳定的"。邓小平同志尤其关注党的第三代领导集体的核心问题，他说："第三代的领导集体也必须有一个核心，这一点所有在座的同志都要以高度的自觉性来理解和处理。要有意识地维护一个核心，也就是现在大家同意的江泽民同志。"①邓小平同志之所以号召全党及其各级领导要维护党的集体领导和领导集体核心的权威地位，关键在于，这是国家的命运、党的命运和人民的命运的需要，是无产阶级及其广大群众利益之所在。

无产阶级在长期的革命斗争实践中，必然会推出最有经验、最有自我牺牲精神和威信极高的领袖，这样的领袖也就是无产阶级权威的载体，这样的权威是无产阶级及其政党的宝贵财富。但是，在国际共产主义运动史上，出现过无产阶级权威人物走向自己反面的现象。在苏联，出现过对斯大林的个人迷信，在中国则出现过对毛泽东同志的个人崇拜。个人迷信和个人崇拜现象，损害党和国家正常的政治生活，破坏了民主集中制原则，对社会主义革命和建设造成严重后果。赫鲁晓夫在领导批判斯大林个人迷信过程中，没有以唯物史观为指导，站在历史的高度科学地分析这种社会现象，结果他以培植对自己的个人迷信来代替对斯大林的个人迷信，给苏共和苏联人民造成了无法估量的社会后果。在中国，邓小平同志领导全党批判了"两个凡是"，引导人们从个人崇拜中解放出来，实事求是、解放思想，成功地实现了伟大的战略转移，把全国全党的工作重心转到了社会主义经济建设上来。邓小平同志一方面反对个人崇拜，批判唯心史观；另一方面按照马克思主义的权威理论维护无产阶级权威，坚持唯物史观。他认为，反对个人迷信和个人崇拜应该掌握以下几项科学原则。第一，要摆正人民群众和领袖的关系。无产阶级领袖的巨大作用是在人民群众创造历史的活动中体现出来的。邓小平同志尤其反对把中国社会主义改革的成功归功于他自己，反对夸大他个人在改革过程中的作用，他说："我个人做了一点事，但不能说都是我发明的。其实很多事是别人发明的，群众发明的，我只不过把它们概括起来，提出了方针政策。"②不能简单地把这段话理解

---

① 邓小平：《邓小平文选》第 3 卷，第 310 页。
② 邓小平：《邓小平文选》第 3 卷，第 272 页。

为是邓小平同志个人谦虚，而应该更深刻理解为这是对人民群众与领袖关系的绝妙说明。第二，要划清个人迷信、个人崇拜和人民群众热爱自己领袖的界限。个人迷信和个人崇拜都过高地估计个人在历史活动中的地位，把个人摆在人民群众之上，其基础是唯心主义的英雄史观。无产阶级的领袖人物是在无产阶级的伟大斗争中产生的，是随着伟大革命实践活动广泛深入而锻炼成长起来的。他代表无产阶级和广大人民群众的利益，有经验，有胆识，有远见，有更大的自我牺牲精神，在人民群众中形成了极高的威信。这种威信是党的威信，是无产阶级的威信。无产阶级和广大人民群众对自己领袖的热爱和敬仰是出于深厚的无产阶级感情，是对自己领袖个人作用的认同，其本质是对党的利益、阶级利益和人民群众利益的尊重和爱护。在这样基础上所形成的无产阶级领袖的权威地位和神化的个人决不能同日而语。遵照这一马克思主义立场和观点，邓小平同志一再指出："我们党总结历史经验不能丢掉毛泽东，否定毛泽东就是否定中国革命大部分的历史。"[1]中国共产党十一届六中全会《关于建国以来党的若干历史问题的决议》，在评价毛泽东同志时，既反对对毛泽东同志搞个人崇拜，又维护了毛泽东同志的无产阶级领袖的权威地位，树立了实践马克思主义权威观的光辉典范。第三，评价领袖人物作用和地位要尊重历史，坚持实事求是。邓小平同志坚持实事求是地、全面地评价领袖人物的地位和作用、成就和错误，使我们党在把毛泽东同志请下神坛的同时，保留了毛泽东同志的无产阶级伟大领袖和马克思列宁主义者的光辉形象，毫不动摇毛泽东同志的权威地位，维护了中国共产党的光辉历史。邓小平同志是彻底的唯物主义者，在谈到毛泽东同志的错误时，丝毫不推卸自己的责任，说："从 1954 年起，我就担任党中央秘书长、国防委员会副主席和国务院副总理，1956 年起担任党的总书记，是在领导核心之中。那以后直到'文化大革命'以前，我们党犯的'左'的错误，我也有份。不能把错误的责任完全推到毛泽东同志身上。"[2]邓小平同志在谈到自己的地位和作用时，同样坚持上述科学态度，他多次严肃地指出："对我的评价，不要过分夸张，不要分量太重。有的把我的规格放在毛主席之上，这就不好了。"[3]这些论述表明了邓小平同志对马克思主义权威观的深刻理解和对待无产阶级权威问题的郑重态度。

① 邓小平：《邓小平文选》第 3 卷，第 271-272 页。

② 邓小平：《邓小平文选》第 3 卷，第 271 页。

③ 邓小平：《邓小平文选》第 3 卷，第 317 页。

三

加强无产阶级权威建设，不仅包括维护无产阶级权威，突出无产阶级权威的地位和作用，还包括权威载体的修养，避免权威走向自己反面。

邓小平同志和以江泽民同志为核心的党中央，提出了一整套加强社会主义权威建设的有效措施，这些措施大体归结如下。第一，建立有威信、有希望、能独立思考的党的集体领导与集体领导核心，这个集体领导与集体领导核心能够把马克思主义与中国实际结合起来，与当前的具体任务结合起来。第二，坚持马克思列宁主义和毛泽东思想。强调坚持它的指导作用，把它规定为四项基本原则之一，维护其权威地位。当前对邓小平理论学习是强化马克思主义权威地位的组成部分。第三，建立一支精干的革命化、年轻化、知识化、专业化的干部队伍，这支干部队伍严格要求自己和人民保持密切关系，保证党的各级领导权掌握在马克思主义者手里。第四，坚持社会主义制度，坚持中国共产党领导下多党合作制，坚持人民代表大会制度，坚持人民民主与专政。第五，坚持党和国家政治生活和组织工作中民主集中制原则，建设社会主义民主，调动一切积极因素，调动广大劳动人民的积极性创造性。第六，坚持党只管大事，不管小事，党委不设经济部门。第七，解决好中央和地方的关系，中央和地方各级领导都要权力下放，建立起以党中央、全国人民代表大会和国务院为最高权威的高效率的社会主义权威系统。这些社会主义权威建设措施的核心是维护党中央的权威，并运用这个权威推动社会主义经济体制改革和政治体制改革，促进社会生产力迅速发展。

在社会主义改革中，运用党中央的权威力量是我们的政治优势。邓小平同志说："社会主义国家有个最大的优越性，就是干一件事情，一下决心，一做出决议，就立即执行，不受牵扯。我们说搞经济体制改革全国就能立即执行，我们决定建立经济特区就可以立即执行"，"这方面是我们的优势，我们要保持这个优势"。①邓小平所讲的这个优势，就是党中央的权威优势，所谓保持这个优势，就是要维护党中央的权威。邓小平同志非常懂得如何

---

① 邓小平：《邓小平文选》第3卷，第240页。

运用权威，他说："不能否定权威，该集中的要集中，否则至少要耽误时间。对于不听中央、国务院话的，处理要坚决，可以先打招呼，不行就调人换头头。"①他还说："没有专政手段是不行的。对专政手段，不但要讲，而且必要时要使用。"②邓小平同志还多次申明，运用无产阶级的权威力量要遵照国家的法制、法规和政策，党内要靠党的组织纪律，防止像"文化大革命"中那样，滥用无产阶级权威。

维护无产阶级权威，维护党中央权威，是坚持党的先锋队性质的必然要求，是坚持党的根本宗旨的重要保证，是坚持党的领导地位的关键所在，是坚持改革开放，加速社会主义现代化进程的迫切需要。

维护党中央的权威贵在行动，重在落实。要用邓小平建设有中国特色的社会主义理论武装全党，统一全党，统一全国各族人民意志，这是坚定不移地维护党中央权威的思想保证；要坚持和健全民主集中制，加强党的建设，这是坚定不移地维护党中央权威的组织保证；要大力加强民主与法治建设，严密监督机制，严肃党纪国法，严格反腐倡廉，坚决克服本位主义、地方主义、分散主义等不良倾向，这是坚定不移地维护党中央权威的制度保证；要使党的各级领导成为维护以江泽民同志为核心的党中央权威的表率和带头人。党的思想理论建设、政治建设、组织建设、作风建设是一个相辅相成的整体。其目的是使我们党在理论上清醒，思想上端正，政治上坚定，组织上坚强，作风上清廉，更加自觉地团结在以江泽民同志为核心的党中央周围，成为领导全国人民进行社会主义现代化建设的坚强核心，成为思想上政治上组织上完全巩固，富有战斗力，能够经受住各种风险，始终站在时代前列的马克思主义政党。

（本文原载于《北方工业大学学报》1997 年第 2 期）

---

① 邓小平：《邓小平文选》第 3 卷，第 319 页。
② 邓小平：《邓小平文选》第 3 卷，第 196 页。

试论毛泽东领导思想的核心与特征

李淑华

在纪念毛泽东同志诞辰 100 周年之际，深入探讨毛泽东领导思想的特征，对于提高领导素质、领导能力和管理水平，促进领导工作科学化，造就跨世纪的马克思主义领导骨干，建立具有中国特色的领导科学体系，具有重要的意义。

一

毛泽东领导思想是毛泽东思想体系中一个非常重要的组成部分，是毛泽东思想的精髓，是对马克思主义领导原则的继承和运用，是中国共产党人丰富的领导经验的科学总结和理论升华。

全心全意为人民服务，是毛泽东领导思想的出发点和归宿。全心全意为人民服务，是毛泽东一贯的人生价值观，是毛泽东领导思想的核心，是中国共产党进行活动的出发点和归宿。全心全意为人民服务的领导观，解决了领导工作中党与群众关系的矛盾，确立了毛泽东领导思想理论的科学地位。在实际工作领域，反映了我党领导活动的本质特征，是我们党的先进性和宗旨的进一步表述。它要求我们每一名党员和干部要正确看待自己的地位，正确运用人民赋予的权力，全心全意为人民服务。在无产阶级政党领导学中，无产阶级的领导原理是以群众路线为基础的，领导活动必须以人民群众的利益为出发点和归宿。毛泽东领导思想与其他阶级领导思想的根本区别在于是探求更好地为人民服务的规律，还是探求统驭管理人民群众的规律。"领导就是服务"，揭示了无产阶级政党领导活动的根本规律，因此，我们说，全心全意为人民服务是毛泽东领导思想的核心。

　　全心全意为人民服务囊括了毛泽东领导思想的全部内容。毛泽东领导思想具有极其丰富的内容，但无论在哪一时期、哪一方面，都是围绕全心全意为人民服务展开的。早在毛泽东领导江西苏区苏维埃政府时期，就从制定和执行符合广大人民群众最大利益的路线、方针、政策，到人民群众日常生活中的土地、劳动及油盐柴米等都给予高度关注。毛泽东曾指出：全心全意为人民服务，一刻也不脱离群众，一切从人民的利益出发，而不是从个人或小集团的利益出发；向人民负责和向党的领导机关负责的一致性；这些就是我们的出发点。可以这样说，毛泽东赢得全中国人民衷心拥护和爱戴，除了其他因素外，还在于他具有全心全意为人民服务的意识。所以，全心全意为人民服务，科学地揭示了毛泽东领导思想的基本规律，即党与群众的关系，为构建具有中国特色的领导科学指明了方向。

　　在社会主义现代化建设和改革开放的新时期，邓小平同志从领导工作的高度对毛泽东的全心全意为人民服务思想作了精辟的概括，明确提出了"领导就是服务"这一富有哲理的科学命题。它的提出不仅为马克思主义领导科学和毛泽东领导思想增添了科学范畴和重要原则，而且为人民评价领导干部提供了一个马克思主义的科学标准，即领导者的价值在于服务而不在于名、权、利，也即在于他是否有为人民服务的思想和本领。因此，可以这样说，全心全意为人民服务，是每一个领导干部应具备的可贵品德和应遵循的行为准则。

　　总之，领导的本质就是服务这一真知灼见，既是对中国共产党领导人民进行长期革命和建设实践经验的总结，又是对马克思主义领导科学的发展。

二

　　毛泽东领导思想的基本特征是理论与实践的统一，领导与群众的统一，领导者个人和集体的统一。科学性、实践性、服务性、民族性是毛泽东思想的四大特征。

　　科学性。毛泽东领导思想包含了对领导活动的三对基本矛盾的科学分析，揭示了领导活动的基本规律。实事求是，回答了主观和客观的矛盾；群众路线，回答了领导者和被领导者的矛盾；独立自主、自力更生，回答了领导活动的内力和外力的矛盾。同时，还提出了决策民主化、科学化的问题。从领导科学这个角度看，实事求是，群众路线，独立自主、自力更生是毛泽东领导思想的活的灵魂，是我们党在领导中国人民进行革命和建设的实践中必须坚持和运用的最根本的立场、观点和方法，它具有普遍的长远的指导意义。

实践性。毛泽东认为凡是人们参加的一切实际活动都是实践活动。因此，领导活动也是一种实践活动。社会实践是领导活动的源泉、动力和目的。正如毛泽东同志所指出的："只有千百万人民的革命实践，才是检验真理的尺度。"[1]贯穿毛泽东领导思想的基本指导方针，就是实事求是，即"不唯上，不唯书，只唯实"。毛泽东以理论联系实际、理论与实践相结合为基本准则，以实践为基础，运用马克思主义理论，并在实践过程中加以运用、发展与完善。

服务性。共产党的政治领导是重要的，它的重要作用，表现为为人民服务。早在 1944 年毛泽东就指出："我们的一切工作干部，不论职务高低，都是人民的勤务员，我们所做的一切，都是为人民服务。"[2]这一思想继承和发展了马克思主义领导观。毛泽东领导思想的服务性具体表现为对群体的服务、全方位的服务、职能性的服务及自觉性的服务。总之，领导的"服务"有别于一般的"服务"，它是领导者在率众为社会服务的过程中，为了实现群体目标，运用职能，对群体及其成员的全方位的关切和所尽的"公仆"之责。

民族性。毛泽东在长期的领导革命和建设的实践中，在运用马克思主义基本原理的同时，批判地汲取了大量的中华民族遗产，特别是中华民族的治国经验。毛泽东的许多革命领导思想，许多领导艺术、领导方法等都来源于中华民族的智慧。另外，毛泽东融中国古代警语、格言于白话文之中，并赋予了其崭新的时代内容，撰写了大量的具有中国民族形式和民族气派的马克思主义领导文献。通过汲取中华民族丰富的民族智慧与文化风格，形成了毛泽东领导思想的民族性。

总之，毛泽东领导思想融汇着领导中国革命和建设几十年的经验，体现了中国人民的革命胆略和运筹帷幄、决胜千里的智慧，是中国共产党特

---

① 毛泽东：《毛泽东选集》第 2 卷，北京：人民出版社，1991 年，第 663 页。
② 毛泽东：《一九四五年的任务》，《解放日报》第 1 版，1944 年 12 月 16 日。

别是老一辈革命家集体智慧的结晶，它不仅在理论上有创造性，在实践上更具有可行性。当然，毋庸讳言，在毛泽东长期领导中国革命和建设中既有辉煌的成功，也有失误和教训。但正确地总结失误和教训，也能转化为理论财富，使后来者鉴戒。因此，可以说，认真研究和应用毛泽东领导思想，对于提高我们领导水平和领导干部素质，对于年轻一代领导的成长，显得特别重要。

（本文原载于《求实》1993 年第 11 期）

伟大的宣言

——邓小平《解放思想，实事求是，团结一致向前看》一文的理论价值和历史意义

刘廷亚

在邓小平同志的许多著作、讲话、谈话中，《解放思想，实事求是，团结一致向前看》和《在武昌、深圳、珠海、上海等地的谈话要点》，被誉为开拓和推进邓小平理论的两个宣言书，对推动我国 20 世纪第三次历史性巨变，建设有中国特色社会主义，继承和发展马克思主义、毛泽东思想，具有重要理论价值和历史意义。

一、思想路线历史经验的哲学概括

《解放思想，实事求是，团结一致向前看》（以下简称《解放思想》）是邓小平于 1978 年 12 月 13 日在中共中央工作会议闭幕会上的讲话。当时"文化大革命"刚刚结束，"两个凡是"还禁锢着人们的头脑，中国正面临向何处去的重大历史选择。邓小平深深知道，要使党和人民群众从长期的"左"的思想束缚下解放出来，是件非常困难的事情。只有引导人们解放思想、实事求是，通过总结历史经验教训、从正反两方面的比较鉴别中，揭示犯错误的根源，明确到底错在哪里，才可能真正吸取教训，纠正错误，摈弃唯心论和形而上学。为了实现党的思想路线拨乱反正，邓小平系统地总结了党的思想路线斗争的历史经验，特别是总结了十年"文化大革命"的错误，指出"思想路线问题，是个政治问题，是个关系到党和国家的前途和

命运的问题"①。"一个政党，一个国家，一个民族，如果一切从本本出发，思想僵化，迷信盛行，那它就不能前进，它的生机就停止了，就要亡党亡国。"②且不说新中国成立前党内曾经发生的"左"的路线错误给革命事业带来的重大损失，仅就新中国成立后的 30 年间发生的比较重大的"左"的路线性错误而言，有 50 年代在经济工作指导思想上发生的高指标、瞎指挥、浮夸风、共产风，有 60 年代在思想文化领域发生的阶段斗争扩大化和"文化大革命"，给党和国家造成了极其严重的损失。

对于一个严肃的马克思主义政党来说，犯错误并不可怕，可怕的是找不到犯错误的根源而不能克服错误并屡犯错误。邓小平在"文化大革命"结束以后，综合新中国成立前后屡犯"左"的错误的事实，通过《解放思想》一文，从思想路线上进行了系统的总结。思想路线问题本质上是对待马克思主义的根本立场和根本态度问题，是是否真正坚持无产阶级的世界观，是否真正以马克思列宁主义、毛泽东思想作为我们的指导思想和理论基础的问题："文化大革命"的错误，从根本上来说，首先是思想路线的错误，这是一种典型的脱离现实生活，歪曲马克思主义的主观主义思想和做法，是反马克思主义的思想路线。

我们党在思想路线上的失误导致全局性的长期的"左"的路线错误，有着深刻的思想和历史根源。邓小平对"文化大革命""左"的错误恶性发展的根源作了非常精辟的分析。这个分析，不仅对正确认识"文化大革命"的错误有重要价值，而且对于社会主义现代化建设和党的建设也有重要理论指导意义。人们的思想僵化，无论过去、现在和未来都是产生主观主义错误的思想根源，也是主观主义错误得以泛滥的土壤。邓小平指出，"文化大革命"的错误之所以没能得到及时克服，"文化大革命"结束以后，"左"的遗毒之所以不能得以迅速纠正，一个重要原因是"不少同志的思想还很不解放……还处在僵化或半僵化的状态"③。也就是说，还没能从思想上克服"左"的错误的影响。邓小平进一步深刻地分析了人们思想上僵化和半僵化的原因：一是林彪、"四人帮"大搞禁区、禁令，制造迷信，严重地束缚了人们的头脑；二是民主集中制受到严重破坏，党内权力过分集中，错误的思想路线得到了组织上的保障；三是是非不清，赏罚不明，挫伤了

---

① 邓小平：《邓小平文选》第 2 卷，北京：人民出版社，1983 年，第 143 页。
② 邓小平：《邓小平文选》第 2 卷，第 143 页。
③ 邓小平：《邓小平文选》第 3 卷，北京：人民出版社，1993 年，第 141 页。

人们的积极性；四是小生产者的习惯势力作为主观主义思想路线的阶级基础，使得"因循守旧，安于现状，不求发展，不求进步，不愿接受新事物"的保守思想成为巩固和维持主观主义思想路线的顽固力量。邓小平对于产生主观主义"左"的错误路线的具体分析，不仅揭示了"文化大革命"极左错误的社会历史根源，而且在实际上是总结了历次左倾机会主义错误的共同根源，对今后从根本上克服和防止"左"倾错误的再次发生有重要指导意义。因此，在《解放思想》一文中揭示的解放思想、实事求是的思想路线，实际上是邓小平对党内思想路线斗争历史经验的哲学概括。

二、邓小平理论的精髓和活的灵魂

邓小平在《解放思想》一文中，首次把党的思想路线概括为解放思想、实事求是。把解放思想同实事求是统一起来，这是邓小平的一个重要贡献，也是该文最重大的理论价值。

1. 解放思想、实事求是揭示了马克思列宁主义、毛泽东思想和邓小平理论的精髓和活的灵魂，进一步体现了党的思想路线的哲学底蕴。邓小平曾经指出："毛泽东同志在延安为中央党校题了'实事求是'四个大字，毛泽东思想的精髓就是这四个字。"[①]实际上，实事求是的思想路线是由毛泽东同志在斗争实践当中提出来的。"实事求是，是毛泽东思想的出发点、根本点。这是唯物主义。"[②]马克思主义哲学认为，按照事物的本来面貌反映事物，不附加任何外来成分，这是唯物主义的实质。实事求是正是体现着这种彻底的唯物主义精神的哲学概括。而彻底的唯物主义本身就是辩证的，也就是说，只有辩证的唯物主义才是彻底的唯物主义。当今时代主题"和平与发展"代替了"战争与革命"。这就是说，我国社会主义现代化建设遇到了前所未有的机遇和挑战。中国共产党人能否适应新的形势，执政党的指导思想能否随国内外形势的变化而变化，关系着党和国家的命运。遗憾的是，在这重大历史变化面前，人们的思想却受着主观主义、教条主义和"两个凡是"的严重束缚，孤立的静止的和片面的形而上学的思想和观点成

①　邓小平：《邓小平文选》第 2 卷，第 126 页。
②　邓小平：《邓小平文选》第 2 卷，第 114 页。

为当时占主导地位的思想特征。在 20 世纪 60 年代、70 年代的形而上学猖獗的情况下，党的实事求是的思想路线受到曲解和破坏。而恢复党的思想路线就必须首先解放思想，克服思想僵化，使实事求是思想路线的辩证本性得以发扬光大。

邓小平曾经指出，马克思主义的思想路线就是"辩证唯物主义和历史唯物主义的思想路线"①。也就是说，从广义上说，党的思想路线是完整、深刻而无片面性弊病的世界观和方法论。邓小平把解放思想同实事求是统一起来，实际上正是体现了党的思想路线的完整、全面而无片面弊病的特点。邓小平指出："实事求是，是无产阶级世界观的基础，是马克思主义的思想基础。"②而"解放思想，就是要运用马列主义、毛泽东思想的基本原理，研究新情况，解决新问题"③，"就是使思想和实际相符合"④。这也就是说，解放思想"不容许对事物作孤立的即片面的、歪曲的考察"⑤，"本质上是从它们的联系、它们的连结、它们的运动、它们的产生和消失方面去考察的"⑥。辩证法的本质是革命的和批判的。辩证法认为，在事物发展的进程中，以前的一切现实的东西都会成为不现实的，都会丧失自己的必然性和合理性，都会被更新的事物代替。同样，对待马克思列宁主义、毛泽东思想，也必须实事求是地把它们看成不断发展的学说，马克思主义的根本原理是不会改变的，但一定要同实际相结合，要在新的条件下不断发展，不断丰富。

2. 解放思想、实事求是贯穿邓小平理论的基本立场、观点和方法，是邓小平理论的根本点和出发点。邓小平理论有一个形成和发展的过程。而至党的十一届三中全会前夕发表的《解放思想》一文，通过提出关于建设社会主义的思想路线的理论，则为社会主义现代化建设确立了正确的指导思想，同时为开创建设有中国特色社会主义理论和实践确立了出发点和根本点，从而为邓小平理论的形成和发展奠定了基础。作为新时期观察问题和解决问题的立场、观点和方法，解放思想、实事求是贯穿于建设有中国

---

① 邓小平：《邓小平文选》第 2 卷，第 278 页。

② 邓小平：《邓小平文选》第 2 卷，第 143 页。

③ 邓小平：《邓小平文选》第 2 卷，第 179 页。

④ 邓小平：《邓小平文选》第 2 卷，第 364 页。

⑤ 列宁：《列宁选集》第 2 卷，中央编译局编译，北京：人民出版社，1960 年，第 642 页。

⑥ 马克思、恩格斯：《马克思恩格斯选集》第 3 卷，中央编译局编译，北京：人民出版社，1972 年，第 62 页。

特色社会主义理论和实践的全过程中，并成为邓小平理论多方面内容诞生的"接生婆"。后来的大量事实证明，只有坚持用解放思想、实事求是的思想路线去观察和认识当今我国的现实社会，才可能承认中国尚处于社会主义初级阶段，从而提出社会主义初级阶段的理论；只有敢于冲破权威观点、实事求是地承认市场经济的工具性、方法性特征，才可能提出"社会主义也可以搞市场经济"，从而概括出社会主义市场经济的理论；只有具备大无畏的胆略和勇气，顺应人民群众的愿望和要求处理台湾、香港和澳门问题，才可能打破常规提出"一个国家，两种制度"的关于祖国统一的光辉理论。总之，解放思想、实事求是是贯穿邓小平理论始终的一条红线，是邓小平理论的精髓和活的灵魂。

三、开创邓小平理论的宣言书

《解放思想》一文的理论价值和历史意义，不仅表现在它精辟地总结了我党思想路线斗争的历史经验，并对之进行了哲学概括；而且进一步揭示了马克思列宁主义、毛泽东思想的精髓和活的灵魂，使党的思想路线更具完整、深刻而毫无片面性弊病；还在于这篇文章是冲破"两个凡是"的禁锢，开辟新时期新道路，开创建设有中国特色社会主义新理论的宣言书。

1. 《解放思想》一文是中国进入新的历史时期，以邓小平为首的第二代领导集体开辟有中国特色社会主义发展道路的公开宣示。邓小平在党的十二大开幕词中曾经对中国长期的历史经验进行过科学的概括，这就是"把马克思主义普遍真理同我国的具体实际结合起来，走自己的道路，建设有中国特色的社会主义"①。应该说，在《解放思想》一文公开发表之时，作为中国特色社会主义发展道路的理论，以及中国开始进入社会主义现代化建设新时期的观点尚不十分明确，但党的十一届三中全会，则是人们公认的中国进入历史新时期和开创建设有中国特色社会主义新理论的标志。因此，《解放思想》一文实质上是党的十一届三中全会的主题报告。从这个意义上说，这篇文章自然应当成为中国开辟新时期新道路，开创建设有中国特色社会主义新理论的标志。

---

① 邓小平：《邓小平文选》第3卷，第3页。

2.《解放思想》一文还揭示了建设有中国特色社会主义理论的若干内容，为开创邓小平理论奠定了基础。除了系统地阐明了关于建设社会主义思想路线的理论以外，《解放思想》一文还围绕解放思想问题阐明了许多邓小平理论的重要内容。例如：在社会主义根本任务理论方面，邓小平提出了衡量一切工作的最根本的是非标准，应该是对社会主义现代化事业有利还是有害，也就是要看业务实绩。这实际上是阐明了生产力是社会发展的根本性的决定因素，把生产力作为衡量一切工作的是非标准。在社会主义建设发展战略理论方面，《解放思想》一文虽然还没能提出分"三步走"基本实现社会主义现代化的设想，但该理论的重要内容，即"共同富裕"的思想已十分明确。邓小平指出："要允许一部分地区、一部分企业、一部分工人农民，由于辛勤努力成绩大而收入先多一些，生活先好起来。一部分人生活先好起来，就必然产生极大的示范力量，影响左邻右舍，带动其他地区、其他单位的人们向他们学习。这样……人民都能比较快的富裕起来。"①在社会主义发展动力理论方面，《解放思想》一文十分明确地提出了经济体制、政治体制改革的思想。邓小平在文章中严厉抨击了在经济管理和党政管理方面存在的"机构臃肿，层次重叠，手续繁杂，效率极低。政治的空谈往往淹没一切"②的问题，指出"再不实行改革，我们的现代化事业和社会主义事业就会被葬送"③。在社会主义政治体制改革理论方面，该文特别强调了发展社会主义民主，健全社会主义法制的必要性。在社会主义国家对外开放理论方面，《解放思想》一文主张大胆地吸收和借鉴人类社会创造的一切文明成果。在社会主义事业领导核心理论方面，该文指出中国的问题的关键在于党，"全党同志一定要善于学习，善于重新学习"。总之，《解放思想》一文，对于开创邓小平理论，对邓小平理论的形成与发展起到了非常重要的作用。它的理论价值和历史意义理应彪炳史册。

（本文原载于《理论与现代化》1999 年第 2 期）

---

① 邓小平：《邓小平文选》第 2 卷，第 152 页。
② 邓小平：《邓小平文选》第 2 卷，第 150 页。
③ 邓小平：《邓小平文选》第 2 卷，第 150 页。

唯物史观的方法论原则

——《费尔巴哈论》的理论贡献和现实意义

张金贤

恩格斯的伟大哲学著作《费尔巴哈论》写作已经一百周年了。今天重温这部著作，具有重大现实意义。

恩格斯曾经多次指出过，"马克思的整个世界观不是教义，而是方法。它提供的不是现成的教条，而是进一步研究的出发点和供这种研究使用的方法"①。《费尔巴哈论》对马克思主义哲学的最主要的贡献，是它为人们指明了研究历史规律的科学方法，为人们正确地把握社会历史规律提供了方法论的基本原则。

我们可以把在《费尔巴哈论》中阐述的唯物史观的方法论的基本原则概括为两点：一是它承认社会历史的进程是有客观规律的；二是它提供了认识社会发展规律的"具体—抽象—具体"的方法论原则。

一、社会历史发展的客观规律

承认社会历史的发展是具有客观规律性的，这是历史唯物主义的基本立场和出发点。在《费尔巴哈论》中，恩格斯在阐述唯物史观的基本原理时首先阐述了这一点。恩格斯认为，社会历史的进程并不是杂乱无章的，而是遵循着一定的客观规律发展的。社会规律是客观的，但客观规律的实

---

① 马克思、恩格斯：《马克思恩格斯全集》第 39 卷，中央编译局编译，北京：人民出版社，1974 年，第 406 页。

现又要靠人参与。这就造成了社会规律与自然规律表现形式的根本不同。恩格斯说："在自然界中（如果我们把人对自然界的反作用撇开不谈）全是不自觉的、盲目的动力，这些动力彼此发生作用，而一般规律就表现在这些动力的相互作用中。"与此不同，"在社会历史领域内进行活动的，全是具有意识的、经过思虑或凭激情行动的、追求某种目的的人；任何事情的发生都不是没有自觉的意图，没有预期的目的的"①。

既然社会规律是在有意识有目的的人参与中实现的，这就提出了一个问题，即社会规律与人的意识、人的活动的关系问题。这个问题最明显地体现着社会规律的最本质的特征。

历史唯心主义者根本否认社会规律的客观性，夸大人的意识在社会发展中的作用，认为社会的发展是由精神的力量决定的。历史领域中的自然主义和宿命论者承认社会规律的客观性，但根本否认人的意识、人的活动在社会规律实现中的任何作用，把社会规律等同于自然规律。只有历史唯物主义者才正确地解决了社会规律与人的意识、人的活动的关系，他们承认人的意识、人的活动在社会历史发展中的作用，认为历史的进程就是在有目的有意识的人的参与中实现的，历史规律的实现依赖于有意识的人的活动。所谓人的活动，就是人改造客观世界的实践活动，它是主观见之于客观的现实的活动，在实践活动中体现着客观因素和主观因素的统一。而社会规律就是在这种实践活动中所体现出来的历史过程之间的普遍的、本质的、稳定的联系。因此，社会规律也是在客观因素和主观因素的有机统一中实现的、发挥作用的。有意识的人的活动是任何一个社会规律起作用过程中所不可缺少的一环。这是历史唯物主义在看待社会规律时，所根本不同于自然主义和宿命论观点的地方。

但是，历史唯物主义者决不能夸大人的意识、人的活动在历史发展中的作用，人的意识、人的活动在历史的发展中并不起决定作用。因为，在历史的发展中"人们所期望的东西很少如愿以偿，许多预期的目的在大多数场合都彼此冲突，互相矛盾"。这就"造成了一种同没有意识的自然中占统治地位的状况完全相似的状况，行动的目的是预期的，但是行动实际所产生的结果并不是预期的，或者这种结果起初似乎还和预期的目的相符合，

---

① 马克思、恩格斯：《马克思恩格斯选集》第 4 卷，中央编译局编译，北京：人民出版社，1972年，第 243 页。

而到了最后却完全不是预期的结果"①。历史的进程是受内在必然性支配
的，这种内在必然性就是社会基本矛盾。尽管历史的进程是在人们的活动
中实现的，但人的活动只能改变历史进程的外貌、外在形式，在偶然性的
范围内起作用。

正是由于人的活动是在偶然性的范围内发生作用的，它可以改变历史
进程的外貌，因此，我们不能把社会规律得以实现的具体形式看作固定的，
一种刻板、僵死的模式。人们的意识、活动在一定限度内能够改变社会规
律起作用的具体形式和结果。因此，在社会历史中，社会现象的简单重复
是不存在的，尽管社会规律具有普遍性，但它的外在表现是决不相同的。
例如，在一切文明民族那里，原始土地公有制的出现和这种所有制的崩溃
的形式，就完全不一样，其根本原因，就是因为社会规律是通过人的活动
表现出来的，人的活动对历史的发展在偶然性的范围内起作用。

承认社会发展是有客观规律的，客观规律又是在人的活动中实现的，
与马克思提出的人类社会的发展是一个自然历史过程的思想是完全一致
的。我们可以把恩格斯的这个思想看作对马克思思想的发挥和具体阐述，列
宁把马克思和恩格斯的这个思想看得非常重要，后来他在强调这个思想时
指出，"人们自己创造自己的历史，但人们即人民群众的动机由什么决定，
各种矛盾思想或意向间的冲突由什么引起，一切人类社会中所有这些冲突
的总和究竟怎样，造成人们全部历史活动基础的客观物质生活生产条件究
竟怎样，这些条件的发展规律又是怎样，——马克思对这一切都注意到了，
并指出以科学态度研究历史的途径，即把历史当作一个十分复杂并充满矛
盾但毕竟是有规律的统一过程来研究的途径"②。可见，承认社会发展是
有客观规律的非常重要，它是唯物史观的根本出发点。只有承认社会历史
的发展是有客观规律的，才能进一步研究这些规律，认识这些规律，以至
利用它们为人类服务。

---

① 马克思、恩格斯：《马克思恩格斯选集》第 4 卷，中央编译局编译，第 243 页。

② 列宁：《列宁选集》第 2 卷，中央编译局编译，北京：人民出版社，1960 年，第 586 页。

二、认识社会发展规律的
"具体—抽象—具体"的方法论原则

社会历史的发展是有客观规律性的，认识这些内在规律需要一定的科学思维方法。恩格斯在《费尔巴哈论》中结合对唯物史观的阐述指出了这个方法，这就是"具体—抽象—具体"的方法。

在《费尔巴哈论》中，恩格斯首先阐述了从具体到抽象的认识方法。恩格斯说：所谓历史不过是"许多按不同方向活动的愿望及其对外部世界的各种各样影响所产生的结果"[①]。因此研究历史不能脱离许多个别人的愿望、激情，这里包括杰出人物的动机、愿望，也包括广大人民群众的思想动机、愿望；包括那些转瞬即逝的思想动机，也包括那些持久的引起伟大历史变迁行动的思想动机。研究这些思想动机，研究这些思想动机支配下的人的活动，研究这些活动引起的历史变化、历史的进程等，这是认识社会历史的第一步。尽管人们的思想动机、人的活动在历史进程中不起决定的作用，这些愿望总是和历史的实际进程相背离，但我们也不能抛开这些历史现象去认识历史。

从这些具体的历史现象入手，不等于停留在对这些现象的认识上。唯物史观不是研究现象的，而是把握社会历史的普遍规律的科学。因此，重要的是透过对思想、愿望的研究发现这些思想动机背后的隐藏着的动机，即思想动机的动机，支配着这些思想动机的物质动因，尤其重要的是研究那些引起广大人民群众行动起来的思想动机的动机，即研究现象后面的东西，概括历史现象各方面的本质规律，达到从具体上升到抽象。"这是可以引导我们去探索那些在整个历史中以及个别时期和个别国家的历史中起支配作用的规律的唯一途径。"[②]

旧唯物主义从来没有给自己提出研究思想动机的动机，即认识社会本质的任务。他们按照人们行动的动机来判断一切，停留在表面现象上，而不能深入事物的本质，掌握社会发展规律。因此他们在历史的研究中不能

①　马克思、恩格斯：《马克思恩格斯选集》第4卷，中央编译局编译，第244页。
②　马克思、恩格斯：《马克思恩格斯选集》第4卷，中央编译局编译，第245页。

得到很多有益的东西。他们的错误，并不在于承认精神的动力，而在于不从这些动力进一步追溯到它的动因。客观唯心主义者黑格尔虽然没有停留在历史现象上，他认为历史人物的表面动机和真实动机都决不是历史事变的最终原因，认为这些动机后面还有应当加以探索的别的动力。但是他不是在历史本身中去寻找这些动力，反而从外面，从哲学的意识形态把这种动力输入历史。因此，他们都不能科学地认识历史。他们都不能掌握一个科学地认识社会历史规律的方法。

从具体到抽象在认识的过程中处于非常重要的地位。列宁说："物质的抽象，自然规律的抽象，价值的抽象及其他等等，一句话，那一切科学的（正确的、郑重的、不是荒唐的）抽象，都更深刻、更正确、更完全地反映着自然。"[①]但是，我们还应当看到，从具体到抽象，这只是认识社会历史的一个阶段。在这个阶段上，人们还不能达到从整体上把握社会历史的进程，还不能对社会形成一个整体观念。因为抽象只把握了社会历史中的某些个别方面、个别部分的本质、规律，人们的认识还处于与整体社会相分离的孤立状态，这时人们还不能够把各个规律综合起来把握。现实中的社会是一个各方面相互联系的统一的整体。因此，要把握现实，要把握社会历史的进程，就必须用联系的观点看待各方面的抽象、本质、规律。反对用孤立的形而上学的观点研究社会规律，注意从不同规律的相互联系、相互制约中探讨社会规律及其作用。在任何复杂的社会过程中，都不是一种规律在起作用，历史的发展总是各种规律综合作用的结果。各种规律在社会中的地位、作用各不相同，各种不同的并存的规律之间存在着相互依存、相互制约的复杂关系。一种规律的作用可能受到同时存在的其他规律的制约和影响。因此我们必须从总体上、从相互联系上来把握这些抽象规律之间的关系。

从总体上研究社会，就是把社会作为一个联系的整体来研究，就是把社会作为一个系统。现代科学把这种研究方法称为系统论的研究方法。这种方法的真正创始人应当归结为马克思、恩格斯，因为是他们第一次把社会作为一个有内在规律的联系的整体来考察。恩格斯在《费尔巴哈论》中就这样考察社会规律的，他详细阐述了历史进程中的许多基本规律，并且把这些规律联系起来考察。

---

① 列宁：《列宁全集》第38卷，中央编译局编译，北京：人民出版社，1959年，第181页。

　　恩格斯着重阐述了把这些规律综合起来的出发点，即作为出发点的抽象，这就是经济关系。然后从经济关系入手考察了社会关系及它们之间的联系。恩格斯指出："经济利益是阶级起源和发展的真正动因。""政治权力不过是用来实现经济利益的手段。""国家和法是由经济关系决定的。"哲学、宗教在形式上同自己的物质经济基础相隔甚远，但在本质上它们归根结底仍然是这些经济关系的产物。恩格斯从经济关系入手对整个社会各方面的系统考察，形成一个对社会的整体观念，达到了思维中的具体，并且形成了一个唯物史观的总体观念和系统阐述。恩格斯早在《反杜林论》序言中就告诫人们，不要忽视他所阐述观点之间的联系，要求人们把他阐述的原理综合起来把握，这实际上是在强调从抽象到具体的认识方法，教导人们养成从总体上、从相互联系中把握事物的习惯。

　　从总体上、从相互联系中研究社会的方法是科学的认识方法，现代科学的发展，尤其是系统论的创立更加证明了这种研究方法的科学性和重要性。

三、唯物史观的方法论原则
在社会主义现代化建设中的意义

　　社会历史越是迅速发展，研究唯物史观的方法论原则就越重要。从某种意义上说，掌握唯物史观的方法论原则比掌握唯物史观的某些原理更为重要。伟大的自然科学家拉普拉斯曾经说过："认识一种天生的研究方法，对于科学的进步……并不比发现本身更少用处。"①

　　掌握唯物史观的方法论原则，在社会主义现代化建设中具有重大现实意义。这种意义最主要地表现在它能够引导人们掌握马克思主义的立场、观点、方法，指导人们把马克思主义的基本原理和中国现代化建设的实践结合起来，制定出适合中国国情的路线、方针、政策。

　　首先，坚持唯物史观的方法论原则，就一定会承认现代化建设具有自己的客观规律性。这个规律是客观的，是不以人的意识为转移的。人们可以认识、掌握、利用、支配这个规律为人们服务。党的十二届三中全会作

---

　　① 拉普拉斯：《宇宙体系论》，李珩译，北京：商务印书馆，1978年版，第445页。

出的《中共中央关于经济体制改革的决定》，第一次明确地肯定了社会主义经济是在公有制基础上有计划的商品经济，强调在发展商品经济中要发挥价值规律和市场调节的作用，强调经济杠杆的作用，即强调了经济发展中的客观规律性。长期以来，我们过分地强调了计划经济，国家对经济活动的干预和控制的范围过宽，权力过大。这不仅加重了国家的行政负担，而且捆住了企业的手脚，使企业的经济活动在很大程度上不能按客观规律办事，结果阻碍了社会主义经济的发展。当前经济体制改革的一个重要方面，就是国家放权，企业扩权，充分地利用经济发展内在规律的自我调节作用。这是承认并尊重客观规律的具体体现。

当然，并不是说加强国家对经济发展的干预和控制，强调计划经济，就一定会违背经济发展的客观规律。而只是说，仅仅依靠国家来直接控制经济的发展是很难避免主观性的。尤其是在现代经济条件下，生产力的发展日新月异，经济联系日趋复杂，仅仅依靠国家对整个经济进行直接的决策，就一定会遇到各种不可克服的矛盾。就不可能很好地坚持按客观规律办事。

其次，坚持唯物史观的方法论原则，就一定会从现实出发去研究现代化建设的各个具体规律，并使之系统化，从整体上把握现代化建设的规律性。从现实出发就是从现代化建设的具体情况出发，从我国现实的生产力状况出发，从生产关系的状况、经济基础和上层建筑等方面的实际情况出发，分析它们的内在矛盾，提出解决矛盾的办法，得出带有规律性的各种认识。

在这个阶段上得出的规律性的认识，只不过是对现代化建设的个别方面的认识，这些认识是零散的、不系统的、孤立的。因此，需要把这些个别的抽象的认识联系起来考察，从总体上，从它们在现代化建设中的各自地位、作用等方面去认识，达到思维中的具体，这是认识现代化建设规律性的最科学的方法。对现代化建设规律的认识应当采取这个方法，对于各个具体规律的认识也应该采取这个方法。例如，对于经济体制改革规律性的认识就是采取这个"具体—抽象—具体"的方法分析现实的经济活动而得出的认识。它不仅要分析计划经济的规律性、商品经济的规律性，而且要分析市场调节的规律等，最后在综合分析的基础上得出社会主义应当实行有计划的商品经济的结论。

总而言之，唯物史观的方法论原则是具有普遍性的东西，它体现着唯物论和辩证法的结合，体现着马克思主义的基本立场、观点、方法。学习《费尔巴哈论》首要的是掌握这一方法论原则，用于指导认识现代化建设的规律性。只有这样做才能坚持马克思主义的基本原则，并在现代化建设的实践中发展马克思主义。

（本文原载于《天津商学院学报》1986 年第 3 期）

"赞天地之化育"与"人是对象性活动"的比较与汇通

——中国化马克思主义哲学"'事'的本体论"建构论纲*

王南湜

当代中国马克思主义发展的一个极其重要的方面，是同中华优秀传统文化相结合，在哲学层面便是马克思主义哲学与中国优秀传统哲学相结合。而要使这一结合得以深入进行，便须有马克思主义哲学与中国传统哲学之间结合得以可能的契合点。由于本体论在全部哲学中的基础地位，最为重要的便是须有在本体论层面上两种哲学结合的契合点。中国传统哲学，特别是儒家哲学认为人"可以赞天地之化育""可以与天地参"，这种突出人与其周围世界"天地""赞""参"互动所构成的"事"的世界视域，可视为一种"事"的本体论；与之相映照，马克思的"人是对象性活动"之命题，亦将人对自然的生产性之"赞""参"的关系作为其本体论之第一原理。这两项本体论基本命题在直接语义层面的显著相似，启示着我们不能不思考，其中是否存在着马克思主义哲学与中国传统哲学结合的真正深刻的契合点，并由之而探讨是否可通过两种本体论的比较、互释、汇通而构造出一种深度中国化的马克思主义哲学"事"的本体论来。

* 本文系国家社会科学基金重大项目"马克思主义哲学与中国古典哲学的比较与汇通研究"（项目号：16ZDA097）的阶段性成果。

一、"人是对象性活动"之为马克思哲学本体论第一原理

与古代及中世纪哲学以超验的终极存在或最高存在为追问对象不同，现代哲学的主导倾向将目光转向了人，以"人是什么"为其总问题。将目光转向人，追问"人是什么？"意味着现代哲学不再沉迷于从神或抽象的无人身的理性看世界，而是开始从作为现实存在的人的眼光看待世界及自身。这种看问题的眼光被称为人类学立场或视域。如邓晓芒教授所言，"在西方，首次从人类学的立场来研究一切哲学问题的，要算休谟和卢梭。这两个人也是首先推翻了对上帝存在的一切理性证明（本体论的、宇宙论的、目的论的），而把上帝归结为人的情感需要（道德情感的证明）的人"①。当然，只是在康德那里，才明确地提出了系统的人类学哲学的纲领："哲学领域提出了下列问题：（1）我能知道什么？（2）我应当作什么？（3）我可以期待什么？（4）人是什么？形而上学回答第一个问题，伦理学回答第二个问题，宗教回答第三个问题，人类学回答第四个问题。但是从根本上说来，可以把这一切都归结为人类学，因为前三个问题都与最后一个问题有关系。"②不言而喻，康德的全部哲学体系便正是对这一问题的解答。这里不难看出，康德对所有这些问题的回答都是基于人的立场而做出的。人，在康德这里，无论在哪一方面的问题上，相对于绝对的、无限的上帝或自然，其根本特征都是其作为受限的存在的有限性，亦即"有对性"。作为有限性的存在物，他自然只能与其限制者共存，从而不可能像古代及中世纪哲学所设想的那样，超越其有限性而达致与其限制者合一之境界。就此而言，康德的哲学革命便不能仅仅理解为对于主体能动性的弘扬，而是必须同时将之理解为对于人的有限性的揭示，因而这种能动性便只能是有限的能动性。但同时，这种有限的能动性却也指明了人类存在的开放性、未完

---

① 邓晓芒：《批判哲学的归宿》，《康德哲学诸问题》，北京：生活·读书·新知三联书店，2006年，第212页。

② 康德：《逻辑学讲义》，许景行译，北京：商务印书馆，1991年，第15页。在《纯粹理性批判》"先验方法论"中，康德亦有类似表述（参见康德：《纯粹理性批判》，邓晓芒译，北京：人民出版社，2004年，第611-612页）。

成性，从而亦表明了人的尽管有限但却能够自我创造性生成的可能性。

康德哲学所描述的这种有限的能动性虽然是对人类真实处境的真实揭示，但却与西方思想从古代到中世纪关于人在本质上能够通过理性或信仰而通达绝对者，从而在本质上内含无限性的理解有根本性的不同，因而在康德之后的从费希特到黑格尔的德国唯心论在其进展中便力图超越康德而消除这种有限性。这种超越有限性的消除趋向，在某种意义上可以说正是一种向古代和中世纪思想的回返，它虽然保持了主体的能动性，但却将之一步步地消除了有限性，而使之成为无限的、绝对的东西。如此一来，现实中的人的有限的能动性在这种体系之中也就被消解了，人在其中成了"理性的狡计"的玩偶之类的非真正的能动者。费尔巴哈看到了这种无限性主体的唯心主义虚妄性，而提出了"人是对象性存在"之命题："没有了对象，人就成了无……主体必然与其发生本质关系的那个对象，不外是这个主体固有而又客观的本质。"①认为"自我在对象中的实在性，同时也是对象在自我中的实在性"，而"一个实体必须牵涉到的对象，不是别的东西，只是它自己的明显的本质"。②这是说，人作为主体，其本质乃是为其对象所规定的，从而这样的主体便只能是有限的存在物。在此意义上，费尔巴哈的"人是对象性存在"的命题，乃是向康德所揭示的人的有限性亦即对象性原则的复归。

但费尔巴哈的这一向人的有限性的复归是有严重缺陷的，因为它不仅抛弃了从费希特的"绝对自我"到黑格尔的"绝对精神"作为主体的无限能动性，而且也抛弃了康德那里作为主体的人的有限的能动性。这样一来，既然人的本质是为其对象即自然所规定的，那么，作为对象的自然便成了绝对的规定者，而人作为主体则只是服从于自然的被动的衍生物。因此，必须将被唯心主义抽象地发展了的"能动的方面"导入到作为有限的存在物的人的规定之中去。这便是马克思在《1844年经济学哲学手稿》中提出的"人是对象性活动"命题所意谓的事情。这一命题意味着马克思在这里开始了一种本体论上的变革，那就是把人的活动、人与对象的相互作用视为对于人来说最为切近的世界存在的方式。马克思接过了费尔巴哈的命题，认为人当然是对象性存在物，但却不是消极地存在于世，而是能动地与对

---

① 费尔巴哈：《费尔巴哈哲学著作选集》下卷，荣震华等译，北京：商务印书馆，1984年，第29页。
② 费尔巴哈：《费尔巴哈哲学著作选集》上卷，荣震华等译，北京：商务印书馆，1984年，第89、126页。

象世界相互作用着的。但这种相互作用并不是人作为某种异于自然世界的超验之物而发生的，而是自然世界内部之事。我们看到，马克思在这里提出了一种"彻底的自然主义或人道主义"，它"既不同于唯心主义，也不同于唯物主义，同时又是把这二者结合的真理"。①从自然主义方面看，"人直接地是自然存在物。人作为自然存在物，而且作为有生命的自然存在物，一方面具有自然力、生命力，是能动的自然存在物；这些力量作为天赋和才能、作为欲望存在于人身上；另一方面，人作为自然的、肉体的、感性的、对象性的存在物，和动植物一样，是受动的、受制约的和受限制的存在物，也就是说，他的欲望的对象是作为不依赖于他的对象而存在于他之外的；但这些对象是他的需要的对象；是表现和确证他的本质力量所不可缺少的、重要的对象。说人是肉体的、有自然力的、有生命的、现实的、感性的、对象性的存在物，这就等于说，人有现实的、感性的对象作为自己的本质即自己的生命表现的对象；或者说，人只有凭借现实的、感性的对象才能表现自己的生命。说一个东西是对象性的、自然的、感性的，这是说，在这个东西之外有对象、自然界、感觉；或者说，它本身对于第三者说来是对象、自然界、感觉，这都是同一个意思"。②而从人道主义方面看，"动物和它的生命活动是直接同一的。动物不把自己同自己的生命活动区别开来。它就是这种生命活动。人则使自己的生命活动本身变成自己的意志和意识的对象。他的生命活动是有意识的。这不是人与之直接融为一体的那种规定性。有意识的生命活动把人同动物的生命活动直接区别开来"③。人的独特性便在于"正是在改造对象世界中，人才真正地证明自己是类存在物。这种生产是人的能动的类生活。通过这种生产，自然界才表现为他的作品和他的现实。因此，劳动的对象是人的类生活的对象化：人不仅像在意识中那样理智地复现自己，而且能动地、现实地复现自己，从而在他所创造的世界中直观自身"④。这就是说，在人的存在方式之中，彻底化了的自然主义与彻底化了的人道主义不再矛盾，而是"作为完成了

---

　　① 马克思、恩格斯：《马克思恩格斯全集》第 42 卷，中央编译局编译，北京：人民出版社，1979年，第 167 页。
　　② 马克思、恩格斯：《马克思恩格斯全集》第 42 卷，中央编译局编译，第 167-168 页。
　　③ 马克思、恩格斯：《马克思恩格斯全集》第 42 卷，中央编译局编译，第 96 页。
　　④ 马克思、恩格斯：《马克思恩格斯全集》第 42 卷，中央编译局编译，第 97 页。

的自然主义,等于人道主义,而作为完成了的人道主义,等于自然主义"①。于是,在马克思看来,人正是通过改造世界的对象性活动而参与到世界自身的生成性发展之中去的。这种对象性活动既是人的能动的活动,同时也是自然或世界自身通过人的活动的发展:"当现实的、有形体的、站在稳固的地球上呼吸着一切自然力的人通过自己的外化把自己现实的、对象性的本质力量设定为异己的对象时,这种设定并不是主体;它是对象性的本质力量的主体性,因而这些本质力量的活动也必须是对象性的活动。对象性的存在物客观地活动着,而只要它的本质规定中不包含对象性的东西,它就不能客观地活动。它所以能创造或设定对象,只是因为它本身是被对象所设定的,因为它本来就是自然界。因此,并不是它在设定这一行动中从自己的'纯粹的活动'转而创造对象,而是它的对象性的产物仅仅证实了它的对象性活动,证实了它的活动是对象性的、自然存在物的活动。"②

马克思这一"对象性活动"的思想在《关于费尔巴哈的提纲》和《德意志意识形态》中得到了进一步的发展。其中的关键之处便是将现实的物质生活资料生产方式及其历史形态变化发展引入"对象性活动"的内容中。如果说《1844年经济学哲学手稿》中的对象性活动还是在一种普泛的意义上论及的,那么在《关于费尔巴哈的提纲》中,马克思则提出了一个考察对象性活动的方法论原则,那就是对"对象、现实、感性"不能"只是从客体的或者直观的形式去理解",而是必须"把它们当作感性的人的活动,当作实践去理解","从主体方面去理解","把人的活动本身理解为对象性的活动"。③这一方法论原则首次在《德意志意识形态》之中得到了系统的体现,即运用这一方法描述了现实的人的存在方式,以之对"人是什么"这一现代哲学的总问题做出了现代唯物主义的回答。首先,是人与动物的根本区别:"可以根据意识、宗教或随便别的什么来区别人和动物。一当人开始生产自己的生活资料的时候,这一步是由他们的肉体组织所决定的,人本身就开始把自己和动物区别开来。人们生产自己的生活资料,同时间接地生产着自己的物质生活本身。"④其次,是对象性活动的社会结构方式:

① 马克思、恩格斯:《马克思恩格斯全集》第42卷,中央编译局编译,第120页。
② 马克思、恩格斯:《马克思恩格斯全集》第42卷,中央编译局编译,第167页。
③ 马克思、恩格斯:《马克思恩格斯选集》第1卷,中央编译局编译,北京:人民出版社,1995年,第54页。
④ 马克思、恩格斯:《马克思恩格斯选集》第1卷,中央编译局编译,第67页。

"以一定的方式进行生产活动的一定的个人，发生一定的社会关系和政治关系……社会结构和国家总是从一定的个人的生活过程中产生的。"①再次，是对象性活动的历史发展的基本方式："历史不外是各个世代的依次交替。每一代都利用以前各代遗留下来的材料、资金和生产力；由于这个缘故，每一代一方面在完全改变了的环境下继续从事所继承的活动，另一方面又通过完全改变了的活动来变更旧的环境。"②最后，是历史发展的不同阶段取决于由生产力和分工发展所决定的所有制的不同形式，并据此描述了从部落所有制到古典古代公社所有制和国家所有制、封建的或等级的所有制到现代的资产阶级所有制③。

　　上述马克思的方法论原则，即须把"对象、现实、感性""把当作感性的人的活动，当作实践去理解"，"从主体方面去理解"，不能"只是从客体的或者直观的形式去理解"，而是必须"从主体方面去理解"，意味着在马克思看来，"这种活动、这种连续不断的感性劳动和创造、这种生产，正是整个现存的感性世界的基础"④，从而我们"周围的感性世界决不是某种开天辟地以来就直接存在的、始终如一的东西，而是工业和社会状况的产物，是历史的产物，是世世代代活动的结果，其中每一代都立足于前一代所达到的基础上，继续发展前一代的工业和交往，并随着需要的改变而改变它的社会制度"⑤。而这也就意味着，在马克思的世界视域中，我们周围世界被视为纯粹客观的"对象""物"等，并非如费尔巴哈眼中的那种纯粹的客观之物，而正是人的对象性活动之结果，亦即人参与到其中之结果。如果我们把这种由于人的参与才能构成的存在方式理解为一种"事"的存在方式的话，那么，马克思的新哲学所体现出来的本体论便是一种不同于以往哲学本体论传统的"事"的本体论。那么，这种"事"的本体论，为何最终会为国人从诸多"西学"之中择选出来而衷心接受，这是需要我们予以深入探究的。

---

① 马克思、恩格斯：《马克思恩格斯选集》第1卷，中央编译局编译，第71页。
② 马克思、恩格斯：《马克思恩格斯选集》第1卷，中央编译局编译，第88页。
③ 马克思、恩格斯：《马克思恩格斯选集》第1卷，中央编译局编译，第68页。
④ 马克思、恩格斯：《马克思恩格斯选集》第1卷，中央编译局编译，第77页。
⑤ 马克思、恩格斯：《马克思恩格斯选集》第1卷，中央编译局编译，第76页。

二、中国哲学"赞天地之化育"的"事"的本体论

马克思主义哲学最初作为"西学"之一种传入中国，最终能够从众多"西学"之中脱颖而出，获得主导性地位，毫无疑问与其能够切中中国社会之实际，从而能够有效地指导中国革命获得胜利紧密相关，但同样不能忽视的是马克思主义哲学之能够在众多"西学"之中为中国思想所选择性地广泛接受，亦当在体现着深层思想结构的哲学层面，特别是在哲学之最基础性的本体论层面有其独特的为中国思想所中意的缘由。这缘由非他，便是马克思主义哲学本体论与中国传统哲学之"事"的本体论之间所具有的极为深刻的亲和性。

与西方哲学本体论之追问"作为存在的存在"的形而上学不同，中国传统哲学的本体论则是一种不离现实的人与其世界之关联互动的"事"的世界视域或"事"的本体论。杨国荣教授指出，"哲学层面关于心物、知行关系的讨论，其本源也基于'事'，哲学上一些基本的问题讨论，都可以从'事'中找到源头。这一意义上的'事'，是中国哲学中的独特概念，在哲学上，似乎没有十分对应的西方概念"①。就此而言，若与西方古代及中世纪哲学之以超验的终极存在或最高存在为追问对象相较，这种"事"的本体论亦可以说中国哲学所特有的。对于中国传统的哲思而言，"人并非如笛卡尔所说，因'思'而在（所谓我思故我在），而是因'事'而在（我做故我在）。'事'既包括做事，也涉及处事。做事首先与物打交道，处事则更多地涉及人与人之间的交往。总体上说，'事'在人的存在过程中，具有本源性的意义"②。因此，与西方哲学相较，在中国传统哲学中，与人相关的"事"这一概念便具有一种奠基性的意义。在中国思想中，所谓"事"，很大程度上是与"物"相对而言的。冯达文指出："依《说文》释：'事，职也，从史之省声'，'史'则'记事者也'。依此，'事'固属具体的（殊相的），也具外在性（已显示出来，已对象化的），但毕竟与'物'不同。'事'作为一'职'，是人干的，与人的活动与行为相关的。"③故而"'事'

---

① 杨国荣：《从"道"到"事"——中国哲学可以为世界哲学提供资源》，《船山学刊》2018 年第 6 期。
② 杨国荣：《从"道"到"事"——中国哲学可以为世界哲学提供资源》，《船山学刊》2018 年第 6 期。
③ 冯达文：《"事"的本体论意义——兼论泰州学的哲学涵蕴》，《中国哲学史》2001 年第 2 期。

可以理解为人的活动及其结果"①。总而言之，"事"的本体论意味着中国哲思的世界视域必然是与人及其活动相关的存在，这一视域同西方哲学须是"无人身"的"理性"才能把握的抽象的存在物的世界视域显然是极不相同的。

中国传统哲学的这种"事"的本体论之思想，初次在《易传》之中得到了明确表达："《易》之为书也，广大悉备，有天道焉，有人道焉，有地道焉。兼三才而两之，故六。六者，非它也，三才之道也。"（《易传·系辞下》）而"易"之书也被解释为圣者悟道之作："昔者圣人之作《易》也，将以顺性命之理。是以立天之道曰阴与阳，立地之道曰柔与刚，立人之道曰仁与义。兼三才而两之，故《易》六画而成卦。分阴分阳，迭用柔刚，故《易》六位而成章。"（《易传·说卦》）这一对人在天地之间作用的强调，在《中庸》之中则有着更为突出的表达："唯天下至诚，为能尽其性；能尽其性，则能尽人之性；能尽人之性，则能尽物之性；能尽物之性，则可以赞天地之化育；可以赞天地之化育，则可以与天地参矣。"（《中庸》第22章）这一以"人道"而"赞""参"天地之道的"三才之道"，便是周汝昌先生所盛赞不已的"三才主义"："人是天地的一个精灵的凝结的代表"，"因此，人参天地，共为三才——这是中华文化思想的一大总纲"。②

《易传》与《中庸》之中的"三才之道"的论述虽然极为简略，但却是一个极富创生性的理论纲领，蕴含着极其广阔的发挥空间。而要将之构成一个本体论体系，尚需创造性发挥，将其内蕴的至大之"道"充分展现出来。而这个"道"的关键之处，乃在于作为天地之生物亦即有限存在物的"人"是如何"赞""参"于天地之化育的。所谓"赞""参"者，一方面意味着人虽作为天地之生物而能够"赞""参"天地之化育，但却也有着某种意义上的独立性，另一方面则意味着通过"赞"而"参"于天地，而达到人与天地之间的一种新的统一性。如果说人作为天地之生物，乃是被动地从属性地统一于天地，是一种消极的统一性，那么，通过"赞"而"参"于天地，便在某种意义上乃是能动地达致一种积极意义上的统一性。这是说，人与天地之间乃是一种对立统一关系，即从作为原初的天地生物而消极地从属于天地的统一关系，进而通过这种人对于天地的"赞""参"之行

---

① 杨国荣：《基于"事"的世界》，《哲学研究》2016 年第 11 期。

② 周汝昌：《中国文化思想——"三才主义"》，《社会科学战线》2008 年第 1 期。

动，达成了一种至少在有限积极意义上的统一关系，并由之而推动了世界之变化发展。因此，对这一至大之"道"阐释发挥的关键，便在于如何描绘人与天地之统一性，亦即通常所说的"天人合一"以何种方式达成。更具体地说，对于中国传统哲学这一至大至极的"三才之道"发挥发展的关键，便在于如何描绘人与天地之关系结构，或者用学术史上更为通常的说法，在于如何描绘这一"天人相与之际"的关系结构，特别是"天人合一"的实现方式。①据此，中国传统哲学之发展变迁，便亦可看作对于这一问题描绘或解决方式的发展变化的历史。

"所谓'天人相与之际'，实际上就是关于人与天如何统一的问题。从哲学讲，这就是如何将人的自觉、自愿的应然性与天运行的必然性和强制性和超越性力量统一起来。"②以康中乾教授之见，"两汉哲学明确提出了'天人之际'的问题，将先秦哲学中所孕育的本体论问题明确地展露在了天与人合一的形式上"③。但汉代以"董仲舒的目的论和王充的自然论"为典范的"两个极端"，前者"实际上是把人所具有的目的性、意志性转移到了人之外的'天'身上"，而后者则"解掉了人的目的性和意志性；同时，这就把一切都导回到了人和人类社会出现之前的自然存在。所以，尽管董仲舒的目的论和王充的自然论在哲学形式上都有'天人合一'的本体论意味，但都未能完成这个'天人合一'的真'合'"。④而郭象作为魏晋玄学的整合者，虽然建构起了一个作为宇宙本体论的"独化"论，但"在这种宇宙本体论中，人像别的存在物一样只是一个存在者而已……这里还未明确为人的存在建立一个本体论"，因而这种"宇宙本体论还不是真正'天人合一'式的形而上学、本体论"。⑤而从天台宗、唯识宗、华严宗到禅宗，隋唐佛学则建立起了一个心性本体论⑥。这样，"在汉代关于天人问题的宇

---

① 人们通常将"三才之道"与"天人合一"等同视之，但亦有论者持不同见解，认为"把儒家的基本思想总结为'天人合一'，特别是把'天人合一'的来源归结于《易经》的说法并不准确，是一种误导。《易经》的'天、地、人'三才思想较之于'天人合一'更为符合儒家思想的本旨"。（参见李晨阳：《是"天人合一"还是"天、地、人"三才——兼论儒家环境哲学的基本构架》，《周易研究》2014年第5期）

② 康中乾：《中国古代哲学的本体论》，北京：人民出版社，2016年，第33页。

③ 康中乾：《中国古代哲学的本体论》，第33页。

④ 康中乾：《中国古代哲学的本体论》，第34页。

⑤ 康中乾：《中国古代哲学的本体论》，第34页。

⑥ 康中乾：《中国古代哲学的本体论》，第36-39页。

宙发生论的形式和开端下，魏晋玄学完成了宇宙本体论的建构，隋唐佛学完成了心性本体论的建构。前者是对天的存在本性的揭示，后者是对人的存在本性的揭示。有了对天、人存在本性的揭示，即有了关于宇宙本体论和心性本体论的建立后，现在就逻辑的有可能和需要将这两种本体整合、统一起来而建构一个完整形态的和完全意义的本体论，这就是……宋明理学的哲学任务"①。

理学之为理学，"理"自然便是其核心范畴："理者，实也，本也。"②正是通过这个"理"范畴，理学实现了宇宙本体论与心性本体论的统一，亦即达成了"天人合一"之理论建构。在理学家那里，不再偏废于"天"或"心"，而是以"生生"之"理"，将"天、地、人"看作一个有生命的有机整体，将人之存在纳入天人一体的"理"之运行之中。"天地之大德曰生"，"'生生之谓易'，是天之所以为道也。天只是以生为道"。③在这样一个生命有机体之中，"人"便既不是独立于"天"之外的"主体"，亦非单纯地从属于"天"的消极存在物，而承担着自身的"赞""参"天地化育之使命。对于这一"赞天地之化育"的"赞"字，朱熹对之做了这样的发挥性阐释："盖天只是动，地只是静，到得人，便兼动静，是妙于天地处。故曰：'人者，天地之心。'论人之形，虽只是器，言其运用处却是道理。"④这一阐释径直将人视为"天地之心"，对于人在天地间之位置的定位，不可谓不高。人与天地相较，高就高在人能为天地所不能为之事，或者说，人之能在于他能将天地之间本不存在之事物创造出来，将世界之存在推向新的形态。即便在日常生活之中，人亦有天地所不能者："'赞天地之化育。'人在天地中间，虽只是一理，然天人所为，各自有分，人做得底，却有天做不得底。如天能生物，而耕种必用人；水能润物，而灌溉必用人；火能爨物，而薪爨必用人。裁成辅相，须是人做，非赞助而何？"⑤但这一"三才主义"并非只是强调人之能为天地所不能者，而是认为"天是一个大底人，人便是一个小底天"⑥。或者说，"天即人，人即天。人之始生，得于

———

① 康中乾：《中国古代哲学的本体论》，第39-40页。
② 程颢、程颐：《二程集》，王孝鱼注解，北京：中华书局，1981年，第125页。
③ 程颢、程颐：《二程集》，王孝鱼注解，第29页。
④ 黎靖德编：《朱子语类》第7册，北京：中华书局，1986年，第2549页。
⑤ 黎靖德编：《朱子语类》第4册，北京：中华书局，1986年，第1570页。
⑥ 黎靖德编：《朱子语类》第4册，第1426页。

天也。既生此人，则天又在人矣。凡语言动作视听，皆天也"①。在天人之间存在着一种辩证关系："天地以生物为心者也，而人物之生，又各得夫天地之心以为心者也。"②而这样一种天人一体而又交互作用的辩证关系，在张载"民胞物与"说之中得到了最为充沛的表达："乾称父，坤称母；予兹藐焉，乃混然中处。故天地之塞，吾其体；天地之帅，吾其性。民吾同胞，物吾与也。"③王新春教授评论说，这是"基于性命的大宇宙亲缘之视域，张载进一步解读出了一部活生生的宇宙大家庭之《易》"④。既然天地间的人与人、万事万物都构成了一个"宇宙大家庭"，而一个"家"乃是父母子女皆不可少的"吉祥三宝"，那么，人与天地万物便是一体的，天地间的万物便不可能是抽象的纯客观存在，而必定是与人相关的"事"。所谓"天人合一"便不是说将原本相分的人与天合在一起，而是意识到天、地、人原本就是一个"宇宙大家庭"或者说"生命共同体"，从而以"报本反始情怀"对之"敬畏感恩珍视善待"⑤。因此，"儒者则因明致诚，因诚致明，故天人合一，致学而可以成圣，得天而未始遗人"⑥。可以说，"理学是中国古代哲学本体论的最终建构，它是对由先秦摊出的、将天与人统一起来以建立哲学本体论这一理论任务的最终回应和完成"⑦。

三、"人是对象性活动"与"赞天地之化育"之比较

我们前面概要地描述了马克思的"人是对象性活动"和中国传统哲学的"赞天地之化育"的"事"的本体论。这一描述可以说已经总括地展现了两种的本体论之同与异，但就我们的目的在于探讨两种本体论汇通何以可能之问题而言，这一展现还过于笼统，且更多的是展现了两种本体论之

① 黎靖德编：《朱子语类》第2册，北京：中华书局，1986年，第387页。
② 朱熹：《朱子全书》第23册，上海：上海古籍出版社，合肥：安徽教育出版社，2002年，第3279页。
③ 张载：《张载集》，章锡琛点校，北京：中华书局，1978年，第62页。
④ 王新春：《儒学史重写的语境——以三才通贯为一视域下的横渠易学为例》，杨永明主编：《当代儒学》第八辑，桂林：广西师范大学出版社，2015年，第10页。
⑤ 参见王新春：《儒学史重写的语境——以三才通贯为一视域下的横渠易学为例》，杨永明主编：《当代儒学》第八辑，桂林：广西师范大学出版社，2015年，第12-13页。
⑥ 张载：《张载集》，章锡琛点校，第65页。
⑦ 康中乾：《中国古代哲学的本体论》，第40页。

同。但汇通的目的乃是思想之"生生"，故汇通得以可能之前提固然是某种意义的"同"，即无"同"不可"通"，但无"异"则本为同一，则亦无汇通之可能与必要，不足以展现中国哲学精神的"生生"之德。因而必须进一步在本质性层面上通过比较而规定两种本体论的差异，方可能具体规定这一汇通之"同"何以可能的问题。

要比较两者之"异"，首先须有一个使得比较得以可能的共同的参照系面或参照平面，否则风马牛不相及的东西是无法比较的。这里遇到的问题首先便是学界讨论已久的关于中西哲学中的"本体"及"本体论"范畴是否处于同一思想层面，从而是否具有进行比较所需的共同参照面的问题。虽然在直观上"对象性活动"与"赞天地之化育"两个命题有着极为明显的相似性，但经典马克思哲学毕竟属于西方哲学之发展，而与中国传统哲学之间并无实质意义上的交集①，因而，要进行两种本体论的比较，首先还须说明这一比较在何种意义上是可能的。

若就中西两种哲学中"本体"之意谓的普遍性而言，诚如邓晓芒教授所指出的，是处于不同层面的②，因而是不可比较的；但若就两种哲学之中的"本体"是如黄裕生教授所说的都意指某种"绝对原则"的③，则又是处于同一层面的，因而也就应当是可比较的。而且，这里更重要的是，马克思的"人是对象性活动"的命题，正是从人与世界的互动关系上来构

---

① 那种将中国传统哲学说成是马克思哲学之来源以说明其间亲和性的论说，似太过玄幻，难以让人认真对待。

② 关于中西两种本体论之不同，邓晓芒教授在论及关于中西哲学中"本体"这类概念的意义之别时写道："从这些概念和范畴在两大文化中各自都代表最大普遍性这点来看，这种翻译的确是对等的；但从它们各自的形成方式来说，却具有层次上的不可比性，就是说，希腊文 on、英文的 Being 和德文的 Sein 等等所表达的意思首先就借助于语言形式而超出了日常经验事物，它们的普遍性不是在一切经验事物中所现成包含着的无所不在的普遍性，而是需要在语言中说出来的普遍性。所以在西方形而上学中，凡是不具有语言中的普遍性的都不是真正的普遍性……而语言中的普遍性也不是某个具有实在意义（所指）的实词的普遍性，而是代表语言行为本身的那个系词'是'的普遍性。"（邓晓芒：《论中西本体论的差异》，《世界哲学》2004 年第 1 期）

③ 黄裕生教授认为："'哲学'就是一门探求本源与确立绝对原则的学问，它的使命或任务就是为人类生活提供安身立命之所而使人类过上智慧的生活。就我们这样所理解的'哲学'而言，在中国古典文化里，当然有哲学……在众多古老民族中，实际上只有四个古老民族有真正的哲学：这就是古希腊民族、汉民族和印度民族、犹太民族。后两个民族的哲学是与他们的宗教信仰联系在一起的，只有古希腊民族与汉民族的哲学是独立的精神活动。也就是说，只有中国人和希腊人是单独靠哲学思想来为生活确立理由，为世界确立根基，因而，靠哲学而在天地之间站立起来。"（黄裕生：《什么是哲学与为什么要研究哲学史？——兼谈中国哲学的合法性》，《中国哲学史》2004 年第 3 期）

建其本体论的，因而，这里的作为"绝对原则"的"本体"便并非那种超越于一切经验的普遍性，而正是一种人类生活世界之中的普遍性，其本体论所描述的亦正是一种人与其世界互动关系所构成的人类世界的本体论。因此，即便中西"本体论"是处于不同层面的，但至少就马克思哲学而言，其本体论与中国传统哲学之"事"的本体论是全然出于同一层面的，因而也就是能够对之进行深度比较并进而探讨其间之异同以及综合创新之可能的。

从上面对于马克思哲学的本体论与中国传统哲学的本体论的概要描述，我们可以看出，两者虽然从根本上说同为关于人类世界的本体论，即都持有一种将人对于天地之"赞""参"或人与其世界的互动视为首要之存在的"事"的世界视域，但两者对于"事"的构成的规定却有着重要不同。这种不同不仅涉及中西两种文化传统的思维方式传承性影响，更重要的是从历史唯物主义的观点看，哲学作为时代精神的精华，一个时代主导的哲学精神，必定是与其所处时代的社会存在方式相匹配的，亦即社会存在决定社会意识，不同的社会存在方式，必然会有与之相应的哲学精神。这当然不是说哲学的精神生产或创造是为社会存在方式所机械地决定了的，而是说，尽管精神生产是能够自由地进行的，即人们可以任意地创造出其思想观念，但最终那种哲学观念能成为一个时代主导性的精神，却是为社会存在方式所决定的，即那些能够成为主导性的哲学观念必定是与一个时代主导性的社会存在方式相适应、相匹配的，从而为该时代的社会存在方式所选择作为其精神表达的。

前面我们曾概述了中国传统哲学本体论从发生之时的人之"赞""参"天地之化育，到汉代魏晋之偏向"天"之宇宙本体论，隋唐之时发展起了心性本体论，再到宋代方复又全面回归"三才主义"之本论的思想历程。那么，何以会如此变化呢？从历史唯物主义的立场看，《易传》《中庸》成书的战国时期，正是传统宗法社会秩序解体，新的社会建构正在酝酿的社会大变动时代。这样一个时代无疑是需要思想创新的时代，因而，活跃于此时的自然便是那些适应于大变动时代的对于人之能动的创造性给予弘扬的思想。因此，这一时期才会产生强调人对于天地之"参""赞"的"三才主义"。而随着汉帝国之建立，不仅对于社会秩序的需求便成了主导性的，更重要的是，在传统的宗法贵族制解体之后，在汉代又逐渐发展起了一种新的贵族制，并于魏晋时期达到极致。这样一种社会存在结构的社会秩序整合方式所需要的便是一种"人"从属于"天"的意识形态，于是，汉代哲学本体论在天人关系中自然便转向了对于"天"的强调。而于中唐开始的"唐宋变革"，其本质在于门阀世族社会结构的彻底解体，中国社会至宋代成了高度中央集权下的高度平民化的社会，这意味着这一社会结构中个体在某种程度上的解放或自主性的增强，从而社会整合以形成社会秩序的方式亦随之而变化。这便是适应个体自主性之变化，社会整合需要个体更多的自律或自觉履行。这一点可从宋儒将《大学》章首之"亲爱于民"的"亲民"一词改为"新民"，强调"每个人的身上都内在地具有'明德'，具有天命所赋予的'仁义礼智之性'，这使得每个人不论贵贱贫富，都有被觉悟的可能，也就是都有成为圣人的可能，尽管每个个人事实上由于其气禀的差异，并不现实地就是圣人"①而见出。这便是宋明理学之回归原始儒家，重新强调人对于天地之"赞""参"的"三才主义"的社会存在根由。因此，宋明理学中对于人之"赞""参"的说明，虽然也有提及日常生活以及生产之活动，但更多的是从适应良好社会秩序之形成的伦理道德方面着眼的。

　　马克思哲学之"人是对象性活动"本体论的建立，则是处在一种全然不同的社会存在条件之下，亦即资本主义生产方式取代传统生产方式并获得大的发展之条件下，因而其"事"便必定有着十分不同的内涵。西方封建贵族制社会之解体，虽然大致上亦发生于比"唐宋变革"稍晚时期，但与中国只发生了门阀世族贵族制的解体不同，西方社会在封建贵族制解体不久之后，随即由于种种因缘际会在英国率先发展起了资本主义生产方式，从而产生了一系列重大后果。首先，从社会结构的存在方式上看，从一种"人的依赖关系"的社会转变为了一种"以物的依赖性为基础的人的独立性"的社会②，这意味着社会整合方式发生了根本性的变化。其次，资本主义意味着能动地改变自然世界的工业生产取代顺应自然的农业生产成为主导性的生产方式，从而使得在古代世界被视为低贱的人类活动方式的创制或物质生产活动成为最主要的人类实践活动。最后，资本主义工业生产方式所推动的近现代自然科学的发展，产生了一种新的看世界的方式，其特点

---

① 郭晓东：《从"亲民"到"新民"：也谈宋明儒学中的"现代性"精神》，《江汉论坛》2005 年第10 期。

② 马克思、恩格斯：《马克思恩格斯全集》第 46 卷（上），中央编译局编译，北京：人民出版社，1979 年，第 104 页。

是从伽利略区分"第一性质"和"第二性质"开始的全新的"理性主义",这种"理性主义""是一种符号理性主义。它是笛卡尔区分'心灵'和'外部世界'的真正结果。它真实地表达了我们前面所说的悖论,即据信足以理解这个世界的心灵被预先设想为与这个世界相疏离。我们并非直接接近这个世界,而是通过概念(它们是对抽象的抽象)来接近,与此同时,我们把概念解释为与世界直接相接触"。①资本主义生产的方式所带来的人类生活的这些巨大变化,便是马克思时代的"事"的世界。而马克思建构其"人是对象性活动"本体论便必须面对这个世界,即将具有这些前所未有的存在方式的世界把握在其哲学思想之中。

马克思把握这个世界的方式,首要的一点,便是如前所指出的那样,就是对"对象、现实、感性"不能"只是从客体的或者直观的形式去理解",而是必须"把它们当作感性的人的活动,当作实践去理解","从主体方面去理解","把人的活动本身理解为对象性的活动"。②而这个作为"感性的人的活动"的"实践",首先便是"生产物质生活本身"的物质生活资料的生产实践活动③。对于现代世界具有无可比拟的重大意义的物质生产劳动实践,在马克思之先和之后的哲学家那里无疑是有所关注并在各自的体系中赋予其以重要意义,前者如黑格尔,后者如海德格尔。黑格尔给予了生产劳动,特别是工具性活动以高度评价,但归根到底生产劳动只是其绝对精神发展之一个环节,因而只是一种如马克思所批评的"精神劳动"。海德格尔虽然颇为深刻地将改变世界的技术活动视为现代科学之本质,但他却只是将之视为现代世界之存在的遗忘方式。因此,就真正的哲学是为时代精神之精华而言,唯有马克思将物质生产劳动视为"第一个历史活动"方是真正把握住了现代世界之精神。其次,基于物质生产劳动之为"第一个历史活动"之原理,马克思将"物质的生活关系的总和"或"物质生产力的一定发展阶段相适合的生产关系"视为社会的"现实基础",而将"法律的、政治的、宗教的、艺术的或哲学的"视为"竖立其上"并"与之相适应"的"上层建筑"和"意识形态的形式",亦即"随着经济基础的变更,

---

① 雅各布·克莱因:《雅各布·克莱因思想史文集》,张卜天译,长沙:湖南科学技术出版社,2015年,第 63 页。

② 马克思、恩格斯:《马克思恩格斯选集》第 1 卷,中央编译局编译,北京:人民出版社,1995年,第 54 页。

③ 马克思、恩格斯:《马克思恩格斯选集》第 1 卷,中央编译局编译,第 78-79 页。

全部庞大的上层建筑也或慢或快地发生变革"。[①]最后，马克思将现代科学视为思维对于现实生活世界的抽象构造[②]，并以其《资本论》研究展现了这一科学对象构造的唯物主义辩证方法，特别是在《资本论》第 1 卷的《商品和货币》篇中对于如何通过对于劳动二重性的分析，从商品生产和交换的现实主体行动的逻辑建构起了关于商品生产的客观结构的逻辑，这在同时也就揭示了人们现实的商品生产活动如何转变为了"物的天然的社会属性"[③]，亦即由主体行动所关涉的关系性的"事"转变成单纯客观的"物"的方式。

通过以上比较，我们看到，两种哲学虽同为关于人类世界的本体论，但在本质性层面则是存在着根本性的差异。那么，这些根本性的差异能否通过两种本体论汇通而成为中国哲学精神在新时代"生生"之动力或助力，这是需要进一步探讨的。

---

① 马克思、恩格斯：《马克思恩格斯选集》第 2 卷，中央编译局编译，北京：人民出版社，1995 年，第 32-33 页。

② 关于作为科学对象的"具体总体"之为思维抽象构造的产物，马克思写道："具体总体作为思想总体、作为思想具体，事实上是思维的、理解的产物；但是，决不是处于直观和表象之外或驾于其上而思维着的、自我产生着的概念的产物，而是把直观和表象加工成概念这一过程的产物。整体，当它在头脑中作为思想整体而出现时，是思维着的头脑的产物，这个头脑用它所专有的方式掌握世界，而这种方式是不同于对于世界的艺术精神的，宗教精神的，实践精神的掌握的。实在主体仍然是在头脑之外保持着它的独立性；只要这个头脑还仅仅是思辨地、理论地活动着。因此，就是在理论方法上，主体，即社会，也必须始终作为前提浮现在表象面前。"（参见马克思、恩格斯：《马克思恩格斯选集》第 2 卷，中央编译局编译，第 19 页）

③ 马克思关于这一"商品拜物教的性质和秘密"写道："商品形式的奥秘不过在于：商品形式在人们面前把人们本身劳动的社会性质反映成劳动产品本身的物的性质，反映成这些物的天然的社会属性，从而把生产者同总劳动的社会关系反映成存在于生产者之外的物与物之间的社会关系。由于这种转换，劳动产品成了商品，成了可感觉而又超感觉的物或社会的物。正如一物在视神经中留下的光的印象，不是表现为视神经本身的主观兴奋，而是表现为眼睛外面的物的客观形式。但是在视觉活动中，光确实从一物射向另一物，即从外界对象射入眼睛。这是物理的物之间的物理关系。相反，商品形式和它借以得到表现的劳动产品的价值关系，是同劳动产品的物理性质以及由此产生的物的关系完全无关的。这只是人们自己的一定的社会关系，但它在人们面前采取了物与物的关系的虚幻形式。"（参见马克思、恩格斯：《马克思恩格斯全集》第 23 卷，北京：人民出版社，1972 年，第 88-89 页）

四、两种本体论的汇通
与中国马克思主义哲学"事"的本体论之建构

前面对于中国传统哲学"事"的本体论与经典马克思主义哲学的本体论的概述，已展现出两种本体论之间有着高度的相似性，这种相似性启示我们，当能够从"事"本体论去理解马克思的哲学，即把马克思哲学本体论亦理解为一种"事"的本体论。如前述，马克思在《1844年经济学哲学手稿》中所提出的"人是对象性活动"，并在《德意志意识形态》等著作中以"现实中的个人……是在一定的物质的、不受他们任意支配的界限、前提和条件下活动着的"[1]等命题加以发挥发展的命题，可视为马克思哲学的基本原理[2]。而说"人是对象性活动"，即是说人是参与到周围世界之中去的，人的存在方式便是与周围世界的相互作用，相互创造，亦即"人创造环境，同样，环境也创造人"[3]，如果我们对比于前述中国哲学之"三才主义"的"事"的本体论，这不简直就如同是说，人是"可以赞天地之化育"，"可以与天地参"吗！前面我们曾推测性地指出，如果我们把这种由于人的参与才能构成的存在方式理解为一种"事"的存在方式的话，那么，马克思的新哲学所体现出来的本体论便是一种不同于以往哲学本体论传统的"事"的本体论。至此，我们则无疑可以确定地说，马克思的哲学亦可理解为一种"事"的本体论。当然，反过来说，如前面我们曾指出的那样，马克思"人是对象性活动"之思想乃是对于康德之人类学哲学之改造发展，即马克思哲学乃是一种现代的人类学本体论，那么，与之具有亲和性的中国传统哲学便亦可以说是一种古代的人类学本体论。如果马克思哲学亦是一种"事"的本体论，而中国传统哲学亦是某种意义上的人类学本体论，两者之间有着深刻的内在亲和性，那么，这种深刻意义的"同"便不仅说明了何以中国哲学精神在诸多"西学"之中选择性地接受马克思主义哲学，更为重要的是，这种"同"亦构成了两种其间存在着本质性差

---

① 马克思、恩格斯：《马克思恩格斯选集》第1卷，中央编译局编译，第72页。
② 关于这一命题的详细讨论，参见王南湜、夏钊：《人是对象性活动——马克思哲学哲学论之第一原理》，《天津社会科学》2019年第1期。
③ 马克思、恩格斯：《马克思恩格斯选集》第1卷，中央编译局编译，第92页。

异的本体论通过汇通而重建中国哲学"事"的本体论之基本前提。

中国传统哲学本体论与马克思哲学本体论汇通之目的是重建中国哲学"事"的本体论。所谓"重建"便是意味着中国传统哲学之"事"的本体论乃是适应于传统社会之哲学本体论，而需在当代条件下予以重建，以与中华民族的伟大复兴进程相匹配。但既然马克思哲学是一种现代哲学，而两种本体论汇通以实现中国哲学的现代重建之内容，从根本上说便是"存同纳异"，即保持两种本体论之"同"，并以之为基础而吸纳马克思哲学之中体现着现代社会之精神的"异"，从而实现中国哲学之现代"生生"。具体说来，就是站在当代中国精神的立场上，回答"人是什么？"这一人类学哲学的根本问题。

康德所提出的"人是什么？"的三个分支问题的顺序是"（1）我能知道什么？（2）我应当作什么？（3）我可以期待什么？"，这一顺序乃是基于其认识论立场的提法。但如果从"三才主义"的"事"的本体论或人类学本体论出发，认为人乃是可以"对象性活动"之方式"赞""参"于天地的存在物，因而是一种开放性的存在，即不是被某种外在的力量预先规定成为某种存在的，而是自己能够成为自己所欲成为的存在的，那么，这一"人是什么？"的问题，首先要追问的便当是"人能够成为什么？"，亦即"我可以期待什么？"之问题。这一问题便是人之价值理想是什么之问题。对于这一问题，马克思的回答乃是"自由王国"之中所有人的自由发展；而中国传统哲学的回答则可以张载的"民胞物与"为典范代表。初看上去，这两种回答几乎毫无关联，但若看两种回答所针对的问题，便不难见出两者的相通之处。"人的自由发展"所针对的乃是以往社会中人的发展受到种种严重限制的"异化"状态，其目标是使人的发展不再受到"异化"了的社会力量的束缚。"民胞物与"所针对的亦是现实社会生活中人与人、人与物的间隔状态，这种间隔亦是一种束缚，人处于其中感受到异己力量之压抑，而"民胞物与"之状态则是解除了这种束缚、压抑，使人感受到本心自适之状态。就两者都是意指解除异己力量束缚而言，其内涵是类同的。因而，对于中国马克思主义哲学来说，便可以"民胞物与"来解读"自由王国"之人的自由发展。事实上，在中国人接受马克思主义的过程中，人们对共产主义理想已经做了中国式的解读，如将之解读为"大同世界""大道之行""天下为公"等等。

从人类学本体论或"事"的本体论来看，价值理想作为对"我可以期待什么？"问题之回答，实质上乃是给回答"我应当作什么？"的问题提供一个理想性的准则。在这一问题上，"人的自由发展"与"民胞物与"之理想，都是作为终极价值准则而对于回答"我应当作什么？"问题之前提性奠基。但在中国传统哲学中，这种价值理想在某种意义上是超时空的，不受历史条件的限制的，且一般只限于伦理道德方面，而马克思主义哲学则将"自由王国"之理想放置在了为物质生产方式所限定的一定的历史条件之上，即"自由王国"作为终极理想若要落实到具体的历史条件下的社会中，还须据之而具体化。如在《哥达纲领批判》中，马克思便把共产主义划分为第一阶段和高级阶段，而划分的一个基本标准则是"生产力的增长"所带来的"财富的一切源泉都充分涌流"。在第一阶段中，基本的主导性价值原则便只能是"各尽所能，按劳分配"，而只有在高级阶段中，方能实行"各尽所能，按需分配"。不难看出，马克思在这里对于"我应当作什么？"的回答中包含着"各尽所能"以促进"生产力的增长"这一方面的"应当"，亦即包含着以物质生产劳动或技术实践改变世界以使之合于价值理想方面的"应当"。显然，马克思主义哲学对于这一问题的回答比之中国传统哲学的回答更具现实性，因此当将其吸收进来，将"民胞物与"之价值理想放置在具体的历史条件下加以现实化。在这方面，中国传统思想中的"三世"说，当可将之加以改进，赋予其具体历史内容，以将终极价值理想具体化为特定历史条件下回答"我应当作什么？"的价值原则。

而"我能知道什么？"之问题，在马克思"人是对象性活动"的"事"的本体论视域中，则是一个从属于改变世界的技术实践的问题。这是因为，在马克思哲学中，作为人类认识之典范的现代科学乃是对于人类物质实践活动的一种抽象建构，因而它在生活实践中有其根由。这也就是说，自伽利略以来的现代科学所追求的客观性实乃一种抽象的建构，而非通常所理解的那样是对于自然世界纯粹客观的直观或反映。对于这一问题，胡塞尔、海德格尔等人关于现代科学与生活世界或"在世"之关联的有关论述，亦在某种意义上表明了马克思这一思想的深刻与超前①。在如何理解现代科学对象的客观性这一方面的问题上，处于前现代科学时代的中国传统哲学自然是欠缺的，因而须将马克思的观念吸纳进中国哲学之“事”的本体论中来，使之能够在现代科学条件下合理地回应“我能够认识什么？”这一问题。

至此，我们通过马克思哲学的“人是对象性活动”与中国传统哲学的“赞天地之化育”的“同”与“异”的分析，勘察了两者之间汇通与交互吸纳的可能性，提出了一种对于现代哲学之“人是什么？”这一根本问题的中国马克思主义式的回答，初步建构了一个中国马克思主义的“事”的本体论框架。就这一“事”的本体论存在的可能性之广阔而言，毫无疑问，这里所揭示出来的还只是一个极为粗糙的轮廓性框架，但正因此，这个简单的框架却也蕴含着能够进一步发展充实自身的具有无限可能性的“生生”之德。

（本文原载于《学习与探索》2022 年第 1 期）

---

① 胡塞尔晚年也在其“生活世界”理论中对近代科学的本质进行了一种重建，认为“生活世界是原始明见性的一个领域”，而科学作为一种客体化，“是方法论的事情，并且是奠基于前科学的经验被给予性之中的”；亦即科学所理解的自然，并非直接直观的世界，而是对这一原始基础的观念化，是其“观念的构造物”，但近代哲学却误解了科学的这一实质，将这一“观念的构造物”视为唯一真实的自然。于是，“自伽利略起，观念化的自然就开始偷偷地替代前科学的直观的自然了”，“即一种方法论上的观念化功能暗中替代了那种直接的作为在一切观念化那里被当作前提的现实性而被给予的东西”。（参见胡塞尔：《生活世界现象学》，倪梁康、张廷国译，上海：上海译文出版社，2002 年，第 238、239 页，第 256、265 页）。海德格尔亦认为，“认识是作为在世的此在的一种样式，认识在在世这种存在建构中有其存在者层次上的根苗”，这样“也就取消了纯直观的优先地位。这种纯直观在认识论上的优先地位同现成的东西在传统存在论上的优先地位相适应。‘直观’和‘思维’是领会的两种远离源头的衍生物”（参见海德格尔：《存在与时间》，王庆节、陈嘉映译，上海：生活·读书·新知三联书店，1987 年，第 75、180 页）。

罗尔斯产权民主思想的公平诉求及其局限性

——兼评其对马克思批判抽象财产权观点的回应

李淑梅　陈　颖

罗尔斯在 1971 年出版的《正义论》中，以提高社会最不利者的生活期望为着眼点，探讨了如何在社会成员之间进行权利、机会和财富的公平分配问题。他虽然提出了产权民主思想，但是着墨不多。为了澄清他的正义理论同资本主义福利国家政策的区别，他后来进一步强调了产权民主思想。他认为，资本主义福利国家虽然通过国家税收的再分配方式增加社会不利者的收入，但却允许少数人拥有大量生产资料和财富，从而无法保障广大公民的经济和政治主体地位，无法保障公民政治自由的公平价值。为了克服福利国家制度的缺陷，罗尔斯回应了马克思对古典自由主义抽象财产权思想的批判，强调了生产资料分布于广大公民手中的重要作用。罗尔斯在后来的《正义论》修订版序言中指出，假如重写《正义论》，他会阐明他的产权民主思想和福利国家观念的差别。罗尔斯的这一思想指出了调整生产资料所有权对于坚持社会公平正义的重要作用，体现了公平的价值诉求。但是，罗尔斯不赞同马克思关于废除生产资料所有权对于坚持社会公平正义的重要作用，体现了公平的价值诉求。但是，罗尔斯不赞同马克思关于废除资本主义私有制的观点，而是试图将生产资料私人占有普遍化，这种改良方案不能有效解决资本主义社会的不正义问题。尽管如此，罗尔斯的产权民主思想对于我国当前的产权制度调整和完善仍旧具有一定的启发意义。

一、对古典自由主义和福利国家抽象财产权观点的修正

罗尔斯的产权民主思想是针对资本主义福利国家提出的。福利国家政策看上去是对古典自由主义的矫正，但仍然固守着古典自由主义的抽象财产权观点。罗尔斯受到马克思批判自由主义抽象财产权观点的启发，对古典自由主义的财产权观点进行了修正和调整，提出建构产权民主制度，并将其作为福利国家的替代方案。

在历史上，自由主义是伴随着资本主义生产方式的形成而产生的，它极力为资产阶级的自由和财产权辩护。洛克认为自由是人的天赋权利，并认定以劳动为基础的私有财产权也是人的基本权利。马克思批判道，古典自由主义所承认的只是形式的自由，而回避了每个人实际上是否拥有财产、是否占有生产资料的问题，抹杀了阶级分化和对立的事实，是对资产阶级谋取私利活动的抽象普遍化、唯心化的表达，是为其披上的公正外衣。他明确指出："自由主义的词句是资产阶级的现实利益的唯心的表达。"①资本主义国家虽然在政治法律上废除了人们在财产、文化程度和职业上的差别，使之拥有了平等的自由权利，但这些差别依然存在于市民社会中，并且后者恰恰是资本主义政治法律制度赖以存在的现实基础。在资本主义社会，生产资料私有制和社会分工造成人们活动的异化；资本贪婪的逐利本性使之超出市场的需要而生产，致使市场供需矛盾加剧，进而导致经济危机，使生产力遭受巨大的破坏；资本利润率下降规律遏制着资本家的逐利欲望和行为。资本主义生产方式内在矛盾的发展使之必然会走向解体，被以公有制为基础的社会主义、共产主义社会代替。然而，自由主义以消极自由理论为资本主义制度服务。

马克思对古典自由主义的批判引起罗尔斯的重视，罗尔斯把马克思对古典自由主义的批判概括为四个方面：古典自由主义提倡的权利是利己主义的个人的权利；资本主义社会推崇的抽象的政治权利和自由仅仅是外在形式；立宪政体和私有财产保护的仅仅是消极自由；资本主义私有制下的

---

① 马克思、恩格斯：《马克思恩格斯全集》第 3 卷，中央编译局编译，北京：人民出版社，1960 年，第 216 页。

劳动分工具有狭隘的、贬低人的价值的特征。在罗尔斯看来，马克思不但批判了古典自由主义的利己主义，而且批判了以生产资料私人所有权为基础的资本主义制度。罗尔斯在一定程度上肯定了马克思对古典自由主义的批判，认为这是"来自社会主义传统的合法反对意见"①。马克思的批判促使罗尔斯对古典自由主义抽象的财产权观点进行具体的分析和修正，他区分了基本权利和非基本权利，提出了调节非基本权利、实现产权民主的构想。但是，他并不赞同马克思关于共产主义社会的论述，认为这种超越了正义的理想社会带有乌托邦幻想的性质。只有适用正义原则的社会，即用正义原则调节社会矛盾和冲突的社会，才具有现实可行性。

古典自由主义的自由体现在个人权利上。罗尔斯认为，洛克等自由主义者抽象地谈论个人权利，将非基本权利也视为必须维护的基本权利了。由于缺乏对非基本权利的限制和调节，因此，经过一个较长的历史发展过程，势必会凸显出一系列两极分化问题，造成严重的社会不公平。在现代福利国家中，财产就集中于少数人手中，从而对民主政体构成威胁。为了解决该问题，罗尔斯把古典自由主义抽象的原子式的私人变成了增进自身利益而进行社会合作的公民，把古典自由主义作为基本权利的生产资料所有权等变为非基本权利，试图通过社会调节，来限制生产资料所有权在少数人手中集中，使之广泛分布于公民手中，实行产权民主制度。在他看来，关于生产资料和自然资源的所有权以及馈赠权等属于广义的财产权，而不属于正义原则所保护的狭义的、基本的财产权范围。此外，人力资本即个人"受过教育与训练的能力与技艺"等也属于非基本权利，也要进行社会调节，使之广泛分布，以保障公民在享受良好教育和技能训练等方面机会平等。因此，产权民主就是主张物力资本和人力资本的广泛分布、保障公民社会主体地位的观点。所谓正义的社会就是既要保障公民的基本权利，又要对非基本权利加以公平调节的社会。如果抽象地谈论个人权利，混淆基本权利和非基本权利，而不允许限制和调节非基本权利，就会违背社会的公平正义。

产权民主主要关注的是作为生产前提条件的生产资料和人力资本的广泛拥有，而不是作为生产结果的收入的再分配。罗尔斯指出，产权民主"不是通过在每个时期结束时再分配收入给那些所得较少的人，而毋宁说是在

---

① 罗尔斯：《作为公平的正义》，姚大志译，北京：中国社会科学出版社，2011年，第213页。

每个时期的开始就确保生产资料与人力资本（受教育与训练的能力与技艺）的广泛所有权"①。而福利国家制度则是在生产结束后，通过税收和福利等再分配环节来适当增加社会不利者的收入，以缓解社会矛盾，这样，就允许少数人对生产资料的垄断。

在罗尔斯看来，产权民主和自由（民主）的社会主义都是正当、正义的体制，都能实现两个正义原则所表达的主要社会政治价值，只是在生产资料私有还是公有上有所区别。一个国家究竟应该采取哪种体制，这取决于它的历史条件与传统、制度与社会力量等。就西方国家而言，适合采用生产资料分散私有的民主制。罗尔斯假设，马克思可能会说，"任何在生产资料方面允许私有财产的政体都不能满足两个正义原则，甚至也不能做很多事情以实现由作为公平的正义所表达的关于公民和社会的理想"②。但在罗尔斯看来，产权民主制就是公平正义的体制，这充分体现在它的特点和功能方面。

二、产权民主制的特点和功能

罗尔斯认为，产权民主制度是极为重要的政治力量和经济力量，它通过公民广泛、实际地拥有生产资料所有权，使社会成为公民间互利互惠的合作体系。这可以保证公民平等地参与政治生活，行使政治自由权利，可以促使社会公平地运用公共资金，实现人力资本的广泛分布，并可以有力地保障财富和收入分配的公平正义。具体而言，产权民主制具有下述特点和功能。

第一，提供平等的社会合作的前提条件，重视社会背景正义。在罗尔斯看来，社会背景正义至关重要，可以说，合乎正义原则的各种政策都是为了确保社会背景正义。罗尔斯把社会理解为自由平等的公民为增加自身利益而相互合作的体系，而产权民主回答了公平的社会合作之可能的前提条件问题。注重社会合作前提条件的正义性是罗尔斯对古典自由主义和福利国家政策的超越。古典自由主义主张个人的天赋权利，它所维护的是自

---

① 罗尔斯：《正义论（修订版）》，何怀宏、何包钢、廖申白译，北京：中国社会科学出版社，2009年，"修订版序言"第4页。

② 罗尔斯：《作为公平的正义》，第214页。

由放任的资本主义体制，而对于市场自由竞争造成的贫富分化问题等无能为力；福利国家仅在生产结束后的再分配环节调节财富和收入，而并不关注作为生产前提的生产资料所有权的分配是否公正的问题。福利国家的再分配政策是以承认"下等阶级"的存在及其合理性为前提的。"下等阶级"在一个时期的分配结束后才能被辨认出来，福利国家制度的目标也仅在于通过社会福利来保障"下等阶级"最低标准的体面生活，这无法改变存在着巨大阶级差别的社会现状，并且"下等阶级"由于丧失了生产资料所有权，不是独立的利益主体，因而只能依赖政府的福利救济维持生存。这样，社会也无法成为自由平等的人们互利互惠的合作体系了。与之不同，产权民主制"从一开始就将足够的生产资料普遍地放在公民手中，而非少数人的手中，以使他们能够在平等的基础上成为完全的社会合作成员"[1]。它通过生产资料广泛分布的公平的社会背景，保证每个社会成员都是拥有生产资料的独立的利益主体，使他们之间的关系成为相关利益者之间的关系，按照互利互惠的原则进行合作。

第二，维护公民的政治参与权利，保障政治自由的公平价值。古典自由主义把自由理解为摆脱国家外在干预的消极自由，忽视了一些公民不积极参与公共政治生活、行使政治权利的问题，对现代社会出现的政治冷漠症无能为力。针对这种情况，罗尔斯反思了洛克等古典自由主义者对自由的抽象、片面的理解，认为他们所维护的只是贡斯当所说的"现代人的自由"，即免除国家的外在限制的自由，而忽视了贡斯当所说的"古代人的自由"，即公民参与国家政治生活的自由。与之不同，卢梭"强调贡斯当成为'古代人的自由'的东西——平等的政治自由和公共生活的价值"[2]。卢梭试图把社会制度建立在公民普遍意志的基础之上，用"公共理智"限制和调节人们的财产权，解决社会不平等问题，这是将社会基本结构作为正义主题的最早努力之一。不过，卢梭的平等思想中包含着潜在的极权主义倾向："公意"在某种意义上为社会设立了一个形而上的"绝对君权"。尽管如此，卢梭关于通过社会制度限制和调节财产权的设想仍富有启发意义。罗尔斯试图将洛克强调的现代人的自由与卢梭强调的古代人的自由适当结合起来，将个人政治参与的维度纳入自由概念之中。

---

① 罗尔斯：《作为公平的正义》，第170页。
② 罗尔斯：《作为公平的正义》，第8页。

　　罗尔斯不仅修正了自由概念，而且具体区分了"自由"和"自由的价值"。在他看来，在现代社会，虽然每个人都有自由，但是，每个人自由的价值不尽相同。那些占有大量财富的人拥有较大的实现政治自由的手段，相反，"当社会中的较不利者由于缺乏手段而不能有效地行使他们那一份与别人相同的影响力时，他们就陷入对政治事务的冷淡和抱怨之中"①。这样，就暴露了公民之间政治自由价值的不公平问题，这对立宪民主政体构成严重的威胁。因此，罗尔斯力图通过产权民主与差别原则的共同作用，使公民积极行使自己的政治权利，保障政治自由的公平价值。政治自由的公平价值是指，"所有公民，无论他们的社会地位是什么，都能保证拥有发挥政治影响的公平机会"②。就政治选举而言，竞选不能接受私人或特殊财团的资助，而要由广大生产资料所有者提供的公共资金来支持，以防止竞选被私人或特殊利益集团操控。生产资料所有权的广泛分布使得公民的政治权利同切身利益挂钩，这能够促使广大公民关心公共问题，积极行使自己的政治权利，维护共同利益，从而克服政治冷漠症。罗尔斯还主张建立持续的、常态化的公共论坛，以便为每个公民提供参与协商和讨论的机会。

　　在罗尔斯看来，福利国家制度只是强调国家对收入分配的干预，而忽视了广大公民积极参与政治生活这一现代民主制度的关键问题。尽管福利国家通过再分配能够保障社会不利者的基本生活需要，但它并不关注社会不利者的人格独立、自尊以及道德能力等，缺少保障这些权利的相关政策，致使社会不利者沮丧和消沉。而生产资料所有权的广泛分布则能够保障广大公民以生产资料所有者和利益相关者的主体身份平等地参与政治生活，行使自己的政治权利。

　　第三，公平地运用公共资源，实现人力资本的广泛分布。罗尔斯认为，生产资本不仅包括生产资料的物质资本，而且包括人力资本。参与市场竞争的人既是市场主体，也是作为受过教育和训练的人力资本而存在的。同生产资料所有权要广泛分布一样，人力资本也要广泛分布，这就要保障每个人享有受教育的平等机会。因此，公共资金不仅要用作政治选举的费用，也要用来培养和发展人们的道德能力，要为人们提供教育和技术训练的平

---

　　① 罗尔斯：《正义论（修订版）》，第 177 页。
　　② 罗尔斯：《作为公平的正义》，第 213 页。

等机会等。

第四，通过市场价格的调节和政府税收的改进，促进收入分配公平和生产效率提高。罗尔斯指出，同福利国家过多干预经济以及分配上的"配给正义"不同，产权民主制强调要充分发挥市场体系的作用，在市场竞争程序的规范下，通过市场价格的分配功能和配置功能的调节，合理地配置资源和公平地分配收入。通过市场价格的调节，便会达到高效的资源配置和公平的财富分配。此外，还要将产权民主与差别原则结合起来，对税收和财产权进行调整。罗尔斯认为，限制福利国家对经济的过多干预、充分发挥自由市场的作用固然重要，但是，市场的运作势必会在政治和经济领域造成一系列两极分化的严重后果。因此，要保障生产资料分配的公平以及财富和收入分配的公平，不能单靠市场的作用，而要把社会和经济过程置于适当的政治法律制度之中。民主政体的政府分配部门的任务即"通过税收和对财产权的必要调整来维持分配份额的一种恰当正义"①。他主张征收遗产税、累进税以及对财产权进行法律限制等，他特别强调要征收继承和遗赠税，以便保障生产资料和人力资本长久、持续地广泛分布，保障资本主义社会制度长治久安、公平有序。

由上可见，罗尔斯的产权民主思想涉及社会背景制度正义、生产资料所有权分布、保障公民政治权利的民主、保障教育等机会平等、自由市场以及政府税收等社会生产和生活的各个领域和方面，这是他为了克服资本主义社会各个领域和层面的矛盾和问题而提出的方案，是实现整个社会结构公平的价值诉求。在罗尔斯看来，市场价格和政府税收的调节等，可以保障社会背景正义，可以抑制财富的集中及其对资本主义政治民主制度的威胁，促进生产资料所有权和人力资本的广泛分布。罗尔斯的产权民主思想与正义的两个原则在价值诉求上是一致的，是为满足两个正义原则服务的，它们的结合，可以促使福利国家制度过渡到更为公平的产权民主制度。

三、产权民主思想的价值和缺陷

罗尔斯的产权民主思想直面资本主义福利国家存在的不公平问题，并

---

① 罗尔斯：《正义论（修订版）》，第218页。

寻求解决的路径，这是具有一定的理论价值的。它聚焦于生产资料所有权问题，将其作为主要的调节对象；主张自由市场也可以不与生产资料私人占有相结合；凸显了资本主义社会公民政治权利行使的不平等问题；将民主的理解从政治领域向经济领域延伸。但是，他的生产资料所有权和人力资本广泛分布的设想是温和的改良方案，是难以实现的幻想。

第一，反对生产资料所有权掌握在少数人手中，但缺乏对实现产权公平可行途径的探讨。罗尔斯揭露了古典自由主义对生产资料所有权的崇拜，他力图打破这种崇拜，对抽象的财产权进行具体分析，对少数人掌握大量生产资料进而左右政治权力的危险发难，这在一定程度上是向马克思思想的接近。马克思对生产资料所有权等资本主义社会的主导价值进行了深刻的批判。他指出，在流通领域或商品交换领域，"占统治地位的只是自由、平等、所有权和边沁"[①]。在马克思看来，基于商品交换的自由、平等、所有权以及边沁的利益最大化原则是资本主义社会的主导价值。正如分析的马克思主义者科恩评论的："马克思在那些价值与市场之间建立了一种特殊的联系，无论这是否正确，它们都当然是自由资本主义文明的首要价值，也因而是吸引了其政治哲学家的价值。"[②]马克思认为，在资本主义私有制社会，是不可能存在真正的自由平等权利的，所有权不过是生产资料资本家所有制的法律用语，而生产资料资本家私有制才是基本的社会关系。如果仅从商品交换以及在此基础上的法权关系看，资本主义制度好像是公平合理的，但若深入到社会生产领域进行考察，资本的剥削本质便会暴露无遗。因此，作为资本主义法律规定的所有权实质上只是掌握生产资料的资产阶级的权利，资本主义国家也是由掌握生产资料的资产阶级控制的。早在《德意志意识形态》中，马克思就考察了意大利、荷兰、英国等国家的负债问题，并明确指出："一旦资产阶级积累了钱，国家就不得不向他们求乞，最后则干脆被他们收买去了。"[③]进入垄断资本主义时期以后，这种情况更为严重。罗尔斯聚焦于生产资料所有权问题，提出少数人占有大量社会财富并借以操纵国家政治权力的危险，揭露了现代资本主义社会的弊端，触及了西方资本主义国家的主导价值，因而具有一定的合理性。

---

① 马克思、恩格斯：《马克思恩格斯全集》第 44 卷，中央编译局编译，北京：人民出版社，2001 年，第 204 页。

② 科恩：《拯救正义与平等》，陈伟译，上海：复旦大学出版社，2014 年，"导言"第 11 页。

③ 马克思、恩格斯：《马克思恩格斯全集》第 3 卷，第 418 页。

然而，虽然罗尔斯认为生产资料集中于少数人手中是不正义的，但是他关于调节生产资料所有权的主张实质上是对资本主义私有制的维护。同时，在少数人掌握大量生产资料的现实社会条件下，怎么能够实现生产资料的广泛分布？这显然也是不现实的。假使他的设想有所实现，产权民主也不可能成为一种稳定的制度，因为在自由市场、私有制基础上，个体之间追逐私利的竞争必然会导致优胜劣汰，导致大资本对小资本的兼并，从而又会造成资本在少数人手中的积累和积聚，仅靠调整税收是无济于事的。

第二，提出自由市场条件下生产资料可以私有也可以公有的见解，但并未认清资本主义私有制和社会主义公有制的本质区别。针对福利国家制度下国家过多干预经济、阻碍市场活力和经济效率的弊端，罗尔斯主张自由市场经济，并突破了自由市场同资本主义制度不可分割的传统观念，认为"自由市场的使用和生产资料的私人占有之间没有本质的联系"①，自由市场经济可以是也可以不是私有制的。②在他看来，产权民主制度和自由（民主）的社会主义既克服了自由放任的资本主义的任意性，又克服了福利国家资本主义和国家指令性计划的社会主义对经济的过多干预，都是注重各种生产资本广泛分布的体制。他提出的社会主义可以同市场相结合的见解具有一定的借鉴意义，但他并未认清资本主义市场经济与社会主义市场经济的本质区别，以及基于不同经济基础的资本主义和社会主义政治制度的根本不同。

第三，试图将民主从政治领域向经济领域延伸，但仍局限于资产阶级的形式民主。罗尔斯提出的正义的两个原则和产权民主思想都是为了维护和进一步完善资本主义民主制度。正义的第一个原则所维护的人人自由平等权利本身就体现着政治制度的民主性质，这个优先原则又规制着适用于社会经济领域的差别原则，从而使社会结构的目标不再单纯追求经济效率以及专家治国、精英统治，而是要保障每个人在政治地位和受教育上的平等机会；要调整财富和收入在个人之间的分配，改善社会不利者的物质生活水平。因此，罗尔斯将他所理解的差别原则称作"民主的解释"。此外，产权民主思想也是他推进民主的努力。在他看来，必须对生产资料所有权和人力资本的分布加以调节，限制少数人占有大量生产资料和自然资源，

---

① 罗尔斯：《正义论（修订版）》，第213页。

② Rawls, J. , A Theory of Justice, Cambridge, Massachusetts: The Belknap Press of Harvard University Press, 1971, p. 66.

限制他们利用经济地位和社会影响的优势获取受教育及技术训练的优质资源。可见，罗尔斯力图克服的只是在政治层面谈论民主的局限性，使民主向社会经济领域延伸，以避免少数人对多数人的统治。然而，他是在维护资本主义经济和政治制度的前提下强调民主，因而不可能寻求到解决阶级差别和对立、实现实质民主的路径。

第四，主张由福利国家制度过渡到产权民主制度，却面临着理论和现实之间的矛盾。为了纠正自由资本主义市场的任意性缺陷，福利国家对经济活动进行一定的计划和干预，实行收入和财富的再分配，但又带来经济滞胀等一系列问题。罗尔斯认为，福利国家对经济的外在干预不仅阻碍了市场活力和经济效率，而且听任生产资料所有权在少数人手中集中，忽视了少数人利用特殊的经济地位享有优越的公共资源和控制国家政治权力的问题。福利国家仅靠再分配这种"事后调节"方式是不可能有效纠正财富拥有的不公平问题的，而必须对生产资料和人力资本的分布进行"事先调节"，即在生产前提上就保障较大的社会公平，这种起点公平能够有效克服"事后补救"的局限性。然而，罗尔斯是在福利国家的社会背景下提出产权民主思想的，但到了20世纪80年代，英美等国实行新保守主义政策，大力削减社会福利，使经济和社会生活中的两极分化加剧。这使得罗尔斯试图改进福利国家制度、推行产权民主制度的设想陷入困境。于是，他"试图保存福利国家的残存内容以抵御新右派的攻击，为的是保持最低水准的再分配以减少贫困和提供基本的公共服务"①。罗尔斯虽然不赞同古典自由主义抽象的财产权观点，但他仍然是以抽象的个人主义为理论基础的，仍然属于马克思曾经尖锐批判的自由主义派别。

马克思通过揭示资本主义社会的基本矛盾及其必然发展趋势阐明，只有根本变革资本主义生产方式，消除资本的统治，建立以公有制为基础的社会主义和共产主义社会，才能实现人的解放。马克思认为，社会主义、共产主义社会是广大劳动者自己的真正的共同体，它不是要剥夺个人的财产，而是要改变财产的特定社会性质，即要使财产失去剥削和奴役他人劳动的阶级性质，是要重建个人所有制。在那里，人们将通过自由的协作和联合而实现对生产资料的共同占有，使之成为人们的共同财产。这种财产不会变为脱离了一个个现实个人的抽象的"社会财产"，而是掌握在"联合

---

① 金里卡：《当代政治哲学》，刘莘译，上海：上海译文出版社，2011年，第101页。

起来的个人的手里"，由联合起来的个人共同支配和使用，为每个人需要的满足和能力的自由发展提供条件。①

尽管罗尔斯的产权民主思想是温和的改良方案，但他不满意福利国家只是主要关注收入的再分配问题，主张在发挥市场活力的基础上实现生产资料所有权的公平分配和教育等机会平等，这对我们有一定的启发性。中国是在经济落后的情况下进行社会主义建设的，为了建设现代化强国，在马克思主义指导下，从自身国情出发进行体制改革，建构了以公有制为基础、多种所有制共同发展的社会主义市场经济体制，既充分利用市场提高经济效率的优势，又坚持社会主义制度，探索出了中国特色社会主义发展道路，取得了巨大的成就。当前，"完善产权制度"是我国经济体制改革的重点，这可以从下述主要方面着手。其一，把政府与市场的关系作为经济体制改革的核心，进一步推进政府简政放权，使企业切实拥有对人、财、物的支配权，使企业作为拥有产权的市场主体参与市场竞争，追求自身利益。其二，打破不同所有制之间的壁垒，探索国有企业的混合所有制改革，采取国有资产控股、集体经济和非公有制经济参股以及相互持股等形式，提高经济活力和效益，并鼓励和扶持非公有制经济的发展。例如，我国农村实施"土地所有权、承包权、经营权分置"的改革，并积极探索"三权分置"的多种实现形式，推进农业的现代化。其三，注重增加人们的财产性收入，增强收入和财富分配的公平性。我们不仅要关注个人消费品的公平分配，而且要重视生产资料所有权的合理分配。股份制改革就能够使民众以持有一定股份的方式获得收入；农村实行"三权分置"也有利于增加农民的财产性收入。我们还要推进财税制度的改革，处理好劳动要素和生产要素在分配中的比例关系，扩大中等收入群体，削高补低，加大精准扶贫力度，注重扶贫和扶智、扶志的结合，打击非法收入，实现共享发展。其四，重视人力资本的合理使用和培养。我们一方面要广揽人才，合理使用人才，依法保护知识产权，另一方面要大力培养人才，实现教育等公共资源的均衡配置，努力提高教育质量。其五，全面推进社会主义民主建设，坚持人民在公共生活中的主体地位。我们要在党的领导下，加强社会主义选举民主和协商民主建设，依法保障人民在经济治理、社会治理、国家政

---

① 马克思、恩格斯：《马克思恩格斯文集》第 2 卷，中央编译局编译，北京：人民出版社，2009年，第 53 页。

治治理以及生态环境治理中的主体地位和作用，增强人民的民主意识和主人翁精神。

　　总之，罗尔斯的产权民主思想力图克服古典自由主义和福利国家的抽象财产权观念，将生产资料所有权等当作可以调节的非基本权利，试图将公平的分配由福利国家的个人消费品的分配拓展到作为生产前提的生产资料所有权的分配，打散集中于少数人手中的生产资料，使之由广大公民拥有。但是，罗尔斯所要调整的只是生产资料所有权，而并不是要求变革资本主义生产资料私有制。因此，他所理解的公平仍然带有形式的色彩。我国要以马克思关于社会主义、共产主义社会"重建个人所有制"的思想为指导，深化体制改革，推进产权制度的调整和完善，更好地维护人民群众的根本利益和权利，推进社会主义民主建设，充分发挥社会主义制度的优越性。

（本文原载于《哲学研究》2018 年第 11 期）

对形而上学的实践哲学反思

阎孟伟

本文所讲的"形而上学",是指在亚里士多德或笛卡尔那里作为"第一哲学"而出现的形而上学。在欧洲哲学的传统脉络中,这种形而上学或者表现为追究世界万物得以存在的终极本体,或者表现为追究人的思维、观念得以确立的终极根据。这种形而上学曾有过自己辉煌的历史,最起码,它使哲学作为哲学获得了自身独立存在的地位和意义。然而,早在 17、18 世纪,这种形而上学就遭到了经验论哲学的质疑和排斥。20 世纪以来,"形而上学终结论"的声音更是不绝于耳。虽说我们不能把哲学等同于或归结为形而上学,但形而上学可能构成了哲学的最核心部分。一旦终结了形而上学,似乎也就终结了哲学本身。于是,随之而来的真的就是"哲学的终结"这一令人更为困惑不解的说辞。这不能不使我们满腹纠结地思考一个问题:形而上学能否被终结?或者说形而上学本身是否有什么东西使自身不能被终结?

一、形而上学理论思维的基本特征

回答上述问题,首先需要我们对"形而上学"有一个比较准确的理解。笼统地说,西方传统形而上学就是一种"存在论",或一种思维本体论,其理论思维的基本特征就是确认在我们的头脑中存在着某种具有普遍性和必然性的观念或命题,这种观念或命题不是来自经验,也不需要通过经验来证明。古希腊爱利亚学派巴门尼德的"存在论"是这种思维本体论的奠基。巴门尼德确认"思维和存在是同一个东西",对存在的把握不能诉诸来自经验的各种"意见",而只能依靠理智这个唯一通达存在之真理的道路。柏拉图在他构设的"理念世界"（可知世界）中，作为最高实在的理念不与任何感性的存在物相联系，只与理念相联系，对于这种理念，"不靠使用任何感性事物，而只使用理念，从一个理念到另一个理念，并且最后归结到理念"①。亚里士多德同样把人的理性能力区分为两个层次：被动理性和能动理性。前者用于处理来自感性经验的知识内容，后者则仅仅是以思维自身为对象的认识活动，是思想与思想对象的直接同一。近代以来，形而上学的思维本体论发生了从本体论形而上学向认识论或知识论形而上学的转变。笛卡尔通过普遍怀疑言之凿凿地确信他已通过不依赖于经验的"纯思"为观念确立了无可怀疑的根据，这就是作为思维主体的"自我"，并将其设定为思维的牢固的出发点，构筑出他的以"自我""上帝"和"世界"三种实体为基本框架的形而上学体系。笛卡尔之后，斯宾诺莎和莱布尼茨分别以不同的方式把这一思维原则贯彻下去，分别构建出各自的形而上学体系。

这种形而上学作为理性主义（唯理论）在近代受到了经验论哲学的挑战。两种哲学反复较量的结果便形成了"两种知识"或"两种真理"的观念，其典型的代表是休谟和莱布尼茨。休谟认为，在我们的知识体系中存在着两种知识，一种是解证的（推理的）知识，如几何学命题和数学命题，它们涉及的只是各种观念的关系，具有逻辑上的普遍性和必然性，其正确性不需要通过经验来证明；另一类知识，则是涉及经验事实的知识，这种知识不具有普遍性和必然性，只具有或然性，其真理性只能通过经验事实来验证。受经验论哲学的影响，莱布尼茨同样区分了事实的真理和推理的真理，前者作为经验科学知识具有真理性但不具有普遍性必然性，后者则是感觉经验不能提供的普遍性、必然性知识，它们是从"天启""直觉"或"公理"中演绎推论出来的真理，因而无须经验之助，理性就能建立起可靠的规律。

由此可见，形而上学理论思维都坚信具有普遍性、必然性、绝对性的真理不能来自经验事实，而只能来自人的理性思维本身。尽管历史上产生的各种形而上学体系观点各异甚或尖锐对立，但它们都是设定某种先验的思维存在体（实体、理念、心灵、单子或上帝等等）作为思维的出发点，进而用合乎逻辑地推导出的一系列范畴和原理构建形而上学理论体系。

---

① 柏拉图：《理想国》，郭斌和、张竹明译，北京：商务印书馆，1986年，第270页。

二、康德对欧洲传统形而上学的颠覆

尽管早在 17、18 世纪，以笛卡尔为代表的传统形而上学就遭到来自经验哲学的质疑和排斥，但真正颠覆欧洲传统形而上学的是受到休谟启发的康德。康德像法国唯物论者那样，承认在我们的感觉之外存在着一个刺激我们感官的"自在之物"，而"现象"就是"自在之物"在我们心灵中引起的知觉和表象。这就是说，自在之物是现象的原因。同时，他又像怀疑论者那样，否认人的理性能力能够透过现象达到对物自体的认识。他认为人的先验的感性直观形式和先验的知性形式作为认识工具只能用于把握经验中的对象，一旦超出了经验或现象界，它们就会因缺乏任何直观作为它们的根据而变得毫无意义。但是，由于理智范畴作为思维的纯形式先验地存在于我们的头脑中，因而"它会引诱我们去做超验的使用"，这就导致了理性的一种超验的企图，亦即力图把知性范畴的使用扩展到自在之物，探讨经验完全不能提供的纯粹理智存在体或思维存在体。但当理性一旦这样做，就必然会在理性思维中遭遇"二律背反"，即我们可以合乎逻辑地、无矛盾地推论出正题，也可以合乎逻辑地、无矛盾地推论出反题。

据此，康德确信，以往形而上学之所以体系林立且彼此间陷入无休止的争论，原因均在于此。他说："人们在形而上学里可以犯各种各样的错误而不必担心错误被发觉。问题只在于不自相矛盾；而不自相矛盾，这在综合命题里，即使在完全虚构的综合命题里，是完全有可能的。"①当理性把理智范畴的使用推向自在之物或所谓纯粹思维存在体时，之所以会合乎逻辑地推导出相互对立的命题，是因为"在所有这些情况下，我们所连结的概念都不过是一些理念，这些理念（就其全部内容而言）决不能在经验里提供，因而就决不能通过经验来反驳"②。因此，这种形而上学是虚假的，"只能是一种空虚的辩证艺术，在这上面，这一个学派在运气上可能胜过另一个学派，但是无论哪一个学派都决不会受到合理的、持久的赞成"③。这样康德就通过这种纯粹理性批判，结束了传统形而上学的教条主义、独

①康德：《未来形而上学导论》，庞景仁译，北京：商务印书馆，1978 年，第 123 页。
②康德：《未来形而上学导论》，第 123 页。
③康德：《未来形而上学导论》，第 160 页。

断主义迷梦。

但是，康德虽然颠覆了传统形而上学，却没有颠覆形而上学本身。他认为，形而上学作为理性的一种自然趋向是实在的。他相信，每个善于思考的人都要有形而上学，因为形而上学是自然界本身建立在我们心里的东西，而不是一个信手拈来的产物，要使人类精神一劳永逸放弃形而上学研究，无异于因噎废食。因此，康德认为，在一切教条主义的形而上学即将衰落之时，有必要去探讨"作为科学的形而上学"的可能性。康德虽然没有给我们勾画出这种科学的形而上学所应具有的理论形态，但他提出了建构这种形而上学的基本原则，这就是"批判"。这个批判首先在于订立理性的限度，这就是让理性给全部理智范畴的使用划定一个界线，不让其超出经验世界或感性世界。但这个界线恰恰是经验本身不能提供的，只有通过理性的批判才能找到。为此，康德宣称"批判，而且只有批判才含有能使形而上学成为科学的、经过充分研究和证实的整个方案，以至一切办法"①。

康德的这个理性批判并不意味着把理性自身限制在感性世界或经验世界以内。他赞同休谟所说的"不要教条主义式地把理性使用推到一切可能经验领域之外去"这一原则，但他认为，还应用另一个被休谟忽视的原则来加以补充，即"我们的理性不要把可能经验的领域视为对它自身的限制"。这两个原则看上去似乎是矛盾的、不能相容的，但康德相信只要我们把"现象内原因"同"现象的原因"区分开来，这两个命题就可以并存。所谓"现象内原因"是指感性世界中各种现象之间的因果联系，按照自然的因果法则，现象世界中没有任何具有绝对必然性的存在性原因；"现象的原因"是指自在之物，亦即把感性世界连结到一个必然的存在体，以作为它的原因。人们之所以认为这两个命题不能相容，完全是出于这样一个误解，即把仅仅对现象有效的东西扩展到自在之物身上。"自在之物"是康德全部哲学的一个前提。在他看来，如果不承认任何自在之物，就会把我们的经验当作对物的唯一可能的认识样式，从而把经验的可能性原则视为自在之物本身的普遍条件。因而理性批判的重要作用就是把我们引导到这样一个界线上，使我们看到了经验世界与自在之物的关系。这个自在之物是一切可能经验的最高根据，但对于它本身是什么我们不可能知道，而且也没有必要知道，"对于这个未知者，我固然并不认识它的'自在'的样子，

---

① 康德：《未来形而上学导论》，第160-161页。

然而我却认识它的'为我'的样子，也就是说，我认识它涉及世界的样子，而我是世界的一个部分"①。

三、从理性批判到实践哲学

不少学者认为，康德的纯粹理性或认识论关系到自然，而他的实践理性和本体论则关系到自由。对于理解康德哲学来说，这是一个致命的误解。因为，如果康德不能在纯粹理性的批判中为理性自由确立根据，他就无法把理性自由奠定为实践理性的前提。

在康德看来，"自由这一理念仅仅发生在理智的东西（作为原因）对现象（作为结果）之间的关系上"②。所谓"理智的东西"就是指具有理性能力的人，也可说是人的理性能力。在这个问题上，康德区分了"原因的因果性"和"理性的因果性"。所谓"原因的因果性"是指现象世界中各种经验对象之间的普遍的因果联系，这种联系受自然界必然性法则的支配；所谓"理性的因果性"是指人作为"理智的东西"其行为并不是以经验世界的因果性为根据，而是以自身的理性能力为根据，不论其行为在经验世界中引起怎样的结果，人的理性能力则必然是这种结果的规定者。尽管人的理性行动在感性世界中引起的变化作为现象依然是受感性世界的因果法则即"原因的因果性"的制约，但人作为"理性的存在体的一切行动，由于它们是（发生在任何一种经验里边的）现象的缘故，都受自然界必然性支配；然而，同是这些行动，如果仅就有关理性主体以及这个主体完全按照理性而行动的能力来说，它们是自由的"③。只要他的行动是以自身的普遍的理性法则为根据，他的行动在实践上就是自由的，并且永远是"第一起始"，尽管这个行动在现象的系列中不过是一个从属的起始。康德正是在对纯粹理性的分析中确定了人这种理性存在体的自由本质，同时也为形而上学在实践哲学中的运用奠定了认识论的基础。

康德实践哲学主要就是指他的道德哲学，其中包括他的政治哲学即"权利的科学"。康德之所以把他的道德哲学称作"道德形而上学"，是因为在

---

① 康德：《未来形而上学导论》，第148页。
② 康德：《未来形而上学导论》，"注释"第129页。
③ 康德：《未来形而上学导论》，第131页。

他看来，人们在实践中所遵从的道德律决不是在经验世界中按照自然法则而形成的，而必然是来自人的纯粹理性。因此，"这种形而上学必须谨慎地清除一切经验的东西"以便知道在这种情况下纯粹理性能做什么事情。"除非在一种纯粹哲学里，在任何地方都找不到在实践上至关重要的、真纯的道德规律。所以，形而上学必须是个出发点，没有形而上学，不论在什么地方也不会有道德哲学。"①

康德认为，人的一切道德行为（包括政治行为）都是以作为理性存在体的人的自由为前提的，因而道德法则就是有别于自然法则的自由法则。然而，"自由的概念是一个纯粹理性的概念。因此，对于理论哲学来说自由是超验的。因为这一概念在任何可能存在的经验中，都无法找到或不能提供相应的事例，结果，自由不能被描述成为（对我们是可能存在的）任何理论认识的一个对象"②。换言之，自由这个具有普遍性和必然性的概念是不可能从经验中建立起来的，我们纵然确信"人生而自由"，但在经验世界中我们能看到的则是"无所不在枷锁之中"。所以，"道德法则却与自然法则不同。道德法则作为有效的法则，仅仅在于它们能够合乎理性地建立在先验的原则之上并被理解为必然的。事实上，对于我们自己和我们行动的概念和判断，如果它们的内容仅仅是那些我们可以从经验中学得到的东西，那就没有道德的含义了"③。若有人想通过经验的东西来制定道德原则，他就会"陷入最糟糕，最致命的错误的危险之中了"。

康德通过纯粹理性批判确认了人作为理性存在体的自由本质，把自由看成是人所具有的唯一的天赋权利，并将其作为他的实践哲学的出发点。他认为，人的选择行为虽然是受感官冲动或刺激影响的，但不是由它们来决定的。自由意志的积极意义在于这种意志是纯粹理性实现自己的能力，它能够为人们的各种行为确定能够付诸实现的普遍法则，在这个意义上，"可以把纯粹理性看成是一种制定法规的能力"④。这种能力不依靠任何经验的素材，而仅仅是依据人的自由本质来为人的意志行为制定出最高法则，作为禁止做的或必须做的绝对命令。

康德相信他已经从人的自由出发依靠纯粹理性推导出了这个绝对命

---

① 康德：《道德形而上学原理》，苗力田译，上海：上海人民出版社，2012年，第3页。
② 康德：《法的形而上学原理——权利的科学》，沈叔平译，北京：商务印书馆，1991年，第23页。
③ 康德：《法的形而上学原理——权利的科学》，第15页。
④ 康德：《法的形而上学原理——权利的科学》，第13页。

令。这个绝对命令作为道德的普遍法则就是"依照一个可以同时被承认为普遍法则的准则行事"[①]；作为权利的普遍法则就是"任何一个行为，如果它本身是正确的，或者它依据的准则是正确的，那么，这个行为根据一条普遍法则，能够在行为上和每一个人的意志自由同时并存"[②]。康德的这个绝对命令一经提出就遭到了来自各个方面的质疑、非议乃至攻击。但绝大多数的反对者都是从经验的立场上提出反驳。因而对于这些反对意见，康德似乎并不在意。面对经验事实，康德既不聋，也不瞎，他完全知道在人们现实的道德实践中，存在着大量的行善望报的伪道德行为和弃善从恶的非道德行为。他承认，由于我们是人类，具有一种受到感觉官能影响的意志活动，因而这种意志的活动可能与纯粹意志不一致，甚至经常与它冲突。但是绝对命令不会因此失去它的道德价值，因为道德原则给每个人颁下命令，仅仅因为我们每个人都是自由的并且有实践的理性，它并不考虑每个人的特殊爱好，而只是告诉我们按照自己的理性应当如何行动。因此，即便在经验世界中找不到这类行动的榜样，这个绝对命令本身的正确性依然是不容置疑的。至于这种理性行动能否给我们带来好处，康德回答说，理性绝不考虑这个问题，这种好处事实上只有经验才能真正告诉我们。这样，康德就在颠覆了传统形而上学的同时又在他的实践哲学中为形而上学找到了栖身之地，那就是人依靠自身的理性为自身立法，亦即为人的道德实践和政治实践奠定普遍的法则。

四、从"解释世界"到"改变世界"

康德对传统形而上学的颠覆并没有即刻在德国乃至欧洲哲学的发展中引起革命性的变化。康德之后，德国哲学的发展，如费希特、谢林、黑格尔等似乎都是在力图通过消解康德的"自在之物"来打破康德在感性世界或经验世界与自在世界之间划定的界限。这些哲学努力在各自的论域中都有其令人称道的理论建树，但在总体上都没有真正走出传统形而上学的范畴。

① 康德：《法的形而上学原理——权利的科学》，第 28 页。
② 康德：《法的形而上学原理——权利的科学》，第 40 页。

　　真正给哲学发展带来革命性变化的是马克思的实践哲学。如果说，旧哲学本体论不是把世界归结为抽象的精神，就是归结为抽象的自然界，那么马克思的实践哲学则完全立足于人的感性活动或人的对象性的活动即实践，从而在总体上实现了对传统形而上学思维本体论和旧唯物主义的自然本体论的超越。这个超越特别体现在马克思关于"感性世界"的理论中。

　　和康德一样，马克思没有把"感性世界"理解为与人的活动无关的"自在世界"，但马克思对感性世界的理解又极大地不同于康德。在感性世界中，康德看到的只是自在之物在人们的心灵中引起的知觉或表象，而在马克思那里，作为感性世界基础的是人的感性活动。这个感性世界不是由知觉和表象所构成的现象界，而是由人的感性活动及其创造物所构成的生活世界。因此，这个感性世界只能被理解为"工业和社会状况的产物""历史活动的结果"，它的存在根据不在"自在世界"中，而在于人们的感性活动中，"这种活动、这种连续不断的感性劳动和创造、这种生产，正是整个现存的感性世界的基础"。①只有把感性世界的基础理解为人的感性活动，康德所谓"自在世界"的"为我"的样子才能真正得到合理的解释。因为，在这个感性世界中，一切"存在者"作为人的感性活动的创造物，只有通过人的感性活动才能加以理解和诠释，因此我们必须把事物、现实、感性当作人的感性活动、当作实践去理解，从主体的方面去理解。

　　据此，马克思也和康德一样拒绝了在感性世界之外建构形而上学体系的任何努力，而是把自己的全部哲学建构在以人的感性活动为基础的感性世界中。这也正是马克思在《关于费尔巴哈的提纲》中所说的"哲学家们只是用不同的方式解释世界，问题在于改变世界"②这个命题所具有的根本重要性。在这个命题中，马克思所指称的"解释世界的哲学"，就是把人们身处于其中的世界理解为与人的感性活动无关的自在世界，因而或者在感性世界之外设想出一个至上的思维存在体作为述说这个世界的根据，或者在感性经验范围以内寻找述说这个世界的根据，以为一旦找到这个根据，这个世界就一目了然地摆在我们面前了。然而，在马克思看来，这个感性世界的存在根据并不在于自在世界，而在于人的改变世界的感性活动。所

---

　　① 马克思、恩格斯：《马克思恩格斯选集》第 1 卷，中央编译局编译，北京：人民出版社，1995 年，第 77 页。

　　② 马克思、恩格斯：《马克思恩格斯文集》第 1 卷，中央编译局编译，北京：人民出版社，2009 年，第 502 页。

以，"改变世界的哲学"就是以人的感性活动为理论出发点，探索随着人的感性活动的发展，感性世界所发生的历史性变化。它不把感性世界的既定形态看成是最终的，而是致力于使现存世界发生变化。

五、形而上学的实践哲学之用

马克思以人的感性活动为根据的实践哲学，较之康德的实践哲学，视野要宽阔得多。这种实践哲学是把人的感性活动，特别是人们每日每时都在进行着的物质生产活动——这种活动被以往的实践哲学完全忽视了——理解为人的感性世界的基础，理解为人的全部理论活动的发源地和最终归宿，因而是一种全面的、彻底的以"改变世界"为宗旨的实践哲学。

说到这里，我们可以进一步讨论形而上学对马克思实践哲学有什么意义这个问题。对于这个问题，我们从马克思的理论文本中似乎找不到现成的答案。但是只要我们不是着眼于"解释世界"，而是着眼于"改变世界"，形而上学问题就必然会在理论思维中浮现出来。如果说，形而上学理论思维的基本特征就是确信具有普遍性、必然性的真理不是来自经验而是来自人的理性能力，来自人的理性思维本身，那么形而上学对实践哲学的意义就变成了这样一个问题：在我们的实践活动中是否存在着不是来自经验而是来自人的理性能力或理性思维本身的普遍法则和普遍理念？或者，我们是否必须从我们的理性能力或思维本身追问那些普遍法则和普遍理念的根据？

首先必须肯定一点，无论是对康德的实践哲学来说，还是对马克思的实践哲学来说，人的自由本质都是绝对的前提。只不过，与以往哲学不同，马克思是把人的自由本质建基在人的感性活动中，建基在人的生命活动即劳动中。在这里，马克思并不否认人的自由意志，而是将人的自由意志置于人的感性的生命活动中予以理解，指出人的生命活动才是人的存在的根本，而人的自由意志不过是这种生命活动的自觉性特征。如果把自由意志同人的生命活动剥离开来，那就只能把自由意志想象为某种与人的生命活动无关的、自在的从而也是神秘的精神存在物。改变世界的实践活动就是人的自由活动，而当人们力图通过自身的感性活动赋予对象以新的存在形态时，就不仅要从实证的意义上把握对象的客观属性和规律，还必须思考，哪样一种可能的存在形态更符合人的意愿？哪样一种存在形态更具有价值合理性和正当性？哪样一种存在形态更能体现人的自由本质和存在意义？而一当我们作这样的考虑时，我们就必然会面对一系列重要的价值理念、价值准则、价值标准和价值规范，如自由、平等、公平、正义、幸福、美丑、善恶等等。自古以来，人们就在持续不懈地追索这些价值理念的普遍性和必然性，因为这些价值理念如果缺乏普遍性和必然性，我们就将失去对人的道德行为和政治行为进行价值判断的标准，失去对现实的社会生活进行价值批判的根据，失去在社会演进的多种可能性空间中作出价值选择的依据。

问题在于，这些价值理念的普遍性必然性来自什么呢？来自对经验事实的归纳和概括吗？显然不是，如果你俯首经验世界，到处可以看到奴役、剥削、压迫，到处可以看到对人的自由的践踏和非正义所带来的灾难，如果你愿意对经验事实进行归纳概括，充其量只能获得一个概率上的统计，而绝无可能使你确信自由、正义这一类的价值理念具有普遍性和必然性。不是来自经验，当然也不是来自上帝之类超自然的至上存在体，不是来自抽象的"心灵"或被抽象地理解的"实体"，而只能来自我们的以自由为前提的理性能力。在这一点上，自康德以来的德国哲学所作出的划时代的贡献，就在于把人的自由确定为推导人类行为的普遍法则的绝对前提。而当马克思从人的生命活动出发确证人的自由本质时，这个绝对前提就彻底摆脱了唯心主义的羁绊，使我们能够从"人是自由的存在物"这个基本命题出发，依靠我们的理性能力，去推导实践活动本身所应遵循的具有普遍性、必然性的价值理念和价值准则，并从人的自由的现实化过程中，历史地从而也是实证地考察这些价值理念在人类实践发展的不同阶段上所具有的现实内容和历史内涵。

当然，我们没有必要像康德那样，把人的纯粹理性设想成蜘蛛一样的东西，只从自己肚子里抽丝就能为人的道德实践编制出规则体系。我们倒是可以设想，我们的理性面对着经验世界，这个经验世界是我们感性活动的产物，因而我们的理性不是虚离于这个经验世界，而是密切地关注着它，进而把社会生活在其现实的结构性运动中产生出来的各种因素，置于人的自由本质及其现实化的前提下进行理性的考量，使那些与人的自由本质根本一致的社会因素普遍化，成为社会进步的现实内容。这不是靠经验的归纳和概括完成的，某种社会因素之所以能够被普遍化，不是因为这种社会因素在经验世界中概率最大，而是因为它与人的自由本质存在着逻辑上的必然关联。从历史上看，某些价值理念在其刚刚出现的时候，通常是经验世界中概率最小的事件，例如"政教分离"作为一种政治原则，在欧洲中世纪封建专制制度下几乎全无踪影，在文艺复兴时期也还只是少数人的主张，在启蒙运动中逐渐成为政治理性的强烈呼声，而在现代社会中则成为政治建构的普遍原则，这正是因为政教分离原则确认人的存在的独立、自由与平等，反对国家的政治建构依据人的宗教信仰来有区别地对待它的国民，而要求国家确认和维护公民平等享有的各种自由权利。人类改变世界的实践活动的一个最为重要的特征，就是能够把经验世界中概率最小的可能性变成现实，只要它与人的自由本质是根本一致的。

基于理性而形成的价值命题不同于基于经验而形成的科学命题。科学命题如果不符合事实，就必须依据事实来纠正。价值命题则不同，正如我们不会因为到处都有偷盗现象，就改变我们关于"不许偷盗"的普遍法则一样，我们也不会因为到处都有奴役和压迫就否认自由、平等、正义的普遍意义；相反，我们应当尽可能地按照这个价值准则去改变现存的经验世界。这就是价值理念和价值准则所具有的规范性作用，而这种规范性作用无疑来自我们每个人都具有的理性能力。只要这种价值理念、价值准则是依据人的自由本质推导出来的，那么确如康德所说，不管人们在经验世界中是否按这些价值理念去行事，这些价值理念本身都是正确的。即便满世界找不到多少遵从这种价值理念的经验案例，这些价值理念也会像珠宝一样自己发光。

依靠我们的理性能力为我们"改变世界"的实践哲学确立普遍的实践法则和价值理念，从一定意义上说，正是形而上学的实践哲学之用，亦即形而上学必然要担当起理性地为人类行为立法的重大责任。然而，自近代以来，形而上学的努力先是遭到了经验主义的拒斥，而后又遭到了后现代主义的颠覆。过度地强调人的理性能力的有限性，使人们不再相信人类理性能力具有建构普遍的道德法则和政治法则的可能性，不得不转而从经验世界中为道德法则和正义法则寻找根据。然而，无视人的理性能力，这种看似非常现实的经验考察，就使围绕有关自由、平等、正义之类价值理念的探讨陷入无休无止的争论中。由此看来，我们现在需要思考的一个问题就是重新评估人的理性能力。我们不否认人的理性能力的有限性，也不认为单凭人的理性能力就能解决我们所面对的各种问题。但是，我们也不能因此否认人的理性为人的道德实践和政治实践确立普遍原则的能力，更不能否认人按照自身的理性法则行事的能力。实践哲学必然要面对所有价值规范并将其吸收到对人们改变世界的实践活动的理解中。这就是实践哲学自身的事业，也是形而上学在实践哲学中的存在价值。

（本文原载于《哲学研究》2019 年第 4 期）

论唯物辩证法的双重结构

许瑞祥

在诸多的哲学论著和教材中，唯物辩证法被认为只具有辩证规律体系这一重结构，这种认识与"唯物辩证法是世界观和方法论统一"的思想是不相符合的。正因为存在这种认识，所以，学界一般都把"从抽象上升到具体的方法"作为认识论的逻辑思维方法之一，而不是作为唯物辩证法的基本内容去理解。笔者认为，这样就错置了这个方法在马克思主义哲学中的地位，也与马克思对这个方法的认识相左。在马克思看来，"从抽象上升到具体的方法"是辩证思维的头脑掌握世界时所"专有的方式"①，因而，它是唯物辩证法的最基本方法。基于上述认识，笔者认为，唯物辩证法应当具有双重结构。在此，笔者愿将千虑之一得简略阐述，以就教于方家。

一、唯物辩证法：一种主观辩证法

马克思的唯物辩证法是主观辩证法，还是客观辩证法？对这个问题的不同回答，是决定把"从抽象上升到具体的方法"置于马克思主义哲学理论体系中何种地位的关键，因而，也是能否认识到唯物辩证法具有双重结构的关键。

人们在谈到辩证法的三大规律和五对范畴时，都只强调它们是客观世界普遍适用的客观规律，并且，往往还举出大量的自然、社会和思维的实例来验证。似乎这样就说明了我们所讲的辩证法是唯物辩证法，从而与唯

---

① 马克思、恩格斯：《马克思恩格斯选集》第 2 卷，中央编译局编译，北京：人民出版社，1972年，第 104 页。

心辩证法划清界限了。按照这种认识，唯物辩证法就是普遍规律本身所直接构成的，而人的头脑对之进行的反映和改造则不见了。很清楚，这是把马克思所创立的唯物辩证法看作客观辩证法了，以为这样才坚持了辩证法的唯物主义基础。但问题是，唯物辩证法是客观辩证法吗？

恩格斯在其《自然辩证法》中，明确指出客观辩证法和主观辩证法的区分及其相互关系，他说："所谓客观辩证法是支配着整个自然界的，而所谓主观辩证法，即辩证的思维，不过是自然界中到处盛行的对立中的运动的反映而已。"①也就是说，客观辩证法是客观世界在其运动中所表现出的辩证本性，即辩证规律；而主观辩证法则是思维着的头脑对客观辩证法的反映，尽管其基本内容依然是客观世界的辩证规律，但已被思维的头脑改造成理论形态的辩证法了。按照笔者对恩格斯这段话的理解，所有作为学说存在的辩证法都是主观辩证法即观念辩证法，马克思的唯物辩证法也不例外。要懂得唯物辩证法不是客观辩证法，就要理解：恩格斯把客观世界的辩证规律称为"客观辩证法"，只是对人们所熟悉的"辩证法"概念的借用，并非认为存在着一种纯客观的辩证法。因此，无论唯物辩证法，还是唯心辩证法，都是主观辩证法，在这一点上，它们是没有区别的，它们的区别是在别的方面。

那么，唯物辩证法和唯心辩证法又怎样相区别呢？其实，区别就在于：唯物辩证法是立足于客观辩证法（存在）基础之上的，是反映了客观辩证法（存在）的主观辩证法（思维）；而唯心辩证法则是立足于主观辩证法（思维）基础之上的，认为是主观辩证法（思维）创造了客观辩证法（存在）。这种区别是哲学上两条基本路线的区别，是辩证法究竟与唯物主义还是与唯心主义相结合的区别，而决不是作为理论形态的辩证法是客观辩证法还是主观辩证法的区别。换言之，我们判定唯物辩证法也是一种主观辩证法，并没有混淆它与唯心辩证法的原则界限。

其实，马克思对他所创立的唯物辩证法和黑格尔唯心辩证法的区别讲得很清楚，但他决不是把这种区别看作客观辩证法和主观辩证法的不同。他在1873年1月写的《资本论》第1卷"第二版跋"中，对他近三十年所创立的唯物辩证法理论进行总结时，是这样阐述这种区别的："我的辩证方

---

① 马克思、恩格斯：《马克思恩格斯选集》第 3 卷，中央编译局编译，北京：人民出版社，1972年，第 534 页。

法，从根本上来说，不仅和黑格尔的辩证方法不同，而且和它截然相反。在黑格尔看来，思维过程，即他称为观念而甚至把它变成独立主体的思维过程，是现实事物的创造主，而现实事物只是思维过程的外部表现。我的看法则相反，观念的东西不外是移入人的头脑并在人的头脑中改造过的物质的东西而已。"①在黑格尔那里，辩证法是倒立着的。马克思把它颠倒过来，从而发现了在神秘外壳中的合理内核。如果我们套用一下马克思的话，那就是：作为观念形态的唯物辩证法不外是移入人的头脑并在人的头脑中改造过的客观世界的辩证规律而已。

唯物辩证法既是世界观，又是方法论。作为世界观，它表现为辩证规律体；作为方法论，它也应当有自己的结构体系。如此看来，仅仅认识到辩证法的一重结构是不完全的。

二、双重结构：辩证规律体系和辩证方法体系

笔者认为，唯物辩证法应当是一方面作为辩证规律体系而存在，另一方面又作为辩证方法体系而存在的。也就是说，唯物辩证法理论体系是具有内在的双重结构的。如果我们把辩证规律体系称作它的"第一结构"，那么，就可把辩证方法体系称为它的"第二结构"。这双重结构应是共存的，即是说，不能因把握了第一结构而忽略第二结构的存在，也不能因承认第二结构而否认第一结构的意义。唯物辩证法立足于唯物主义基础，所以，第一结构的存在是必要的；同时，它又要服务于实践，所以，第二结构的存在更是必需的。第二结构要以第一结构为基础，并通过第一结构与客观世界的辩证规律即客观辩证法形成反映与被反映的关系；同时，唯物辩证法又要为人们认识世界和改造世界提供根本性指导方法，所以，第二结构是更为重要的，第一结构需要通过第二结构来与实践发生关系，并由此获得自己存在的根据和发展的动力。因此，第一结构要过渡或发展为第二结构，第二结构则要依赖于第一结构，从而共同构成唯物辩证法完整的理论体系。

---

① 马克思、恩格斯：《马克思恩格斯全集》第23卷，中央编译局编译，北京：人民出版社，1972年，第24页。

如果我们确认唯物辩证法的第二结构或第二种存在形式的主体内容是辩证方法体系，那么就应当肯定："从抽象上升到具体的方法"，以至包括"历史和逻辑相统一的方法"在内的许多辩证方法，都会在辩证法理论体系中占据一定的地位。可以想象，那将会给唯物辩证法的发展提供多大的理论空间！毫无疑问，它也将极大地激发理论工作者的热情，从而使几十年不变的唯物辩证法理论体系乃至整个哲学理论体系发生变化。

对于唯物辩证法第一结构的内容，恩格斯曾在《自然辩证法》中给予简明的概括，并得到人们广泛的赞同，我国学界对这方面作过许多研究。但对其第二结构的内容，我国学界却研究不多。其实，马克思在创立唯物辩证法过程中曾多次强调它的方法论意义。由此可见，唯物辩证法第二结构更应当得到我们的重视和研究。那么，如何有根据地确立这个结构呢？笔者以为，下述一个基本事实和一个基本概括可以作为指导。

在马克思理论生涯中，他没写过像黑格尔《逻辑学》那样专门的辩证法理论著作，他倾其毕生精力创作的是政治经济学经典《资本论》。但存在着这样一个基本事实：马克思在创作《资本论》的过程中，曾几次表示要写一部与黑格尔唯心辩证法截然相反的阐述唯物辩证法思想的理论著作。这部未诞生的著作，马克思称之为《辩证法》，恩格斯则名之为《辩证法大纲》。

1858 年初，在《资本论》的第一个草稿即《1857—1858 年经济学手稿》即将完成之际，马克思在致恩格斯的信中表示："我又把黑格尔的《逻辑学》浏览了一遍，这在材料加工的方法上帮了我很大的忙。如果以后再有功夫做这类工作的话，我很愿意用两三个印张把黑格尔所发现、但同时又加以神秘化的方法中所存在的合理的东西阐述一番，使一般人都能理解。"[1]时间过了十年，马克思对此仍是念念不忘。他在《资本论》发表后的 1868年 5 月 9 日致狄慈根的信中，再一次说："……一旦我卸下经济负担，我就要写《辩证法》。"[2]恩格斯也一直关注此事。马克思逝世不久，恩格斯在给一友人的信中说："明天我才有时间花几个钟头去浏览一下摩尔留给我们的所有手稿。特别使我感兴趣的是他早就想写成的辩证法大纲。"[3]很遗憾，

① 马克思、恩格斯：《马克思恩格斯〈资本论〉书信集》，北京：人民出版社，1976 年，第 121 页。

② 马克思、恩格斯：《马克思恩格斯全集》第 32 卷，中央编译局编译，北京：人民出版社，1974年，第 535 页。

③ 马克思、恩格斯：《马克思恩格斯〈资本论〉书信集》，第 412 页。

恩格斯没有找到大纲的手稿。原因也很简单，自 1868 年至其逝世，马克思一直忙于《资本论》第一卷的传播和人类文化学等新的理论研究，没有时间回过头来实现从前的理论夙愿。这本是一件遗憾的事，但联系到《资本论》的创作，这个事实又是发人深省的，事实上《资本论》就是马克思给我们留下的"大写的逻辑"即成熟的唯物辩证法巨著。《资本论》对辩证法的认识以及其中所体现的辩证方法，可以作为我们确立唯物辩证法理论体系第二结构的可靠根据。

恩格斯和列宁都曾强调：没有辩证思维，就读不懂《资本论》。马克思更是十分强调其中所运用的方法，他共为《资本论》写了四篇序和跋，篇篇都突出地提到了其中的辩证方法，并一而再地详细说明了"本书运用的方法"[1]。确实，《资本论》与唯物辩证方法是密不可分的，而且，其中的唯物辩证方法不是零散的，而是系统的，不是各自孤立的，而是通过政治经济学的理论分析和事实论述联结为一个有机整体，这个整体就是一个辩证方法体系。笔者以为，这就是马克思通过《资本论》所表达出来的对唯物辩证法理论体系第二结构的认识。如果这种论断是可信的，那么，我们通过对《资本论》辩证法的研究，就可以确认第二结构在唯物辩证法理论体系中存在的根据及其基本框架内容。

下面我们再来考察一下可作为指导的一个基本概括。马克思有这样一段名言："辩证法在对现存事物的肯定的理解中同时包含对现存事物的否定的理解，即对现存事物的必然灭亡的理解；辩证法对每一种既成的形式都是从不断的运动中，因而也是从它的暂时性方面去理解；辩证法不崇拜任何东西，按其本质来说，它是批判的和革命的。"[2]这是马克思在 1873 年初为《资本论》第 1 卷第 2 版所写的跋中说的。这时，马克思为创立和发展唯物辩证法已奋斗了近 30 年。所以，这段名言可以看作马克思对唯物辩证法思想的基本概括。笔者以为，这段话恰恰说明了马克思对唯物辩证法具有第二结构的认同，同时，它也确立了第二结构的实质和基本精神。

作为唯物辩证法的第二结构，其实质是批判性和革命性，即对任何事物的认识都要立足于改造对象的实践活动基础上采取批判分析的态度，决不盲目地崇拜和迷信；其基本精神就是："世界不是一成不变的事物的集合

---

① 马克思、恩格斯：《马克思恩格斯全集》第 23 卷，中央编译局编译，北京：人民出版社，1972 年，第 29 页。

② 马克思、恩格斯：《马克思恩格斯全集》第 23 卷，第 24 页。

体，而是过程的集合体。"①既然世界是过程的集合体，那么，在唯物辩证法的方法结构即第二结构中，最基本的内容就应当是体现这种过程的方法。

诚然，量变质变分析方法揭示了过程的两个阶段，矛盾分析方法揭示了过程的动力源泉，否定之否定分析方法揭示了过程周期发生的特征，如此等等，都是对过程进行分析的方法。但是，这些方法都没有说明世界作为过程的整体性，能够进行这种说明的，只有"从抽象上升到具体的方法"。因此，只有这个方法才是唯物辩证法第二结构的核心内容。

"从抽象上升到具体的方法"无法插足于第一结构即辩证规律体系之中，因为"从抽象上升到具体的方法，只是思维用来掌握具体并把它当作一个精神上的具体再现出来的方式。但决不是具体本身的产生过程"②。但在第二结构即方法体系中，它就居于核心的重要地位。这是唯物辩证法两个结构之间一个显著的区别。

三、从抽象上升到具体：最基本的方法

这个方法之所以是唯物辩证方法中最基本的方法，还因为它统率着或说涵盖着诸种其他的辩证方法。那么，它是如何涵盖其他辩证方法的呢？

所谓"从抽象上升到具体的方法"，就是在对事物的认识中，应当从对象的最简单、最抽象的规定出发，经过不断的综合，加入越来越多的规定，最后在思维的进程中导致具体的再现。但这种具体已不再是一个混沌的表象具体，而是已被把握了的多种规定性统一的思维具体。马克思认为，这是在理论把握现实时科学上唯一正确的方法，是辩证思维的头脑掌握世界"所专有的方式"③。

黑格尔第一个系统地阐述了这个方法，并将之作为建构其《逻辑学》体系的最基本方法，也成为其辩证法中最基本的方法。这个方法的确立，体现了黑格尔的思辨哲学是以巨大的历史感作为基础的。但由于他的客观唯心主义立场，"因而黑格尔陷入幻觉，把实在理解为自我综合、自我深化

---

① 马克思、恩格斯：《马克思恩格斯选集》第 4 卷，中央编译局编译，北京：人民出版社，1972年，第 240 页。

② 马克思、恩格斯：《马克思恩格斯选集》第 2 卷，第 103 页。

③ 马克思、恩格斯：《马克思恩格斯选集》第 2 卷，第 104 页。

和自我运动的思维的结果"①，所以，他错误地认为从抽象上升到具体也是客观世界的生成过程。

马克思吸取了黑格尔思想中的"合理内核"，将之定位在立足于客观辩证法基础之上的主观辩证法，即作为理论把握现实的方法，使之成为唯物辩证法的最基本方法。对这个方法的唯物主义的改造，为马克思建构《资本论》的体系帮了"很大的忙"。从这个意义上来说，"从抽象上升到具体的方法"作为唯物辩证法第二结构中的最基本方法，集中而又充分地体现在《资本论》中。因此，我们就从对《资本论》的考察来说明这个问题。

《资本论》首先从商品经济中社会财富的元素形式——商品开始。这是最一般的商品，是对商品经济形式的最抽象也是最简单的规定。由此抽象出发，马克思考察了商品交换的发展导致作为一般等价物的货币的出现，而当劳动力成为商品，货币就转化为资本。在这种向具体上升的过程中，马克思严格地遵循商品自身发展的内在逻辑，从本质上揭示并阐明了从简单商品经济向资本主义商品经济发展的历史过程。在《资本论》中，历史和逻辑相统一的辩证方法是与"从抽象上升到具体的方法"结合在一起，并在从抽象上升到具体的过程中展开其丰富内容的，因而它是被涵盖在"从抽象上升到具体的方法"之中的。

在《资本论》中，质量互变的分析方法也是从属于"从抽象上升到具体的方法"的。G—W—G 本来是依附于商品流通的货币流通的公式，但当第二个 G 量增大为 G′，就使之变为资本的总公式：G—W—G′，初始的 G 也就由原来单纯的货币变为货币资本了。这是量变向质变的转化，也是从抽象到具体的上升。在工场手工业里，随着同一资本同时雇用工人数量的增加，一系列变化发生了：劳动具有了社会平均的性质，劳动的物质条件相对节约了，每个工人的劳动效率提高了，并在协作中创造出新的集体生产力……这就有了足够的剩余价值量，使行会师傅可以摆脱体力劳动，由小业主变为资本家，从而使资本关系在形式上建立起来。

《资本论》三卷的论述既是从抽象上升到具体的过程，也是否定之否定的过程，因而，否定之否定的方法也是被包括在"从抽象上升到具体的方法"之中的。第 1 卷从资本的直接生产过程中揭示了剩余价值本质和产生的秘密，是剩余价值的正题和肯定阶段。在这个阶段，资本的流通和剩余

① 马克思、恩格斯：《马克思恩格斯选集》第2卷，第103页。

价值的分配等都被舍象掉了，这是其最抽象的阶段。第 2 卷则离开了资本的生产过程进入对资本流通过程的考察，虽然向具体上升了一步，但是单纯的流通过程又歪曲了剩余价值的本质，掩盖了其来源，造成了在流通中产生的假象，因而是剩余价值理论的反题和否定阶段。第 3 卷从生产过程和流通过程相统一的总过程去考察，否定了第 2 卷单纯研究流通过程的方法，这是对否定的再否定，是剩余价值理论的合题和否定之否定阶段。它之所以被称为合题，是因为第 3 卷把前两卷所有已获得的理论成果都包容在自身之内，并在此基础上对资本主义生产方式呈现在生产和流通过程的表面现象作进一步的研究，使对资本主义生产方式的认识上升到了作为多种规定性统一的思维具体。这使认识又回到了正题和肯定阶段，但已是在更高的基础之上了。由此可见，否定之否定的分析方法只有将对象置于从抽象上升到具体的过程中才能获得充分的展开。从另一个方面说，否定之否定方法是研究事物周期变化的方法，而"从抽象上升到具体的方法"则是研究事物发展全过程即其总体的唯一科学的方法，因而，后者把前者包容在自身之内，这也是不言而喻的。

　　矛盾分析方法是唯物辩证法中一个十分重要的方法，也是《资本论》对每一个对象分析时所采用的基本方法。但是，这个方法在唯物辩证法的第二结构中也是从属于"从抽象上升到具体的方法"。矛盾分析方法的运用，只有在将对象的内在矛盾置于从抽象上升到具体的过程中，才能得到充分的展开。其基本的原因就在于，事物皆有其发展过程，事物的内在矛盾运动也是个过程，对事物矛盾的展开分析，也就必须运用"从抽象上升到具体的方法"。如果离开这个方法，仅仅对矛盾进行静态分析，那就无法把握矛盾的发展变化，而在把矛盾静止化的同时，实质上也是把对象静止化、凝固化了，这也就背离了唯物辩证法的"过程性"这个基本精神了。《资本论》对商品内在矛盾的分析，是贯穿着"从抽象上升到具体的方法"的。马克思在第 1 卷中揭示出，商品内在包含着价值与使用价值、抽象劳动与具体劳动、社会劳动与私人劳动等矛盾，而其中蕴涵着的必要劳动与剩余劳动的矛盾、经济发展与经济危机的矛盾以及生产的社会化与生产资料私人占有的矛盾等，都还只能以萌芽的或潜在的形式存在着。但在马克思随后的分析中，这些矛盾在加入愈来愈多的条件时，也就越来越具体，越来越得以展开，直至从中复制出整个资本主义生产方式的矛盾体，达到作为多种规定性统一的思维具体，才完成了对资本主义生产方式的矛盾分析。试想，马克思如果不用"从抽象上升到具体的方法"来统率或涵盖矛盾分析方法，能取得《资本论》这样的理论成果吗？要而言之，矛盾分析方法是唯物辩证法的第二结构即辩证方法体系中的重要方法，但不是其最基本的方法；在唯物辩证法的第一结构中，对立统一规律是实质与核心，但在其第二结构中，矛盾分析方法只是一个重要的方法，只有"从抽象上升到具体的方法"才是最基本的方法。这是两个结构之间的显著区别之一。

在《资本论》中，现象与本质的辩证方法的运用也是与"从抽象上升到具体的方法"紧密联系在一起的。许多人认为，透过现象把握了本质，理论认识的任务就完成了，现象与本质的辩证法到此也就终结了。但是，马克思运用"从抽象上升到具体的方法"来统率现象与本质的辩证分析方法，强调指出：对本质的认识不是理论认识的终点，而仅仅是理论地把握对象的起点，必须由此上升，一直达到使认识与事物的表面现象相契合，即达到思维具体。这既是一个丰富对本质认识的过程，也是在科学上逻辑地验证对本质的认识正确与否的过程。即是说，"从抽象上升到具体的方法"不仅要求从现象中把握本质，还要求能够从本质中推导出现象并说明现象。因为，只有这样，才能从科学上证明对本质的认识是正确的，也才能把握对象的多种规定性的统一，完成理论认识的任务。马克思在这里还有一个发人深省的观点：把现象与本质的关系置于主观辩证法的范畴，就是日常意识与科学认识的关系，再进一步，把它们置于实践基础上就可归结为日常行为与科学实践的关系，从而用实践活动的内在矛盾来说明现象与本质的矛盾。这个思想是十分深刻的。

笔者以为，马克思这个思想的重要意义，在于向我们指出：实践不但是认识论的基础和最终目的，也是整个马克思主义哲学的基础和最终目的，当然，实践也是唯物辩证法的基础和最终目的。如果离开了实践这个基础，离开了实践这个最终目的，那就无法科学地理解马克思主义辩证法中关于现象与本质等的辩证关系，也无法科学地把握从抽象上升到具体等辩证方法的作用和意义，更无法理解何以要区分唯物辩证法理论体系的第一结构和第二结构。

对于我国哲学理论工作者来说，把唯物辩证法的全部内容置于实践基础上予以科学说明，是一个相当艰巨的任务，还有一段相当长的理论研究和探索的路程要走。因此，从包括《资本论》在内的马克思著作中不断挖掘唯物辩证法思想，对深入发展唯物辩证法理论研究，仍有重要的现实意义。

（本文原载于《南开学报》1999 年第 2 期）

毛泽东和邓小平：
对社会主义社会基本矛盾理论的贡献

冯贵贤

我国革命是在没有照抄照搬国外经验和模式的情况下取得胜利的，同样，在如何建设社会主义的问题上我们党也从一开始就遵循这一原则进行积极的探索。我国社会主义改造基本完成以后，我们吸取其他社会主义国家的经验教训，正视我国社会主义社会经济、政治、文化领域中的各种矛盾，进行科学的研究。毛泽东所著《论十大关系》围绕着调动一切积极因素、为社会主义事业服务的基本方针，论述了我国社会主义革命和社会主义建设中的十大关系。他指出："这十种关系，都是矛盾……我们的任务，是要正确处理这些矛盾。"[①]以此为开端建构了一个比较完整的社会主义社会矛盾问题的理论体系，其中关于社会主义社会基本矛盾的理论，就是重要的认识成果。

毛泽东认为，承认还是否认社会主义社会存在着矛盾，这是唯物辩证法和形而上学之间的斗争在社会主义条件下的继续。问题的实质不在于从口头上承认对立统一规律是宇宙的根本规律、承认社会主义社会矛盾存在的客观性和普遍性，而在于能够"应用这个规律去观察和处理问题"。因为对许多人来说，承认这个规律与应用这个规律去观察和处理问题，完全是相互脱节的两回事。在他们看来，矛盾与社会主义社会的优越性水火不容，只有"一致"，即所谓政治上、道义上的一致，才是社会主义社会发展的动力。这就暴露了他们对于坚持唯物辩证法的不彻底性和摇摆性。毫无疑问，国家的统一、人民的团结、国内各民族的团结，是社会主义事业一定要胜

---

① 毛泽东：《毛泽东文集》第 7 卷，中共中央文献研究室编，北京：人民出版社，1999 年，第 44 页。

利的基本保证。但团结一致只是推动社会主义社会向前发展的条件，而不是动力，是矛盾运动的结果，而不是矛盾本身。离开了矛盾的观点对于社会主义社会为什么会发展，就不能做出正确的回答。当然，这种否定矛盾的观点也与他们不能把矛盾的同一性与斗争性联系起来，有着密切的关系。同样，他们对于社会主义社会的基本矛盾就更感到无法理解，认为资本主义社会存在着基本矛盾——生产的社会性和私人占有之间的矛盾，但是社会主义社会却不存在着什么基本矛盾。其实资本主义社会的基本矛盾原本是普遍性与特殊的联结，而这些人却看不到其中包含的普遍性矛盾，以致不能上升到社会基本矛盾的高度，以为资本主义社会被推翻以后，便不再存在社会基本矛盾了。

从特定的意义上说，毛泽东的主要贡献，并不在于指出社会主义社会存在着矛盾，而在于他首次提出和阐述了社会主义社会的基本矛盾的理论。他注意到，斯大林在 1938 年就主张社会主义条件下生产关系完全适合生产力的状况的形而上学的观点，到了 1952 年，斯大林又斥责别人对他的观点做了绝对意义上的理解，强调不能把他的观点"理解为仿佛在社会主义制度下决没有生产关系落后于生产力的增长的现象"[①]。毛泽东指出，直到逝世，斯大林还是没有把社会主义制度下生产关系和生产力之间的矛盾、上层建筑和经济基础之间的矛盾，当作全面性的问题提出来，他还是没有认识到这些矛盾仍然是推动社会主义社会向前发展的基本矛盾。因此，他才在《关于正确处理人民内部矛盾的问题》中明确指出："在社会主义社会，基本的矛盾仍然是生产关系和生产力、上层建筑和经济基础之间的矛盾。"各个社会形态既有区别，又有联系，而社会基本矛盾则是这种区别与联系的集中体现。按照历史唯物主义，生产力是社会发展的最终决定力量。归根到底，社会的发展是由生产力和生产关系的矛盾运动决定的。但是，社会是一个复杂的结构，除了处于基础地位的经济关系，还有建筑在经济关系之上的政治关系、思想关系等上层建筑。上层建筑与经济基础之间的矛盾运动也对整个社会生活产生重要的影响，这是由人类历史反复证明了的客观真理。毛泽东把社会基本矛盾作为历史唯物主义的基本范畴来使用，实际上就是坚持了历史唯物主义基本原理的普遍性，说明了唯物辩证法、历史辩证法以不同的形态贯穿于一切社会，即使到了共产主义社会也不会

---

① 斯大林：《苏联社会主义经济问题》，中央编译局编译，北京：人民出版社，1961 年，第 40 页。

终止。

当然，同旧社会相比，社会主义社会基本矛盾具有不同的性质和情况。首先，社会主义社会的经济基础和上层建筑，都是崭新的制度，不仅同旧社会相比，它们是充满生机和具有强大生命力的新生事物，而且也是有史以来的新生事物。社会主义社会基本矛盾是一种不断促使新制度完善的矛盾，从社会主义制度建立之日起，就起着推动社会向前发展的作用，就是说，它促使社会主义制度逐步完善，并由逐步完善发展到未来的共产主义高级阶段。这一矛盾在总体上是和缓发展的，而不是先和缓，后激化，它们是对立面之间基本相适应状态下的矛盾。

其次，社会主义社会基本矛盾的特点是既相适应又相矛盾（即不适应）。尽管从总体上说，社会主义社会的生产关系和生产力、上层建筑和经济基础的发展要求是相适应的，但社会主义生产关系和上层建筑中还有"不完善"的方面，以致出现矛盾（或者说不相适应）的情况。这种"不完善"的方面，一是相对于向共产主义的发展而言，社会主义是不完善、不成熟的共产主义。二是我国社会主义生产关系和上层建筑中客观地存在一些缺陷和问题。不难看出，前一种情况是由生产力的发展状况决定的，是一定社会历史条件的产物，而后一种情况既与生产力的发展水平有关，又和我们的主观认识、工作作风存在缺点有关。此外，社会主义社会是不断发展的社会，而不是凝固不动的、停滞不前的社会，随着经济发展和社会生活各方面的进步，还会产生新的各种矛盾需要加以解决。总之，适应中存在着矛盾，而矛盾又是在总体上相适应的情况下出现的，不能把相适应与相矛盾割裂开来、对立起来，以为肯定相适应就不应该有矛盾，或者肯定有矛盾就不能承认相适应。如果不能把矛盾的同一性和斗争性联结起来。就会陷入形而上学的"非此即彼"的窠臼里。

由于社会主义社会基本矛盾是非对抗性的矛盾，是一种在总体上相适应的情况下产生的矛盾，就不需要采取根本改变社会基本制度的方法来解决。毛泽东强调说，这种矛盾可以经过社会主义制度本身，不断地得到解决，而不必诉诸大规模的急风暴雨式的群众性阶级斗争。由社会主义社会基本矛盾的特殊本质所规定的这种解决矛盾的方法，恰恰表现了社会主义制度的优越性。这样的解决方法，主要表现在两个方面。

其一，"在新的生产关系下保护和发展生产力"，也就是充分发挥新的生产关系的促进作用。因为崭新的生产关系能够使劳动者和生产资料更好地结合起来，实现自己的利益，从而充分发挥劳动者的积极性、主动性和创造性。社会主义生产关系的物质承担者和体现者都是工人阶级领导下的广大劳动人民，他们在根本利益上是一致的，没有根本的利害冲突。他们之间的矛盾是社会生产和自身的物质与文化生活需要的矛盾，随着生产力的发展是可以逐步解决的。正因为这样，大力发展社会生产力就成为题中应有之义，"向自然界开战，发展我们的经济，发展我们的文化"，巩固社会主义制度，建设现代化国家，就成为党和全体人民的根本任务。

其二，改革、调整生产关系和上层建筑中的不完善的方面，以适应生产力发展的要求。社会主义制度刚刚建立，生产关系上还存在着不少复杂的问题有待解决；在上层建筑方面，还要继续战胜资产阶级意识形态，克服国家制度中的某些缺陷，克服党和国家工作人员中存在的官僚主义作风。毛泽东认为，即使社会主义制度完全建成了，也还需要继续进行改革（或革新）。因为社会主义社会基本矛盾运动有其发生、发展的过程，在不同的阶段上，这一矛盾都有不适应的方面存在，必须随时进行调整，如果对此处理得不好，历史走一点儿回头路也是可能的。那时，总会有群众和他们的领袖人物出来收拾时局，脓包破了以后，我们的国家只会更加巩固。毛泽东提到的这种复杂局面，由于后来我们犯了全局性、长时间的"左"倾错误，生产关系和上层建筑都出了问题，不得不进行拨乱反正，进行全面改革，重新走上健康的道路。

总之，毛泽东坚持辩证唯物主义和历史唯物主义的立场，坚持"具体问题具体解决"的科学态度，提出和阐明了社会主义社会基本矛盾的理论，揭示了社会主义社会向前发展的根本动力，为正确认识社会主义社会发展规律指明了方向，为制定和执行社会主义建设的正确路线、方针和政策提供了理论根据，给马克思主义理论宝库增添了新的内容，具有划时代的意义。

值得注意的是，在明确提出社会主义社会基本矛盾理论以后，为什么以它为指导的实践竟然会发生"大跃进""文化大革命"等众所周知的严重挫折？首先，我国社会主义改造过快过急，以致在社会主义制度建立以后因缺乏坚固的物质基础而遇到许多难题。这样，在生产关系和生产力之间、上层建筑和经济基础之间出现的一些不适应或矛盾，原本是不应该发生的却发生了，对于社会主义基本矛盾的运行造成限制，影响了社会主义制度优越性的充分发挥。例如，在许多地方，互助组刚建立不久，便在"社会主义高潮中"中一步跨入高级农业生产合作社，实行统一经营，统一管理，统一分配，忽视和排斥农民的家庭经营，既滋长了过分集中和平均主义的倾向，又给商品经济的发展带来种种限制，影响了生产力的发展。

其次，斯大林社会主义模式的影响，使我国社会主义社会基本矛盾的运行机制受到束缚。这个模式的特点是，高度集权的国家垄断制，拒斥市场机制，阻遏商品流通，压抑人民群众的积极性、创造性和主动性。毛泽东虽然在 20 世纪 50 年代中期已看出了这种模式的若干毛病，提出以苏为鉴戒的要求，积极探索中国社会主义建设的道路，但是，他将斯大林模式中的根本性的东西却作为"苏联基本经验"而予以肯定，未作触动。不仅如此，他在苏联和其他社会主义国家进行改革，如政治方面消除个人崇拜的后果，经济方面下放部分管理权限，特别是在我们国内"大跃进"遭受挫折后，在反对"修正主义"，坚持社会主义的旗帜下，竟进一步强化了这种模式，一些具有改革性质的措施被取消。

再次，脱离国情，实施以高产值、高速度为目标的发展战略。虽然毛泽东对社会主义制度的"建立"和"建成"做了区别，认识到社会主义社会基本矛盾的运动是循序渐进的发展过程，强调对于建成社会主义不要讲早了。但是，他对于中国社会主义改造基本完成以后的国情和中国建设社会主义的历史条件，却缺乏系统、周密的调查研究。虽然他看到了中国人口众多的特点，但却把"人口论"和"人手论"对立起来，忽视人口增长失控造成的严重后果；对于经济文化落后的国情，偏重于强调"一穷二白"的积极方面，却忽略改变这种状况的艰巨性、长期性；忽略我国经济文化发展的不平衡性，常常采用"单一性""一刀切"的办法和措施处理发展问题，影响了社会的全面进步；经济发展中出现重基建、轻生产，重产量、轻质量，重产值、轻效益，重积累、轻消费等偏差，导致周期性危机，严重影响社会生产力的发展和社会主义制度优越性的发挥。

最后，实行以"阶级斗争为纲"，在理论上导致社会主义社会基本矛盾与主要矛盾的"二律背反"，在实践上造成阶级斗争扩大化。社会主义社会基本矛盾的集中体现、直接体现，主要是人民群众日益增长的物质文化需要同落后的社会生产的矛盾，是人民内部在根本利益一致基础上的矛盾。基本矛盾和主要矛盾都是社会发展的动力，但二者层次不同，并不是两种根本不同的动力。从根本上说，人民内部矛盾的存在，人民群众日益增长的物质文化需要同落后的社会生产的矛盾之所以存在，都是由社会基本矛盾决定的。循此出发，社会主义的根本任务就应该是"向自然开战"，大力发展社会生产力。但从1957年夏季开始，毛泽东对国内形势做了错误的估计，轻率地改变了党的八大关于我国社会主义主要矛盾的正确论断，认为无产阶级和资产阶级、社会主义道路和资本主义道路的矛盾是我国社会主义社会的主要矛盾，开展所谓政治战线和思想战线的社会主义革命，实行以"阶级斗争为纲"，直至酿成"文化大革命"这场灾难，社会主义经济、政治和文化建设都遭到严重的破坏，封建主义政治思想传统重新抬头。

毛泽东提出社会主义社会基本矛盾理论有其特定的历史背景，主要出于驳斥国际共产主义运动中长期流行的否认社会主义社会存在着矛盾的错误观点的需要。他主要是从矛盾的普遍性和客观性的角度立论的，这就使这一理论从产生之时起便带有一定的局限性。正如邓小平同志所指出：提出生产关系和生产力之间的矛盾、上层建筑和经济基础之间的矛盾仍然是社会主义社会的基本矛盾，并不就完全解决了问题，还需要就此做深入的具体的研究。这就是说，仅仅指出社会主义社会基本矛盾的一般特征，远远不能解决如何运用这一理论指导实践的问题，更何况它本身还带有不具体、不深入的不足。毛泽东在提出社会主义社会基本矛盾的理论以后，本应继续研究这一矛盾的普遍性和特殊性的联结，正确把握我国现阶段社会基本矛盾运动的规律性和特点。可是，他却在这方面相当严重地脱离了中国国情，实行"以阶级斗争为纲"，忽视发展社会生产力，使社会主义经济基础和上层建筑受到程度不同的削弱。从一定的意义上说，毛泽东在批评斯大林的错误的同时，又以新的形式强化了斯大林社会主义模式，这个结果与他的本愿大相径庭。可以说，这种局面正是毛泽东晚年最具悲剧性的特点之一。

党的十一届三中全会以来，我们坚定不移地实现了历史大转折和事业大发展，取得了举世瞩目的伟大成就。在这个过程中，邓小平建设有中国特色社会主义理论和党在社会主义初级阶段的基本路线由形成而发展，继承和发展了马克思主义、毛泽东思想。其中，毛泽东关于社会主义社会基本矛盾的理论也在这个过程中得到深化，在改革开放和社会主义现代化建设的具体实践中实现了具体化。这主要表现在以下几个方面。

第一，重新明确我国社会的主要矛盾是人民日益增长的物质文化需要同落后的社会生产之间的矛盾，果断地摒弃"以阶级斗争为纲"的方针，把发展社会生产力作为党在社会主义初级阶段的根本任务，把党的工作重点转移到经济建设上来。同时，科学地分析了我国社会主义初级阶段的阶级关系和阶级斗争的特点、趋势及处理阶级斗争问题的方针、政策；明确提出科学技术是第一生产力的论断，经济工作要提高质量和效益，以及实施科教兴国的发展战略等，为发展社会生产力提供了有力的保证。

第二，明确我国仍然处于社会主义初级阶段，社会主义的本质是"解放生产力，发展生产力，消灭剥削，消除两极分化，最终达到共同富裕"。前者明确地揭示了我国社会主义社会基本矛盾运动的现实条件，从而才能制定出正确的发展战略和符合国情的方针政策，才能努力建立和发展以公有制为主体的多种经济成分，合理配置资源的经济结构，避免超越社会主义历史阶段，急于向共产主义过渡的"左"倾错误。由于所有制的形式和结构适应了生产力发展水平，有利于生产力的发展，所以能够对社会主义社会基本矛盾运动起到促进的作用。后者从深层次上揭示了社会主义社会的本质特征，纠正了单单从社会主义制度或者从生产关系（公有制、计划经济，按劳分配等）方面去理解社会主义的肤浅的、片面的思维定式，防止再犯片面追求单一公有制的错误。从根本上说，生产力的发展是衡量社会进步的重要标准。因此，衡量工作的是非得失要以是否有利于发展社会主义的社会生产力，是否有利于增强社会主义国家的综合国力，是否有利于提高人民生活水平作为根本标准。因为只有发展生产力，人民生活才能富裕，国家才能富强，社会主义国家才会有巩固的基础。

第三，明确提出以社会主义市场经济体制代替传统的计划经济体制，实现社会主义基本经济制度和政治制度同市场经济的结合。这就改变了以往的中央过分集权的做法，使政企分开，由企业掌握微观经济决策权，企业真正成为自主经营、自负盈亏的商品生产者，激发企业与职工的积极性，极大地促进生产力的发展。这是前无古人的创举。前人只有搞资本主义市场经济的理论与实践，或者是搞社会主义计划经济的理论与实践。前者不能解决资本主义的基本矛盾，后者如不进行改革，也无法使生产力得到迅速发展，甚至阻碍生产力的发展。斯大林社会主义模式在经济方面的根本缺陷，就在于把计划经济绝对化，认为只有搞计划经济才是社会主义，如果搞了市场经济，就要不可避免地蜕变为资本主义。其实，只有把市场与计划都作为发展经济的手段或方法，才能从认识的误区中走出来，才能使经济的增长方式由粗放型转变为集约型。社会主义与市场经济的结合，内在地包含着市场经济与社会主义的公有制、政治制度和精神文明的相适应。

这就不仅使社会主义经济基础（生产关系）有利于生产力的发展，而且也要求社会主义社会上层建筑服务于经济基础。由此看来，建立和发展社会主义市场经济体制，对于社会主义初级阶段的社会基本矛盾的健康运行是不可缺少的保证条件。

第四，明确提出没有民主就没有社会主义，必须大力建设社会主义民主政治。我国原有的高度集权的政治体制弊端甚多，主要是没有解决好民主与集中的关系：党内民主、人民民主都没有制度化、法制化；权力过分集中，必然导致个人专断；家长制，领导职务终身制；党政不分、以党代政；重政策领导，轻依法办事；重人治，轻法治；等等。"没有切实建设社会主义民主政治"是我国社会主义发展中的历史教训之一，因此，改革政治体制，建设社会主义民主政治就成为我国社会主义发展新时期的历史性课题。随着政治体制改革的推进，在坚持党的领导和人民民主专政的基础上，党和国家的领导制度得到改善，社会主义法制得到完善和健全。在保持社会稳定的基础上，国家政治生活、经济生活以至整个社会生活的民主化有了明显的推进。社会主义是一种新型的民主制度，人民当家作主，行使民主权利，不仅表现在法律规定上，而且在实际生活中通过具体制度和具体途径得到体现。政治体制改革以改善人民代表大会制度、共产党领导下的多党合作和协商制度为主要内容，是一个逐步推进的过程。在建设社会主义民主政治的同时，对于一切反对社会主义的敌对分子和刑事犯罪分子的破坏活动，对于在一定范围内存在的阶级斗争，则依靠人民群众并严格运用法律武器进行坚决的斗争。由于在这个问题上的认识是客观的、辩证的，在实践上是严格地在法律范围内进行的，就有效地防止了过去混淆两类不同社会性质矛盾的阶级斗争扩大化的错误。健全和发扬党内民主、人民民主。调动一切积极因素，团结一切可以团结的力量，建设社会主义，这是毛泽东提出的重要方针。但他提倡的"大民主"非但没有扩大社会主义民主，反而使个人专断盛行一时，使许多无辜蒙受伤害。邓小平同志揭示了社会主义民主政治的本质，把社会主义民主政治的内容具体化了。从而解决了社会主义国家长期以来缺乏研究、难以解决的一个重大问题。

第五，明确提出社会主义精神文明是社会主义社会的重要特征，是社会主义现代化建设的重要目标和重要保证。不仅如此，在建设社会主义物质文明的同时，还坚持"两手抓，两手都要硬"的战略方针，把建设社会主义精神文明提到重要的位置。中国原本经济文化落后，新中国成立以来，又长期遭受"左"的错误思想影响，特别是林彪、"四人帮"的破坏，人们的思想、党的优良作风和传统以至整个社会风气都被搞乱了，加之，改革开放后，资本主义腐朽的东西也乘机而入，如此等等，同巩固社会主义经济基础的要求，同推进社会主义现代化建设的要求都极不适应。因此，在深化改革、建设社会主义市场经济体制、扩大对外开放、迎接世界科技革命的条件下，建设社会主义精神文明，培育有理想、有道德、有文化、有纪律的社会主义新人和提高全民族的思想道德、科学文化素质，为发展社会生产力，巩固社会主义经济基础提供思想政治保证、精神动力和智力支持，就成为实现经济发展和社会全面进步的必然选择。我们党对于社会主义精神文明的性质、特征和内容，对于社会主义精神文明建设的战略地位和发展规律等做出的一系列科学规定，都是马克思主义发展史上的崭新成果，极大地丰富了历史唯物主义关于经济基础和上层建筑相互关系的基本原理。

什么是社会主义，怎样建设社会主义，归根到底，是一个如何具体地把握社会主义社会基本矛盾的问题。党的十一届三中全会以来，我国改革开放和社会主义现代化建设能够取得举世瞩目的伟大成就，最根本的原因，就是因为我们坚持解放思想，实事求是，坚持以建设有中国特色社会主义理论和党的基本路线为指导，在实践中勇于开创新局面。而我们的基本理论和基本路线正是对我国社会主义初级阶段社会基本矛盾的现实状况和发展趋势作出的科学概括。邓小平同志以其胆识和智慧做出的这一贡献，无疑是马克思主义、毛泽东思想发展历史上的一块丰碑，将永远为世人所敬仰。江泽民同志在党的十四届五中全会上所做的关于社会主义现代化建设的十二大关系的重要讲话，进一步充实和丰富了关于社会主义社会基本矛盾的理论，是这一理论在建设社会主义市场经济体制条件下的新发展，具有特别重要的意义。社会主义的实践在发展，新事物、新问题层出不穷，这就使研究社会主义社会基本矛盾的问题成为长期的任务，也为发展这个理论提供了广阔的天地。回眸毛泽东提出社会主义社会基本矛盾理论以来的 40 年历史，环顾党的十一届三中全会以来的近 20 年建设有中国特色社会主义的伟大实践，我们对未来充满信心和希望，历史必将进一步证明社会主义社会基本矛盾理论是光辉的真理。

（本文原载于《江苏社会科学》1997 年第 5 期）

马克思正义理论的四重辩护*

王新生

自 20 世纪 90 年代以来，正义理论逐步成为国外马克思主义研究的热点领域，在法兰克福学派最新的批判理论以及英美马克思主义新近研究中，这一理论领域都占据核心位置。在关于马克思正义理论的讨论中，一个被质疑最多而又无法回避的问题是：马克思本人是否赞成从正义与非正义的角度讨论资本主义与社会主义之间的差异？进一步说，以道义合理性为根据论证社会主义应当取代资本主义是否与以历史必然性为核心的唯物史观相冲突？这些争论导出一个更为基本的问题：马克思主义是否有一种正义理论？[①]本文将围绕哲学问题，从四个方面为马克思所具有的正义理论进行辩护。

一、马克思正义理论的批判性前提

正义并不是一种可以单独加以说明的价值，而是必须在与自由、理性、幸福、和谐等其他价值的关系中说明其意义。这就意味着，任何一种正义理论都只能通过复合论证来阐释它所主张的正义价值，因而必然依托于某种更为一般的理论框架，并从这一理论框架所预设的基本前提出发对它所

* 本文的研究得到国家社科基金项目"马克思主义政治哲学研究"（项目号：10ZX017）和教育部人文社科项目"马克思政治哲学及其方法论研究"（项目号：09YJA720014）支持。

① 当代英美马克思主义者罗伯特·塔克、艾伦·伍德等人是这种观点的代表，因此又被称为"塔克-伍德命题"。R. G. 佩弗说："那种马克思并未以不正义来谴责资本主义或以正义来赞扬社会主义的总体观点，以及与此相关的（隐含的）认为马克思主义者如果这样做就是背离原则的那些主张，就逐渐被公认为'塔克-伍德命题'。"（参见 R. G. 佩弗：《马克思主义、道德与社会正义》，吕梁山等译，北京：高等教育出版社，2010 年，第 340 页）

主张的正义观念加以论证。马克思的正义理论与其他正义理论的区别，首先不在于正义观念的具体表达，而在于其立论前提及其所依托的理论框架的特殊性。只有先回溯这一立论前提及其依托的理论框架，关于马克思怎样讨论正义问题以及他有何种正义理论，才能得到清楚说明。

自柏拉图至罗尔斯，"应得"均被理解为正义的基本含义。在这种理解中，所谓正义就是对善品进行公平的分配，而公平的分配就意味着给予应得者其所应得，即依据应得原则对善品进行公平的分配。应得者不得其所应得，不应得者得其所不应得，都是不正义的。柏拉图把正义理解为社会不同阶级之间的和谐秩序，就是强调不同阶级各得其所应得。亚里士多德区分分配正义和矫正正义，是为了在社会分配和司法实践两个相异但却互补的现实领域中落实应得原则提供依据。在此以后，正义的含义便逐步被定位于使每个人获得其应得东西的观念。在此，应得既是价值观念，也是行为规范。"应得"作为一种人类的精神意象，表达了可以化为行为规范的道德价值，是在应得者和善品之间确立合理关系并依此关系为人们确立行为规范的道德价值。这种以应得为基本内涵的正义理论称为"应得正义论"。

在应得正义论中，应得者之所以应得，完全在于善品对于应得者而言所具有的特殊所属关系，无论善品是权利、荣誉、职位或财富。一个人应得某种权利，在于他具有某种得享此种权利的特定身份，比如：某人应得某种荣誉，在于他具有某种特殊的德行，从而使其配享这种荣誉；某人应得某些财富，在于这些财富与他具有某种特殊的所属关系，从而使他能够成为这些财富的专有者。可见，应得正义理论论证应得的根据是应得者和善品之间具有内在的关系，即善品对于应得者具有特殊的所属关系。不过，对于不同的善品来说，这种所属关系的内在性质并不同样清楚。罗尔斯为可分配的基本善品列出清单：权利和自由、权力和机会、收入和财富[①]。在这些基本善品中，一类属于与政治权利相关的善品，一类则属于实质善品。启蒙运动之后的历史始终伴随着争取人权的政治斗争，与此相一致，近代政治哲学主要围绕着人的政治权利和自由权这类善品讨论应得的正义。在现代社会，人人享有平等的政治权利已经成为人们普遍接受的观念，以及绝大多数社会政治制度中的一个基本法则，而关于实质善品即收入和

---

① 罗尔斯：《正义论》，何怀宏等译，北京：中国社会科学出版社，1988年，第58页。

财富的应得问题却分歧丛生。因此，对于已经获得"政治解放"的现代社会来说，应得正义理论的真正困难在于怎样为收入和财富（私有财产）的应得找到合理根据。

应得正义理论是将私有财产和私有制作为立论前提说明收入和财富的应得的。在应得正义理论中，收入和财富的应得根据在于它们作为私有物对于私有者而言的特殊所属关系，即私有物的私有性质。因此，从根本上讲，应得正义理论本是以私有制为前提，来为社会的公平分配进行辩护的，它要说明的只是在私有财产不平等的前提下为什么不平等的分配是公平的。如果说应得正义论追求平等的话，那么它平等的目标只在于政治权利的平等，平等诉求止步于不平等私有财产的事实。在历史上，无论正义理论发生怎样的变形，以不平等的财产制度为前提的应得观念始终是正义观念的核心。正如布莱恩·巴里所说："在柏拉图的时候，如同我们的时代一样，任何正义理论的核心问题都是对于人与人之间不平等关系的辩护。"①换言之，在应得正义理论中，作为不平等根源的私有制本身是否正义的问题无须讨论，因而并不属于正义理论的内容。

马克思主义理论的最高目标是消灭私有制。马克思和恩格斯在《共产党宣言》中明确指出："共产党人可以把自己的理论概括为一句话：消灭私有制。"②这首先意味着，如果马克思有一种正义理论，那么它已经对应得正义理论的前提进行了彻底颠覆和翻转。因此，这种正义理论建立在完全不同的前提之上，是一种完全不同于应得正义理论的正义理论。用说明一般正义理论的方式对马克思的正义理论加以阐释根本没有出路。在以往关于马克思正义理论的讨论中，诸如马克思是否主张正义以及主张怎样的正义等问题并不是正义理论本身的问题，而由马克思正义理论立论前提的特殊性引出，在正义理论内部无法找到这些问题的答案。在应得正义观念中，私有财产对私有者所具有的特殊所属关系是内在的，就如同自由、平等之于人的关系是内在的一样。正因如此，私有财产才是私有者的应得，私有者拥有私有财产的制度才是正义的。马克思通过否定私有制和私有财产，颠覆了应得正义理论的立论前提，也就从根本上否定了私有者与私有财产之间的应得关系的正义性。

---

① 布莱恩·巴里：《正义诸理论》，孙晓春、曹海军译，长春：吉林人民出版社，2004 年，第 3 页。

② 马克思、恩格斯：《马克思恩格斯文集》第 2 卷，中央编译局编译，北京：人民出版社，2009 年，第 45 页。

资产阶级启蒙的任务是争取权利的平等，为此它诉诸人性和理性，以"人生而平等"的抽象人性论作为论证的依据，将平等的政治权利作为一切人的应得写进了资产阶级的宪章，实现了人的政治解放。通过将政治权利扩展至一切人，应得正义论扩展了应得，突破了自柏拉图以来将政治权利仅限于一部分人的应得观念。但是，在私有财产权面前，应得正义论却无法再前进一步。政治权利上的平等与经济上的不平等、形式上的平等与实质上的不平等，成为束缚应得正义论的魔咒。马克思在谈到德国的情况时说，虽然德国人是通过批判宗教实现政治解放的，但是它与其他政治解放并没有什么两样。"人对宗教的政治超越，具有一般政治超越所具有的一切缺点和优点。例如，像北美许多州所发生的情形那样，一旦国家取消了选举权和被选举权的财产资格限制，国家作为国家就宣布私有财产无效，人就以政治方式宣布私有财产已被废除。……财产资格限制是承认私有财产的最后一个政治形式。""从政治上宣布私有财产无效不仅没有废除私有财产，反而以私有财产为前提。"[①]马克思早期获得的这一认识是促使他后来深入市民社会探寻私有财产秘密的重要动因。在他看来，破除应得正义论魔咒的钥匙并不存在于政治领域之中，而是隐藏在生产领域，需要通过对私有财产的实质和形成过程的考察来发现。

许多人认为马克思没有正义理论，其中一个重要根据就是马克思没有像亚里士多德或罗尔斯那样系统讨论过政治正义问题，而是将主要精力集中于经济学研究。实际上，马克思关于正义问题的讨论只能是通过批判"国民经济学"完成，这是由他的理论任务所规定的。不是用公平、正义的政治法律概念解释分配关系，而是用生产关系来解释分配关系，用生产劳动解释生产关系，用经济基础解释上层建筑。这是马克思正义理论的基本逻辑。在马克思关于正义的解释逻辑中，生产劳动是出发点，人们为了进行生产而发生的联系和关系是最基本的社会关系，只有在生产关系的基础上才能合理地解释其他社会关系。在马克思看来，支持私有财产的政治制度的根据不在于政治而在于经济，国家和法的根据不在它们自身而必须到市民社会中去寻找，只有从对国民经济学的批判出发，才最能切中应得正义论的要害和现代正义问题的实质。古典政治经济学是资本主义意识形态的

---

① 马克思、恩格斯：《马克思恩格斯文集》第 1 卷，中央编译局编译，北京：人民出版社，2009 年，第 29 页。

基础和核心，它关于资本主义市场制度合理性的经济学论证为解释整个资本主义的社会生活确立了出发点。近代以来不断变化其形式的应得正义理论就立足于古典政治经济学关于私有制天然合理和永恒存在的假设之上。这个假设，用马克思的话来说即"我们把私有财产，把劳动、资本、土地的互相分离，工资、资本利润、地租的互相分离以及分工、竞争、交换价值概念等等当做前提"①。马克思通过对这个前提的批判，阐释了自己的正义观。应得正义观的最高目标是实现平等的政治权利而不触及私有财产制度，因此它虽然从古典政治经济学所设定的前提出发，但核心问题域却在于政治行为的规范；马克思正义理论的目标是落实于经济利益的实质上的平等，因而不可能不追究实现实质平等所需的经济条件。从对古典政治经济学批判出发而不是直接从"政治批判"出发，成为马克思正义理论的特殊选择。这就是马克思强调应当把"对神学的批判变成对政治的批判"②，继而又强调"对市民社会的解剖应该到政治经济学中去寻求"③的原因。

如果我们想要研究马克思的正义理论的话，就必须将他对私有制或私有财产的批判作为出发点。马克思说得很清楚："国民经济学从私有财产的事实出发。它没有给我们说明这个事实。它把私有财产在现实中所经历的物质过程，放进一般的、抽象的公式，然后把这些公式当做规律。它不理解这些规律，就是说，它没有指明这些规律是怎样从私有财产的本质中产生出来的。"④在马克思看来，作为资本主义社会意识形态之核心的古典政治经济学的矛盾也正是产生这个意识形态的社会自身的矛盾，它们相互一致；如果从古典政治经济学的前提出发不能合理地解释社会生活，反而自相矛盾，那么古典政治经济学或以它为基础的哲学理论和政治理论关于社会正义性的辩护也就失去了根据。从古典政治经济学向我们提供的事实出发揭示其理论矛盾，进而揭示资本主义本身的矛盾，再进而说明资本主义的非正义性和社会主义的正义性，这便是马克思正义理论的逻辑线索。需要特别强调的是，从批判古典政治经济学入手，绝不是马克思的一个偶然选择，而是他正义理论的一个独特入口；就像罗尔斯选择了"无知之幕"

---

① 马克思、恩格斯：《马克思恩格斯文集》第 1 卷，第 155 页。
② 马克思、恩格斯：《马克思恩格斯文集》第 1 卷，第 4 页。
③ 马克思、恩格斯：《马克思恩格斯文集》第 2 卷，第 591 页。
④ 马克思、恩格斯：《马克思恩格斯文集》第 1 卷，第 155 页。

的假设作为讨论问题的入口一样，马克思选择了对"永恒私有制"的解构作为踏入正义问题的垫脚石。在这块垫脚石的基础上，马克思对正义问题做了一个翻转，原本以私有制为基础的公平分配问题变成了次级问题，私有财产本身正义性的问题反而成为一个必须首先考察的问题。

马克思的贡献主要体现在以《资本论》及其手稿为代表的经济学研究之中，但是，如果仅仅将马克思关于经济问题的讨论看作为了解释经济领域中的问题，那就是彻底误解了马克思。早在《1844 年经济学哲学手稿》（以下简称《手稿》）中，马克思就开始从分析亚当·斯密、大卫·李嘉图等人的经济学理论出发，讨论了资本主义所内含的矛盾。这个时期的工作与他后期《资本论》及其手稿时期的工作是连贯一致的，而该时期的工作是他为未来的研究绘制草图的阶段，因此更能体现他研究经济学的完整意图。在这部手稿中，他研究亚当·斯密等人的古典政治经济学，根本目的就是揭示资本主义社会的异化本质，以此说明它道义上的非正义性即它的反人道主义本质，就是为了通过对扬弃了异化的人的本质的说明，申明共产主义的正义性。马克思经济批判的根本指向是正义关怀，而不是说明经济过程。为了达到对资本主义异化本质和非正义性质的理解，需要首先并且着重考察经济生活，因为这里面更深刻地体现着人的异化和政治上的不平等；为了达到对平等的深入理解，需要首先考察国民经济学，因为它从政治上和哲学上为不平等进行辩护提供了出发点。

马克思清楚地意识到，所有这些理论都无非是在以不同的方式证明一个问题：怎样通过实现平等而达到社会正义的目标。这同样也是马克思的目标。然而问题却在于，"作为异化统治力量的异化的形式"的"理论"已经成为掩盖不平等现实的虚幻意识。这种虚幻意识有不同的形式，德国的"自我意识"哲学、法国的"政治观念"或英国人的"仅仅以自身衡量的实际需要"的政治经济学。对它们来说，关于平等的政治正义问题、自我意识解放的哲学问题、关于实际需要的经济学问题，是同一个问题的不同方面。它们追求平等的价值，但却将自己置于一个不可能达到这一目标的立足点上。因此，从该立足点出发揭露国民经济学的秘密，便成为马克思正义理论的首要工作。在马克思看来，只要仍然立足于这些理论所设定的理论前提（即将私有财产和私有制当作讨论问题的前提），无论是将共产主义看作德国式的自我意识异化的克服，还是将其理解为法国式的政治平等，或是将其理解为英国式的实际需要的实现，都是一样的，都只能将政治权利上的平等当作平等的最终形式，从而将正义看作市民社会中个人政治权利的实现。马克思的正义理论需要一个完全不同的前提和立足点。

二、马克思立足于"人类社会"的正义观念

马克思从对古典政治经济学的批判出发对整个资产阶级意识形态的批判，在两个不同层面上展开。马克思立足于"人类社会或社会化的人类"对"市民社会"进行批判，其依据是"人类社会或社会化的人类"所要求的正义准则；马克思立足于"市民社会"自身对"市民社会"进行批判，其依据是"市民社会"自身的正义准则。不区分这两个层面，就无法清晰地说明马克思的正义理论，还会将其看作仅仅是一种无法落实于现实生活的、凌空蹈虚的超越性理想。

马克思关于"人类社会"与"市民社会"的区分，经典表述是《关于费尔巴哈的提纲》（以下简称《提纲》）第十条："旧唯物主义的立脚点是'市民'社会；新唯物主义的立脚点则是人类社会或社会化的人类。"[①]马克思并非是为了说明两种不同唯物主义的认识论基础而区分哲学观，而是为区分两种思想立场对两种唯物主义借以立脚的"社会"概念进行了区分。《提纲》第十条包含着马克思考虑正义问题的基本意图。当然，马克思的思想意图很难在这一简要的《提纲》中清楚展示出来，回溯到不足一年之前的《手稿》，他的思想主旨就更加清楚了。

马克思在《手稿》中说："在国民经济学家看来，社会是资产阶级社会，在这里任何个人都是各种需要的整体，[xxxv][②]并且就人人互为手段而言，个人为别人而存在，别人也为他而存在。正像政治家议论人权时那样，国民经济学家也把一切都归结为人即归结为被他抹煞了一切特性，从而只看成资本家或工人的个人。"[③]由于国民经济学家将私有财产的永恒存在作为前提，他们在考察社会生活时，便将"社会"看作一个因"人人互为手段"而将人们相互联系在一起的有机体系。这是亚当·斯密等人为资本主义社

---

① 马克思、恩格斯：《马克思恩格斯文集》第 1 卷，第 506 页。

② 这是马克思《1844 年经济学哲学手稿》的原始页码，表示第 35 页。

③ 马克思、恩格斯：《马克思恩格斯全集》第 42 卷，中央编译局编译，北京：人民出版社，1979 年，第 144 页。

会所刻画的理论模型，这也就是黑格尔所说的作为"需要的体系"的市民社会。在黑格尔的市民社会理论模型中，每一个人都通过满足他人的需要而满足自己需要，即每一个人都通过市场化的交换获得自己需要的满足。在这种"相互满足对方需要"的联系中，每一个人都各安其位，社会和谐运转，正义于是便自动实现。这种市民社会理论模型，不是单纯的经济模型，而是社会模型。因此，将"社会"理解为"市民社会"，既是国民经济学家谈论分工的根据，是黑格尔谈论伦理的根据，也是政治家谈论人权、平等和正义的根据。

这种以市场交换关系为基础的市民社会的理论模型，为论证资本主义的正义性提供了根据，是应得正义论的不疑前提。洛克等近代思想家将市民社会看作从人的自利本性中推导出来的天然合理的社会模型，在这一模型中，社会既能够进行自我调节，也能够为面对国家的个人提供保护。以此为立脚点，私有财产以及其他社会善品的公平分配便可以得到合理的解释。但在马克思看来，这样一个立脚点本身需要批判。他认为，市民社会作为在 18 世纪之后大踏步地走向成熟的一种社会联合方式，建立在资本主义这种特殊私人占有制的基础之上。表面上看，它以人与人之间的相互需要为纽带，将整个社会联合为一个和谐的共同体，从而实现了生产的社会化。实际上，这种社会化建立在满足自利个人需要的基础之上，因而是使人们相互工具化的"伪社会化"。以这种形式的社会化生产为基础的社会联合不是人类共同生活的理想模式。更糟糕的是，这种社会联合虽然以人们需要的相互满足为纽带将人们联结在共同生活之下，但却将满足人的需要的生产活动与生产对象分离开来，从而使满足需要的活动成为一种异化劳动，最终在异化劳动中将人确证为非人。《手稿》的全部内容都是为了说明这一点。马克思所要阐明的是，在私有制和市民社会的立脚点上，国民经济学以及一切其他的哲学和政治学说，根本无法解释人的特性以及根据人的特性所需要的社会正义，相反却只能成为反对它们现实化的意识形态。他相信，只有超越了这个立脚点，才能获得关于正义的真实理解。必须立足于"人类社会或社会化的人类"，才能真正理解人、人类社会以及与之相适应的社会正义。

马克思所说的"人类社会"是一种超越"市民社会"的理想社会，是"市民社会"的替代物。如果说"市民社会"是亚当·斯密、洛克等人所设想的以市场交换为基础的和谐社会的理论模型，"人类社会"就是马克思所设想的用来取代它的另一种和谐社会的理论模型。因此，"人类社会"的一切特征都可在与"市民社会"的对照中获得理解，就像"社会化的人类"的一切特征都可以从与市民社会中工具性的个人的对比中获得理解一样。简言之，"人类社会"是消除了异化的社会，在其中，人们的生产并不是生存的手段而是人的能力的释放；人们不再以利己的目的将他人当作满足自己需要的手段和工具，不再将彼此当作对象对待；人也不再将自然当作获利的资源对待，而是将其看作审美对象。只有在这时，人才作为"类存在物"而成为人，个人才作为"社会化的人类"而将自己融入社会整体之中。人与自然、社会的和谐统一才最终实现，人才获得了真正的自由，符合人性要求的正义才在真正的意义上获得了实现。

马克思立足于"人类社会"对"市民社会"的批判，是他正义理论的一个重要层面，表达了他关于正义的终极理解。柏拉图通过"理念"和"美德"确立了城邦的正义；亚当·斯密通过"私有财产"和"市民社会"确立了资本主义市场经济的社会正义；像他们一样，马克思通过"人类社会或社会化的人类"确立了共产主义社会的正义。这一层面的正义虽然是一种关于理想社会的超越性价值，但却为马克思的正义理论奠定了根基，如果将这一层面的问题从马克思的正义理论中排除出去，他的全部正义理论就将无法理解。

同时，马克思对正义的这一理解已经超越了通常意义上的正义，即"应得正义"概念的含义，需要在更为宽泛的理论中加以说明。在古代政治哲学中，由于可以诉诸超验根据的支持，超越性价值并未被看作不现实的东西。在形上根据或神性根据掩护下，理想性价值与现实性价值之间不存在不可跨越的鸿沟。但是，经过近代以来的哲学洗礼之后，现代人已经没有勇气再为终极价值寻找根据。因此，与古代政治哲学不同，在当今政治哲学中，正义概念的使用基本上被限定在实有的甚至是现存的社会制度范围之内。当然，这个现存的社会制度并非不依赖于任何价值假定，而以启蒙运动的共享价值为根据进行制度设计。启蒙理性替代了形上根据成为立法者。依据这样的价值设定和制度设计，自利是人的本性，私有制是现代社会的基础，因此我们只能将人类社会理解为一种工具性的合作社群，而立宪民主制便是适合于这一合作社群的唯一合理的政治制度。在这种理解中，社会制度的正义性问题只是私有制基础上的立宪民主制怎样完善的问题，而超越这种社会制度去设想更完美的社会，只能是一种乌托邦梦幻，关于是否存在着更高正义社会的追问，只能属于非法的知识形式。

将启蒙理性和它所肯定的价值作为最终的根据，这是在宗教和传统的形而上学衰落之后形成的一种思维方式。理查德·L. 伯恩斯坦指出了这种思维方式的问题所在："大多数人满足于停止在一个不稳固的中点上。他们假定'启蒙'者共享相同的基本价值，假定重要的任务是对可能的行动路线的后果获得一个更充分的经验理解，以及促进那些启蒙者所认可的价值的经验方法。但借由改变这一强调，他们模糊并掩饰了尼采已揭露出来以及韦伯已窥探到的深渊——我们的基本价值不可能有任何终极的理性基础。"①这种思维方式源于现代人对获得终极自由的绝望。在这种绝望面前，自由只能被最终理解为个人权利的实现，正义只能被最终理解为现存政治体系中权利义务关系的落实，即只能被理解为自利的个人在私有制前提下得其所应得。将终极自由的含义从正义概念中排除出去，也就取消了人们超出现存社会秩序设想正义的可能。在此前提下，不仅宗教的、乌托邦的、无政府主义的社会理想被排除在合理的正义理论之外，马克思的正义理想也被置于正义理论的视野之外。正是依据当代哲学的这个坚定信念，一些人才会将"马克思是否主张正义"看作一个问题，认为马克思关于正义问题的最重要思考已涉入"自由"概念，超出现代正义理论的问题域。因此，马克思只有自由理论而没有正义理论。

面对这一主张我们必须考虑的是，马克思的正义概念真的无法与其他当代政治哲学家的正义概念进行通约吗？如果真是这样，我们无法谈论马克思的正义观，甚至无法合理地谈论马克思对其他正义理论的批评，因为批评就是一种对话，而合乎逻辑的对话不可能在无法通约的概念之下进行。包括罗尔斯在内的许多当代政治哲学家都意识到这一问题对于阐释马克思正义理论的重要性。罗尔斯说，在正义问题上马克思显得有些自相矛盾："马克思确实把资本主义谴责为不正义的。另一方面他并不认为他自己是在这么做。"②胡萨米认为，出现这种悖论是因为在马克思那有两种不同的正义原则，其原因是他的正义原则与阶级相关。对于马克思来说，资本主义社会中的正义准则适应于它的生产关系所要求的分配原则，因而是正义的；但是，站在无产阶级的正义原则（即共产主义的正义原则）上看，它不符

---

① 理查德·L. 伯恩斯坦：《社会政治理论的重构》，黄瑞祺译，南京：凤凰出版传媒集团、译林出版社，2008 年，第 61—62 页。

② 罗尔斯：《政治哲学史讲义》，杨通进等译，北京：中国社会科学出版社，2011 年，第 349 页。

合无产阶级的利益，因而是不正义的。①罗尔斯更深刻地意识到，这是由马克思正义理论所具有的内在张力引起的，如果不能很好地理解这种张力，便无法解释马克思的正义理论。他说："马克思关于正义的明确评论"，主要是"在狭窄的角度理解该观念的"。在此意义上，"作为占主导地位之法律和司法规范的正义是内在于社会与经济秩序的；并且，如果运行良好，这些规范就有助于社会秩序完成其历史使命"。在这种情况下，马克思的正义概念与应得正义论的正义概念没有区别。"但是，一旦我们从一种更为宽广的角度——即把正义运用于社会的基本结构及作为背景正义的制度——来思考政治正义概念，那么，马克思可能就会持有（至少是潜在地持有）某种广义的政治正义概念。如果这被证明是真的，则前面悖论就将可以被消除。"②

罗尔斯清楚地意识到马克思正义概念的复杂性，以及解释这种复杂性的关键在于理解马克思对资本主义制度本身非正义性的批判理论。不过，罗尔斯仍然是在其正义理论的框架内解读马克思的思想，将他所特有的"社会的基本结构"理解为马克思关于资本主义的"总体性"概念，这显然将马克思的思想简单化了。究其原因，是因为罗尔斯对哲学的考察方式妨碍了他对马克思正义观念的理解。

三、马克思正义理论的双层结构

马克思立足于"人类社会"的正义理论之所以区别于其他现代正义理论，主要在于它以超越性理想为内容。然而，超越性正义是相对于应得正义而言的，因此，超越性正义理论必然内含着关于应得正义的理解，否则它便无法说明自己究竟超越了什么。在马克思将共产主义理解为理想社会，将市民社会理解为被超越对象时，它内含的假定是，市民社会的正义原则是一种有局限性的正义原则，即只是特定限度内的正义原则，最终将会被超越于这一限度的更高正义原则替代。当市民社会是社会的基本存在形式时，人们仍需要用应得的正义原则调节社会生活。这为我们理解马克思与

---

① Ziyad I. Husami, Marx on Distributive Justice, Philosophy&Public Affairs, vol. 8, no. 1 (Autumn 1978), pp. 27-64.

② 罗尔斯：《政治哲学史讲义》，第349-350页。

其他现代政治哲学的正义概念之间的"公约数"提供了楔入点。这同时意味着，马克思的正义理论是一个具有双层结构的理论：超越性正义理论和应得正义理论。在这种理解下，怎样通过概念界域的考察说明两个理论层面之间的关系，就成为理解马克思正义理论的重点和难点。

任何一个概念都有指涉的界域，界域之边线便标明该概念所指涉界域的限度。对"限度"的理解和说明是关键，不同的理论对限度的理解和说明完全不同，其间的差异导致理论构造方式上的差异。马克思建构其理论的方法是历史主义的："限度"即"历史的限度"，而"历史的限度"意味着"历史连续性的中断"及其结果"历史阶段性"的呈现。通过"历史的限度"和"历史的阶段性"等概念，便可以理解马克思正义概念不同层面之间的区分，进而理解马克思的正义概念与其他当代政治哲学的正义概念之间的关系。

历史主义不同于其他方法的地方在于，不是将不同形态的东西看作相互独立的实体，而是将它们看作同一过程的"连续性中断"和"扬弃"。不同形态的东西之间的统一或区别不仅是因为它们在逻辑上的一致或差异，更在于这种逻辑上的一致或差异在现实的历史过程中形成。因此，历史主义之下的超越性完全不同于非历史主义的超越性。非历史主义所理解的超越性的东西是"无时间"的，因此只能是某种形式的抽象体。由于其无时间性，这种抽象体没有其现实的"肉身"，只是来自思维的逻辑的东西。思辨哲学中的人性、善、正义等都是这种思维抽象体，只是以逻辑的形式存在的非历史的东西。在非历史主义的思维中，两个不同形态的东西只能是"并置的"，因此只能是"二元的"。马克思的历史主义所理解的超越性的东西来自它曾经历过的历史形态，因此是在社会生活的时间历程中生长而成的东西，其超越性意味着从过去生长起来的现实东西在未来时间中的继续生长，因此是一种现实的可能性。马克思的"权利""正义""自由"乃至"共产主义"等概念所指涉的内容，都只能作这种历史主义的理解。当人们将它们看作理想时，它们的确是超越性的，但这绝不意味着它们是悬空的抽象道义原则，而是一种超越于现实的现实可能性。在这种历史主义的理解中，应得正义原则与共产主义正义原则虽然相互区别，但它们之间的差异却是历史性的差异，而非逻辑上的二元并置。

依照马克思的历史主义原则，共产主义是对市民社会的扬弃，因此，它不仅内含着市民社会全部的发展成果，而且也肯定市民社会在其历史范围内的合理性，肯定适用于它的正义原则在特定历史范围内的合理性，否则它便是如同否定了自己的童年机体一样否定了自己当下的机体。无论马克思是否曾经为市民社会条件下的正义原则进行过系统辩护，无论他怎样以共产主义的正义原则批判这些正义原则，他都肯定在特定历史条件下这种正义原则调节社会生活的合理性。"这个内容，只要与生产方式相适应，相一致，就是正义的；只要与生产方式相矛盾，就是非正义的。"①根据马克思的历史主义，将"这个内容"肯定为当下的正义，并不意味着为正义确定了一种不变的性质，因为正义与变化着的生产方式相联系着，而不是一经从思想中抽象出来就不再变化的逻辑的东西。同样，根据马克思的唯物主义原则，"正义"等观念性的东西的历史变化与物质社会的历史变化相一致，不同社会条件下的正义原则虽各不相同但却绝非彼此隔绝和互不相干，而是同一道义规范在社会演变过程中表现出的历史差异。

那种将不同的正义原则视作彼此隔绝和互不相干的观点，只能是思辨哲学和非历史主义的观点。如果用黑格尔式的表达来说明该问题，正义的原则不能被理解为康德式的"抽象的善"，而是要理解为"客观伦理"。黑格尔用历史与逻辑相统一的原则说明善的概念，从而避免了康德在超越性原则与现实规范之间的二元论立场。在对正义原则的历史主义理解方面，马克思和黑格尔一样，将它们理解为具有"固定内容"的、历史性的、现实的规范，而不是将其理解为"抽象的善"。马克思与黑格尔的区别在于，他并不将作为"客观伦理"的正义原则当作"自在自为地存在的规章制度"，而将它们视为受物质生产方式及其所代表的社会生活所制约，因此其客观性有着坚实的地基。

马克思确实很少对以权利为基础的应得正义原则给予肯定性的评价，更谈不上为市民社会条件下的应得正义原则提供一种建构性的理论。许多人将马克思缺失权利和正义话语的原因归结为他对必然性原理的推崇和对道义原则的轻视。笔者认为，这是对马克思思想的片面化理解。马克思并不轻视道义原则，他的著作充满了道义精神。马克思也不反对从道义原则出发说明问题，从他早期的作品看，道义原则甚至是他说明一切问题的基本着眼点。与这一问题相关，另一种得到广泛赞同的观点认为，在马克思

---

① 马克思、恩格斯：《马克思恩格斯文集》第 7 卷，中央编译局编译，北京：人民出版社，2009年，第 379 页。

的历史必然性原理和他对资本主义的道义批判之间存在着方法论上的"断裂"，甚至据此将马克思的早期思想与其唯物史观对立起来。这种观点不仅不能很好地解释马克思的思想发展，而且还导致马克思主义理论中诸如价值与事实、理想与现实等诸多理论断裂。笔者以为，这种认识的普遍流行恰恰与对马克思正义思想的误解有关。在确立了唯物史观之后，马克思的确很少诉诸道义立场说明问题，但这并不是因为他认为这样做是错误的，而是因为在他看来，为市民社会条件下的应得正义原则进行辩护的历史任务已经基本完成，新的理论任务是将平等的正义理想更向前推进一步，阐释超越应得正义观的正义理想之实现途径，而这一任务需要在新的理论框架下完成。①

马克思批判市民社会的正义原则，不仅在于它在最终的意义上不符合人性，也在于它仅仅是名义上的而不是实际上的。马克思反对以个人权利为基础的应得正义原则，并不是因为人们不应当或者不值得获得这些权利，而是因为在现有的制度下无法获得它们。在马克思那里毫无疑问拥有一个关于权利的正义准则，因为只有当我们拥有一个用以判断人们拥有什么权利是正义的原则时，我们才能够说剥夺这些权利是不正义的。马克思的全部经济学说都是在揭露资本家对工人的剥削。如果马克思认为现实的权利不值得拥有，或者拥有这些权利与正义无关，他就不可能主张剥夺工人的这些权利是不正当的，不可能认为争取这些权利是正当的。胡萨米的说法是正确的：在马克思的所有著作中，都可以看到他对资本主义社会中存在的财富分配极端不公平的愤怒，看到他对资本家掠夺工人剩余价值的谴责。即使马克思没有站在市民社会的立场上为应得的正义原则进行过系统的辩护，它们的历史合理性也以隐含的方式存在于马克思的理论之中。②

马克思也并不是从来没有为应得正义原则进行过辩护。在《哥达纲领批判》中，他讨论"共产主义社会第一阶段"分配原则，并认为基于权利的"按劳分配"原则虽然有许多弊病，但在"共产主义社会第一阶段"仍然应当发挥其历史作用。他说："但是这些弊病，在经过长久阵痛刚刚从资本主义社会产生出来的共产主义社会第一阶段，是不可避免的。权利决不

① 王新生：《唯物史观与政治哲学》，《哲学研究》2007 年第 8 期；王新生：《马克思是怎么讨论正义问题的？》，《中国人民大学学报》2010 年第 5 期。
② Ziyad I. Husami, Marx on Distributive Justice, Philosophy&Public Affairs, vol. 8, no. 1 (Autumn 1978), pp. 27-64.

能超出社会的经济结构以及由经济结构制约的社会的文化发展。"①对于马克思来说，在社会主义尚未实际出现的情况下，为这种社会的正义原则进行规划和辩护并不是一个直接现实的理论任务，因此他也没有必要对其进行系统的理论说明。然而，从当今的社会主义实践来看，作为"共产主义社会第一阶段"的社会主义注定是一个漫长的历史过程。最近30年的中国实践证明，社会主义与市场经济的结合是当今历史条件下最佳的社会主义模式。市场经济的良性发展需要以契约精神为基础的社会合作机制的支持，即需要良好市民社会的支撑。以权利为根基的应得的正义原则正是适合于市场经济的正义原则，只有在这一原则充分发挥作用的情况下市场经济才能有效发展，以其为基础的社会才能稳定而和谐地运转。既然当今的社会主义市场经济仍未超出市民社会的历史范畴，依据马克思历史主义的思想方法建构马克思主义的应得正义理论就既是可能的也是必要的。这是马克思主义正义理论不可或缺的另一个层面。

　　试图阐释马克思主义的应得正义原则及其理论，首先遭遇到的质疑便是：这种正义理论将怎样与马克思和恩格斯对以权利为基础的应得正义观的批判融贯一致？艾伦·伍德说："如果深入阅读马克思和恩格斯的著作中有关资本主义不正义的详细描述，我们马上就会发现，在他们的著作中，不仅根本没有提供资本主义是不正义的论证，甚至没有明确指出它是不正义的或不平等的，或者它侵犯了任何人的权利。"②伍德进而认为，马克思以"生产方式"来剖析社会生活及其历史发展，"正义"对马克思来说只是一个意识形态的法权概念，不能用于解释社会历史，马克思从来就不站在正义的立场上批判资本主义。如果执着于马克思的具体言论，伍德的这一说法并没太大问题。马克思确实不断强调，以个人权利为核心的市民社会的正义原则是利己主义的个人所奉行的正义原则，即使它获得完全的实现也不能使社会成为真正正义的社会；相反，人类的解放恰恰是从这种利己主义的原则下解放出来。马克思甚至说："任何一种所谓的人权都没有超出利己的人，没有超出作为市民社会成员的人，即没有超出封闭于自身、封闭于自己的私人利益和自己的私人任意行为、脱离共同体的个体。在这些

　　① 马克思、恩格斯：《马克思恩格斯文集》第 3 卷，中央编译局编译，北京：人民出版社，2009年，第 435 页。

　　② Allen W. Wood, The Marxian Critique of Justice, in M. Cohen, T. Nagel and T. Scanlon, eds., Marx, Justice and History, New Jersey: Princeton Uninversity Press, 1980, p3.

权利中，人绝对不是类存在物，相反，类生活本身，即社会，显现为诸个体的外部框架，显现为他们原有的独立性的限制。"①但是，如同罗尔斯一样，伍德对马克思思想的理解是建立在非历史主义方法论之上的，在马克思的历史主义方法论下，对市民社会权利原则的肯定与对它的否定之间并不存在矛盾，对此不必再赘述。在这里需要指出的是，在历史主义视域中，马克思的正义原则并不是单一的，而是一个两层面、多层级相互关联的序列。只有从历史主义出发，我们才能理解马克思正义原则序列中各层面之间的区别与关联，进而说明为什么马克思的正义理论中能够容纳一个以权利为基础的应得正义理论。

马克思讨论过不同的正义原则：权利原则、贡献原则和需要原则。在这些正义原则中，权利原则和贡献原则属于现实性正义原则，而需要原则属于超越性正义原则。这些正义原则是一个从低阶到高阶的序列，而且这个序列既是逻辑序列也是历史序列，是二者的一致和统一。一方面，以自由和平等的实现为基准，这些正义原则之间构成了一个从低到高的逻辑序列；另一方面，以社会历史的发展形态为线索，它们也分别对应于不同历史阶段的社会生活，是正义原则的一系列历史形式。在处理这些正义原则的关系时，马克思正义理论的一个重要特点是，他总是用高阶正义原则说明和批判低阶正义原则，例如用贡献原则批判权利原则，用需要原则说明贡献原则的局限性。所以，马克思站在人类解放的立场上批判市民社会以权利为核心的正义原则，同时又站在政治解放的立场上肯定它，这两者之间并没有什么矛盾。伍德等人之所以不能理解这一点，根本原因还是在于他们无法理解马克思的历史主义方法，因而只能将马克思的正义原则理解为某种抽象的原则。这样一来，他们便既无法理解马克思的超越性正义原则所具有的现实性，也无法理解马克思现实性正义原则所具有的历史性。在他们看来，权利原则、贡献原则、需要原则是完全不同的"概念"（黑格尔所谓"抽象的善"），而不是具有历史连续性的、在现实生活中起作用的伦理规范（黑格尔所谓"客观伦理"），因此，无论是马克思本人还是今天的马克思主义，在其理论中都不可能包含一种关于权利和分配正义的理论，马克思主义也不应该为这种正义原则辩护。他们不能理解的是，马克思的正义理论是一个双层结构，其中存在着两个具有历史性关联但却完全不同

---

① 马克思、恩格斯：《马克思恩格斯文集》第 1 卷，第 42 页。

的层面。

从这个双层结构出发，当马克思站在"人类社会"的立足点上批判国民经济学时，他表达了对私有制和市民社会的否定。此时，马克思要说明：即使国民经济学的全部论断都是正确的，它也无法为资本主义制度的正义性质提供证明，因为它借以立足的私有制和市民社会本身是反人性的。不过，在马克思对国民经济学的批判中，还存在着另一层面的内容，即通过诉诸应得正义原则揭示国民经济学自身的理论矛盾，并以应得正义原则为依据为工人阶级争取平等的权利。就这一层面的正义理论内容而言，国民经济学本身存在着矛盾，即使立足于市民社会自身的正义原则，它也是错误的，因为它没有按照应得的原则给予工人以应得。在这种情况下，马克思用市民社会自身的正义原则批判国民经济学和资本主义制度。这意味着他对这种应得正义原则的历史主义肯定；在尚未超越市民社会的历史条件下，应得正义原则不仅仍然应当发挥它的历史作用，而且应当不断加以完善。马克思在谈到当时工人斗争的原则时就曾有条件地援引过这一正义原则："工人阶级的解放斗争不是要争取阶级特权和垄断权，而是要争取平等的权利和义务，并消灭一切阶级统治。"[①]马克思非但没有否定在通往共产主义的道路上，工人为自己争取平等权利的重要性，反而指出它是"消灭任何阶级统治"即"人类解放"的历史过程中的一项历史性内容。在许多情况下，马克思不主张将工人运动引向对分配问题的关注，强调不要因为关注眼前的目标而忘记了根本目标。但他不是说在现实条件下对分配正义的追求是没有意义的，更不是说在资本主义条件下资本家剥削工人是正义的。

四、马克思的高阶正义概念

正义理论作为一种价值理论常被归属于道德理论，而道德理论的论域涉及多种价值，正义只是其中一种。对任何一种正义理论的考察和阐释都不应当脱离它所依托的道德理论，否则便无法把握这种正义理论所言之正义在其所属道德理论中的价值排序，从而也就不能深入理解这种正义理论

---

① 马克思、恩格斯：《马克思恩格斯文集》第3卷，第226页。

所涉及的诸多深层问题。马克思的道德理论是一个存在着巨大张力的复杂体系，其中所涉及的，既有诸如自由、自主等他极为珍视的价值，也有诸如权利、义务、贡献等他愿意肯定其历史意义的价值。在这些不同价值中，正义恰是能够将诸价值联络起来的一种特殊价值。通过考察马克思正义价值的这种特殊地位，我们便可揭示他的正义概念与其他政治哲学的正义概念之间的差异，进而说明他正义理论的特殊性。

在柏拉图、亚里士多德等古代哲学家那里，正义既是一种与社会政治制度相关的价值，也是一种与个人相关的德性，但自近代以后，正义概念基本上定位于政治制度而疏离于个人德性。对于自由主义等当代政治哲学而言，正义作为一种道德价值具有两方面的特征：第一，它仅是一种与权利义务关系相关联的道德价值；第二，它仅是一种与评价社会基本制度相关的道德价值。罗尔斯就是在上述意义上对"正义的主题"进行限定。①根据正义概念的这种现代含义，在国家消亡和权利义务关系已经失去意义的未来共产主义社会，人们将无法再用正义与否来评价社会制度和人们的行为。这是许多学者坚持认为马克思反对从正义的立场上讨论问题的一个重要原因。不过，这是将狭义的正义概念强加于马克思所得出的结论。如前文所述，在马克思那里，正义概念的含义不仅限于权利义务关系，而是代表着一种更为宽泛的价值，其中既包含着古典正义概念中所具有的超越性含义，也包含着现代正义概念所特指的权利义务关系的内容。就它所具有的超越性含义而言，这一概念关联着"自由"的根本价值；就它所具有的权利义务关系内容而言，它又与权利的实现和法的实施有关。马克思的正义上承自由下接权利，将权利的实现视为自由的增进，将自由的实现当作权利的扬弃。

将马克思的正义概念等同于当代流行的正义概念，或者认为马克思只有自由概念而没有正义概念都是错误的。②这种认识将当代流行的正义概念看作唯一的正义概念，忽略了正义概念的复杂性。正义概念经历过复杂的演变，而关于怎样理解正义的内涵并不是没有争议的。正义概念在纷繁的争议中被赋予多重价值，包含着复杂内容，并不是始终以应得为核心内容的。在最早对正义问题进行系统讨论的柏拉图的《理想国》中，正义既

---

① 罗尔斯：《正义论》，第5-8页。

② George G. Brenkert, Freedom and Private Property in Marx, in M. Cohen, T. Nagel and T. Scanlon, eds., Marx, Justice and History, p. 81.

是一种制度伦理，也是一种个人德性。他的正义概念可从两个方面加以理解：正义是绝对善；正义是应得。柏拉图关于正义的考量虽然包含着权利和义务关系，但却与现代人的理解不完全一致。萨拜因说，柏拉图所讲的权利和义务"几乎不能从任何特殊的意义上说是属于个人的"，"它们乃是内在于个人所践履的服务或职责之中的"。[①]所以，当柏拉图基于"权利"讲"应得"的时候，他强调的是一个完美无缺的社会整体的不同部分之间有机合作的条件，而不是强调利益冲突的个人之间公平合作的条件。在柏拉图之后，亚里士多德区分了"分配正义"和"矫正正义"，而这两者都只是柏拉图正义概念第二种含义所具有的内容。在此后的发展中，"应得"成为正义的重要内涵。只是到了近代，随着个人权利获得至为尊崇的地位之后，基于个人权利的"应得"才成为奠基正义的核心内容。

即便将正义理解为"应得"，人们的理解也存在着很大差异。这表明，相对于"什么是应得的"而言，"应得"本身也是一个高阶概念，需要通过确立一个相应的低阶概念将其具体内涵表达出来。对于以"应得"为基础的正义概念来说，"应得"的不同低阶含义就规定了正义的具体内涵。例如，如果像柏拉图等人将"应得"表达为"不同等级者各得其所应得"，则"不同等级者各得其所应得"便是"应得"的内涵，满足这一要求的制度安排便是正义的；如果像洛克等人将"应得"表达为"平等的权利"，则"平等的权利"便是"应得"的内涵，满足这一要求的制度安排便是正义的。无论是"不同等级者各得其所应得"还是"平等的权利"，都是"应得"的低阶表述，它们为正义提供了具体内涵。在这些具体含义的正义概念下，违背它所认同的低阶价值的制度和行为便被称为"不正义"。

自古希腊至中世纪，"不同等级各得其所应得"被认为是天然正义的。启蒙运动之后，"平等"才被看作"应得"的基础，凡是违背平等原则的制度均被视为不正义的制度。在这一观念下，应得的正义原则便首先受制于平等的原则，"应得"便不得与"平等"相冲突。马克思和几乎所有其他现代学者都接受平等的观念，因此都在这一意义上规定正义概念。但是，人们对平等同样有不同的理解，平等同样需要低阶价值的规定。当自由主义等政治哲学将"平等的权利"视为平等的基本内涵时，马克思却并没有将这种低阶价值看作对平等的终极解释，而是要在这一含义之外寻找更为宽

---

① 萨拜因：《政治学说史》，邓正来译，上海：上海人民出版社，2008年，第89页。

广的平等内涵。正是在此，马克思的正义理论才成为一种区别于其他现代政治哲学的特殊正义理论。在"平等"的高阶含义上，马克思与自由主义等现代政治哲学一致，当涉及平等的具体解释时他们产生了分歧：自由主义等现代政治哲学将平等的终极根据理解为权利的平等，并据此将平等的其他维度看作派生的，从而缩减了平等的内涵；马克思寻求更为广泛的平等，因此他的平等概念突破了权利平等对实质平等的限制，将平等的理想从政治权利层面推进到社会合作层面，将平等的最终实现寄托于超越了权利观念的自由人之间的社会合作，而这种社会合作机制（自由人的联合体）便成为应当追求的目标。其实，即使是自由主义等政治哲学家们所持有的权利平等、分配公正等应得正义原则的真正实现，也同样依赖于高度合作的社会机制。可见，马克思的正义概念并非不能与自由主义等政治哲学的正义概念相通约，因为对他来说，实现平等的正义理想不需要否定以权利平等为基础的应得正义原则，而是应当将其当作正义的一种历史形式。

从概念形式上看，马克思的正义概念与自由主义等政治哲学正义概念之间的区别是位阶上的，自由主义等当代政治哲学的正义概念是一个低阶概念，而马克思的正义概念则是一个含义更广的高阶概念。相对于低阶正义概念，高阶正义概念是指它所指谓的正义原则涵盖了多个低阶正义原则的正义概念。相对于高阶正义概念，低阶正义概念是指它所指谓的正义原则只是其上位概念中诸正义原则之一种的正义概念。就这两类正义概念的关系而言，由于高阶正义概念有着比低阶正义概念更为宽广的界域，因此不能用低阶正义概念解释高阶正义概念，相反，高阶正义概念却可以容纳低阶正义概念并为其提供解释的根据。相比于亚里士多德将正义看作"应得"而言，柏拉图的正义概念是高阶的，作为"绝对善"的正义不仅有其自身的含义，而且也为"应得"提供根据。相比于自由主义的正义概念而言，马克思的正义概念也同样如此。马克思的高阶正义概念从"人类社会或社会化的人类"出发，以"自由人"之间有机的社会合作为基础，刻画出人类社会可能具有的最高正义原则。这一原则是先前人类历史中出现过的各类正义原则在逻辑上和在历史上自我扬弃的结果，因此，应得正义原则既是它先前的历史"肉身"，又是它逻辑进展的一个环节。实际上，恰恰是这样一种正义概念，能够避免自由主义等政治哲学的尴尬：一方面将个人权利作为应得的终极根据，另一方面又必须将人们之间的合作看作最终实现正义的必要条件，从而又否定了应得的根据。

当然，强调高阶正义概念与低阶正义概念的区别，并不是为了说明依据高阶概念而建构的正义理论比依据低阶概念建构的正义理论更为精致和严密，相反，低阶正义概念的合理使用恰恰是正义理论更为深化的表现。当前的马克思主义政治哲学，就需要对马克思高阶正义概念下所包含的低阶层面进行深入研究。对这两个概念的厘清只是为了说明，简单套用常规的正义概念，只以低阶正义概念为依据，不仅无法准确理解马克思的正义理论，而且从一开始就会走入歧途。

将马克思的正义概念理解为一个高阶概念，意味着在这个高阶概念下包含着可以进一步区分的不同层面。就像"果实"中包含着"坚果""浆果"等类型，马克思的高阶正义概念也包含着"权利正义""超越性正义"等不同的层次和类型。为什么马克思在批判国民经济学的时候要从私有财产和市民社会入手，这是因为，对它们的分析是理解"平等权利"这一低阶平等价值的入口和关键点。为什么马克思既反对"关于权利等等的废话"，又主张工人阶级在实际斗争中应该遵循"那种简单的道德和正义的准则"，[①]因为他反对的是将低阶的正义价值看作根本价值，而不是反对拥有这种价值。同时，在尚未走出市民社会历史境遇的当今时代，从历史主义原则出发，阐释一种属于马克思主义的以个人权利为基础的正义理论，并不违背马克思的意愿，恰恰相反，它是马克思主义政治哲学的题中应有之义。

毋庸置疑，自由主义突出强调每个人拥有平等权利的重要性，其在此基础上关于应得的精细论辩，为正义理论的发展作出了贡献。但是，在现实生活中，平等的权利和实质的不平等之间的巨大反差，也显示了自由主义正义观在追求平等的事业上自设的限度。作为具有平等主义倾向的自由主义者，罗尔斯试图推进实质的平等，而为了达到这一目标，就必须对以权利原则为基础的应得正义观进行限制和修正。他著名的"两个正义原则"，便体现了他的这一理论企图。在这两个正义原则中，第一原则体现的是公民的政治权利，第二原则体现的是公民的社会和经济利益。为了矫正应得正义之偏，罗尔斯已经无法再像功利主义和至善论那样去为正义寻找唯一的标准，而是不得不牺牲自由主义理论的逻辑自洽，用第二原则补充和修正第一原则。虽然罗尔斯的正义理论在当代取得了成功，但是，这种甘冒走向相对主义的风险而向直觉主义妥协的方案，也为他对自己正义观的论

① 马克思、恩格斯：《马克思恩格斯文集》第 3 卷，第 436、14 页。

证带来了许多困难。他不得不用一系列的补充性论证来弥补对权利原则的偏离给他带来的理论困难。罗尔斯要用第二个正义原则保证"最少受惠者的最大利益";他又不得不再回过头来用"正当优先于善"对这一原则进行限定。这种"回撤"既反映了自由主义对权利应得正义原则的坚持,也反映了罗尔斯方法论上的困难。

在自由主义的理论框架内,这种方法论上的困难无法从根本上克服。正是因为意识到这一点,罗尔斯在谈到马克思的正义理论时说:"总的来看,把权利和正义的概念归结为司法性的概念是过于狭隘的。权利和正义概念可以独立于强制性的国家制度及其法律体系而加以构思;事实上,当它们被用来评判社会的基本结构及其基本的制度安排时,它们就是这样被构思的。"①罗尔斯当然不可能像马克思那样构想超越资本主义的正义,也并未真正理解马克思历史主义方法论的意义,但他意识到,当正义概念"被用来评判社会的基本结构及其制度安排"时,正义理论便是在一种不同的意义上"被构思的"。实际上,自由主义等西方政治哲学关于权利平等、分配公正等正义理想,也只有在超越了资本主义制度的基础上才能真正实现。

马克思跳出了自由主义自设的藩篱,在"人类社会"的立脚点上重设正义的根基,因此便为正义理论设立了一个全新的论证框架。在这一框架里,权利原则本身不是最终的和永恒的东西,因此需要以更高的正义准则对其加以修正和规范。只有在马克思的这一理论框架下,正义原则才能既超出权利原则的自我限制,同时又避免在方法论上走入直觉主义和相对主义的困境。

五、结语

如果说传统的马克思主义研究主要集中于历史理论的话,在最近 20 年里,西方马克思主义研究的热点已更多转向政治哲学,马克思的正义理论正是其中的一个重要内容。不过,西方马克思主义者面对的是西方的理论与现实,其核心关切是怎样用马克思的思想资源矫正和补救自由主义理论及其制度设计的缺失。对于我们来说,阐释马克思正义理论的意义却远

---

① 罗尔斯:《政治哲学史讲义》,第356页。

不止于此。

当今中国正处于重大的社会转型期，这个社会转型与社会主义市场经济的发展有着密切的关联。在西方市场经济发展的历史上，以权利正义为核心的自由主义主张在塑造社会生活的过程中发挥了重要作用。作为一种思想资源，这一主张将会对中国的社会转型产生影响。但是，既然自由主义的规范性主张以及以其为基础的制度设计已经在西方市场经济发展过程中暴露出一系列弊端，而我国的社会主义市场经济又具有全然不同于资本主义市场经济的性质，那么，中国的社会转型就不可能在自由主义的主导下进行。当代中国亟需建构一种适应于社会主义市场经济的正义理论。

在当代中国正义理论的建构过程中，马克思主义不可能仅仅充当批判者的角色，而是必须担负起为现实生活提供规范的理论责任。在当今历史条件下建构马克思主义正义理论，并不是简单回到经典马克思主义的超越性理想，而是必须立足于当下中国社会主义市场经济的现实，从马克思考察问题的基本原则和方法出发，建构一种能够为社会主义市场经济以及以其为基础的全部社会生活提供合理性辩护的正义理论。为了达到这一目标，第一步的任务就是要辨明马克思正义理论的立论前提、根本关切以及他的正义概念的基本含义。

（本文原载于《中国社会科学》2014 年第 4 期）

论辩证法的唯物主义基础

夏 莹

辩证法作为黑格尔哲学体系的核心,构成了当代哲学发展的重要路标。黑格尔之后的哲学往往以某种特定方式来实现对辩证法的批判和超越,并以此开辟自己新的哲学路径。从总体上看,这种批判和超越主要以两种路径展开:第一,基于马克思对辩证法的重新阐释,将辩证法阐发为"按其本质来说,它是批判的和革命的"[①],这凸显了辩证法的实践本质,从而以肯定的方式保留了辩证法的理论意义;第二,基于海德格尔对辩证法的批判,将辩证法视为一种与现象学相异质的思维的预先规定[②],从而以否定的方式批判了辩证法给哲学带来的桎梏。自 20 世纪 30 年代以来,西方马克思主义对于辩证法的研究主要游弋于这两条路径之间,以辩证法或反辩证法为轴心展开了对马克思思想的重构,不仅完成了对马克思思想的创造性阐发,而且构筑了一个有关辩证法的问题域,其关键点在于阐明辩证法如何摆脱唯心主义(idealism)的思辨属性,以成就一种马克思主义哲学意义上的唯物主义辩证法。

恩格斯在 1883 年 4 月 2 日致彼得·拉甫罗维奇·拉甫罗夫的信中曾经提到,马克思早就想写成"辩证法大纲"[③],这一度激发了后来者对马克思辩证法中究竟包含哪些内容的研究热情。但这部"辩证法大纲"终究未曾面世,其缘由也构成相关研究的一个问题域。马克思究竟是没有足够的时间来完成这部著作,还是他对于辩证法的理解无法从根本上摆脱黑格尔

---

① 马克思、恩格斯:《马克思恩格斯选集》第 2 卷,中央编译局编译,北京:人民出版社,2012 年,第 94 页。

② 海德格尔:《存在论(实际性的解释学)》,何卫平译,北京:商务印书馆,2016 年,第 56-60 页。

③ 马克思、恩格斯:《马克思恩格斯全集》第 36 卷,中央编译局编译,北京:人民出版社,1975 年,第 3 页。

辩证法的阴影？对这一问题的回答绝非仅仅关涉到有关马克思的一段思想史研究，更为重要的是，它将关涉到对辩证法的基本属性及其内涵的理解。本文通过回溯黑格尔辩证法诞生的原初语境，重思马克思对辩证法的革命性变革，进而揭示辩证法的唯物主义基础。

一、黑格尔辩证法的原初语境：辩证不是思辨

黑格尔在《小逻辑》中将辩证法的历史追溯到柏拉图哲学，并将其视为"自由的科学"[①]。这一科学采取了对话形式，试图突破知性规定的有限性。对于黑格尔而言，"辩证法是现实世界中一切运动、一切生命、一切事业的推动原则"[②]。在此，黑格尔展现了辩证法的两个基本原则：第一，它是事物运动变化的推动力，因此是一个富有能动性的概念；第二，更为重要的是，它是现实世界运动变化的推动原则，而非仅仅是思维运动变化的一个原则。辩证法与诡辩论的区别也正在于此，它绝非仅仅依赖于主观原则来进行判定："辩证法的出发点，是就事物本身的存在和过程加以客观的考察，借以揭示出片面的知性规定的有限性。"[③]法国思想家亚历山大·科耶夫曾明确驳斥了那种将辩证法视为一种哲学方法和阐释方法的观点，转而强调辩证法的存在论意义，即它作为对真实实体运动的描述而具有的客观性。[④]运用辩证法的黑格尔也由此成为旁观者，以直观的方式、以思维的辩证法来描述存在的辩证法。[⑤]虽然我们在此无法完全认同科耶夫将黑格尔"现象学"等同于胡塞尔"现象学"的做法，但不得不承认，科耶夫对辩证法的这一阐释路径更为接近黑格尔。

着眼于系统阐发辩证法的原初语境，我们可以发现，关于辩证法的讨论出现在黑格尔对于"逻辑学"三个环节的深入讨论中。黑格尔逻辑学并非是作为思维规定的形式逻辑，后者正是被黑格尔所批判的主观主义。在黑格尔看来，"逻辑的思维一般地讲来，并不仅是一个主观的活动，而是十

---

① 黑格尔：《小逻辑》，贺麟译，北京：商务印书馆，1980 年，第 178 页。
② 黑格尔：《小逻辑》，第 177 页。
③ 黑格尔：《小逻辑》，第 178 页。
④ 科耶夫：《黑格尔导读》，姜志辉译，南京：译林出版社，2005 年，第 532-533 页。
⑤ 科耶夫：《黑格尔导读》，第 543 页。

分普遍的东西，因而同时可以认作是客观的东西"①。换言之，逻辑学是一种客观与主观的统一性。因此黑格尔揭示出逻辑学展开自身发展过程的三个环节：抽象的或者知性（理智）的方面。辩证的或否定的理性的方面，以及思辨的或肯定的理性的方面。②在此，第一个环节，知性的方面意味着对事物的主观主义判断；第二个环节，辩证的方面意味着主观趋向于客观的运动；第三个环节，思辨的方面意指主观与客观的最终统一。逻辑学的完成状态并非一种静止的绝对统一，而是一种蕴含着由区别而带来的矛盾运动的可能性，正是这一可能性推动了黑格尔逻辑学体系的不断前进。由此可见，辩证和思辨在黑格尔逻辑学里分别代表了两个不同的环节，两者并非一回事。

从黑格尔辩证法的这一原初语境出发，我们需要进一步明确辩证法的能动性原则所包含的两个要点。第一，彰显了一种辩证法的运动。这揭示了辩证法不是单纯否定性，而是一种推动知性概念发现自身界限的运动。如果说这一点彰显了辩证法的消极（即否定性）维度，那么辩证法的运动同时还包含一个积极的（即肯定的）维度，它意味着一种内在的超越（immanente Hinausgehen）③，即事物自身向其反面的转化。第二，以过程性和对立性的矛盾为核心。因为辩证与思辨在原则上分属逻辑学的两个环节，所以辩证的能动性原则并不必然包含思辨的统一性，而且辩证的运动所展开的是一种知性的主观观念与客观世界之间的对立，这一对立本质上是事物自身内在的对立。概言之，辩证法所彰显的只是内在的对立和矛盾，而非思辨的统一性。

值得注意的是，在黑格尔之后的哲学发展中，无论是以肯定性方式推进辩证法，还是以否定性方式批判辩证法，常常出现一个混淆或误读，即将辩证与思辨混为一谈。这种混淆表现为在讨论辩证矛盾运动的同时，为这一运动设定其完成状态，即思辨的统一性。在此基础上，让辩证法成为一种预先规定现实的预成性框架。例如，海德格尔在 1923 年夏季讲座中对于辩证法的批评，就呈现了由于这种混淆所带来的对黑格尔辩证法的误读。

海德格尔在这一讲座中明确区分了辩证法与现象学。海德格尔认识到，当哲学的主题是普遍性的时候，它就要与存在层面的多样性发生关联。辩

---

① 黑格尔：《小逻辑》，第 174 页。

② 黑格尔：《小逻辑》，第 172 页。

③ 黑格尔：《小逻辑》，第 176 页。

证法作为一种承认对立、矛盾的学说，必然是一种构筑多样性之统一的手段。尽管如此，海德格尔却强烈批判了辩证法，因为后者"似乎"拥有某种预成性框架。海德格尔曾这样描述辩证法："辩证法为了它自己的可能性而要求如其预先规定的那样来看待所有的存在者——在将一切预先框在一个次序化的范围内的意义上。辩证法最擅长做的就是不断地扬弃，然后重新达到统一。"①此种对辩证法的解读正是建立在把辩证与思辨相混淆的基础之上。他将辩证法自身视为同时包含着思辨统一性的矛盾运动规律。在这一阐释路径中，思辨的统一性被转变为所谓预先的框架，辩证的运动成了围于这一框架之内的运动，由此导致了概念运动本身实际上的不复存在，其所带来的变动与发展被窒息在了这一思辨统一性之中。因此对于海德格尔而言，辩证法所彰显的仅仅是主观运动，它与外在的客观现实的运动变化毫无关联。

二、辩证法在何种意义上是唯物主义的？

海德格尔对辩证法的误解颇具代表性。一方面，辩证法是一种主观的思维运动规律，现实世界必须削足适履地与之相适应；另一方面，辩证法是包含着正题、反题与合题三个阶段的完成过程。这一解读以关注矛盾与对立为己任，因此开放性的辩证法就变成了一个完成了的闭合的思辨体系。如果按照对辩证法的这种解读路径，我们将很容易作出如下判断：辩证法，就其本质而言必然是唯心主义的，因为它是一种脱离客观现实，同时却要求客观现实与之相统一的思维规律。由此，唯物主义与辩证法之间的关联将变得异常艰难。因为唯物辩证法意味着我们可以用概念范畴的运动去谈论现实世界，同时仍可保持现实世界独立于思维之外的唯物主义基础。而以新的唯物主义立场构筑辩证法理论，常常被视为马克思对辩证法的革命性推进。

接下来的问题是，马克思究竟在何种意义上构筑了一种唯物主义的辩证法。对这一问题的讨论，我们首先需要从"黑格尔与马克思在辩证法问

① 海德格尔：《存在论（实际性的解释学）》，何卫平译，北京：商务印书馆，2016年，第54页。译文有改动。

题上的本质差异是什么"来入手。因为正是基于对黑格尔辩证法的改造，马克思开启了一种唯物主义辩证法，从而彰显了辩证法的唯物主义基础。

马克思在《资本论》第 1 卷第 2 版跋中曾就辩证法问题进行了三个段落的讨论，为辩证法研究敞开了广阔的空间。首先，在第一段表述中，马克思将辩证法界定在认识论视域中，辩证法成为主观与客观相互对立、相互趋近的能动性原则。在此，马克思指认了自身与黑格尔辩证法的"截然相反"①。如果说黑格尔辩证法所表达的思维过程创造了现实事物，那么在马克思看来，"我的看法则相反，观念的东西不外是移入人的头脑并在人的头脑中改造过的物质的东西而已"②。笔者将马克思此处有关辩证法的讨论概括为"认识论视域中的辩证法界定"。恩格斯将其形象地表述为映像与原型的颠倒③，由此马克思辩证法与黑格尔辩证法之间就产生了一个有关"颠倒"的经典问题。

如果这个颠倒仅仅被局限于此，那么它将会把我们引导至"思维与现实事物之间、对事物的语言表达与事物自身之间谁更具优先性"的问题。如果问题简单停留于此，那么将不能触及辩证法的要义。因为在这一逻辑上所实现的颠倒，并在这一颠倒基础上所构筑的唯物辩证法，最终可能滑向一种唯心主义。毕竟，不管思维与现实谁统摄谁，都预设了这种辩证法的统一性归宿——或者现实被归结为思维，或者思维被归结为现实。但正如海德格尔的误读告诉我们的那样，只要辩证法预先包含着一种统一性原则，它就会沦为一种唯心主义形态。

因此，我们还需要进一步推进问题的讨论。辩证法的唯物主义基础不仅要以现实对思维的颠倒为基点，更为重要的是要避免辩证与思辨的混淆。在这一意义上说，黑格尔在逻辑学语境中对于辩证和思辨的区分，彰显出黑格尔辩证法所蕴含的一种独特的"唯物主义"色彩。第一，辩证与思辨的区分让辩证法自身成了主观向客观的趋近，而非思维内在的自我运动。在黑格尔看来，仅仅驻足于思维内在的自我否定，只能是一种片面的怀疑主义。因此在黑格尔辩证法中，我们反而看到了客观性对主观任性的某种限制。第二，即便在黑格尔所凸显的思辨统一性中，他也从根本上拒斥了将这种统一性仅仅视为超越现实的思维玄想，这就更为凸显了思辨所应有

---

① 马克思、恩格斯：《马克思恩格斯选集》第 2 卷，第 93 页。
② 马克思、恩格斯：《马克思恩格斯选集》第 2 卷，第 93 页。
③ 恩格斯：《自然辩证法》，北京：人民出版社，2018 年，第 47 页。

的客观性维度。甚至黑格尔在谈到思辨一词的日常用法（即作为婚姻的揣测与商业的推测）的时候，仍不免要强调，这一用法虽然一方面"表示凡是直接呈现在面前的东西应加以超出，另一方面，形成这种悬想或推测的内容，最初虽只是主观的，但不可听其老是如此，而须使其实现，或者使它转化为客观性"①。在黑格尔看来，辩证法正是推动思辨完成主观向客观转化的能动性原则，甚至对于主观与客观相统一的思辨原则而言，其重心也绝非在于"统一性"，即"我们说，绝对是主观与客观的统一。这话诚然不错，但仍然不免片面，因为这里只说到绝对的统一性，也只着重绝对的统一性，而忽略了，事实上在绝对里主观和客观不仅是同一的，而又是有区别的"②。换言之，"绝对"作为整全性思想的代表，恰以最终彰显出其内在的"有对"为其核心要义。在这一意义上，如果黑格尔的"绝对"在统一性意义上彰显了其唯心主义色彩，那么当"绝对"同时还意味着主观与客观的差别，即客观在统一性中保持其独立于主观的属性之时，这一"绝对"又似乎带有一定的唯物主义色彩。

在此，我们可以进一步明确，究竟何为唯心主义辩证法与唯物主义辩证法。辩证法作为一种内在矛盾分析的基本原则，当它试图以最终的思辨统一性为其运动发展的最终目的之时，它是唯心主义的。因为在任何一种统一性的完成中，都包含一种预成性的理论框架，不管这个理论框架是源于现实，还是衍生出现实，它都以预成的框架来框定现实发展的所有可能性。在其中，脱离这一框架而独立存在的"唯物主义"的客观性维度消失了。而当辩证法在任何时候，甚至在谈论统一性的时候，只要它承认其内在对立性与矛盾性的不可消除，就具有唯物主义色彩。因为在对立和矛盾中，思维总是无法把握全部现实，而现实也因此才真正获得了某种独立于思维的存在方式。基于以上讨论，我们有理由认为，独立于思辨的辩证法，自身固有其唯物主义基础。

---

① 黑格尔：《小逻辑》，第 183 页。
② 黑格尔：《小逻辑》，第 183 页。

三、唯物辩证法：马克思对黑格尔的双重颠倒

回到马克思对于辩证法的经典表述，有关"认识论视域中的辩证法界定"只是其表述的一个方面。在紧接其后的段落中，马克思并没有因为自身与黑格尔持有不同理念而放弃黑格尔的辩证法；相反，他毫不遮掩地"公开承认我是这位大思想家的学生"①，并就此展开了关于辩证法的第二段"经典"表述："辩证法，在其神秘形式上，成了德国的时髦东西，因为它似乎使得现存事物显得光彩。辩证法，在其合理形态上，引起资产阶级及其空论主义的代言人的恼怒和恐怖，因为辩证法在对现存事物的肯定的理解中同时包含对现存事物的否定的理解，即对现存事物的必然灭亡的理解；辩证法对每一种既成的形式都是从不断的运动中，因而也是从它的暂时性方面去理解；辩证法不崇拜任何东西，按其本质来说，它是批判的和革命的。"②

这是马克思为数不多的一次对于辩证法的集中论述，笔者在此将其概括为"存在论视域中的辩证法界定"。较之"认识论视域中的辩证法界定"，它有着一个根本性的视域转换，辩证法在此摆脱了"观念与现实世界之间谁为优先"的问题域，转而关注辩证法自身作为一种能动原则，如何在其不断运动的过程中让一切既成事物（观念的抑或现实的）呈现出其暂时性的一面。在此，辩证法似乎不再是一种有待把握和研究的理论方法，而成为一种能动的实践性，它以"批判的和革命的"方式展开了对现实事物的改造。

在这一视域中，马克思在两个方面继承了黑格尔辩证法：其一，将辩证法理解为一种运动、变化的能动性原则，使得马克思对每一种既成形式都能从运动变化当中来理解；其二，强化了辩证法的否定性、批判性和革命性的维度，彰显了矛盾和对立自身，而不是它们的统一与和解。换言之，马克思并未混淆辩证与思辨这两个在黑格尔逻辑学中的不同环节。

恩格斯以某种方式深化了马克思有关辩证法的研究，在恩格斯有关

---

① 马克思、恩格斯：《马克思恩格斯选集》第 2 卷，第 94 页。
② 马克思、恩格斯：《马克思恩格斯选集》第 2 卷，第 94 页。

"辩证法作为科学"的讨论中，我们看到了对于辩证法的类似理解。对于恩格斯而言，辩证法成了与形而上学相对立的一门科学，它包含三个主要规律："量转化为质和质转化为量的规律；对立的相互渗透的规律；否定的否定的规律。"①由于恩格斯将前两个规律对应于黑格尔《逻辑学》中的"存在论"与"本质论"，将最后一个规律视为黑格尔构筑整个体系的基本规律，从而让三个规律之间形成一种层层递进、相互依赖的关系，成就了辩证法的正题、反题与合题的三段论。但从恩格斯辩证法思想的原发语境来看，这种思辨化的趋向并非恩格斯讨论的重点，相反，我们看到的更多是恩格斯对于辩证法所蕴含的普遍联系的强调。对于恩格斯而言，辩证法是"关于联系的科学"②，而黑格尔辩证法的错误也只是将思维规律与现实的自然界和历史"颠倒"了过来，所谓逼迫自然科学的发展去适应普罗克拉斯提斯的床③。但对于恩格斯来说，无论是质量互变规律，还是对立统一规律以及否定之否定规律，就其作为对现实世界的普遍联系与运动的描述而言，三者是等同的，它们都从不同侧面表达了物质世界的运动变化。换言之，恩格斯认为，辩证法乃是一种表述运动变化之规律的科学，它作为一种思维规律之所以有效，仅是因为现实自然界与历史发展恰好也拥有其固有的"客观辩证法"，即也是在运动变化当中展开自身的。

在这一意义上说，恩格斯的确如马克思那样，以不同方式凸显了辩证法作为能动性原则的基本规定。为了避免这种客观性根基重新滑入旧唯物主义的窠臼，马克思随后对辩证法所作的"存在论视域中的界定"更为关键，正是在其中，辩证法的能动性原则获得了一种唯物主义基础。

具体说来，当我们仅仅谈论事物运动变化的时候，无论这一事物是现实事物，抑或是思维观念，我们都必须回答究竟是什么推动了这一运动的持续展开。黑格尔用绝对精神的自我演进替代上帝来充当这一推动力，这一转变是重大的，它将这一推动力从事物"之外"转变为事物自身的"内在"运动，黑格尔将其称为"内在的超越"，也即辩证法。④在笔者看来，正是辩证法的这种内在超越性构成了马克思所说的黑格尔辩证法的"神秘

---

① 恩格斯：《自然辩证法》，第75页。
② 恩格斯：《自然辩证法》，第75页。
③ 恩格斯：《自然辩证法》，第44页。
④ 黑格尔：《小逻辑》，第176页。

化"①。进一步说，黑格尔其实并没有明白无误地对以下这些问题作出回答：究竟是什么驱动了辩证法的内在超越性？是什么带来了辩证法的自我运动，抑或说，构筑辩证法自我运动的可能性条件究竟是什么？如果我们将绝对精神作为黑格尔对这些问题的一种回应，那么我们将不可避免地跌入绝对精神与辩证法的循环论证当中，并最终扼杀辩证法自身的能动性。因为绝对精神作为最终的思辨的统一性会让辩证法陷入预成性的概念框架之中，从而窒息其能动性。

因此，唯物辩证法的关键并不是仅仅将能动性归还给客观事物自身，还要进一步基于客观性原则来回应其运动得以可能的条件是什么。只有回应了这一问题，马克思对于黑格尔辩证法的颠倒才真正得以完成。从这一意义上说，马克思在"认识论视域中的辩证法界定"只能是其立场的确立，即他宣布了要以客观性优先的原则来构筑辩证法，在随后的"存在论视域中的辩证法界定"中，马克思才真正展开了有关唯物辩证法的讨论。笔者将这一唯物辩证法的具体内容概括为以下两点。

第一，辩证法的否定性，即对"现存事物必然灭亡"的理解维度，这是马克思对黑格尔辩证法内在超越动力机制的解读。黑格尔将单纯的否定视为需要批判的"怀疑主义"，他认为辩证法是在突破有限性的基础上，走向其自身反面的运动，也就是马克思所说的"对现存事物的肯定的理解中同时包含对现存事物的否定的理解"②。如果我们将怀疑主义看作一种主观唯心主义，那么在黑格尔与马克思对辩证法的讨论中，都包含着一种基于客观性的对主观唯心主义的超越，在这一维度上，马克思对黑格尔的辩证法展现了继承性的一面。

第二，当马克思将辩证法看作一种"批判和革命"时，他实现了对黑格尔辩证法的第二次颠倒。如果说在"认识论视域中的辩证法界定"中，马克思已将作为黑格尔思维运动的辩证法颠倒为以现实事物的运动为优先性原则的辩证法，那么在此，马克思则让原本仅仅作为一个中间环节的辩证与作为事物自身存在样态的思辨统一性进行颠倒，从而让处于运动变化中的矛盾、对立原则成为事物自身的存在样态，让思辨统一性成为需要被扬弃的"暂时性"。

---

① 马克思、恩格斯：《马克思恩格斯选集》第2卷，第94页。
② 马克思、恩格斯：《马克思恩格斯选集》第2卷，第94页。

因此，对于马克思而言，资本主义社会并不是既成的、永恒存在的状态，相反，它是暂时的、运动的、矛盾的。"使实际的资产者最深切地感到资本主义社会充满矛盾的运动的，是现代工业所经历的周期循环的各个变动，而这种变动的顶点就是普遍危机。这个危机又要临头了，虽然它还处于预备阶段；由于它的舞台的广阔和它的作用的强烈，它甚至会把辩证法灌进新的神圣普鲁士德意志帝国的暴发户们的头脑里去。"①这是马克思有关辩证法讨论的第三段经典表述，它紧随第二段表述之后，却很少被辩证法研究者所关注；但在笔者看来，正是这一话题的突然转变成了理解马克思辩证法的方便法门。

首先，马克思对黑格尔的第一重颠倒使其追随社会现实的存在样态，并以其为出发点，而非以既有的对社会现实的理解框架为出发点来分析问题。在马克思所处的时代，资本主义社会就是其直接面对的社会现实，因此他对资本运行的分析和批判构成了其理论的逻辑起点。其次，马克思对黑格尔的第二重颠倒，使得他以运动变化所彰显的"暂时性"为分析旨归，而非以寻求矛盾之和解为目的。如果说第一重基于认识论的颠倒实现了主客关系的颠倒，从主观优先颠倒为客观优先，那么，第二重基于存在论的颠倒则将矛盾对立关系与统一和解关系进行了颠倒，从思辨统一优先颠倒为矛盾运动优先，让暂时优先于永恒，对立优先于和解，否定优先于肯定，改造世界优先于解释世界，这就敞开了新世界诞生的理论视域。

这表现在马克思对资本主义的批判中，他始终将资本主义的"危机"理论作为关注重心。危机代表着一种对既有肯定性社会的否定性呈现，正是在危机的作用之下，资本主义社会在其运行过程中总是不断展现其暂时性、矛盾性的一面。因此对资本主义危机的阐释构成了马克思辩证法的一种展现方式。阿尔都塞对此曾有过精准判定："这就是为什么令我们今天如此遗憾的这个被马克思认为毫无必要，从而并没有为我们写出的'辩证法'，其实已经被我们以完美的形式拥有了，并且我们知道它在哪里：就在马克思的著作中，就在他的《资本论》中……——是的，我们在其中找到了它，当然是以一种基础性的实践状态，而非理论状态！"②

正是在马克思对黑格尔辩证法的双重颠倒中，辩证法不仅成为一个基

---

① 马克思、恩格斯：《马克思恩格斯选集》第 2 卷，第 94 页。

② Louis Althusser, Pour Marx, Paris: Francois Maspero, 1969, pp. 176-177.

于社会现实的分析视角，而且成为一个可以改变现实的实践原则。这种实践原则并不满足于仅仅描述社会现实的运动，它更关注这种运动得以可能的条件，因此马克思对于资本主义所展开的研究，从根本上不同于那个时代的国民经济学家，其核心之处正在于其理论的关注点，不是资本主义社会是如何发展和演进，而是其如何走向灭亡，以及灭亡的条件究竟是什么。正是辩证法的暂时性、矛盾性原则所构成的动力，促使马克思转变了分析视角。在马克思这里，这一动力难以像在黑格尔那里一样以理论的形态展现，辩证法让马克思对资本的分析始终处于未完成的开放过程当中，而正是这一点保障了能动的辩证法没有被封闭在固有概念框架当中，也使其彻底挣脱了思辨的诱惑和束缚，从而确保了辩证法的唯物主义基础。更进一步说，从马克思开始，真正的、彻底的唯物辩证法，已经转变为批判和改造客观现实的实践，而非解释世界的理论。

（本文原载于《哲学动态》2019 年第 2 期）

从"消极辩证法"到"积极辩证法"

——《资本论》主题的"近康德"阐释

王时中

在马克思主义的话语体系中，辩证法具有举足轻重的地位：一方面，马克思主义辩证法的唯物主义基础，使马克思主义迥异于唯心主义辩证法与古代朴素的辩证法，因而具有科学性；另一方面，辩证法的否定性与革命性特征又使马克思主义完全不同于机械唯物主义，因而具有能动性。正因为马克思主义具有"科学性"与"能动性"的双重属性，才能够左右开弓，超越经验论与唯理论、历史决定论与主观唯心论等之间的对立，为无产阶级的革命与建设提供强劲的理论支持。但是，辩证法的运用也是有一定限度的，一旦越过这个限度，便会成为"变戏法"甚至"诡辩"，从而丧失其严谨性与深刻性。而如何"拿捏"辩证法的边界，正是哲学研究中的难点。在哲学史上，虽然辩证法的形式有别，内涵各异，但正如有论者所指出的，"就其主流而言，我们还是可以确定其内涵，并可大致上将辩证法分为消极的辩证法或否定的辩证法和积极的辩证法或肯定的辩证法两种类型。前者以芝诺、康德为代表，后者以后期柏拉图、黑格尔为代表"①。如果说积极意义的辩证法对辩证法的能动性抱积极与肯定的态度，那么消极的辩证法则对辩证法抱一种消极与批判的态度。两种辩证法的气质迥然有别，因而在人类精神生活中也发挥着不同的作用。如果混淆了两者，不仅会造成理论上的混乱，在实际中也会带来危害。相对于从黑格尔积极辩证法的批判继承关系中对马克思哲学之革命意义的传统阐释路径，本文试图以康德的消极辩证法为参照，以马克思《资本论》与康德《纯粹理性批

---

① 王南湜：《辩证法与实践智慧》，《哲学动态》2005 年第 4 期。

判》中分别在人类的"劳动结构"与"认识结构"中所展开的辩证法为考察对象，对《资本论》的主题做一个近康德式的阐释，以为马克思主义哲学的拓展寻求可能的空间。

一、从"认识结构"到"劳动结构"

众所周知，康德《纯粹理性批判》的主题是探讨"科学的形而上学"是否可能以及如何可能的问题，但他不是从认识的对象，而是从认识结构之"感性""知性"与"理性"的三层次区分出发的。与之类似，马克思《资本论》从"生产劳动"的视角出发批判政治经济学时，也区分了劳动的三个层次："本能劳动""具体劳动（有用劳动）"与"抽象劳动"。

具体来说，在康德对"感性""知性"与"理性"的区分中，所谓"感性"，是指主体被对象刺激时获得表象的能力。但严格来说，"感性"并不是专属于人的、独立的认识能力，因为动物也具有这种能力。普通心理学一般将"感性"或者"感觉"理解为人脑对现实事物的个别属性的直接反映，认为它是一种简单的、低级的心理现象。因为你一旦想对"感觉"说点什么，这种"说法"已经是知觉了。但康德的"感性论"并不是如同一般心理学那样探求"感性"与"知性"的生理机制与内在差异，而是要建构一门有关"感性"的先天原则的科学，即"先验感性论"。因此，在"先验感性论"中简略区分了"感觉"与"形式"之后，康德迅速便将论题转移到"感性直观"的时空"形式"。

相对于"感性直观"的杂多，"知性"的范畴发挥着综合统一的功能："我思必须能够伴随着我的一切表象，……所以，直观的一切杂多，在它们被发现于其中的那同一个主体里，与'我思'有一种必然的关系。"①但在康德那里，"知性"范畴也存在着界限，因为"思维一个对象"与"认识一个对象"是不同的，前者不存在一个相应的感性直观，因而不会形成一种知识，但依然可能是一个"思想"；而后者存在一个相应的感性直观，所以这个概念与感官对象发生关系时便可以成为知识。这就意味着，相对于感性层次的时空直观形式，知性概念固然能够将触角延伸到一般直观的对象

① 康德：《纯粹理性批判》，邓晓芒译，北京：人民出版社，2004年，第89页。

之上，且能够形成某些关于客体的"空洞的概念"，但这些概念只是一些没有客观实在性的思维形式。而对这些思维形式的考察，就进入了"理性"的层次。

但康德认为，人类在"理性"层次却没有更高的认知能力来加工直观经验并将后者纳入思维的最高统一性之下，因此，如若有人继续追问这种最高统一性的实在性，人类认识便面临着"巧妇难为无米之炊"的困境。原因在于，"理性"固然为"知性"提供范导，但是其自身的逻辑能力却是自己不能直接回答的。从这个意义说，如何对"理性的运用"做批判性考察才是问题的焦点，康德质疑道："我们能否孤立理性？如果能，理性是否还是概念和判断的一个特有的来源，它们唯有从理性里面才产生出来，而理性借它们与对象发生关系？还是说理性只是向已给予的知识提供某种形式的从属的能力，这种形式是逻辑上的，它只是使知性知识相互从属，并使低级规则从属于高级规则（后者的条件在其范围内包含着前者的条件），只要通过对它们的比较能做到这一点？"①

与康德类似，马克思在《资本论》中区分了"生产劳动"的三种形式，即"本能劳动""具体劳动"与"抽象劳动"。第一种形式是人作为动物的"自然劳动"或者"本能劳动"。在这个过程中，人自身作为一种自然力与自然物质相对立："为了在对自身生活有用的形式上占有自然物质，人就使他身上的自然力——臂和腿、头和手运动起来，当他通过这种运动作用于他身外的自然并改变自然时，也就同时改变他自身的自然。他使自身的自然中蕴藏着的潜力发挥出来，并且使这种力的活动受他自己控制。"②相对于后面两种形式的劳动，这里的劳动并没有摆脱动物式的本能形式。因此，从这个意义说，"蜘蛛的劳动"与"织工的劳动"类似，而蜜蜂建筑蜂房的本领，甚至会使得人类的建筑师感到羞愧。

但人的劳动与动物劳动之间的差异是很明显的，在揭示了人类的本能劳动之后，马克思迅速转向了专属于人的"有用劳动"或"具体劳动"，相对于"本能劳动"，这种劳动"是为了人类的需要而对自然物的占有，是人和自然之间的物质变化的一般条件，是人类生活的永恒的自然条件"③。继续以上的例子，蜜蜂建筑蜂房时的技艺固然高超，但最灵巧的蜜蜂也不

---

① 康德：《纯粹理性批判》，第 265 页。
② 马克思：《资本论》第 1 卷，中央编译局编译，北京：人民出版社，2004 年，第 208 页。
③ 马克思：《资本论》第 1 卷，第 215 页。

如最蹩脚的建筑师的地方，便是建筑师建筑"蜂房"以前，"已经在自己的头脑中把它建成了"。换言之，建筑师的劳动结果在劳动过程开始的时候，就已经以目的的方式存在于劳动者的观念中了，而劳动过程消失在劳动产品之中，这个产品就是"使用价值"，"是经过形式变化而适合人的需要的自然物质"①。

但人是社会的动物，任何社会形式中的劳动便具有了"质"与"量"的双重属性：前者是劳动的性质问题；后者是劳动的度量问题。这就进入了马克思对"劳动"的二重性区分，即"抽象劳动"与"具体劳动"的二重性区分，两者分别构成了商品的"交换价值"与"使用价值"。在商品的生产过程中，这种二重性体现在：一方面，生产者的私人劳动必须证明它们是总劳动的一部分；另一方面，这些私人劳动之间存在着交换的可能性，而不同类型的商品之所以能够交换，"只是因为它们的实际差别已被抽去，它们已被化成它们作为人类劳动力的耗费、作为抽象的人类劳动所具有的共同性质"②。马克思以"货币"作为衡量商品价值量的标尺，从而使得商品的流通取得了一个量化形式。

但在简单的商品流通中，"货币"只不过是固定充当一般等价物的特殊商品，运动一结束它就消失了。在这里，我们"根据小麦的味道，我们尝不出它是谁种的，同样，根据劳动过程，我们看不出它是在什么条件下进行的：是在奴隶监工的残酷的鞭子下，还是在资本家严酷的目光下；是在辛辛纳图斯耕种自己的几亩土地的情况下，还是在野蛮人用石头击杀野兽的情况下"③。因此，如若对社会经济生活做进一步的考察，就必须深入到表征"抽象劳动"的"交换价值"中去。正如康德将认识结构的考察从"知性"进入"理性"层次一样，马克思也将关注的焦点集中于"价值"所表征的"抽象劳动"的特殊性。

二、从"先验幻相"到"价值之谜"

如上所述，康德在考察"理性"的时候，遇到了一个难点，即要检验

---

① 马克思：《资本论》第 1 卷，第 211 页。
② 马克思：《资本论》第 1 卷，第 91 页。
③ 马克思：《资本论》第 1 卷，第 215 页。

"理性"的先验能力与逻辑能力，只能通过"逆推"的方式从"知性"出发，而不能正面展开。康德称此方式为"前溯推论法"，以区别于"后续推论法"。由于"理性"与"知性"不属于同一个层次，发挥的功能也不一样，因此需要仔细甄别。其差异具体体现在两个方面：第一，理性推论不是针对直观，而是针对概念与判断，所以，理性并没有给客体预先规定任何的规律，也没有包含着将客体作为一般客体来认识和规定的可能性根据；第二，理性的逻辑运用，致力于为知性的有条件的知识寻找无条件者，以完成知性的统一。"它鼓励我们拆除所有那些界标，而自以为拥有一个在任何地方都不承认有什么边界的全新的基地。"①但从"知性的统一性"逆推到"理性的统一性"，从"有条件者"逆推到"无条件者"，其间不是连续的，而是断裂的。也正是在这个断裂处，存在着思想的风险，雅可比便是在这里质疑康德在有限与无限之间设置的所谓"跳跃"。

康德所谓的"先验幻相"，正是指理性对知性范畴的运用所产生的"幻觉"。这种"先验幻相"的产生，不同于"经验幻相"与"逻辑幻相"："经验幻相"是那些本来是正确的知性原则在经验性运用中出现的，而"逻辑幻相"则产生于对理性形式的单纯模仿与对逻辑规则的缺乏重视。对"经验幻相"来说，当纯粹知性原理运用于经验的时候，我们至少会有一种衡量这些原则之正确性的标准；对"逻辑幻相"来说，一旦加强了对当前具体情况的重视，这种幻相就会完全消失。但与之不同，"先验幻相"的产生乃是"自然的与不可避免的"："先验幻相甚至不顾批判的一切警告，把我们引向完全超出范畴的经验性运用之外，并对纯粹知性的某种扩展的错觉来搪塞我们。"②因此，如何揭示这种不可避免性进而消除它，便是康德"纯粹理性批判"的主题。

与康德对"先验幻相"的揭示类似，马克思《资本论》集中指向的是"拜物教"。一般来说，无论生产技术与劳动手段发生多大的改变，经过劳动加工的自然物质不会发生根本改变，如用木头做桌子，改变的只是木头的形状，但无论是桌子还是木头，均是可以感觉到的物，因而无须大惊小怪。但现在奇怪的东西是，作为商品出现的桌子，却转化为一个可感觉的而又超感觉的物。其中所蕴含着的"形而上学的微妙和神学的怪诞"③，

---

① 康德：《纯粹理性批判》，第260页。
② 康德：《纯粹理性批判》，第259-260页。
③ 马克思：《资本论》第1卷，第88页。

正是马克思所欲批判的"拜物教"。

在马克思看来，这种"拜物教"产生的原因，归根结底就是对于"劳动二重性"的歪曲与混淆，即把劳动的"社会性质"混淆为"物的性质"，反过来把"物的属性"视为"社会关系"。而事实上，商品作为价值彼此相等，乃是因为它们作为人类"抽象劳动"而言的，与劳动产品的物理性质完全无关。从这个意义说，商品拜物教之谜，根本上就是价值之谜：一方面，价值没有在自己的"额"上写明自己到底是什么，但另一方面，价值却具有超越具体商品的强大的通约功能，能够把每种劳动产品均转化为社会的"象形文字"。①

"价值之谜"正是古典经济学失足的"翻版"。与重金主义和重商主义相比，古典经济学家重视"生产劳动"，这是他们的贡献，但他们的根本缺点就是它从来没有从商品的价值的分析中，"发现那种正是使价值成为交换价值的价值形式"，即古典派没有区分"生产物"与"商品物""有用的劳动"与"抽象的劳动"。在马克思看来，古典政治经济学之所以出现这个缺点，其原因一方面在于，在一个商品化程度高度发达的社会形态里，"劳动不仅在范畴上，而且在现实中都是创造财富一般的手段，它不再是同具有某种特殊性的个人结合在一起的规定了"②，即在资产阶级的生产方式中，劳动产品的价值形式乃是最抽象与最一般的形式，具有极大的隐秘性。而另一方面在于，如果按照古典政治经济学家的看法，把资产阶级的生产方式视为永恒的形式并加以无批判的论证，那么，就必然会无视价值形式的特殊性，进而无视货币形式、资本形式等的特殊性。从这个意义说，从"抽象劳动"出发，破除"货币拜物教"的幻觉，揭示"资本"的秘密，正是马克思《资本论》的主题。

三、从"理性批判"到"资本批判"

如上所论，对认识结构的前提性批判不能停留在对"先验幻相"的描述中，而应该釜底抽薪式地揭示这些幻觉产生的形而上学"根由"。康德的

① 马克思：《资本论》第1卷，第91页。
②《马克思恩格斯选集》第2卷，中央编译局编译，北京：人民出版社，1995年，第22页。

论证构思绵密，层层深入，具有极强的说服力。

在康德看来，知性范畴的功能是使得对象的经验性知识得以可能的综合统一，可以区分定言判断、假言判断与宣言判断，那么，与知性范畴所表现的关系一致，"先验理性概念无非是有关一个给予的有条件者的诸条件的总体性概念"。这种总体性概念也可以区分为三种，即"一个主体中定言综合的无条件者""一个序列中假言综合的无条件者"与"一个系统中选言综合的无条件者"。三者的共同之处都是表示从有条件者向无条件者的"跳跃"，其不同之处只是在于，第一个跳跃的成果是一个不再是谓词的"主体"，即包含思维主体的绝对的（无条件的）统一；第二个跳跃的成果则是"不再以别的东西为前提的前提"，即包含现象的诸条件系列的绝对的统一；第三个跳跃则是"不再需要任何别的东西的各个环节的集合"，即包含思维一般对象的所有条件的绝对统一。①三者分别对应着"心理学的对象""宇宙学的对象"与"神学的对象"。这些总体性概念的确定，对于沟通"有条件者"与"无条件者"之间的关联，是非常必要的，因为它们既植根于人类理性的本性，也与全部知性的运用必然相关，其功能便是要给知性制定一个确定的统一性方向。从这个意义说，它们既是"超验的"，即"超出一切经验的界限的，所以在经验中永远不会有一个和先验理念相符合的对象出现"②；但也是有限的，"除了使知性在其极端扩展中同时做到使自己的运用纳入与自己本身彻底符合一致的方向之外，没有任何用处"③。原因在于，它们作为"无条件的绝对总体性"，与有条件者的"绝对完备性"之间不存在任何必然因果关系；前者对后者只有超验的运用却没有先验的运用。正是对两者的混淆与误读，才导致了"先验幻相"的产生。

如果我们从"普遍"与"特殊"的关系来考察康德对理性的批判，可以发现，"知性"的基础是"特殊的对象性"，即一定要指涉到具体经验的对象。在"知性的统一性"中，知性的"普遍"本身是确定的和被给予的，"特殊"也由此得到了必然的普遍的规定，而两者的归摄，则是判断力的事情；而"理性"的对象则是"整体的普遍性"，即作为全体、大全、整体的普遍性，它是"物自身"而不是具体的经验之物，是"物之为物"，实际上是一个"悬拟"。与"知性的统一性"对"普遍"与"特殊"的统摄关系不

---

① 康德：《纯粹理性批判》，第 276 页。
② 康德：《纯粹理性批判》，第 279 页。
③ 康德：《纯粹理性批判》，第 276 页。

同，在"理性的统一性"中，"普遍只是被看作悬拟的，并且是一个单纯的理念，而特殊则是确定的，但导致这一后果的那个规则的普遍性却还是一个问题"①。正如"白马"与"马"的差别一样，如果忽略了"具体的马"与"马"之间的差别，以为"马"与"特定的马"一样乃是某种感性对象，因而可以对其有所感知，那么，必然会出现幻觉，陷入悖谬。换言之，康德纯粹理性批判的关键，就是区分了知性与理性两个层次上的"普遍性"与"特殊性"，知性层次的普遍性与特殊性是确定的，而理性层次上的统一却是"悬拟的"，只有明确了"理性"的合法使用方式，才可能避免形而上学谬误的产生。

与康德通过知性与理性的区分来批判形而上学的谬误相类似，在马克思看来，通过本能劳动、具体劳动与抽象劳动的区分，揭示了"货币"的本质是"商品"，固然是"货币"的分析上跨出的很大一步的开端，"但终究只是开端而已"。真正的困难是不在于了解"货币"是商品，而在于了解"商品怎样、为什么、通过什么成为货币"②。因此，必须要在"商品"如何成为"货币""资本"的意义上揭示"货币拜物教"与"资本拜物教"的谬误。

如果"商品拜物教"的谬误乃是混淆了"具体劳动"与"抽象劳动"，那么，在马克思看来，"货币拜物教"是混淆了"货币"作为一般等价物所具有的"普遍"与"特殊"的二重性。这里的困难在于，一方面，"货币"作为"商品"具有使用价值，"如金可以镶牙，可以用作奢侈品的原料等"③。另一方面，"货币"又具有一种独特的职能，即"形式上的使用价值"：它可以作为一切商品的一般等价物。如果无视"货币"作为特殊商品的二重性，就会产生"货币的魔术"：一种商品成为货币，只是因为这种商品本身就是货币而具有某种"绝对价值"，其他商品只是通过它来表现自己的价值。这就是李嘉图所持的观点。与李嘉图不同，贝利认为，商品的价值是由其他商品的使用价值相对地表现出来的，并不存在所谓超越的"绝对价值"。马克思深受贝利的影响，主张应该从商品之间的交换关系中来考察货币的本质，但他又批判贝利之否定内在的劳动价值，而只以使用价值为出发点来设定价值体系的均衡。正是基于劳动的二重性区分，马克思认为"商品"

① 康德：《纯粹理性批判》，第 508 页。
② 马克思：《资本论》第 1 卷，第 112 页。
③ 马克思：《资本论》第 1 卷，第 109 页。

并不是由于"货币"才是可以通约的，而是相反，由于一切商品作为劳动产品已经是凝聚了无差别的人类劳动，因而本身就是可以通约的。而"货币"一方面作为价值尺度，不过是商品生产所需要的社会必要劳动时间的必然表现形式而已；另一方面，与别的商品一样，货币也只能借助别的商品才能相对地表现自己的价值量。相对于"劳动的二重性"区分，我们可以将其称为"货币的二重性"。

在马克思看来，"货币的二重性"之谜，归根结底根源于"劳动的二重性"，即具体劳动与抽象劳动之二重性区分。而在资本主义社会中，劳动的二重性与货币的二重性却纠缠在一起，出现了新的混淆，这种混淆的根源就是出现了"劳动力"这种商品，具有独特的使用价值，即"它的实际消费本身就是劳动的对象化，从而是价值的创造"①。但劳动力商品这种特殊的商品与其他生产资料结合在一起，便使得价值的创造过程变得更加扑朔迷离了。而"劳动力的价值"与"劳动力在劳动过程中的价值增殖"是两个不同的量，"资本家购买劳动力时，正是看中了这个价值差额"。②当资本家组织生产的时候，他不仅要购买物质生产资料，而且也购买劳动力商品，更重要的是，他要使得两者紧密结合起来，以生产出新的、具有市场竞争力的产品。"当他把活的劳动力同这些商品的死的对象性合并一起时，他就把价值，把过去的、对象化的、死的劳动转化为资本，转化为自行增殖的价值，转化为一个有灵性的怪物，它用'好像害了相思病'的劲头开始去'劳动'。"③然而，在资本主义社会里，我们只能看得到巨大的"商品堆积"，而无法看到剩余价值的生产过程，因而无法了解到资本主义的财富是如何积累的，更重要的是，资产阶级政治经济学是绝不会暴露这个"价值差额"的。但一旦忽视"劳动过程"与"价值形成过程"的差额，就会产生"资本拜物教"。正因为如此，就需要考察从"劳动的过程"进入"价值增殖的过程"，即货币"羽化"为资本的过程。

马克思通过两个流通公式的对比来揭示这个差额的产生：在简单的商品流通 W—G—W 中，"货币"与"商品"是不能混淆的，因为你不可能直接消费"货币"，而必须是消费"货币"所购买到的"商品"的使用价值；但在 G—W—G′ 中，货币所有者追求的就不是商品的使用价值，而是交换

---

① 马克思：《资本论》第 1 卷，第 195 页。

② 马克思：《资本论》第 1 卷，第 225 页。

③ 马克思：《资本论》第 1 卷，第 227 页。

价值,其使用价值不过是获取交换价值的手段而已。在这里,"货币"与"商品"的区分是相对的,它们只不过是"资本"运行的两种变形方式,"资本是货币,资本是商品"①。正如"圣父"同"圣子"貌似不同,实际上就同作为"圣灵"而言,却没有根本差别一样。这正是资本拜物教的欺骗性与虚幻性所在。

如果我们类比康德对"理性"与"知性"的区分,以"普遍"与"特殊"之间的关系来考察马克思对"资本拜物教"的批判的话,那么,可以发现,"货币"作为某种特殊的商品,只是固定地充当一般等价物,其之所以具有这种强大的通约功能,不过是由于其中凝聚着无差别的人类的抽象劳动而已。但是,"资本的拜物教"却扩充了货币的功能,将其视为普遍的、能动的、永恒之物。它不仅能驾驭所有的商品,包括劳动力商品,而且使得"具体劳动"与"抽象劳动"、"使用价值"与"交换价值"之间的差别隐而不显。而论证"资本"的永恒性,抹杀"作为货币的货币"与"作为资本的货币"、"抽象的劳动"与"具体的劳动"的差别,正是政治经济学家们有意或者无意做的工作。

四、结 语

综上所述,康德与马克思分别揭示了形而上学谬误与政治经济学谬误的产生根由:形而上学的谬误在于混淆了"知性的统一性"与"理性的统一性";而资产阶级政治经济学的谬误,则是将"具体的劳动"混淆于"抽象的劳动";前者将超出人类直观经验的"上帝""灵魂"与"宇宙"等普遍的概念当作了知识的对象,实则是将"普遍性"当成了"特殊性";后者则将"货币"这种价值的承担者当作了价值的创造者,实则是将"特殊性"当成了"普遍性"。两者的共同谬误都是混淆了"普遍性"与"特殊性",其不同之处只是混淆的方向不一样。

就批判的根据而言,康德与马克思分别坚持"知性"与"货币"的二重性特征,即"知性概念"在"认识形式"与"感性经验"之间的综合功能与"货币"作为特殊的商品所发挥的一般等价物功能,分别反对"理性

---

① 马克思:《资本论》第1卷,第180页。

辩证法"对"知性"之综合功能的僭越与"资本逻辑"对"货币"之等价物功能的扩充，只不过康德是以"二律背反"来表示这种僭越的悖谬性，而马克思则借用了黑格尔辩证法来彰显资本逻辑的自毁性。从这个意义上说，康德与马克思对辩证法的态度是"消极"的。

但黑格尔对"普遍性"与"特殊性"之间关系的处理却极不相同。在黑格尔看来，康德将辩证法表述为理性的必然行动，固然是他的功绩中最伟大的方面之一，但康德还只是停留在辩证法的抽象的否定方面，尚未继续从肯定方面来把握理性，即在超越普遍性与特殊性之简单对立的"否定之否定"层次上来把握"思维规定的内在否定性、自身运动的灵魂、一切自然与精神的生动性的根本"①。相对于康德的知性之执着于"普遍性"，黑格尔认为"理性辩证法"具有肯定与否定的双重属性：一方面，"理性是否定的和辩证的，因为它将知性的规定消融为无"②；另一方面，它又是肯定的，因为它产生一般，并将特殊包括在内。当康德坚持认为，"理性不能认识无限的东西"时，黑格尔便觉得特别奇怪，原因在于，对黑格尔来说，无限的东西就是理性的东西，当理性的东西不能认识无限的东西，这就意味着，"理性不能认识理性的东西了"③。正是从这个意义说，相对于康德与马克思对辩证法之消极意义的自觉，黑格尔乃是对理性辩证法之能动性的积极肯定，是一种"积极辩证法"。

如果基于"积极辩证法"与"消极辩证法"的区分，我们还可以进一步发现康德与马克思从"批判"走向"建构"的亲缘性：康德区分了"理性"的"范导"与"建构"功能，从而为"道德"与"自由"留下了空间；而马克思则区分了"自由王国"与"必然王国"，论证了"自由人的联合体"实现的可能。正是在这个意义说，康德对"纯粹理性"的批判与马克思对"政治经济学"的批判，不仅都以"批判"为名，共享着基本的理论前提与批判精神，而且还具有共同的价值指向与理想追求。而在这一个领域，辩证法的积极意义便可以得到充分的展开，黑格尔积极辩证法的意义也应予以重新的评价。但这些只有基于"消极辩证法"与"积极辩证法"区分的基础上才能实现。正是在这个意义上，有论者深刻指出："尽管马克思自己曾忿而宣称自己是黑格尔的学生，但是，康德这位柯尼斯堡的批判哲学家，

---

① 黑格尔：《逻辑学》上卷，杨一之译，北京：商务印书馆，1981 年，第一版序言。
② 黑格尔：《逻辑学》上卷，杨一之译，北京：商务印书馆，1981 年，第一版序言。
③ 黑格尔：《逻辑学》上卷，杨一之译，北京：商务印书馆，1981 年，第 39 页。

却更像是他的导师。"①

参考文献：

黑格尔：《逻辑学》上卷，杨一之译，北京：商务印书馆，1981 年。

康德：《纯粹理性批判》，邓晓芒译，北京：人民出版社，2004 年。

《马克思恩格斯选集》第 2 卷，北京：人民出版社，1995 年。

马克思：《资本论》第 1 卷，北京：人民出版社，2004 年。

孙善豪：《批判与辩证——马克思主义政治哲学论文集》，台北：台北唐山出版社，2009 年。

王南湜：《辩证法与实践智慧》，《哲学动态》2005 年第 4 期。

（本文原载于《哲学研究》2016 年第 8 期）

---

① 孙善豪：《批判与辩证——马克思主义政治哲学论文集》，台北：台北唐山出版社，2009 年，第 206 页。

经验的客观内涵

——阿多诺对黑格尔唯心主义的阐释*

谢永康

　　阿多诺的否定辩证法可以说是直接针对黑格尔提出的，其意图乃是将辩证法从"否定之否定""这类肯定之物中解放出来，却丝毫不削弱它的确定性"①，这正是阿多诺之前预告的"改变了的辩证法概念"②；针对黑格尔说逻辑科学就是"同一性与非同一性之间的同一性"，阿多诺则主张同一性是虚假的，主客体之间的真实关系是非同一的（nichtidentisch）③。这种针锋相对的关系，也将阿多诺塑造成一个传统辩证法的激进批判者，似乎与传统的决裂才是他的首要贡献。然而，这无疑将阿多诺与传统哲学，尤其是黑格尔辩证法的关系简单化了。断裂和颠覆或许只是阿多诺的激进姿态，但是其学理支撑则必须从连续性着眼。

　　不难发现，阿多诺不仅在其代表作中操着黑格尔辩证法的语言，而且在他唯一专门论述黑格尔的著作《黑格尔三论》中表达出了对其辩证法的决然捍卫。在从康德、黑格尔、马克思到批判理论这条线索上，阿多诺的批判性和革命性是显而易见的，但是，若考虑到后黑格尔时代的德国哲学发展，尤其是现象学、实证主义和非理性主义等当代思潮，那么，阿多诺则完全可以被视为德国古典哲学传统的忠诚捍卫者，内在批判和理性精神

---

　　* 本文系国家社会科学基金重大攻关项目"阿多诺哲学文献的翻译与研究"（项目号：20&ZD034）的阶段性成果。

　　① T. W. Adorno, Negative Dialektik, in Gesammelte Schriften, Bd. 6, Suhrkamp Verlag, 2003, p. 9.

　　② T. W. Adorno, Drei Studien zu Hegel, in Gesammelte Schriften, Bd. 5, Frankfurt: Suhrkamp Verlag, 2003, p. 250.

　　③ Cf. T. W. Adorno, Negative Dialektik, p. 17.

的坚定支持者。

一、经验概念与内在批判

要准确把握阿多诺对黑格尔的解读，就必须首先考虑 20 世纪德国哲学的语境，而其中最具影响力的就是海德格尔哲学。在"经验内涵"一文的开头，阿多诺首先将海德格尔对《精神现象学》"导论"的解读竖为靶子。阿多诺对海德格尔的批评主要体现在两个层次上。

首先，海德格尔对黑格尔经验概念的解读结论是错误的，是立足于存在哲学对黑格尔思想的直接篡改。我们知道，海德格尔存在哲学的基本结构乃是"存在论差异"，即存在者与存在本身之间的鸿沟。在他看来，之前的形而上学都将目光局限在存在者之上，而遗忘了存在，但真正的任务则是在存在论差异的前提下沟通这二者。

海德格尔在《精神现象学》这个"意识经验的科学"中发现了这种沟通的可能性："经验乃是一种在场方式，也即一种存在方式"，"经验的决定性本质环节在于：意识在经验中获得新真实对象"，而这个新对象"并不是某种真实之物和存在者，而是真实之物的真理性，是存在者之存在，是显现者之显现，是经验"。[①]

海德格尔将意识之"经验"与存在者之"生存"做类比诠释，意识通过经验而走向一种先于存在者、前主体的领域，但是他故意忽略了，"存在"本身在黑格尔那里乃是一个"反思规定"，是无法脱离主体这个存在者的，与海德格尔的"发生事件"（Ereigneten）"根本不是一回事"。[②]

其次，在阿多诺看来，海德格尔导向这个结论的解读方法也大成问题。因为海德格尔只是截取《精神现象学》的"导论"来逐段解释，而并不打算真正进入黑格尔体系本身。这种"断章取义"在黑格尔那里尤其不适当，因为黑格尔的体系作为整体是"一种并非外在于其特殊规定的整体"[③]，其中的任何局部因素脱离了这个整体就都是虚假的。所以不难发现，海德格尔用以解释"经验"的存在概念，与绝对精神和《逻辑学》中的存在概

① 海德格尔：《林中路》，上海：上海译文出版社，2008 年，第 169-170 页。

② T. W. Adorno, *Drei Studien zu Hegel*, p. 295.

③ T. W. Adorno, *Drei Studien zu Hegel*, p. 298.

念都无法兼容。①

　　当然，海德格尔解释黑格尔的目的绝不是如实地呈现黑格尔，反而是要借助黑格尔来阐发自己的存在思想，正如其对康德的解释一样。在此阿多诺也不会像卡西尔那样作为一个康德专家指责海德格尔，但是其对黑格尔的"尊重"态度是异常鲜明的。哲学界往往会在某些编年史节点上对历史上的伟大哲学家进行纪念，对其思想进行评价和致敬（Würdigung），但阿多诺认为，这样的评价包含着态度上的傲慢和不恭，例如，克罗齐"自告奋勇地要将黑格尔哲学中活的东西和死的东西分拣开来"②。

　　这本质上是自上而下地对黑格尔哲学进行切割，以表明其思想中哪些部分在当下仍具有现实性，哪些部分已经过时，应予以抛弃。这种看似合理的态度，不仅无法把握黑格尔哲学的实质，反而迎合了黑格尔本人所蔑视的知性哲学的"二分法"。与此相对，唯一尊重黑格尔的态度只能是"去探究黑格尔本人所探讨的整体，而不是仁慈地承认或者冷漠地否认黑格尔的功绩"③。

　　探讨黑格尔哲学的整体，其实就是探讨它的"实体"，也就是探讨这种哲学的自在的真理。阿多诺反复声明他的研究并不是注疏意义上的研究，他也不认为存在什么黑格尔语文学（Philologie），在这点上倒是有些接近海德格尔。但是阿多诺强调努力去做黑格尔"本人"的那种探讨，强调通过整体来把握黑格尔哲学的核心，更强调这种把握应该获得黑格尔哲学文本的支持，无论是《精神现象学》还是《逻辑学》，抑或是《法哲学原理》。这的确是超出海德格尔的地方，因为海德格尔试图从前期的一份"导论"得出黑格尔哲学的核心，甚至是"哲学本身"的要义。而这个结果是否适用于黑格尔的其他著作，海德格尔本人也还是存疑的。④相反，阿多诺直接声明，我们不是要"背叛黑格尔，而是保持对其本身哲学的忠诚：他所愿望的内在批判，这可以被算作其方法的核心部分"⑤。

　　与海德格尔将经验解释为某种无法兼容于黑格尔哲学文本的"存在者

　　① 海德格尔：《林中路》，第 138 页。

　　② T. W. Adorno, Drei Studien zu Hegel, p. 251.

　　③ T. W. Adorno, Drei Studien zu Hegel, p. 252. 阿多诺这个解释进路与马克思是一致的，后者在早期就试图批评黑格尔辩证法和整个黑格尔哲学。（参见马克思：《1844 年经济学哲学手稿》，北京：人民出版社，2014 年，第 90 页）。

　　④ 海德格尔：《林中路》，第 169 页注释 2。

　　⑤ T. W. Adorno, Drei Studien zu Hegel, p. 297.

之存在"不同，阿多诺强调首先要尊重黑格尔本人的表述："意识对它自身——既对它的知识又对它的对象——所实行的这种辩证的运动，就其潜意识产生出新的真实对象这一点而言，恰恰就是人们称之为经验的那种东西。"①这是经验在黑格尔哲学中最确定的表述。应该说，辩证运动对于马克思主义哲学传统而言并不陌生，但是它所带来的不确定性，是与传统形而上学和认识论相互抵触的。在阿多诺看来，这正体现黑格尔哲学的伟大之处。

如果按照黑格尔的说法，近代精神的核心结构乃是分裂，那么同一性诉求就是克服分裂并使近代精神走向完成的唯一途径。同一性诉求在黑格尔这里正是通过辩证运动来实现的。从微观的角度看，辩证运动的触发环节在于：单个概念"直接地"就是自身的中介，直接地超出自身而走向他者；而从宏观的角度看，正是辩证运动将诸多单个的部分组织为一个无法脱离诸部分而存在的整体。这就是由《精神现象学》完整地表达出的"思辨"哲学的核心观念。

正如阿多诺所说，黑格尔的体系并不能被"抽象地预先思考"，并不是"无所不包的框架"，而应该是"潜在于单个因素中发挥着影响的力量中心"，是一个内在于诸特殊规定的"整体"，"当然，这并不确保，诉诸经验就是证实了整体中对立双方的同一性"，"但或许这种诉诸经验对于同一性诉求来说是性命攸关的"。②

可见，阿多诺承认诉诸经验对于理解黑格尔哲学动机至关重要，但是不等于说它能"证实"这个动机的实现，相反，黑格尔哲学的同一性诉求与其不得不选择的经验内涵之间始终存在一道裂缝，二者自始至终处于一种不可缓解的张力之中。

将思辨的理念诉诸经验，阿多诺认为这是统摄黑格尔哲学的核心动机，由此也可以展开超出黑格尔本人视野的内容。类似的解释策略，事实上在黑格尔和费希特等人面对康德的时候就已经出现了。黑格尔曾说，"在诸范畴演绎的原则上，康德哲学是真正的唯心主义"，"在那个知性形式的演绎之中，思辨的原则，主体与客体的同一，得到了最确定的表达。知性的这

---

① 黑格尔：《精神现象学》上，贺麟、王兴玖译，北京：商务印书馆，1979年，第60页。

② T. W. Adorno, *Drei Studien zu Hegel*, p. 298.

种理论由理性提到超乎命名之上"。①黑格尔认为这是康德哲学"精神"超出其"字面"的地方，也是德国唯心主义继承和超越康德的地方。

而在阿多诺的解释中，黑格尔强调绝对精神应该是囊括所有经验内涵的总体，那么从质料的角度看这个总体也是一个非同一物的总体，黑格尔的唯心主义在顶峰之处同时也可以被理解为一种唯物主义。阿多诺坚持着黑格尔的"精神"和意图，将黑格尔体系爆裂开的时候，其经验内涵便喷涌出来，一种唯物主义的辩证法就产生了。尽管这种解释进路常被认为是一种"六经注我"式的研究，也不乏专业学者批评阿多诺对黑格尔的解释乃是基于误解，但如果阿多诺的内在批判能够接续德国唯心主义的运思策略，那么主张其与黑格尔辩证法的一致也不无道理。②

二、意识的经验与彻底的怀疑主义

黑格尔一开始就将精神现象学构想为"意识经验的科学"，这对于黑格尔区别于康德、费希特等人来说至关重要。一般的黑格尔阐释倾向于将"经验"（Erfahrung）理解为"经历"（Erlebnis），从而将历史性维度引进来，这样就契合黑格尔自己所说的"辩证的运动"。这一理解的确抓住了黑格尔经验概念的最主要特征，但很有可能忽略这个概念与认识论的关系，也在一定程度上掩盖了黑格尔哲学的问题意识。事实上，黑格尔的哲学体系构想就是从认识论出发的：《精神现象学》的"导论"开始于对认识的"工具论"的批判，而它的终点，也就是绝对精神穿越其所有形态而回到原点的过程，也被称为"绝对知识"。

阿多诺明确意识到了黑格尔哲学的这个方面："《精神现象学》的动力开始以认识论的方式冲破孤立的认识论立场，或者用黑格尔的话说，冲破抽象的认识论立场。"③如果黑格尔的意识的经验是从认识论中生长出来的，那么，我们就不能将其与认识论的经验概念分隔开，而且要深入考察

---

① 黑格尔：《费希特与谢林哲学体系的差别》，宋祖良、程志民译，杨一之校，北京：商务印书馆，1994年，第1-2页。

② M. Rosen, Hegel's Dialectics and its Criticism, Cambridge: Cambridge University Press, 1982, p. 162.

③ T. W. Adorno, Drei Studien zu Hegel, p. 253.

其与认识论问题史之间的连续性，尽管黑格尔深刻地改变了传统认识论的经验概念。

认识论视域中的经验概念，涉及知识的可能性问题，而这一问题的另一面则是知识的可怀疑性。正如海姆伦所说："当一位哲学家问某事物是否可能时，他的问题一定是针对那种认为该事物也许是不可能的考虑的，一定是针对一般怀疑主义对该事物的态度的。"①那么知识的可怀疑性又意味着什么呢？这在根本上与近代主体挣脱宗教神学而获得独立有关，因为一旦离开最高实体或上帝的保障，有限的主体就必须为知识的可能性负责。而这从一开始就处于矛盾之中，即处于起源与有效性、经验特殊性与真理的普遍性之间的张力之中。

如果说人类知识的真理诉求实质上是普遍有效性的诉求，那么近代认识论的任务便是基于有条件的主体去满足这个诉求。有限主体的有条件性，在知识领域中表现为对象性和经验性。基于此，知识的真理性诉求就具体表现为如何将特殊经验与普遍原理统一起来的问题，也就是如何克服主体在根本上的可怀疑性的问题。

在黑格尔看来，康德的先验哲学是克服怀疑主义的最重要的努力，其理性批判也是黑格尔思辨哲学的起点。与将知识的普遍性维系在习惯之上的怀疑主义者休谟不同，康德试图通过扩展感性经验的概念来解决知识的真理性问题，从而克服怀疑主义。康德说："尽管我们的一切知识都是以经验开始的，它们却并不因此就都是从经验中发源的。"②如果说知识除感性经验之外另有起源，那么康德就有义务表明这个知识是如何通过这种起源而成为可能的。

当然，康德并没有走向与经验主义对立的唯理主义立场，而是以一个新的经验概念来容纳以往认识论的诉求，即如何得出经验中的普遍概念。这样就导向一个更为广义的经验概念，它很可能是我们"通过印象接受的东西和我们固有的知识能力（感官印象只是诱因）从自己本身中拿来的东西的一个复合物"③。从康德的批判眼光来看，时空和范畴因为是先天的认知形式，所以它们必然是普遍有效的，从而避免了怀疑主义的危险；同时作为认知主体的活动形式，它们又是认知对象的构成条件。

---

① 海姆伦：《西方认识论简史》，崔建军等译，北京：中国人民大学出版社，1987年，第4页。

② 康德：《纯粹理性批判》，邓晓芒译，北京：人民出版社，2004年，第1页。

③ 康德：《纯粹理性批判》，第1页。

这样先天综合判断如何可能的问题就转换成了"我思"如何能够必然地伴随其所有表象的问题。按照黑格尔的理解，先验演绎就是康德认识论的"核心经验"，因为它试图表明经验知识是如何可能的，而且试图表明"经验对象"是如何可能被构成的。这恰与黑格尔那种使得"新的对象"得以产生的"辩证运动"相呼应，二者的目标都是主体与客体的同一性，尽管在黑格尔这里，同一性已不可能仅仅是一个狭义的认识论概念了。

在黑格尔看来，康德也没有彻底克服怀疑主义，因为康德专注于批判认识"媒介"和认识"工具"，而这二者却与认识的真实对象是脱离的。这与其说是"害怕错误"，倒不如说是"害怕真理"。①因为康德反复主张我们能认识的不过是认知能力使之可能的对象，是认知者构成的产品，它始终与感官相连，并处于经验性的现象世界之内；而引起感觉的自在之物却永远在经验知识的范围之外，尽管它始终是不可或缺的必然设定。自在之物的概念，引起了康德同时代人和后继者们的不满，甚至我们也可以一般地将康德称为一个"不可知论者"。在德国唯心主义者看来，知识的可能性条件，就是认识对象的可能性条件，而实在的认识对象就只能是自在之物。所以雅可比就认为康德的知识体系实乃逻辑严密但不涉及实在对象的"虚无主义"。而要克服这种虚无主义，就必须通过某种方式将自在之物整合进来。在这个意义上，批判康德也被视为实现康德，因为如果不真正关涉到实在对象，那么知识就仅仅是单纯的自身关涉，就是没有新内容的同语反复了。②而避免同语反复正是康德认识论的最初动机之一，它要求认知者的综合活动必须以令人信服的方式关涉到对象。所以，如阿多诺所说，"挑战康德的自在之物不可认识的学说"，是"黑格尔哲学最深刻，也是其本身隐秘的动机之一"。③在黑格尔看来，要克服康德哲学，就需要发展已经潜藏在其中的同一性因素。这主要表现在"当我们以概念的方式来把握障碍（Block）和主体性所设定的界限时，当我们将这些透视为'纯粹的'主体性时，我们就已经超出这个界限了。从很多方面看，黑格尔就是一个自身实现了的康德，他被这样一种观念推动着：知识，无论是什么知识，按照其自身的理念说就应该是总体的知识；任何片面的判断，都通过它的单纯

---

① 黑格尔：《精神现象学》上，第 53 页。

② T. W. Adorno, *Drei Studien zu Hegel*, p. 137.

③ T. W. Adorno, *Drei Studien zu Hegel*, p. 304.

形式无休止地意欲着绝对者，直到它在绝对者之中被扬弃"①。这个绝对者也就是绝对精神，在黑格尔看来它就是康德那里未得彻底实现的同一性。不仅如此，黑格尔还坚持用概念而非直观的方式来呈现这个自在的绝对真理，并进而引入黑格尔自己曾激烈批判过的知性和反思。虽然"黑格尔说'反思'和'反思哲学'以及其同义词常常带有鄙视的语调"，但是他的哲学中充满了各种反思。②黑格尔将这些有限内容按照其自身的逻辑秩序，陈述为一种"辩证的运动"过程。这个过程也是有限的意识经历"一连串的过站，即经历它自己的一系列的形态，从而纯化了自己，变成为精神"的过程，因为意识"充分地或完全地经验了它自己以后，就认识到它自己的自在"。③对于有限的意识来说，这个过程同时就是一系列的"否定"和"怀疑"，将自身揭示为虚假的，这就是"彻底的怀疑主义"。与各个阶段上的不真实情况相反，"意识在这条道路上所经历的它那一系列的形态，可以说是意识自身向科学发展的一篇详细的形成史"④。各个有限的形态都是不真实的，只有这些有限因素的总体才是真实的。这种"辩证的运动"，作为黑格尔的经验概念，保障了真理的具体性和现实性，正如经验在康德那里作为有效知识的标准之一，检验和防止了独断论一样。所以，黑格尔经验概念的内涵，是一系列有限规定的总体，而作为一个整体的绝对真理，如果脱离这个总体，便会陷入虚幻。

三、经验的意识形态内涵

绝对真理作为经验的总体，是阿多诺所认同的黑格尔哲学的内核，这个经验所形成的体系和绝对同一性，则超出了单纯的认识论。为此黑格尔首先需要表明，理论哲学和实践哲学中的理性实乃同一个理性。这一观念在黑格尔早年就已经提出，并在《精神现象学》中得以成功贯彻。但是黑格尔也必须应对他自身特有的分裂问题，即《精神现象学》与《逻辑学》的关系问题。

---

① T. W. Adorno, Drei Studien zu Hegel, p. 255.

② T. W. Adorno, Drei Studien zu Hegel, p. 310.

③ 黑格尔：《精神现象学》上，第54-55页。

④ 黑格尔：《精神现象学》上，第55页。

黑格尔将《精神现象学》作为哲学科学的"导论"，认为现象学作为绝对精神的自我意识实现过程包含着逻辑科学的基本理念和方法。但是，其《哲学全书》从纯粹的逻辑开始，"精神现象学"被置于应用的逻辑之中，确切地说乃是精神哲学中的一个较低的环节。①将经验作为黑格尔哲学整体关切的阿多诺，并未陷入争论的繁琐求证之中，而是选择从"起源"的角度来考虑问题：逻辑范畴来源于主客体的同一性，而这个同一性就是精神运动的经验总体。

所以，《逻辑学》不能脱离其经验的起源，尽管众多黑格尔的形而上学解读甚至黑格尔本人一度这样认为。在此，阿多诺借助于马克思哲学思想的资源，将传统的学术问题转换为一个意识形态的问题：绝对精神的实现必须借助于意识的经验内涵，它的理性和逻辑如果要脱离这个经验内涵，便是虚假的意识形态；黑格尔哲学整体上是无法脱离其经验内涵的，否则就退回到主观的唯心主义，在这个意义上黑格尔哲学又是真实的。以往我们更多地关注意识形态的"虚假性"，以便突出阿多诺对黑格尔辩证法的批判，却很少注意到，意识形态的虚假性"必然地"是与其真实性连接在一起的。

要准确理解阿多诺的意识形态概念，首先要避开经济基础与上层建筑的二元框架，正如脑力劳动与体力劳动并不是两个孤立的对立面。在这种阐释中，社会性劳动扮演着关键的角色。黑格尔的精神概念超越了康德和费希特哲学的那种"单纯主观性"活动，那么精神的运动就是"客观的"，并且正是在这一意义上说它是"生产性的"。在阿多诺看来，这无非是"社会性劳动"的哲学表达。显而易见的是，阿多诺这个观点直接来自马克思，后者高度赞扬了黑格尔理解"劳动的本质"，将"真正的人"理解为"劳动的结果"。②但是，阿多诺并未将这个论断局限在《精神现象学》，而是扩展到了整个黑格尔哲学。

当然，阿多诺也意识到，"将黑格尔的精神概念转写为社会劳动，会引起一种社会学主义的指责，即将黑格尔哲学的起源和影响与它的内涵相互混淆"③。阿多诺并非不知道社会劳动作为"客观精神"在黑格尔体系中的位置，而如果我们仔细分析社会性劳动，那么尽管唯心主义者对精神的

---

① W. Marx, Hegels Phänomenologie des Geistes, Frankfurt: Vittorio Klostermann, 2006, pp. 7-10.

② T. W. Adorno, Drei Studien zu Hegel, p. 265.

③ T. W. Adorno, Drei Studien zu Hegel, p. 266.

本源性的规定无一例外地排斥社会劳动的领域，也会同意阿多诺的论断："社会是一个像精神一样具有本质性的概念"，它本身乃是"诸事物下面的事物"。①在此，阿多诺将劳动和社会视为一体。劳动必定是社会性的劳动，而社会也必定是在劳动中结成的关系。劳动与社会，正如意识活动与精神，互相不可分离。

指出精神活动与社会劳动之间的同构性和同样的本质性，虽不能充分说明黑格尔的哲学体系源于社会性劳动，但至少可以借助于黑格尔的总体性观念，说明这二者是一体的。在黑格尔那里，绝对精神是无所不包的总体，而在阿多诺这里，我们的世界无不是被社会性劳动中介过的。所以说黑格尔的精神并不意味着在它之外仍有非精神的东西，而阿多诺的社会，也无非是被主体的劳动中介了的所有事物。用带有马克思主义色彩的话来说，精神的活动与社会劳动其实是同一的。

在阿多诺看来，黑格尔已经承认了这一点："即使不是在理论上，也是借助于其语言作出了承认。"②例如，黑格尔认为，精神现象学中最初的知识如果要成为"真正的知识"，就必须经过概念的"艰苦而漫长"的"劳动"（Arbeiten），这个劳动绝不是形象化的修辞，而是精神所依据的"社会进程的模型"③。不仅如此，人类劳动的模型还直接出现在"主奴辩证法"和"自然宗教"等部分。④按照阿多诺的理解，这些都透露出了黑格尔的哲学实质上乃是以社会性劳动为原型的，尽管黑格尔或许没有充分意识到这一点。

如果以此为前提的话，我们就需要解释，黑格尔哲学是如何必然地要排斥社会劳动，要将精神的活动绝对化，换言之，黑格尔哲学何以必然包含意识形态的因素。阿多诺将黑格尔称为资产阶级的哲学家⑤，因为他的哲学典型地表达了这个阶级的倾向和要求。当然，这不是说黑格尔主观地去选择一个阶级立场，而毋宁说是客观现实将这个立场强加给了黑格尔。

阿多诺和霍克海默在《启蒙辩证法》中通过对奥德修斯神话的阐释，

---

① T. W. Adorno, Drei Studien zu Hegel, p. 267.

② T. W. Adorno, Drei Studien zu Hegel, p. 268.

③ T. W. Adorno, Drei Studien zu Hegel, p. 268.

④ T. W. Adorno, Drei Studien zu Hegel, p. 271. 阿多诺借助于马克思阶级分析的方法，但并不全然接受马克思的整个阶级理论，尤其是无产阶级革命的理论。有学者据此认为阿多诺不是真正的马克思主义者。（cf. Susan, The Origin of Negative Dialectics, The Free Press, 1979, pp. 24-32）

⑤ Cf. T. W. Adorno, Drei Studien zu Hegel, p. 288.

形象地再现了这一过程。奥德修斯在归乡的途中经历了海上漫游，"这位英雄在磨难中变得成熟。他必须抵抗住各种各样的生命危险，并在这个过程中加强了自身生命的统一性和人格的同一性"①。《荷马史诗》②的这个结构与黑格尔《精神现象学》甚至整个哲学是类似，而"塞壬之歌"的部分则可以与"主奴辩证法"来对应阐释。阿多诺和霍克海默着重分析了劳动与阶级分化的关系。在其中，"奥德修斯在劳动之中被替代了。正如他没有听从放弃自我的引诱，作为有产者的他也就缺少了对劳动的参与，最终甚至不再对劳动进行指挥，而随从们在接近事物的过程中当然不能享受劳动，因为在强制之下这个劳动是丧失希望的，是在他们的感官被粗暴地堵塞的条件下进行的。奴隶无论是身体还是灵魂上都是被奴役的，而主人则是退化了的"（ibid., p. 52）。从哲学的层面说，阶级的分化包含着劳动类型的分化，而主人奥德修斯逐渐远离了肢体劳动，在塞壬的歌声中维持自身，也成了一种精神的"辛劳"，成为主体的"功绩"（Leistung）。

这种主体形上学的操作，"无非是对其'质料'的合乎逻辑的清除，这种质料是与任何劳动真切地结合在一起的，是标定着劳动的边界"③；"如果劳动脱离了与其自身不同的东西，那么它就变成了意识形态。……劳动形而上学和占有别人的劳动是互相补充的。这种社会关系将非真理性强令给黑格尔，即主体之乔装为主体—客体，也就是在总体中否认非同一物，而无论那非同一物在任何局部判断的反思中获得了怎样的应有权利"④。阿多诺这个解释显然与马克思在《1844 年经济学哲学手稿》中对黑格尔的分析是一致的。

马克思认为人作为自我意识可以设定一个独立的、不属于其自身本质的外部世界，这没什么神秘莫测的，神秘莫测的反倒是相反的情况，即"自我意识通过自己的外化所能设定的只是物性，即只是抽象物、抽象的物，而不是现实的物"，它的独立作用"只是一瞬间"。⑤阿多诺不仅赞同马克思的这个解释，还引用《哥达纲领批判》中马克思对财富与劳动的关系的

---

① 《启蒙辩证法》里更精确地是指《奥德赛》，这里"荷马史诗"是一般指代说法。

② M. Horkheimer and T. W. Adorno, Dialektik der Aufklärung: Philosophische Fragmente, in Gesammelte Schriften, Bd. 5, Frankfurt: Suhrkamp Verlag, 2003, p. 49.

③ T. W. Adorno, Drei Studien zu Hegel, p. 272.

④ T. W. Adorno, Drei Studien zu Hegel, p. 271.

⑤ 马克思：《1844 年经济学哲学手稿》，北京：人民出版社，2014 年，第 102 页。

批判来针对性地批判黑格尔的精神劳动。①

这样，黑格尔的经验概念就被还原为社会性劳动的现实过程。在阿多诺看来，这个经验内涵关乎黑格尔哲学的整体，而非仅仅局限在"现象学"部分。这就不得不涉及上文提到的《精神现象学》与《逻辑学》的关系问题。其实，黑格尔已经确认思辨逻辑与先验逻辑皆为"内容的逻辑"，但在阿多诺看来，这个内容绝不是纯粹的内容："如果谁将启蒙运动的这份遗产排除在黑格尔哲学之外，并激动地抨击，说他的《逻辑学》其实与世界的理性组织了无关系，那么他就是歪曲黑格尔了。即使是在他后来为他青年时代所攻击的实证之物，即那曾经的实证之物辩护的地方，他也还要呼唤理性，即在人类自我意识和自我解放的视角下，将那些单纯现存的东西理解为不单纯是现存的。绝对唯心主义不能挣脱其在单个人自身持存的理性中的起源，也无法摆脱他们的客观理性概念；早在康德的历史哲学中，自身持存就借助于其本身的运动，转化为客观性，转化为'人性'，转化为一个适当的社会。"②

可以看出，阿多诺承认黑格尔哲学的形而上学诉求，甚至认为它是必然的诉求，但是这个诉求本身是虚假的。也就是说，阿多诺并不承认一种脱离其发生道路的形而上学。这样，阿多诺事实上支持了黑格尔阐释中的马克思主义进路，即从"意识经验的科学"出发来理解整个黑格尔哲学，包括黑格尔哲学的瓦解也被解释为"科学"与经验之间的矛盾。在这一意义上，我们才能理解黑格尔将哲学视为"时代精神"的精华，也才能理解阿多诺追溯黑格尔哲学的经验内涵的时候需要回顾黑格尔同时代其他哲学家的努力。

一般认为，马克思倾向于将黑格尔哲学的合理内核理解为辩证法，而唯物主义和感性自然的观念则归功于费尔巴哈，但是辩证法与唯物主义之间的内在关系尚不清楚。阿多诺直接指出了辩证法与唯物主义之间的内在关系，即如果彻底坚持辩证法，那么最终必然走向唯物主义。这无异于说，马克思哲学的唯物主义动机早就蕴含在黑格尔哲学之中了。那么，阿多诺这里就出现了两个截然冲突的黑格尔，或者说黑格尔哲学本身就内涵着一种双重目的的张力结构：一方面是绝对唯心主义的同一性诉求，另一方面

---

① Cf. T. W. Adorno, Drei Studien zu Hegel, p. 270.

② T. W. Adorno, Drei Studien zu Hegel, p. 288.

则是对被给予物的独立性的尊重。第一方面是我们熟悉的黑格尔，而第二方面则代表着阿多诺的独特解读。在阿多诺看来，这两个方面都是真实和现实的。阿多诺将现代被"宰制"的总体社会视为黑格尔同一性体系的"证实"，但这个总体社会又无时不处于"对抗"之中，同一与矛盾一道构成了黑格尔辩证法。用阿多诺的话说，"唯心主义的极致就隐含着其唯物主义的内容"①。

四、经验与非同一的哲学

到此我们就获得了一个非同一性哲学家的形象，或者说黑格尔的非同一哲学形象。在其中，同一性和非同一性、形而上学和辩证法、唯物主义和唯心主义、真的方面和假的方面等都交织在一起。这是阿多诺读出的两个黑格尔，但是他并不是像克罗齐那样要"分割"黑格尔哲学，保留"活的东西"，抛弃"死的东西"。在阿多诺这里，真与假是相互纠缠的总体，正如意识形态乃是必然的虚假意识。"对绝对主体的分析必定要承认经验和非同一因素的不可溶解性，而绝对主体的学说，即唯心主义的同一性体系却无法缓解地不允许对此的承认。按照其自身概念的封顶贺词（Richtspruch），黑格尔哲学是不真的。"②

那么，黑格尔哲学为何又是真的呢？这就是上文论述的，精神的活动的原型实质上乃是社会的、生产性的劳动，后者就是黑格尔哲学的经验内涵。尽管黑格尔的形上学努力极力否认这一点，但是其真正的目的乃是去捕获与自身相区别的东西，这种同一化必然要关联到非同一物。③因此，黑格尔哲学始终处于概念与非概念物、同一性与非同一物的紧张和纠缠之中，或者说黑格尔哲学在客观上说就是"一体两面"："同一性在其巅峰之

---

① T. W. Adorno, *Drei Studien zu Hegel*, p. 307. 当然，阿多诺的唯物主义乃是基于"客体优先性"来理解的主客体关系，其基本内涵与马克思在《1844 年经济学哲学手稿》中的黑格尔批判是一致的。但是，他更倾向于将其与形而上学批判连接起来，以容纳马克思的政治经济学批判，但也因此错过了劳动和资本等经济学要素，丧失了现实性。当然，这一问题展开需要另一篇论文来探讨。（参见谢永康，第 63—68 页，"形而上学批判与'辩证'的唯物主义"小节）

② T. W. Adorno, *Drei Studien zu Hegel*, p. 264.

③ T. W. Adorno, *Negative Dialektik*, p. 18.

处成为了非同一物。"①作为最终目标的同一性并非不重要，但阿多诺要强调的是达到这个目标所必须经历的"艰辛"经验，而这恰恰是黑格尔在批评雅可比和谢林等人的直观学说时要表达的核心观点。

所以，黑格尔哲学的核心动机，尤其是相对于费希特等人来说，就是对被给予物的尊重，这种尊重在很大程度上乃是更加严肃地对待康德的自在之物，尽管其最终态度与康德是相反的。"任何哲学都允许被定义为一种努力，即说出人们不能说的东西；帮助表达出那非同一物，尽管这表达总是要将它同一化。黑格尔尝试这么做。因为根本不可能直接地说出，因为任何直接之物都是虚假的，并且因此在表达中必定是不明白的，所以他才不知疲倦地以中介的方式来言说它。"②这种态度不仅与康德相反，而且也与维特根斯坦相反，后者明确地提出对于不可说的东西我们应该保持沉默，而这在阿多诺看来就是彻底反理性的。

黑格尔这一动机的展开，直接导致其哲学本身的悖谬。"按照黑格尔的观念，它在构成性上还需要非同一物，从而概念和同一性才得以产生；正如反过来说，它需要概念，以让一种非概念物、非同一物被意识到。黑格尔不违背他本人的辩证法概念，将它聚拢到最高的、无矛盾的统一性中，正因为这样他却伤害了那个应该针对他而得到辩护的辩证法的概念。法之极，恶之极（Summum ius summainiuria）。"③

在阿多诺看来，黑格尔主观的哲学与他所必须采取的途径之间的紧张关系其本人或许还没有深刻地意识到，但是黑格尔哲学客观上呈现出的张力结构给后人读出黑格尔哲学的非同一性的机会。当然，我们也不可认为阿多诺的解读是单纯主观的操作，因为他的意图本身就是呈现客观的黑格尔思想，正如黑格尔本人在《精神现象学》中提出的"单纯的袖手旁观"，让精神呈现自身的悖谬，让悖谬成为推动逻辑向前的驱动力。

这种悖谬在黑格尔哲学的文本中比比皆是。阿多诺专门探讨了《逻辑学》开端处的存在和虚无的问题，强调二者之间关系的"直接性"。在他看来，"虚无不应该是从外部添加到纯粹存在之上的范畴，而相反是，作为全然无规定者的纯粹存在，其本身自在地就是虚无"；正是这种直接性"变成了对存在的尊严的异议，变成了存在的截然的否定性，成为了那种辩证步

---

① T. W. Adorno, *Drei Studien zu Hegel*, p. 308.

② T. W. Adorno, *Drei Studien zu Hegel*, p. 336.

③ T. W. Adorno, *Drei Studien zu Hegel*, p. 375.

骤的发动力，这个动力将存在与虚无完全等同起来"。①一个范畴直接地、自在地就是它的反面，这种客观矛盾造成了概念自身的紧张，也给辩证法的演进提供了内在的动力。直接、自在等范畴对于形而上学而言是属于实体的，而在黑格尔和阿多诺那里还属于矛盾，它意味着事物的矛盾本身是客观和自在的。只有在这个意义上，任何概念都多于它的所是。"一个纯粹同一性判断的环节的非同一性，是属于这个同一性判断的意义的；在一个单个的判断中，等同性本身只能由不等同性来谓述，在这个意义上，判断形式的内在要求，即某物是这个或者是那个，就应该得不到满足。"②

可见，《逻辑学》这个黑格尔的形而上学，在阿多诺这里被解释成典型的非同一哲学，因为它的内核是断裂的，同一性逻辑本身就隐含着非同一性，正如作为总体的资产阶级社会，本身充满着对抗性，而且这种对抗性是其内部运动的根源。

满载着矛盾的《逻辑学》，陈述的是一个流动的过程，在其中单个概念莫不超出自身。这就要求我们不能用静止的形上学标准来要求黑格尔。阿多诺举了一个著名的例子，即黑格尔本人对"概念"的矛盾规定。在这里"概念之概念毫无疑问在两次之中是被有区别地使用了。一次是强调其作为'绝对基础'，因此是客观的、事物本身意义上的使用，它本质上是绝对精神；但是概念不应该只是这个意思，而同时是'主观的前提'，是造作之物，思维将它的他者都归纳入其下"③。这种矛盾的规定在静止形而上学中是无法被容忍的，黑格尔长期以来受到的攻击也多来源于此。

但是，对于辩证法而言，这种前后不一是可以被容纳，甚至是运动过程所必需的，正如赫拉克利特那里不能被"两次"踏入的河流。概念抽象地流动，是黑格尔哲学的风格，它"呈现出一种音乐性的质，而这正是冷静的浪漫主义者谢林所缺少的。正如瓦格纳抱怨古典音乐时所做的类比，对黑格尔的阅读必须从纷乱嘈杂的咯咯作响的困窘中识别出奉献的美德"④。一段音乐，可以说就是阿多诺所说的"整体"，尽管其中充满着"经验与概念的无数断裂"。

但是我们也不难从这个整体中看出阿多诺的特殊兴趣，即挖掘黑格尔

① T. W. Adorno, Drei Studien zu Hegel, p. 279.

② T. W. Adorno, Drei Studien zu Hegel, p. 365.

③ T. W. Adorno, Drei Studien zu Hegel, p. 344.

④ T. W. Adorno, Drei Studien zu Hegel, p. 372.

哲学的隐秘目的，呈现黑格尔对卑微的、有限的和成问题的被给予物的尊重。"应该从相反的方向去阅读黑格尔，包括这样一种阅读方式，即任何逻辑操作，尽管它还是形式性的，都要回溯到其经验的内核。"①因为黑格尔不遗余力地将概念的对象，将经验保存在其哲学之中，本身就是出于对事物的尊重甚至敬畏。"他的哲学本身也掩盖着对所是之物的固执坚持。敢于在存在的事实的总概念中去寻访精神的人，其对这事实的服从，因此要比竭力声明这个事实的人深刻得多。"②

这种敬畏，阿多诺将之比作博尔夏特的文学创作，在后者看来，写诗的活动就是对语言本身的侍奉，让语言自行发声。这样，阿多诺就颠覆了黑格尔哲学的传统形象，因为辩证法"直接地"就是反对自身的："辩证法只有通过将其自身的逻辑贯彻到底来牺牲其逻辑的一贯性，这样它才可能是一贯的。"③在20世纪的众多黑格尔研究中，阿多诺的解读颇有创造性，但这种创造性不意味着脱离黑格尔，反倒是在对黑格尔哲学核心精神的坚持中引出一种"后黑格尔"哲学。阿多诺阐释的关键点乃是借助于马克思哲学的诸多资源，将纯粹哲学的真实与虚假转换为一个意识形态问题，而其总的视野乃是一个由社会劳动构成的对抗性社会总体。

阿多诺旨在表明黑格尔和马克思之间的否定辩证法的内在传承关系，表明黑格尔辩证法必然走向唯物主义，而唯物主义的辩证法，则必然走向其非同一哲学。应该说，这一思路总体上是连贯的，但是在诸多关键细节上仍必须面对学界的挑战，例如，如何表明其基于马克思思想资源的黑格尔批判是一种内在批判，这种内在批判成果如何面对黑格尔哲学的其他可能性，等等。这些仍然是开放的问题，需要进一步的研究来解决。

参考文献：

海德格尔：《林中路》，孙周兴译，上海：上海译文出版社，2008年。

海姆伦：《西方认识论简史》，崔建军等译，北京：中国人民大学出版社，1987年。

黑格尔：《精神现象学》上，贺麟、王玖兴译，北京：商务印书馆，1979

---

① T. W. Adorno, Drei Studien zu Hegel, p. 368.

② T. W. Adorno, Drei Studien zu Hegel, p. 373.

③ T. W. Adorno, Drei Studien zu Hegel, p. 375.

年。

《费希特与谢林哲学体系的差别》，宋祖良、程志民译，杨一之校，北京：商务印书馆，1994 年。

康德：《纯粹理性批判》，邓晓芒译，北京：人民出版社，2004 年。

马克思：《1844 年经济学哲学手稿》，北京：人民出版社，2014 年。

谢永康：《形而上学的批判与拯救》，南京：江苏人民出版社，2008 年。

Adorno, T. W., Negative Dialektik, in Gesammelte Schriften, Bd. 6, Suhrkamp Verlag, 2003a.

Drei Studien zu Hegel, in Gesammelte Schriften, Bd. 5, Suhrkamp Verlag, 2003b.

Horkheimer, M. and Adorno, T. W., Dialektik der Aufklärung: Philosophische Fragmente, in Gesammelte Schriften, Bd. 5, Suhrkamp Verlag, 2003.

Marx, W., Hegels Phänomenologie des Geistes, Die Bestimmung ihrer Idee in "Vorrede" und "Einleitung", Vittorio Klostermann, 2006.

Rosen, M., Hegel's Dialectics and its Criticism, Cambridge University Press, 1982.

Susan, B. M., The Origin of Negative Dialectics, The Free Press, 1979.

（本文原载于《哲学研究》2021 年第 7 期）

事件与爱：当代西方激进左翼思潮的
本体论重构[*]

莫　雷

　　当代西方激进左翼思潮的代表人物巴迪欧、齐泽克、奈格里、阿甘本等人的政治哲学和政治策略虽然力图解构本质主义，消解中心和必然性，却没有完全走向相对主义。他们仍然竭力去发掘不确定性和多元性之下的普遍性和共同性。他们对当代资本主义的批判和对共产主义的重新解读蕴含着他们对新秩序和新的可能性的探索，而这种探讨必然要依赖哲学层面对存在、真理、主体的重新思考和建构。如巴迪欧提出"数学=本体论"的论断，力图以集合论的逻辑探讨事件哲学；齐泽克以他对拉康和黑格尔的重新解读关注事件与总体的关系；哈特和奈格里关于诸众的自我生成和自我创造的理论源自他们对斯宾诺莎本体的重新解读；阿甘本的生命政治学背后有海德格尔及其弟子的生存论的痕迹。虽然他们在研究本体问题时的侧重点和思路各有不同，但他们都是以本体问题为依托来研究政治哲学的。

　　国内学界已经有学者注意到这种特征，并将其概括为"激进左翼政治哲学向存在论的转向"^①。他们不再关注传统的本体论问题即"存在之所以为存在"的本源和始基的问题，不再关心世界的统一性问题，而是关注新的存在何以可能即无中如何生有的问题。在他们看来，事件和爱是通向新存在的两个本体概念。对事件和爱的理解不仅可以促进对本体问题的再

---

　　* 本文系国家社会科学基金项目"当代西方激进左翼的元政治学研究"（项目号：17CZX009）的阶段性成果。

　　① 尹树广：《存在论与伦理学——西方激进左翼政治哲学理论的基础问题》，《国外理论动态》2019年第 5 期。

思考，而且可以提供对主体和真理的新理解。本文力图对巴迪欧、齐泽克、哈特、奈格里、朗西埃等人的本体思想进行梳理，阐明事件和爱作为不确定性和偶然性的存在何以成为当代西方激进左翼的本体概念，分析事件和爱作为本体如何影响政治主体和政治策略，进而反思事件和爱能否作为本体塑造出新的普遍性和共同性，探究事件和爱作为本体可能存在的缺陷。

一、作为本体的事件

当代西方激进左翼的代表人物巴迪欧、齐泽克、朗西埃对"历史的终结"和资本主义永恒化的观点进行了批判。他们认为我们今天仍然有可能对资本主义进行根本的批判，并寻求一种全新的存在秩序。那么，哲学如何探寻这种全新的存在？齐泽克、巴迪欧、朗西埃等都不满意结构主义的马克思主义的方案。在他们看来，结构主义有两个问题："通过尊崇结构是一种坚韧的本体论常量以及通过将主体性贬斥为本质上是结构的意识形态效果之一"，"结构主义马克思主义公开责难政治主体性以及历史'事件'的作用"。[1]为了克服结构主义的马克思主义的困局，当代西方激进左翼通过对结构作为"本体论常量"的反思，发现了结构中的裂缝和裂隙——事件，并突出强调了事件所能开启的新的存在。虽然他们的哲学更关注结构的裂缝、错位和例外，不再去构造同质化的本体论，但本体论并未完全被放逐。在他们看来，哲学仍然要通过先验质疑去把握和创造这个时代的新问题，重新思考一元与多元、断裂与连续、结构与主体等的关系问题，并通过"事件"这个概念提供对存在和主体的新理解。正如巴迪欧所说，"本体论的本质，就是要在对本体论的同一性的反思所遇到的失效中去推进本体论"[2]。

巴迪欧系统地分析了事件与本体的关系。他认为传统哲学对本体论的思考都是要在"多"的显现中思考"一"的问题。但本体论所追求的"一"是反思的产物。"一"是将"多"通过计算、抽象而集聚起来的产物。这种"一"作为结果往往无法彻底解决"多"的问题，总会有无法被计算的多的

---

① 沃林：《东风：法国知识分子与 20 世纪 60 年代的遗产》，董树宝译，北京：中央编译出版社，2017 年，第 175 页。

② 巴迪欧：《存在与事件》，蓝江译，南京：南京大学出版社，2018 年，第 16 页。

残余存在。面对它们，同一性和连贯性的原则无法贯彻到底，本体论似乎失效了。巴迪欧将这一难点概括为"在呈现中，存在之为存在可以被理性地谈及的困难以及计数为一的困难"①。如何解决这一难题？巴迪欧不再在一与多的辩证综合中思考本体问题，而是要发现一与多的裂缝、连贯性与非连贯性的裂缝，发现被"计数为一"所遗忘的存在，即"乌有之存在"。"'乌有'就是对这个无法想象的裂缝的命名，这是在作为结构的呈现与作为业已结构化的呈现的呈现之间，作为效果的一与作为运算的一之间，被展现出来的连贯性与作为将会被展现出来的不连贯性之间的一道裂缝。"②这种"乌有之存在"就是巴迪欧对传统本体的颠覆和对新的本体的构建，他也把它称为"空"。"乌有之存在"或者"空"并不是不存在，并不是空空如也，它们恰恰是无法被计算的部分，无法被纳入计数规则或抽象规则的部分，其实它们的存在才是被遗忘的原初的存在。如果我们想要使"空"或"乌有之存在"显现出来，我们就必须打破传统的本体论，"让计数失效"③，从而使原有的结构或框架中无法显现的"空"显现出来。这种不具有连贯性、无法被计数的"空"的显现就是巴迪欧所说的事件。

事件的显现与事实有本质的区别，事件总是呈现于事件位或情势的某个点上。"不存在自然性事件，也不存在中性事件。在自然或中性情势中只有事实。在后一种情形下，事实和事件的区分建立在自然性或中性情势（它们的标准是整全的）和历史性情势（其位的实存的标准是具现的）的区分之上。"④因为自然情势和中性情势是稳定的、实存的情势，事件不可能出现在这些情势之中，或者即使出现也会被消解掉，因此，事件的显现必须基于历史性情势来理解。虽然历史性的情势未必总是产生事件，事件具有不确定性和不可预测性，但作为断裂的事件是基于历史性的情势所展现的可能性之外的某种呈现。

齐泽克也把事件理解为与事实相对的不可预测的冗余，但与巴迪欧不同，齐泽克不是将事件置于计数为一的"一"与"乌有之存在"的对立中，而是更多地在符号界与实在界的对立中理解它。事件是符号化的秩序所不能完全符号化的部分的显现，是实在界与现实的创伤性遭遇。事件的发生

---

① 巴迪欧：《存在与事件》，第 38 页。
② 巴迪欧：《存在与事件》，第 72-73 页。
③ 巴迪欧：《存在与事件》，第 75 页。
④ 巴迪欧：《存在与事件》，第 222-223 页。

总是令人意外、使人震惊，改变了人们理解事物的符号框架，扰乱了日常生活的平衡。阿甘本则通过对耶稣审判这一事件的分析，将事件放在正常情境与例外状态、世俗与神圣的对立中来理解。事件的出现如同一道门槛，区分了原初未分化的世界和建立了各种区隔的世界，激发了潜在的矛盾，产生了错位和例外状态。虽然角度各有不同，但巴迪欧、齐泽克和阿甘本都把事件看成是在原初的秩序和场域上"打洞"——事件作为原初秩序的裂缝、裂隙，"阻止这种秩序的最终关闭或阻碍其平衡"[①]。

既然事件是秩序的溢出和断裂，是不能在原初体系中得到理解的那部分，尤其不能被象征秩序所整合，无法获得命名，那么我们如何能理解和把握事件呢？巴迪欧指出，"属于概念性构建的事件，在双重意义上，它只能通过预见其抽象形式来思考，它只能通过介入性实践（这个实践本身可以完全被思考清楚）的回溯来得到揭示"[②]。齐泽克和巴迪欧有大体相同的观点，他也认为未命名的事件需要铭刻进新的话语之中来获得命名，需要通过话语框架的重构来获得其意义。"当某个言语行动的发生重构了整个场域，这个言语行动就成了一个事件。"[③]在他们看来，事件的命名需要主体的介入，回溯性地去看待它，并且将其把握成打破原初秩序的一种努力。只有将这种看似悖论性的情境肯定下来，从中发现内在的、新的可能性，主体才能理解事件的真实意义。所以，事件的命名过程同时也是主体回溯性地介入其中的过程。事件和主体的这种紧密关联使得事件不再是抽象的，而是和主体的行动密不可分的、生成性的、关系性的概念。

巴迪欧和齐泽克等人认为，作为与历史性情境和情势相关的突发的、偶然的事件之所以成为本体，是因为事件既是存在的对立面，又呼唤着新的存在，它在不可能性之中呈现出新的可能性。因此，事件具有本体意味，同真理密切相关。事件可以将旧秩序的内在矛盾揭示出来，使看似不可能的成为可能。"在巴迪欧看来，事件是一种被转化为必然性的偶然性（偶然的相遇或发生），也就是说，事件产生出一种普遍原则，这种原则呼唤着对于新秩序的忠诚与努力。"[④]在巴迪欧和齐泽克看来，这是克服矛盾走向真

---

① 齐泽克：《敏感的主体——政治本体论的缺席中心》，应奇、陈丽微、孟军、李勇译，南京：江苏人民出版社，2006 年，第 264 页。

② 巴迪欧：《存在与事件》，第 222 页。

③ 齐泽克：《事件》，王师译，上海：上海文艺出版社，2016 年，第 163 页。

④ 齐泽克：《事件》，第 212 页。

理的过程，也是我们判别真事件和伪事件的标准。如果这个偶然的事件并不是为了改变秩序，而只是使秩序保持不变，那么这是伪事件；相反，如果这个事件指向普遍性，使秩序发生根本和彻底的变化，那么这就是一种真理事件，具有本体论意义。真理事件通过本体论上的裂隙开启了运动和生成，"作为一种非存在之存在的降临，在可见和不可见之间的降临"①，为打破旧秩序、建构看似不可能的新存在提供了可能。

当代西方激进左翼思想家们对事件的理解为我们呈现了思想和行动的新的可能空间。一方面，事件作为裂隙、断裂、错位，既是对结构化的本体的突破，又开启了真理。事件与存在的这种辩证关联有助于提供对辩证法和实践等概念的新理解。正如孙利天教授评价的那样，"唯物史观或实践的新唯物主义的'物'是作为实践的感性物质活动，也许只有在这种物质性的活动中，才能真正超越内在意识的焦虑，超越唯心主义同一性哲学的精神牢笼。因此，当代欧洲左翼思想家们对事件本体、偶然、意外、可感的物质性差异和异质性等的强调，可以在'实践思维'中得到理解"②。另一方面，当代西方激进左翼思想家们对事件的理解为他们批判当代资本主义永恒统治的神话提供了理论武器。齐泽克指出："在资本主义内部，事物的不断变化正是为了使一切保持不变，而真正的事件将会转变这个关于变化的原则本身。"③事件作为裂隙和断裂不是指向对某个方面的修修补补，而是指向了对资本主义的整个框架和整个场域的本体论变革。

二、作为本体的爱

事件虽然可以作为结构的裂缝开启新的存在，但事件作为不可预测的多，究竟如何与主体相遇？主体是否能够打破结构的控制？主体和主体之间又如何通过事件集合起来？这就需要提供建构性的纽带，将主体与事件、主体与主体关联起来。巴迪欧、朗西埃和阿甘本等人认为我们必须看重主体作为身体和生命与情感、欲望、爱、力的内在关联，而不能仅仅将主体看成是理性的动物。爱、情感、情动在主体与事件、主体的相互影响中起

① 巴迪欧：《存在与事件》，第227页。
② 孙利天：《"实践思维"对马克思主义哲学的创造性探索》，《中国社会科学报》，2018年6月28日。
③ 齐泽克：《事件》，第212页。

到十分重要的作用。爱是一个生产性的本体，爱不仅可以使主体敢于冒险，保持对事件的忠诚，还可以使主体在与其他主体相遇时出于同情和义愤关联起来从而形成生产性的共同体。由此，当代西方激进左翼主张转向对情感与政治之间关系的重新思考，凸显爱在哲学和政治研究中的本体意义。

"爱对哲学和政治来说是一个核心概念，没有考察并发展这个概念是当代思想虚弱的一个关键原因。把爱留给牧师、诗人和精神分析师实属不智。"[①]这种哲学和政治研究的情感转向不仅仅是重视人的感受、情感、爱，以此来解释人们行为的原动力，更重要的是寻求一种沟通他人、关爱他人、建立同伴关系的新的纽带，使人们展开集体行动，反抗旧秩序建立新秩序。这样，爱就成了一种通向共同性并产生新的存在的力量。

当代西方激进左翼的思想家们或者借助亚里士多德关于友爱的思想资源来重新思考友爱政治学，或者借助斯宾诺莎关于情感、情动的论述重新思考人的社会性。他们通过不同侧面的研究阐释这种"情感的转向"，力图克服对爱的实用主义、怀疑主义和浪漫主义的解读，重新激活相遇、共享、创造等概念，为多元主体的政治联合及他们的集体行动提供动力。如朗西埃主张通过对可感物的重新分配来实现平等；哈特和奈格里主张通过爱的生产和共同性的生产来突破旧秩序、创造新秩序；阿甘本把友爱看成"在存在的感觉内部'共感'到朋友的存在"[②]；巴迪欧则把爱看作和科学、艺术、政治并列的一种真理程序，"这种真理简单说来，就是关于'两'的真理，关于如其所是的差异的真理"[③]。

虽然他们的观点各有差异，但他们都认为爱与哲学紧密相关。爱和事件相似，同样要解决一和多、同一与差异的关系等本体论问题。在他们看来，不管是朋友之爱还是两性之爱，爱都是通向"两"而不是"一"的过程，即都是珍视异质性而不是走向同一性的过程。爱和事件一样，不能被"计数为一"。因为"同一性和统一化会扼杀创造性，只有重复，没有差异。我们应该将爱理解为奇异性在共同性中的相遇和实验，继而生产出新的共同性和新的奇异性"[④]。通过对差异的尊重和爱，主体才能超越自身的孤立的眼界，去主体化和去中心化，重新体验自我与他人的关系以及自我与

---

① 哈特、奈格里：《大同世界》，王行坤译，北京：中国人民大学出版社，2015 年，第 141 页。

② 阿甘本：《论友爱》，刘耀辉、尉光吉译，北京：北京大学出版社，2017 年，第 40 页。

③ 巴迪欧：《爱的多重奏》，邓刚译，上海：华东师范大学出版社，2012 年，第 71 页。

④ 哈特、奈格里：《大同世界》，第 145 页。

世界的关系，"世界可以通过一种不同于孤独的个体意识的另一种方式来遭遇和体验"①。这种体验使得个体能够透过爱的偶然性获得对差异和共同关系的新理解，并在爱的行动中不断创造出共同性和对共同性的新感受。

对爱的这种理解也把爱和政治关联了起来。爱是基于差异性基础上的共同性的创造，这一点正是政治在亚里士多德那里的原初含义，也是友爱比正义更为根本的原因。人类通过互助合作结合起来是为了过一种更好的生活，"这种共同生活的界定标准不是对某个共同实体的参与，而是一种纯粹存在式的分享，一种可以说没有客体的共同-分割：这就是友爱，也即对存在这个纯粹事实的共感"②。这种"共感"使得爱成了人与人之间结成同伴关系的内在纽带。但这种源自共同生活和分享美好生活的"共感"在西方政治生活中却蜕变成了理性"共识"，技术化的操作和理性的计算使人们遗忘了友爱意义上对存在的共享，忘却了共同体的真正内涵，无法使人们"确证生命的生命力、能量及创造的生气"③。

如何恢复爱的本体维度？如何让差异化的、原子化的个人重新创造政治的共同性？答案是对爱的不断唤醒和激发。哈特和奈格里认为，爱不是一成不变的，爱也可能腐化。我们要不断唤醒爱，特别是要从非物质生产中、从生命自身的自主性出发，寻求克服生命权力的途径。爱可以和力结合起来对抗恶，并能激起人们的义愤、不服从等情感，从而突破财富共和国的统治，实现新的共同体。由此，爱可以成为通向新存在的力量。"爱是一个本体论事件，它标志着与现存物的断裂以及新事物的创生。存在由爱所构成。"④巴迪欧也认为，主体与爱的相遇不是一次性的，爱需要不断宣告，而主体需要在爱中冒险，不断指向创造。"严格说来，爱不是一种可能性，而勿宁是一种超越，超越那看似不可能的事物。某种貌似没有理由存在并且没有任何出现可能性的东西，竟然存在"⑤。爱能够在存在的裂缝中开创出新的存在，爱是达到新存在的艰苦劳作和共同体验，因而爱具有了超越性和战斗性。在这个意义上，爱也可被视为事件，爱的出现不可预

---

① 巴迪欧：《爱的多重奏》，第 72 页。

② 阿甘本：《论友爱》，第 44 页。

③ 索迪瑞：《生成-女人》，斯蒂瓦尔编：《德勒兹：关键概念》，田延译，重庆：重庆大学出版社，2018 年，第 169 页。

④ 哈特、奈格里：《大同世界》，第 142 页。

⑤ 巴迪欧：《爱的多重奏》，第 97 页。

测，打破了原有的秩序和平衡。爱和事件同样作为对现实的介入和命名，以批判的方式凸显主体的自由和新的现实的生成，展现其本体的维度。只不过事件更强调本体的断裂和裂隙，而爱作为纽带则主要是通过对同情和感性平等的呼唤，将原子化的个体联结起来推翻资本的统治从而创造新存在和新的共同性。

三、缩减的本体论：当代西方激进左翼本体论承诺的实质

当代西方激进左翼通过对本体与事件、理性与情感等关系的探讨，将事件和爱承诺为本体来重新理解新的存在何以可能，其目的是超越原初秩序和理性计算的法则，将本体和主体奠基于结构的裂隙和裂缝来理解不可化约的多。这种对本体的理解和传统的本体论追求有哪些差异？事件和爱作为本体概念究竟如何影响政治主体和政治策略？

当代西方激进左翼的思想家们不再思考万物如何统一的问题，也不再承诺何物存在，他们关注的基本问题是"全新的存在何以可能"，目的是驳斥"否定式存有论"，即"就其时代而言没有可能者即不可能。不可能者则没有可能曾经存在"。[①]他们通过对事件和爱的本体论承诺重新探讨了一元与多元、差异与统一、连续与断裂、偶然与必然的边界，致力于解决看似不可能的存在何以可能、不可见的部分如何可见、偶然的东西如何成为必然、差异化的存在何以建构共同性等核心问题。

在本体论上，他们试图既反对绝对同一的形而上学本体，又避免陷入相对主义。一方面，他们拒斥传统哲学所追求的绝对同一的本体，以避免发生共同性的腐化和形而上学的暴政。他们往往把哲学的中心范畴说成是"空""空洞的能指""空虚的完满"等。这种"空"不能被哲学填满，正是这种"空"的存在才使哲学健康发展。任何填满这种"空"的努力，或者说追求理想性的、永恒性的终极存在的实体，都会陷入一种理想的狂妄或迷狂之中，无法处理好一元和多元的关系，"当它将自己想像成为一种生产性的真理时，哲学放弃了自己的节制，即哲学本身的批判性价值。它成为

---

① 朗西埃：《歧义：政治与哲学》，刘纪蕙、林淑芬、陈克伦、薛熙平译，西安：西北大学出版社，2015年，第170页。

了一种悲惨的指令，一种蒙昧和暴政式的命令"①。因此，他们要终结传统的形而上学，瓦解实体化的本体，他们或者将"一"看作计算或运作的产物，或者将"一"理解为对剩余的局部限制和固定。

另一方面，他们又竭力避免在批判同一性中像后现代主义那样走向相对主义。他们不是完全放弃了本体，而是在本体论的断裂和空白之处重新发现了具有本体意味的概念——事件和爱，并以此来重启哲学。他们在承认异质性的基础上寻求爱的共同性，在特殊与普遍的关系中重新思考激进的普遍性。他们所寻求的共同性和普遍性不是中立的，而是从裂缝和空无中不断生成的、开放的、超越的存在，是由不能被算入的"无分之分"者打破结构重新确立和生产出来的。因此，当代西方激进左翼的思想家们力图通过本体论重构来打破封闭的本体论体系，以事件和爱开启新的可能性，为看似不可能的新存在的诞生提供哲学上的辩护和说明。巴迪欧将这种介入概括为："关键在于要开始对行动的现实以及这个论题的根基进行漫长的批判：在存在中，存在着新。"②

当代西方激进左翼思想家们所承诺的本体的生成性、异质性、超越性的特点也激发了他们一系列激进的政治想象。他们对事件与爱的研究从来不是抽象的概念阐述，而是要为他们对政治主体和政治策略的批判性解读提供深层的本体论基础。对传统本体论的批判使他们同样反对理性的、透明的主体，反对预定的或先验保证的主体，但面对"主体之死"，他们又竭力挽救主体，使主体获得一席之地。主体就产生于事件和爱所开启的存在的裂隙之中，作为不被算入的部分通过对事件和爱的信念以及打破连贯性结构的行动，使自己成为真正的主体。相应地，事件和爱也离不开主体，它们本身就是主体作用的产物。主体和本体的这种相互成就体现的就是阿甘本所说的"存在和人的共同归属和相互具有"③。这种本体论上的新理解无疑会为主体的行动开辟新空间，同时也会深化我们对主体和存在之间关系的理解。

巴迪欧基于主体与事件的不可分特别强调主体对事件的介入和忠诚，以此来唤醒主体和真理的关联。在他看来，"主体化，在溢出中和一种未知的运算中谜一般的名称的扭结点，就是在情势之中追溯了真理的生成性的

---

① 巴迪欧：《哲学宣言》，蓝江译，南京：南京大学出版社，2014 年，第 103 页。

② 巴迪欧：《存在与事件》，第 261 页。

③ 阿甘本：《奇遇》，尉光吉译，重庆：西南师范大学出版社，2018 年，第 93 页。

多，从事件激发了空的非实存的点出发，并将自身置于空与自身之间"①。哈特和奈格里通过爱和力的结合强调诸众可以采取出走、逃离、逾越等策略。在他们看来，事件与爱可以激发主体、塑造主体，将主体凝聚起来，使他们敢于冒险，勇于挑战。如果没有事件打破铁板一块的封闭本体，没有爱对共同性的不断创造，那么主体的集体行动就成为不可能，当然也就无法开启新的存在。因此，事件和爱可以在本体的裂隙和错位中为主体的存在及主体反抗资本主义的彻底行动提供可能的空间，为我们提供关于共产主义社会的激进想象。

当代西方激进左翼的本体论重构也有其困境，呈现出批判性有余而建构性不足的特点。他们力图"打破作为对肯定世界描述的本体论之自我封闭领域"②，以激进政治和介入现实的方式来呼唤主体的超越性和创造性，表达了他们对看似不可能的新存在的渴求和信念。但是，他们过多地强调了本体层面的不连贯性和间断性，以事件和爱来打破封闭的结构和秩序的观点凸显了他们在建构普遍性和共同性维度上的匮乏。将事件与爱承诺为本体固然可以给人们带来打破结构化僵局的希望，但并不能给人们提供切实地摆脱原有秩序和框架的有力武器和现实道路。

譬如巴迪欧虽然以集合论的方式来重建本体论，力图超越海德格尔以来对数学和技术等的批判，重新理解一和多的关系，但他始终强调事件的本质是不可确定的，这使得他的本体论存在着悖论。"在被界定为'一所架构的存在'的经典形而上学面前，巴迪欧决定，本体论只可能是未分化的、不连贯的多元的理论，它彻底地从一的力量之下抽离出来。"③因此，他的本体论只能是一个"缩减的本体论"④。又如哈特、奈格里等人以爱、情感等作为事物断裂和创生的本体论概念，其问题是，爱虽然能和力结合使诸众团结起来，但难以有效地处理和他者的对抗，难免会陷入政治的浪漫主义。再者，事件与爱虽然可以激发主体，但无论是主体与事件的关系还是主体与爱的关联都依赖于相遇。偶然的相遇和对主体忠诚的呼唤使得主体的浮现只能成为"空与自身之间"的有限的浮现，无法从根本上动摇结

---

① 巴迪欧：《存在与事件》，第 486 页。

② 齐泽克：《敏感的主体——政治本体论的缺席中心》，第 198 页。

③ 林格：《本体论》，巴特雷、克莱门斯编：《巴迪欧：关键概念》，蓝江译，重庆：重庆大学出版社，2016 年，第 65 页。

④ 林格：《本体论》，第 65 页。

构化的秩序和设置。这也使得他们在处理主体与事件的关系时出现了循环解释："主体服务于事件的忠诚，但事件本身只有作为一个已参与的主体者才是可见的。"①这种理解虽然在本体的显现上凸显了主体的介入，但也使得事件作为本体仅仅仰赖主体的介入；同样，主体的介入使事件获得命名，但主体的作用也仅仅剩下了有限的决断和对事件的忠诚。这使得主体的激进政治行为蜕变成了伦理选择。

　　总之，当代西方激进左翼的思想家们虽然力图提供一种新的本体论承诺，并通过事件和爱的概念来建构能动的本体和超越的本体，提供人和存在的相互归属的新理解，但"缩减的本体论"和爱的浪漫化倾向仍然使得本体的重构困难重重，无法有效处理好一元与多元、特殊与普遍、偶然与必然、间断与连续的关系。虽然他们力图通过对事件和爱的强调催生打破资本主义结构化秩序的新存在，但孤注一掷的宣告和忠诚于事件的稀缺主体又使得这种新存在的产生完全依赖于机遇或奇迹。因此，他们需要进一步反思自身本体论研究的思路和方法，弥合本体层面的批判与具体秩序层面的行动之间的裂缝，避免事件的神秘化和爱的浪漫化倾向，从而真正为批判资本主义社会和创立新存在奠定坚实的根基。

参考文献：

　　阿甘本：《论友爱》，刘耀辉、尉光吉译，北京：北京大学出版社，2017年。

　　《奇遇》，尉光吉译，重庆：西南师范大学出版社，2018年。

　　巴迪欧：《爱的多重奏》，邓刚译，上海：华东师范大学出版社，2012年。

　　《哲学宣言》，蓝江译，南京：南京大学出版社，2014年。

　　《存在与事件》，蓝江译，南京：南京大学出版社，2018年。

　　巴迪欧、齐泽克：《当下的哲学》，蓝江、吴冠军译，北京：中央编译出版社，2017年。

　　哈特、奈格里：《大同世界》，王行坤译，北京：中国人民大学出版社，2015年。

---

① 齐泽克：《敏感的主体——政治本体论的缺席中心》，第165页

朗西埃：《歧义：政治与哲学》，刘纪蕙、林淑芬、陈克伦、薛熙平译，西安：西北大学出版社，2015 年。

林格：《本体论》，巴特雷、克莱门斯编：《巴迪欧：关键概念》，蓝江译，重庆：重庆大学出版社，2016 年。

齐泽克：《敏感的主体——政治本体论的缺席中心》，应奇、陈丽微、孟军、李勇译，南京：江苏人民出版社，2006 年。

《事件》，王师译，上海：上海文艺出版社，2016 年。

孙利天：《"实践思维"对马克思主义哲学的创造性探索》，《中国社会科学报》，2018 年 6 月 28 日。

索迪瑞：《生成-女人》，帕蒂瓦尔编：《德勒兹：关键概念》，田延译，重庆：重庆大学出版社，2018 年。

沃林：《东风：法国知识分子与 20 世纪 60 年代的遗产》，董树宝译，北京：中央编译出版社，2017 年。

尹树广：《存在论与伦理学——西方激进左翼政治哲学理论的基础问题》，《国外理论动态》2019 年第 5 期。

（本文原载于《哲学研究》2020 年第 4 期）

关系平等主义及其困境

——兼析分配平等与社会平等之辨[*]

齐艳红

　　近些年来，当代西方平等主义政治哲学围绕"分配平等与社会平等的关系"问题产生了大量争论，牵涉到自由平等主义、分析的马克思主义、运气平等主义和关系平等主义等诸多阵营。这种争论无疑与学者们对西方主流分配正义理论的批判性反思密切相关。其中，由伊丽莎白·安德森（Elizabeth Anderson）、塞谬尔·舍弗勒（Samuel Scheffler）、戴维·米勒（David Miller）等人所奠定的关系平等主义路径，通过对运气平等主义的质疑和批判，强调平等主义的要义不是"分配平等"而是"社会平等"，为我们进一步把握分配平等与社会平等之争提供了最新线索。关于两种平等主义的"关系"问题，目前国内学界已经进行了一些有益的探索，通常的看法认为关系平等主义并未取代或超越运气平等主义，二者是"协调互补"的。这种认识抓住了问题的一个重要方面，显然有其合理性，但却可能低估了关系平等主义的进展和复杂性。为此，本文通过考察关系平等主义及其核心观念，力图论证：关系平等主义不仅揭示了社会平等与分配平等的差异，而且在聚焦于批判"不平等的社会关系"层面上，矫正了分配平等的缺失，彰显了社会平等的重要性和根本性。此外，虽然关系平等主义致力于阐明和建构"平等主义的社会关系"，但从马克思主义的观点来看，关系平等主义未能指明"剥削"与分配平等和社会平等之间的深层关联，因而它所强调的"社会平等"仍然是有限的。

　　* 本文系国家哲学社会科学基金项目"21 世纪分析的马克思主义政治哲学研究"（项目号：18BZX030）的阶段性成果。

一、社会平等与分配平等的疏离

运气平等主义是一种罗尔斯之后的主导性分配正义理论。罗纳德·德沃金（Ronald Dworkin）通过区分"原生运气"和"选项运气"系统阐明了一种"敏于责任"的分配平等理论。G. A. 科恩肯定德沃金将"选择和责任"纳入平等主义理论的贡献并明确宣称：平等主义的目标就是消除由"非自愿的不利"导致的分配不平等，因为这些情况没有恰当反映主体的选择。①运气平等主义的核心观念是，源自人们的自主选择的不平等是正义的；源自境况的不平等则是不正义的，应根据特定的分配原则和标准给予补偿。正是这种境况与选择的二分法以及强调个人选择和责任观念对于分配正义的核心意义遭到了关系平等主义的批判。关系平等主义从两个层面揭示了社会平等与分配平等的差异。

首先，关系平等主义不再聚焦于由"运气"导致的善品分配是否平等的问题，而是把"平等主义的社会关系"视为根本关切，这使得社会平等观念同分配正义理论相疏离。安德森的工作是"奠基性的"，舍弗勒进一步推进，他们的理论在很大程度上"塑造"了关系平等主义的发展路径。②安德森最重要的贡献在于明确规划了关系平等主义理论的双重目标："平等主义正义恰当的消极目标不是消除原生运气在人类事务中的影响，而是结束就其定义而言由社会所施加的压迫。其恰当的积极目标不是确保每个人得到道德上的应得之物，而是创造一个人们在其中处于平等关系的共同体。"③这就是说，关系平等主义的目标不是实现分配正义，而是实现社会平等。就实现社会平等来说，一方面要消除和结束那些压迫性的社会关系，即支配、剥削、边缘化、贬低、施以暴力；另一方面要积极寻求建立与等级关系相对立的"民主共同体"，这又被标识为"民主的平等"。民主的平

---

① Cf. David Miller, The Incoherence of Luck Egalitarianism, in Alexander Kaufman, ed., Distributive Justice and Access to Advantage: G. A. Cohen's Egalitarianism, Cambridge: Cambridge University Press, 2015, pp. 131-132.

② Cf. Kasper Lippert-Rasmussen, Relational Egalitarianism: Living as Equals, Cambridge: Cambridge University Press, 2018, pp. 23-24.

③ Elizabeth S. Anderson, What Is the Point of Equality, Ethics, vol. 109, no. 2 (1999), pp. 288-289.

等观念是指，平等的人们按照全体接受的规则，通过公开讨论进行"集体的自我决定"，其中每一个人都有参与讨论的权利和资格，其他人"有义务"尊敬地聆听并对其论证进行回应，没有人把向他人卑躬屈膝或在他人面前显示劣势作为其要求发言权的"条件"。舍夫勒极为赞同安德森对社会平等的定位和辩护，他说："如此理解的平等反对的不是运气，而是压迫、可继承的社会地位的等级制、种姓观念、阶级特权和僵死的阶级分层、不民主的权力分配。"[①]按照这一理解，社会平等不仅是一种道德理念，更是一种"社会与政治"理念，正是这种更根本的平等理念表达了"人类关系结构"的规范性理想。舍弗勒还宣称，社会平等不否认分配问题的重要性，但是社会平等比分配平等更具吸引力，"如果平等主义的社会与政治立场植根于一个平等的社会理念之中，那么就会赋予其否则就不具备的批判力量"[②]。这些论述表明，安德森和舍弗勒的观点是非常明确的，他们认为，运气平等主义对分配正义问题的关注是误入歧途的，平等主义的真正问题是社会平等，是社会关系的平等。

其次，关系平等主义还尝试从价值基础的层面指明社会平等与分配平等的差异。米勒率先从平等与正义价值的关系上区分了分配平等与社会平等。他认为，分配平等与正义相关，正义要求对某种利益进行平等分配；而"社会平等"或地位平等则独立于正义，"它并不直接确定对权利或资源的任何分配。相反，它确定了一种社会理想，即一个人们相互把对方当作平等来对待的社会——换句话说，一个不把人们放到诸如阶级这样等级化地排列的范畴中去的社会——的理想"[③]。米勒断定，正义与平等价值既不是完全独立互不相干的，也不是德沃金、G. A. 科恩和阿马蒂亚·森等人的"平等主义正义论"所主张的"平等和正义同一原则"，他强调："在正义本身保持沉默的地方，平等能够塑造正义的实践。"[④]尽管米勒的区分有助于说明社会平等观念的独立性，但是，在关系平等主义内部，围绕社会平等是否可以脱离正义价值的问题，进一步发展出两种不同的思考正义的方式。

---

① Samuel Scheffler, What Is Egalitarianism?, Philosophy and Public Affairs, vol. 31, no. 1 (2003), p. 22.

② Samuel Scheffler, The Practice of Equality, in Carina Fourie, Fabian Schuppert and Ivo Wallimann-Helmer, eds., Social Equality: On What it Means to be Equals, New York: Oxford University Press, 2015, p. 24.

③ 米勒：《社会正义原则》，应奇译，南京：江苏人民出版社，2008 年，第 285 页。

④ 米勒：《社会正义原则》，第 301 页。

第一种方式坚持正义与平等的"非对称性"，把正义视为若干价值中的一种，把社会平等看作部分地区别于正义的观念；第二种方式则把"正义视为一种涵盖性术语"，将任何重要的社会平等考量（如关于行为方式和后果的评估、对社会基本结构设计的判断等）都归入正义的考量之内。①根据第一种理解，诸如种族歧视和性别偏见之类的案例表明，"未能平等待人"并非内在不正义，但却引发了道德不适，违背了平等的"承认尊重"以及"公民义务"，从而是社会平等观念所不能允许的。根据第二种理解，社会平等则被纳入"以正义为基础"的观念之中②。然而，关系平等主义的内部分歧并不能遮盖社会平等与分配平等的区别。舍弗勒进一步从平等和正义等其他价值之间的关系视角剖析了社会平等与分配平等的"深层差异"。在舍弗勒看来，分配平等把"平等"视为具有"规范的自主性"和"分配的自足性"的价值，认为某种"通货"（无论是资源、福利还是优势）的平等构想完全穷尽了平等的规范性内容，只是平等自身就提供了一种分配公式；而社会平等则把平等看作一种"复合理想"，认为平等不能脱离诸如互惠和尊重等帮助界定这种理想的其他价值，"不仅其他价值进入平等的定义，使得平等不具有规范的自主性，而且如此理解的平等无须自身产生任何调节资源分配的完全决定性的原则，甚至也不产生假定的或首要的原则"③。在此基础上，米勒和舍弗勒等人都强调分配正义或分配平等的视角是有限的，仅仅涉及某种"通货"的平等分配，不能将社会平等观念局限于或还原为分配正义或分配平等。

综合以上分析，运气平等主义明确把矫正"非自愿不利"导致的分配不平等作为理论目标，而关系平等主义则向压迫性的社会关系和结构提出了挑战。分配平等倾向于把正义视为一种"统摄性"的价值，或者认为平等只是正义的一种逻辑要求和一个功能，或者认为正义和平等是同一原则，

---

① Cf. Andres Mason, Justice, Respect and Treating People as Equals, in Carina Fourie, Fabian Schuppert and Ivo Wallimann-Helmer, eds., Social Equality: On What it Means to be Equals, New York: Oxford University Press, 2015, p. 130.

② Cf. Christian Schemmel, Social Equality—or Just Justice?, in Carina Fourie, Fabian Schuppert and Ivo Wallimann-Helmer, eds., Social Equality: On What it Means to be Equals, New York: Oxford University Press, 2015, p. 152.

③ Samuel Scheffler, The Practice of Equality, in Carina Fourie, Fabian Schuppert and Ivo Wallimann-Helmer, eds., Social Equality: On What it Means to be Equals, New York: Oxford University Press, 2015, p. 42.

而社会平等则看到了分配正义的"疏漏"和正义价值的有限性，认识到正义与平等价值之间的复杂关系，力图彰显"社会平等"本身具有的内在价值和规范性效力。虽然关系平等主义极力表明社会平等观念异于分配平等观念，但在真实的社会生活实践中，某些不平等之所以引起人们的关注，恰恰是因为这些不平等是不正义的，因而关系平等主义不可能完全脱离分配正义或正义而讨论社会或关系的平等。这也是关系平等主义沿着以正义为统摄性价值和以平等为统摄性价值两条线索得以发展的重要原因。毋宁说，关系平等主义最初倾向于将社会平等与分配平等加以整合，强调社会平等的内在价值以及分配平等的工具性价值。安德森在解释民主的平等观念时指出："特定的善品分配模式对于确保源自它们，甚至构成它们的平等主义社会关系来说或许是工具性的。但是民主的平等主义者从根本上关注善品得以分配的关系，而不是善品本身的分配。"[1]这意味着，对关系平等主义来说，矫正"不平等的社会关系"问题比善品分配的问题更为根本。

二、关系平等主义的标靶：不平等的社会关系

从更广阔的视域看，当代西方社会的异质性以及文化多元性对分配正义理论构成了挑战，这使得如何以更好的方式阐明关于阶级、种族、性别、文化等"多样性"的规范性意蕴问题成为政治哲学的重要课题。关系平等主义的实践指向就是促进残疾人、妇女或种族少数群体的权利和利益的平等，所以安德森指责运气平等主义的原则未能给予"所有公民"平等的尊重和关怀，不能通过任何平等主义理论都应该满足的"最根本检验"。舍弗勒则明确指出，文化多元主义和身份政治的激烈争论以及与之相伴随的社会显著变化均表明"平等的社会理想的持续活力"[2]。因而，批判个人或群体的不平等的社会关系构成了社会平等观念的核心任务。

究竟哪些是不平等的社会关系？基于安德森、舍弗勒等人关于社会平等的初步构想，一些关系平等主义者将矛头首先指向了主奴关系式的"支配不平等"。这意味着，避免和消除支配关系是平等主义社会关系的重要特

---

① Elizabeth S. Anderson, What Is the Point of Equality, Ethics, vol. 109, no. 2 (1999), pp. 313-314.

② Samuel Scheffler, What Is Egalitarianism?, Philosophy and Public Affairs, vol. 31, no. 1 (2003), p. 38.

征。关系平等主义者论证道，安德森和舍弗勒等人将平等主义的关注点转向"社会关系和结构"的影响是深远的，正是这一点使得其与自由主义的社会和政治观念"相决裂"。历史上的自由主义是一种变革性的理论和政治实践，而"当代自由主义哲学强劲地关注建构一种理想的再分配理论，对塑造和构建真实的社会关系却是相对冷漠的"①。因此，社会平等观念旨在对压迫性结构和市民社会领域各种"支配性的社会关系"提出抗议，期望重塑社会关系的平等，打造一个平等的社会。正是沿着这一思路，关系平等主义者看到了当代共和主义尤其是菲利普·佩蒂特（Philip Pettit）的"非支配"观念的价值和意义，并将"非支配的自由"观念视为一种有前途的关系平等版本。他们认为，佩蒂特的自由观念建立在他关于人性与社会的基本假定基础之上：一方面，人作为社会和关系的存在，具有相互依赖性，从而具有"根本的脆弱性"；另一方面，由于相互依赖，人们之间又有一种能够彼此施加的能力（身体的、情感的、经济的和社会的）和彼此伤害的可能性，这会导致"有问题的脆弱性"。佩蒂特意识到了脆弱性、支配和自由之间的复杂关系，力图防止人们相互依赖的关系转变为支配的关系，由此他的"非支配的自由"观念并不认为公民对于彼此的行动完全是脆弱的，而只是针对"有问题的脆弱性"；非支配的国家观念"不是意图消除所有形式的脆弱性，而只是消除那些威胁公民平等地参与社会和政治合作的能力的脆弱性"。②重要的是，虽然关系平等主义者认可"非支配"构成了"平等的社会关系"的一个重要特征，但是他们也看到了非支配的自由观念相较于社会平等观念的"狭隘性"，从而拒绝将社会排斥、偏见和边缘化都还原为支配关系。

社会平等观念不仅要求消除"支配"的不平等，而且要求彻底消除"权力关系的不平等"，进一步通过诉诸包容性的协商民主来避免权力的结构性压迫。当然，关系平等主义者对权力的理解以及对权力与支配之间关系的辨析是为了说明社会平等观念的复杂性。有的关系平等主义者明确指出，

---

① Marie Garrau and Cécile Laborde, Relational Equality, Non-Domination and Vulnerability, in Carina Fourie, Fabian Schuppert and Ivo Wallimann-Helmer, eds., Social Equality: On What it Means to be Equals, New York: Oxford University Press, 2015, pp. 49-50.

② Marie Garrau and Cécile Laborde, Relational Equality, Non-Domination and Vulnerability, in Carina Fourie, Fabian Schuppert and Ivo Wallimann-Helmer, eds., Social Equality: On What it Means to be Equals, New York: Oxford University Press, 2015, p. 54.

支配只是一种权力形式，权力比支配的含义更广，权力典型地包括"控制……的权力"（power over），即某些个人或群体能够控制其他个人或群体的生活的能力。即便当代共和主义理论在"权力和支配"之间做出了规范性区分，但是它们仅限于消除那些"任意的或专断的权力"，依然与控制权力的不平等关系是"和谐一致的"。为此，社会平等观念提出了更高的替代性要求："认真对待完全消除人与人之间的控制权力关系的观念，代之以真实合作的关系。"①这样，平等主义的权力关系意味着消除"控制……的权力"，转变为"集体运用的权力"（power with）。为了避免集体决策过程中多数对少数的权力关系，需要诉诸一种协商民主观念："一种包容的、话语的、参与式民主观念，即每个参与者都承诺找到某些能够平等考虑每个人的需要和利益并且运用非多数投票程序的解决方案，至少接近于避免多数对少数的天然权力。"②这种民主模式不仅可以防止某些人公然运用权力控制他人，以及存在于议程控制和意识操纵的权力，而且有利于维护人们之间的尊重、关怀和社会团结的其他社会平等维度。在这里，协商民主观念不仅是阐明和建构"平等主义社会关系"的手段，而且与社会平等的独特性密切相关。舍弗勒考虑到"平等主义关系"理想的复杂性，直接将其独特要素称为"平等主义的协商约束"，认为这是一种对态度、动机、倾向和参与者的协商能力做出实质性要求的、复杂的人际实践，它强调每个人同等重要的利益（需要、价值、偏好等广义的理解）"同等程度地约束着我们共同的决策"③。

　　无论是支配还是权力的不平等关系，都与对人的尊重和承认是相悖的。社会平等观念还蕴含着对"承认和尊重的不平等关系"的辨识和拒斥，甚至包括对"评价性尊重"（appraisal respect）不平等的矫正。一些关系平等主义者进一步充实了米勒、舍弗勒等人的社会平等观念对于"社会地位等

① John Baker, Conceptions and Dimensions of Social Equality, in Carina Fourie, Fabian Schuppert and Ivo Wallimann-Helmer, eds., Social Equality: On What it Means to be Equals, New York: Oxford University Press, 2015, p. 81.

② John Baker, Conceptions and Dimensions of Social Equality, in Carina Fourie, Fabian Schuppert and Ivo Wallimann-Helmer, eds., Social Equality: On What it Means to be Equals, New York: Oxford University Press, 2015, p. 82.

③ Samuel Scheffler, The Practice of Equality, in Carina Fourie, Fabian Schuppert and Ivo Wallimann-Helmer, eds., Social Equality: On What it Means to be Equals, New York: Oxford University Press, 2015, p. 25.

级关系"的批判，将其关联于以归属性的群体身份为基础的优劣评价以及这种评价在行动、态度或政策上的反映和表达问题。评价性尊重涉及对个人或群体的品质、能力以及贡献的肯定性评价，相对区别于对个人或群体的内在价值的承认意义上的"基本尊重"。真正让关系平等主义者担忧的是那些与声望、荣誉和敬重（esteem）相关的"评价性尊重的不平等"。他们想要揭示的问题是，在自由平等主义的理论中，基本尊重与某些"评价性尊重的不平等"是兼容的，不仅如此，由于某些具体评价标准的设置存在缺陷，导致一些评价性尊重本身就是不合法的；这些都与"平等主义的社会关系"相矛盾，因而社会平等观念要求避免、减少或至少限制上述类型的评价性尊重的不平等。"社会平等主义者倾向于谴责那些表明某些个人或群体更优越而其他人更低劣的等级制，因为这说明他们不是平等的。"[1]典型的是，与尊重相对的敬重的不平等问题，从后果上考虑，这类不平等会对人的尊严和社会团结产生破坏性的影响，"对社会平等来说，敬重的等级制在道德上的确是相关的，因为它们能够合理地使人们感到自己低人一等或者更差。这可能会伤害自尊或公民友谊，或同时伤害这两者"[2]。然而，关系平等主义者很清楚，完全消除评价性尊重的不平等是不可能的，因而社会平等观念支持的敬重目标，不是实现严格的"平等的敬重"，但它"既蕴含着激进的视角变化，也蕴含着更广泛的社会变革规划"[3]。因此，致力于减少敬重的不平等或者要求以减少它们造成伤害的方式组织和安排社会，体现了社会平等观念的更强要求。

至此可以看出，关系平等主义力图将社会平等观念与当代共和主义、承认和尊重的相关理论资源进行比较和融合，通过反思和批判自由主义或自由平等主义默许的支配和等级关系，致力于阐明"平等主义的社会关系"的本质。我们知道，当代自由主义的分配正义理论把权力、自由甚至自尊

---

[1] Carina Fourie, To Praise and to Scorn, The Problem of Inequalities of Esteem for Social Egalitarianism, in Carina Fourie, Fabian Schuppert and Ivo Wallimann-Helmer, eds., Social Equality: On What it Means to be Equals, New York: Oxford University Press, 2015, p. 88.

[2] Carina Fourie, To Praise and to Scorn, The Problem of Inequalities of Esteem for Social Egalitarianism, in Carina Fourie, Fabian Schuppert and Ivo Wallimann-Helmer, eds., Social Equality: On What it Means to be Equals, New York: Oxford University Press, 2015, p. 95.

[3] John Baker, Conceptions and Dimensions of Social Equality, in Carina Fourie, Fabian Schuppert and Ivo Wallimann-Helmer, eds., Social Equality: On What it Means to be Equals, New York: Oxford University Press, 2015, p. 70.

都视为有待分配的"善品"，爱丽丝·M. 杨在揭示分配范式的缺陷时特别指出，将权力放在分配逻辑中的做法误解了"权力的真实含义"。权力不是一种"物品"，而是一种具有生产性和结构性的关系。她说："倘若没有对权力和宰制的结构性的理解，即将其理解为过程而非分配的模式，我们就无法看到这些社会中宰制和压迫的存在及其本质。"①正是从支配和压迫的不正义出发，杨不仅发展了一种超越自由主义分配范式的社会正义概念，而且提出了一种"认真对待社会群体差异"的包容性协商民主观念。按照杨的理解，在社会群体差异突显与不平等的权力结构条件下，民主政治不应当限于寻求"共识"的理想，而应当是"一种斗争的过程"，"是一种公民们彼此进行沟通性的接洽的过程"。②需要指出的是，杨对"分配范式"的批判深刻地影响了关系平等主义的进路，因而关系平等主义从一开始就把社会平等的消极目标定位为消除"压迫的五张面孔"。然而问题在于，杨对压迫的"多元主义"理解以及将剥削概念扩展到性别与种族的做法也引发了新的问题和争议。就我们这里的讨论而言，杨和关系平等主义者面临的一个共同问题是：在政治上和文化上寻求弱势群体和边缘化群体的"特殊权利"时，恰恰忽略了支配关系的消除不仅仅是使"被支配者"解放出来，而是要打破这种支配关系和权力结构本身。这必然离不开对社会不平等和社会不正义的经济基础的探究。金里卡恰当地评论道，社会平等的捍卫者"正确地强调了人的社会地位或公共处境的重要性"，但是"太漠视物质资源对人们生活的重要意义了"。③为此，关系平等主义与自由主义理论的"分野"可能并非如关系平等主义者所宣称的那样，关系平等主义究竟在多大程度上能够超越自由平等主义则是需要我们进一步深思的问题。

三、关系平等主义的困境：马克思政治哲学视角的分析

根据前文所论，关系平等主义的规范性承诺是自由、民主和共同体，这使得"民主的平等"观念成为社会平等的一个强劲版本，社会平等观念

---

① 爱丽丝·M. 杨：《正义与差异政治》，李诚予、刘靖子译，南京：江苏人民出版社，2017 年，第 38 页。

② 爱丽丝·M. 杨：《包容与民主》，彭斌、刘明译，南京：江苏人民出版社，2013 年，第 62 页。

③ 金里卡：《当代政治哲学》，刘莘译，上海：上海译文出版社，2011 年，第 214 页。

亦蕴含着对西方自由民主制的批判性反思。米勒指出："我认为这就是自由民主制目前的处境：从形式上看，每个人都具有公民身份的平等权利，而且这一点是重要的，但实质上在教育的成就、组织性权力以及收入方面却存在着巨大的累加性的不平等，而这一点也是重要的，因为它意味着这些社会实际上仍然是阶级分裂的。"①这就是说，西方自由民主制本身存在着内在矛盾，即形式上的公民身份的平等以及实质性的阶级不平等，而社会平等观念不仅要求人们具有平等的民主身份和权利，而且要求实质性的阶级平等，要求对既有分配实践的改造。应当说，与运气平等主义相比，关系平等主义把注意力转向社会关系和结构本身，明确把消除剥削、阶级、支配、权力和尊重的不平等视为社会平等的题中应有之义，表明当今西方左翼学者意识到了社会平等和社会正义问题的复杂性，这是值得肯定的。但是，从马克思的政治哲学视角看，关系平等主义对剥削性分配范式的批评并没有解决分配平等与社会平等的论辩问题，关系平等主义最终难以超越自由平等主义的制度框架，也没有真正把握平等的实质。

第一，关系平等主义对分配平等或分配正义的理解和批评是没有切中要害的。分配平等或分配正义的问题不在于其规范或视角的有限性，而是没有揭示分配不平等（不正义）的实质和根源。这与科恩和约翰·罗默等人对马克思的剥削理论做出"分配解读"密切相关。科恩在阐述其"优势可及平等"主张时，明确将剥削视为一种由自然禀赋的劣势导致的分配不平等并指出："当某人被他人不公平地利用时，这个人就受到了剥削，并且当这种坏运气不是他可以避免的赌博或冒险的结果时，他遭遇了（坏的）原生运气。我相信首要的平等主义动机就是消除剥削和原生运气对于分配的影响。"②罗默在揭示剥削的规范性意蕴时也例证道："当剥削是一种不公正时，这不是因为剥削本身就是不公正的，而是因为在一个剥削的环境中所花费的劳动和所得到的收入是不公正的财产初始分配的结果。剥削性分配的不正义取决于初始分配的不公正。"③在金里卡看来，正是科恩和罗默等人将剥削阐释为更为宽泛的分配不平等，使得马克思主义的正义论与

---

① 米勒：《社会正义原则》，第 299 页。

② Gerald A. Cohen, On the Currency of Egalitarian Justice, in Michael Otsuka, ed., On the Currency of Egalitarian Justice, and Other Essays in Political Philosophy, Princeton: Princeton University Press, 2011, p. 5.

③ 罗默：《在自由中丧失——马克思主义经济哲学导论》，段忠桥、刘磊译，北京：经济科学出版社，2003 年，第 65 页。

自由平等主义正义论呈现出"相互接近"的趋势。[①]

如果说科恩和罗默将剥削纳入更宽泛的分配不平等，那么关系平等主义则是把剥削纳入更为宽泛的不平等的社会关系中。安德森在批评运气平等主义的过程中特别指出，科恩和罗默作为马克思主义者"质疑"了由市场回应人们的选择而产生的机会结构，但他们的问题在于只是关注"工资劳动力的剥削"而排除了没有工资收入的"病弱看护者"。[②]关键在于，科恩和罗默的缺陷不是忽略了"非工资性收入群体"，而是将剥削完全归结为分配不平等或不正义的问题。无论是科恩、罗默还是安德森，他们都运用对剥削的宽泛解读回应西方复杂的社会政治问题，却没有意识到剥削的本原性意蕴对于探讨平等问题的价值。在马克思那里，剥削首先不是分配问题，而是"社会生产关系"的问题。马克思在《资本论》中强调指出："自然界不是一方面造成货币占有者或商品占有者，而另一方面造成只是自己劳动力的占有者。这种关系既不是自然史上的关系，也不是一切历史时期所共有的社会关系。它本身显然是已往历史发展的结果，是许多次经济变革的产物，是一系列陈旧的社会生产形态灭亡的产物。"[③]据此，科恩和罗默将剥削解读为由"原生运气"导致的分配不正义，一方面"忽略了"马克思强调的社会生产关系的决定性，另一方面"抽去了"马克思关于资本主义剥削的特殊性和历史性意蕴。关系平等主义虽然从社会关系的视角理解剥削，并且承认分配对于实现社会平等的工具性意义，但是同样忽略了"物质生产领域的剥削"与社会平等观念之间的复杂关系。正因为如此，关系平等主义在批判分配平等时，没有指明分配不平等的根源是剥削；而在强调社会平等时，没有深入探究剥削所蕴含的经济领域的不平等问题。最近有西方学者指出，破解分配平等和社会平等之辩的一个关键线索就在于把握分配平等主义与剥削的关联，"剥削"是沟通分配平等与社会平等的"观念桥梁"。[④]然而本文认为，只有超越对剥削的分配范式解读，将分配平等与社会平等的论辩置于不同的社会历史语境之下，才能更好地说明分配平

---

① 金里卡：《当代政治哲学》，第 204 页。

② Cf. Elizabeth S. Anderson, What Is the Point of Equality, Ethics, vol. 109, no. 2 (1999), p. 300.

③ 马克思、恩格斯：《马克思恩格斯文集》第 5 卷，中央编译局编译，北京：人民出版社，2009 年，第 197 页。

④ Cf. Nicola Mulkeen, Exploitation: Bridging Social and Distributive Egalitarianism, Political Studies, vol. 68, no. 4 (2020), p. 969.

等和社会平等何以"兼容于"马克思主义传统①。

第二，关系平等主义关于"社会关系"的理解是停留于现象形态的。关系平等主义者虽然明确提出要消除阶级的不平等，但却将其与性别、种族的不平等加以并置，使其未能充分重视经济基础对于实现社会平等观念的决定性意义，因而没有提出终结资本主义私有制的任务。社会关系的基础是生产关系，核心是生产资料的所有制。不消灭生产资料的资本主义私有制，不可能有实质意义的所谓"平等的社会关系"或社会关系的平等。马克思在《资本论》及其手稿中早已深刻地洞见到，资本主义生产方式是一种现代奴隶制："资本家和工人之间的——买和卖的——货币关系掩盖着无酬劳动，而在奴隶劳动的情况下，奴隶属于其主人所有的那种所有权关系掩盖着为自己的劳动。"②在私有制和资本主义市场经济条件下，人与人之间的社会关系表现为被商品和货币所中介的物与物之间的关系，因而是物化的社会关系，在这种社会关系中，资本对劳动的关系本身就是需要变革和改造的不正义和不平等的社会关系。对这种社会生产关系的变革只能通过扬弃私有制才能实现，因而马克思才说："资本家对这种劳动的异己的所有制，只有通过他的所有制改造为非孤立的单个人的所有制，也就是改造为联合起来的、社会的个人的所有制，才可能被消灭。"③在当今的西方资本主义社会，"资本"无疑仍是根本性的社会关系和支配性的社会力量，即使情况变得更为复杂，剥削、阶级、种族排斥和文化帝国主义等交织在一起，消除社会不平等的根源仍然在于消除现代社会关系体系中的"劳资关系"这一轴心。正是因为认识到了马克思的资本概念对于理解当代资本主义社会的至关重要性，托尼·史密斯（Tony Smith）才宣称：马克思的资本概念仍然是当今西方社会的"支配性组织原则"，资本积累仍是社会整体的"目的本身"；不仅以罗尔斯和德沃金为代表的标准的自由平等主义，甚至各种自由平等主义的变体都为"资本的统治"留有空间，他说："资本主义市场社会至今尚未并且在原则上不可能发展成'每一个人自由而全面的发展构成支配性原则'和'每一个人的自由发展是一切人自由发展的条

---

① 林育川：《分配正义与社会平等的关系——兼及马克思主义平等观的特质》，《山东社会科学》2020年第6期。

② 马克思、恩格斯：《马克思恩格斯文集》第8卷，中央编译局编译，北京：人民出版社，2009年，第376页。

③《马克思恩格斯文集》第8卷，第386页。

件'的社会。"①可以说，关系平等主义由于缺乏对社会关系的层次进行深入辨析，他们无法超越资本主义的生产和交换关系，所以很难跳出自由平等主义的基本制度框架。

第三，关系平等主义对"民主的平等"的论证未能切近社会平等的实质。这密切相关于平等同正义的关系的理解。按照安德森的构想，民主的平等观念整合了分配原则和平等的尊重与关怀原则，让人们"过上一种自由生活的社会条件"就是使之处于平等的社会关系之中。利普特·拉斯木森分析指出，安德森"民主的平等"蕴含三个要求："没有等级关系、没有不尊重和足够论。"②问题就出在"足够论"的要求上，安德森直接接受了阿马蒂亚·森的可行能力方法，将社会平等的目标理解为"所有人寻求可行能力空间的平等"，并最终依据"足够论"去说明这种平等理想，从而走向了"非平等主义"甚至"反平等主义"。③因为"足够"设置的"门槛"倾向于否定平等本身的内在价值，这与社会平等观念的初衷是相悖的。此外，关系平等主义关于承认和尊重的平等尤其是对"评价性尊重"的探讨，在概念上、思想上有待于进一步澄清。"不尊重"既有道德评价的问题，也有政治地位或政治权利的问题，不能一概而论；也不可能要求人人获得"敬重"的平等。恩格斯在《〈反杜林论〉的准备材料》中指出："平等——正义。——平等是正义的表现，是完善的政治制度或社会制度的原则，这一观念完全是历史地产生的。"④实际上，尊重或者不尊重只应在涉及"正义"的问题时，才与平等相关，换言之，涉及正义问题的平等只应是权利的平等，而不是荣誉、声望、敬重等的平等。

总的来说，关系平等主义试图突破分配正义的理论目标和价值预设，表达了一种消除不平等的社会关系的抗议性理念。尽管分配平等与社会平等之间的论辩是极为复杂的，关系平等主义的多元化发展是尚未完成的，但是，关系平等主义未能击中分配平等的要害，这极大地限制了其理论的建构能力。在当今世界范围内，针对贫富差距日益拉大所导致的不良后果，

---

① Tony Smith, Beyond Liberal Egalitarianism: Marx and Normative Social Theory in the Twenty-First Century, Leiden: Brill, 2017, pp. 341-342.

② Kasper Lippert-Rasmussen, Relational Egalitarianism: Living as Equals, Cambridge: Cambridge University Press, 2018, p. 39.

③ 姚大志：《反运气平等主义》，《求是学刊》2016 年第 3 期。

④ 马克思、恩格斯：《马克思恩格斯文集》第 9 卷，中央编译局编译，北京：人民出版社，2009 年，第 352 页。

主流的政治哲学观念把分配正义问题视为核心议题，但是其在致力于解决分配正义的过程中，却忽略了对弱势群体和边缘化群体的权利和利益的保障。关系平等主义正是看到了分配正义的疏漏，因而提出了社会平等更为根本的看法，对其展开一种合理评估能够为我们恰当把握分配平等与社会平等的关系提供有益的启示。

参考文献：

金里卡：《当代政治哲学》，刘莘译，上海：上海译文出版社，2011 年。

林育川：《分配平等与社会平等的关系——兼及马克思主义平等观的特质》，《山东社会科学》2020 年第 6 期。

罗默：《在自由中丧失——马克思主义经济哲学导论》，段忠桥、刘磊译，北京：经济科学出版社，2003 年。

《马克思恩格斯文集》，北京：人民出版社，2009 年。

米勒：《社会正义原则》，应奇译，南京：江苏人民出版社，2008 年。

爱丽丝·M. 杨：《包容与民主》，彭斌、刘明译，南京：江苏人民出版社，2013 年。

《正义与差异政治》，李诚予、刘靖子译，北京：中国政法大学出版社，2017 年。

姚大志：《反运气平等主义》，《求是学刊》2016 年第 3 期。

Anderson, E. S., What Is the Point of Equality?, in Ethics 109 (2) , 1999.

Baker, J., Conceptions and Dimensions of Social Equality, in C. Fourie, F. Schuppert, and I. Wallimann-Helmer (ed.), Social Equality: On What It Means to Be Equals, Oxford University Press, 2015.

Cohen, G. A., On the Currency of Egalitarian Justice, in M. Otsuka (ed.), On the Currency of Egalitarian Justice, and Other Essays in Political Philosophy, Princeton University Press, 2011.

Fourie, C., To Praise and to Scorn, The Problem of Inequalities of Esteem for Social Egalitarianism, in C. Fourie, F. Schuppert, and I. Wallimann-Helmer (ed.), Social Equality: On What It Means to Be Equals, Oxford University Press, 2015.

Garrau, M. and Laborde, C., Relational Equality, Non-Domination and

Vulnerability, in C. Fourie, F. Schuppert, and I. Wallimann-Helmer (ed.), Social Equality: On What It Means to Be Equals, Oxford University Press, 2015.

Lippert-Rasmussen, K., Relational Egalitarianism: Living as Equals, Cambridge University Press, 2018.

Mason, A., Justice, Respect and Treating People as Equals, in C. Fourie, F. Schuppert, and I. Wallimann-Helmer (ed.), Social Equality: On What It Means to Be Equals, Oxford University Press, 2015.

Miller, D., The Incoherence of Luck Egalitarianism, in A. Kaufman (ed.), Distributive Justice and Access to Advantage: G. A. Cohen's Egalitarianism, Cambridge University Press, 2015.

Mulkeen, N., Exploitation: Bridging Social and Distributive Egalitarianism, in Political Studies 68 (4) , 2020.

Scheffler, S., What Is Egalitarianism?, in Philosophy & Public Affairs 31 (1) , 2003.

The Practice of Equality, in C. Fourie, F. Schuppert, and I. Wallimann-Helmer (ed.), Social Equality: On What It Means to Be Equals, Oxford University Press, 2015.

Schemmel, C., Social Equality—or Just Justice?, in C. Fourie, F. Schuppert, and I. Wallimann-Helmer (ed.), Social Equality: On What It Means to Be Equals, Oxford University Press, 2015.

Smith, T., Beyond Liberal Egalitarianism, Marx and Normative Social Theory in the Twenty-First Century, Brill, 2017.

（本文原载于《哲学研究》2021 年第 2 期）

马克思与平等之间的关系辨析

——当代英美政治哲学视域中的考察

赵亚琼

平等问题无疑是在当代建构马克思主义政治哲学时不容忽视的一项重要的规范性议题。当我们从马克思的文本中寻找理论资源时，往往绕不开这样几个问题：马克思对平等的态度是什么？马克思批判或赞成的是哪一种平等？如何实现马克思的平等观念？综合起来就是马克思与平等之间的关系问题。政治哲学理论的发展所带来的视域转换以及平等思想的日渐丰富，使得依据马克思文本解读和阐释其平等思想也出现了多种可能性。特别是在当代英美政治哲学的视域中，马克思与平等之间的关系变得日趋复杂，尤其需要加以综合性的辨析和考察。在政治哲学理论的传统视域中"各种政治原则通常对应着一条直线上从左到右的各个部位"[①]，不同的理论持有和捍卫根本不同的政治价值，其中自由和平等成为截然对立的两极。"左派人士因为相信平等而支持某种形式的社会主义，右派人士因为相信自由而支持某种形式的自由市场资本主义。而居中的则为自由主义者，他们因为相信目标不清晰的平等与自由的混合，而支持某种形式的福利国家资本主义。"[②]在此，马克思与平等之间好像保持着天然的亲缘关系，而且其平等的意涵指向也是不言自明的，即通过共产主义社会真正实现与自由主义的形式平等对立的实质平等。然而，自从罗尔斯的《正义论》发表以来，规范性政治哲学在当代的复兴不仅打破了传统的左、中、右派之间的极端对立，而且各种新理论的出现也包含着人们在政治价值方面的多元化诉求。

---

① 威尔·金里卡：《当代政治哲学》，刘莘译，上海：上海三联书店，2004年，第4页。
② 威尔·金里卡：《当代政治哲学》，刘莘译，第4页。

其中，"平等"作为自启蒙以来人类不断追求的一项基本政治价值，在当代更是获得了前所未有的重视和关注，有学者甚至认为平等已经取代自由成为当代政治哲学的新主题。①"根据德沃金的看法，任何一种具有一定可信度的政治哲学理论都分享着同一种根本价值——平等。这些具有一定可信度的不同类型的政治理论都是'平等主义'理论。"②值得注意的是，在当代有关平等的诸多探讨中占据主导地位的话语并不是来自任何左翼传统，而是来自自由主义传统。

当代英美政治哲学的"平等主义的自由主义"③在分配正义问题框架中所展开的理论探索，丰富和推进了人们对实质平等的思考。当今任何左翼思想家要想在平等问题上有所建树，都不得不受到自由主义强势话语的影响，同时也必须认真对待和审视他们的卓越贡献。因而，在此视域中思考马克思与平等之间的关系也必然会受到这种自由主义平等话语的多重牵绊，也就是说任何阐释马克思平等观念的理论尝试都要首先处理与这种话语的关系。我们认为当代英美政治哲学中大致上存在着"迎合修正"和"否定排斥"两种不同的处理方式，由此在内容上也呈现出不同的有关马克思与平等之间关系的理解。在聚焦这些具体内容之前，我们先来全面了解一下英美自由主义在平等理论上的新发展。

一、参照物：平等主义的自由主义

平等作为一项基本的政治价值发展至今，在理念层面上"人生而平等"几乎已经成为一项基本道德直觉，现实层面上人们对平等的诉求往往表现为：基于对人的这种道德层面的考虑，判断在实际社会生活中人应该受到什么样的待遇。④近现代以来，人类政治社会的发展一直致力于解决和回答人能够享有何种范围和何种程度的实质平等待遇问题，目前来看似乎越来越趋向两个不同的面向：其一指向现代民主社会中公民身份的平等；其

① 姚大志：《当代西方政治哲学》，北京：北京大学出版社，2011 年，第 8 页。
② 威尔·金里卡：《当代政治哲学》，刘莘译，第 7 页。
③ 也有人称之为"左翼自由主义"。
④ 许纪霖主编：《全球正义与文明对话》，南京：江苏人民出版社，2004 年，第 319 页。

二指向现代民主社会中公民生活境遇的平等。[①]公民身份描述的是成为某种类型的政治社会成员的资格，由于人们对现代民主社会的性质在理解上的共识程度比较高，公民身份的平等所诉求的基本自由和权利相对而言是稳定且较少争议的，一般通过宪政民主制度来实现和保障。然而，生活境遇描述的是每个人如何在公民身份所保障的各项平等权利的基础上展开自己的人生规划。除了各项权利之外，个体生命的规划和实现显然还会受到机会、偏好、能力以及各种资源尤其是与经济活动相关的资源和利益分配的影响，多种变量的交织所带来的不确定性使得此处的平等问题变得异常复杂。首先引起争论的问题是人们究竟能否在生活境遇方面提出平等的诉求。问题的症结在于如何衡量此项诉求对于落实"人生而平等"理念的重要性，以及当此项诉求与人类重视的其他政治价值发生冲突时如何处理它们之间的关系，当代英美政治哲学中自由至上主义与平等主义的自由主义之间的分歧大致聚焦于此。前者认为从"人生而平等"的理念出发考虑如何将其落实为现实生活中人的实质平等待遇的时候，应该止步于公民身份的平等，任何对生活境遇所提出的平等诉求或者是毫无意义的徒劳之举，或者是会造成对个体自由的侵犯；平等主义的自由主义者则主张人的实质平等待遇应该扩展至生活境遇的平等，并且对这种平等诉求的理论蕴涵进行了深层次、多维度的知性探索，从而开启了平等思想有史以来最为丰富和激烈的观点争辩。正是这种平等主义的自由主义构成了我们当今阐释马克思与平等之间关系时不容忽视的重点参考对象。

平等主义的自由主义起始于罗尔斯，然而真正掀起当代英美自由主义有关平等的各种论战并且始终处于核心的人物却是德沃金[②]和阿玛蒂亚·森[③]。20 世纪 70 年代，罗尔斯的《正义论》一经面世，它所包含的平等倾向就遭到自由至上主义者诺齐克的强烈批判，这引起德沃金和阿玛蒂

---

① Robert E. Goodin, Philip Pettit and Thomas Pogge ed., A Companion to Contemporary Political Philosophy, Oxford: Blackwell Publishing Ltd. 2007, p. 593.

② Ronald Dworkin, What is Equality? Part 1: Equality of Welfare, Philosophy & Public Affairs 1981(10), pp. 228-240; Ronald Dworkin, What is Equality? Part 2: Equality of Resources, Philosophy & Public Affairs 1981(10), pp. 283-345.

③ Amartya Sen, On Economic Equality, Oxford: Oxford University Press, 1973; Amartya Sen, Equality of What? in The Tanner Lectures on Human Values ed. S. M. McMurrin, Cambridge: Cambridge University Press, 1980, pp. 195-220; Amartya Sen, Choice, Welfare and Measurement, Oxford: Blackwell, 1982; Amartya Sen, Inequality Re-examined, Cambridge Ma.: Harvard University Press, 1992.

亚·森的高度重视，随后在回应诺齐克的过程中，他们没有局限于对罗尔斯的反思和批判，而是由此出发将平等问题推向更广泛、更深入的哲学思考。争论主要集中于如何衡量人们生活境遇的平等，不管是聚焦于个体人生规划展开的起点还是其过程或结果，我们所能提出的平等诉求必然是某方面的平等，这个特定的方面到底是指什么？从罗尔斯的"社会基本有用物品"开始，陆续出现德沃金的"资源"、阿玛蒂亚·森的"可行能力"以及阿尼森的"福利机会"等提法，每种提法都存在可以辩护和引起质疑的空间。目前就平等主义的自由主义内部展开的讨论来看，不仅对"哪方面的平等"（equality of what）的追问仍在继续，而且争论议题的范围也在逐渐扩展，如"哪些对象之间的平等"（equality between whom）即我们是在个体之间还是群体之间作出平等的衡量，"哪个时间段的平等"（equality when）即我们衡量的是个体生命展开的全部还是其中的一个片段，[①]诸多新议题的不断涌现将我们有关平等的认识和思考推进到越来越精深的层次，但是不同观点之间的纷争迭起也足以说明平等至今仍然是个复杂的议题。我们在此无意分析评论各种具体观点的利弊得失，而是将平等主义的自由主义作为一个整体进行综合审视和考察，以便获悉众多理论纷争背后所共享的问题架构和研究方法。

　　平等主义的自由主义内部各种观点之间虽然你来我往、针锋相对，但是它们在内容结构上都凸显出两个特点。首先，从性质上来看这些讨论都从属于自由主义的理论框架，这样说未免太过笼统，当然需要进一步明确是何种意义上的自由主义。桑德尔称其为道义论的自由主义（deontological liberalism），"在这种自由主义中，正义、公平和个人权利的观念发挥着重要作用，而且其哲学基础在很大程度上得益于康德"[②]。最能标志其特色的核心观点是："社会由众多不同的个体组成，每一个人都有他自己的目标、利益和善观念（conception of the good），当这样的社会受到那些本身不预设任何特殊善观念的原则支配时，它就得到了最好的安排；重要的是，这些原则不是因为使社会福利最大化或者能够增进善而获得证成的，而是因为它们与正当概念相吻合，正当是一个优先于且独立于善观念的道德范

---

① Nils Holtug and Kasper Lippert-Rasmussen ed., Egalitarianism: New Essays on the Nature and Value of Equality, New York: Oxford University Inc., pp. 1-37.

② Michael Sandel, liberalism and the limits of justice, Cambridge: Cambridge University Press, 1998, p. 1.

畴。"①因而，这种自由主义首先是一种关于正义的理论，在此如何衡量人们生活境遇的平等这一问题就隶属于更宽泛意义上的分配正义问题，即平等只是判断何为正义分配的众多看法中的一种而已。其次，平等主义的自由主义将个人责任引入了平等问题的考量，将影响人们生活处境的因素区分为环境和选择，形成了特殊的分析架构。一方面，每个人作为独立自主的个体有能力寻找和选择自己认为理想的生活方式，我们应该平等地尊重每个人主体能力的自由发挥和施展。但是，那些由个人的选择（例如人生目标、努力程度，以及安排使用自己所享有的时间和资源的偏好和方式）所带来的生活处境方面的差异也应该由有责任的个体承担，分配正义在此无权要求平等。另一方面，那些因为人们无法掌控的环境因素（例如天生的健康、天赋才能，社会所形成的性别、地域、族群和阶级等差别）引起的生活境遇方面的差异是不正义的，应该设法求其平等。人们的生活境遇是环境和选择因素的动态组合过程，个人责任的引入使我们不局限于从起点或结果的角度来审视这里存在的平等问题，任何平等主张的提出都应该尽量对这个动态过程作出更加灵敏的反映，但这一要求也的确给理论分析增加了难度，使得平等问题的讨论变得异常复杂。

平等主义的自由主义围绕平等展开的思考和分析在研究方法上也具有鲜明的特色。首先，它们处处彰显着当代英美政治哲学的主流即分析政治哲学的学术风格。"分析政治哲学十分重视概念的明晰和论证的严谨。它认为，哲学的基本工作，是用清楚明白的语言，准确区分和界定政治生活中不同的政治概念，然后在此基础上提出理由证成政治原则，而证成过程必须尽可能以严谨的逻辑推理方式进行，并让读者看到背后的论证结构。"②如果这些还是属于相对宽泛意义上的分析政治哲学治学风格的话，那么在德沃金和阿玛蒂亚·森那里我们还会发现一种更加典型的做法，他们的著作充斥着大量抽象、虚构、简化的事例或反例，无论是对自己观点的辩护还是对敌对观点的反驳都倚重于对这些事例或反例的分析和说明。这完全是受到诺齐克的影响，"我采用在认识论或形而上学领域内出现的颇具当代哲学著述的风格进行写作：有各种精心推敲的论据、被不可能发生的反例驳倒的论点、出乎意料的命题、令人费解的难题、抽象的结构性条件、

---

① Michael Sandel, liberalism and the limits of justice, p. 1.

② 周保松：《自由人的平等政治》，北京：生活·读书·新知三联书店，2010年，第268页。

对寻找另一种适于一组专门事例之理论的质疑、令人惊奇的结论等等"①。诺齐克的治学方法经由德沃金的强化,现在已经扩散至其他论者的著述中,特别受到了平等主义的自由主义者的推崇。其次,它们大多还是在理想理论(ideal theory)的层面上从事一种规范性的探讨。"理想理论"是沿袭了罗尔斯的方法②,即在每个人都严格按照分配正义原则行事的前提下,追问一个完美平等的社会应该是什么样。"规范性"区别于政治科学所重视的实证研究以及政治思想史所重视的经典诠释,而注重探究政治价值或原则的道德应当问题。

当代英美自由主义不仅在平等价值本身的理论内容方面贡献出层次丰富的思想观点,而且在如何处理平等与其他政治价值的关系方面提供了诸多有益的思考,这就使得一向以平等的价值追求彰显其理论优势的左翼思想家相形见绌。当然,面对如此强势的自由主义平等话语,当代英美不管是来自马克思主义传统还是非马克思主义传统的左翼学者都相继作出了一系列积极的回应,前者主要诉诸马克思和恩格斯的思想观点而后者则诉诸社会民主主义传统来寻求理论支援。由于马克思和恩格斯文本的复杂性,平等主义的自由主义所激发的对马克思与平等之间关系的解读和阐释,在英美学者那里呈现为两种截然不同的态度和看法,如在科恩(Gerald Cohen)和尼尔森(Kai Nielsen)的文本语境中马克思是以平等主义者的形象出现的,而在伍德(Allen Wood)和米勒(Richard Miller)看来,我们不能将马克思视为一个平等主义者。当我们要求平等时,一定是指某个特定方面的平等,不可能是所有方面或者无任何特定方面可言的泛泛平等。③同样,任何对马克思是否为平等主义者的判断所指向的只能是某种特定意义上的平等主义,而在当代英美政治哲学的背景中这个参照对象就是平等主义的自由主义。在此,我们将科恩和伍德分别作为两种态度的典型代表,结合他们的文本依次进行详细分析。

---

① Robert Nozick, *Anarchy, State and Utopia*, New York: Basic Books, 1974, p. x.

② John Rawls, *A theory of justice*, Cambridge Ma.: Harvard University Press, 1999, p. 8; John Rawls, *Justice as Fairness: A Restatement*, Cambridge Ma.: Harvard University Press, 2001, p. 13.

③ 许纪霖主编:《全球正义与文明对话》,第 330 页。

二、科恩：马克思是一个平等主义者

科恩在迎合平等主义的自由主义的同时，从多方面入手对其相关理论观点作出修正，从而提出和捍卫了一种社会主义的平等主义。

我们认为，科恩对马克思主义的总体性认知不仅蕴含着他对平等主义的自由主义采取"迎合"态度的可能性，而且也可以说明和解释他对相关内容进行"修正"的必要性。对于科恩来说，马克思主义是一种与生俱来的信念。辩证唯物主义和历史唯物主义共同构成这种信念的全部，他认为前者是关于现实本身的综合性哲学，后者是关于社会结构和历史发展动力的经验理论。[①]后来他完全放弃辩证唯物主义，只信仰历史唯物主义这部分内容，并且采用分析哲学的方法对马克思的历史理论提出了一种创新性解读。[②]与此同时，科恩也"从来不认为规范性原则与社会主义运动无关，很多马克思主义者就宣称社会主义运动是受压迫的人们争取自我解放的斗争，其中没有特别的道德激励存在的可能和必要"[③]，他甚至理所当然地认为社会主义比资本主义更受人们偏爱的原因，并非源于历史唯物主义对其实现的必然性的说明，而是社会主义在规范性原则方面所显示出来的优越性。[④]正如他所强调的自己"丝毫未曾放弃过马克思主义信念中最重要的价值观即社会主义和平等"[⑤]，"尤其是对平等的信念，我不仅始终持有而且极力倡导"[⑥]。综上所述，科恩的马克思主义信念有着特殊的意谓，即作为科学理论的历史唯物主义和作为规范理论的社会主义平等。这两个方面在科恩那里并非像我们想当然地认为的那样不相容，而是一直处于和谐状态。这是因为，在他看来只有辩证唯物主义才会走向价值观上的怀疑主义或相对主义，而历史唯物主义"在它最好的解释中不会将所有的价值

---

① G. A. Cohen, Self-Ownership, Freedom, and Equality, Cambridge: Cambridge University, 1995, pp. 1-2.

② G. A. Cohen, Karl Marx's Theory of History: A Defence. Oxford: Oxford University Press, 1978.

③ G. A. Cohen, Self-Ownership, Freedom, and Equality, p. 3.

④ G. A. Cohen, Self-Ownership, Freedom, and Equality, p. 3.

⑤ G. A. Cohen, If You're an Egalitarian, How Come You're So Rich? Cambridge: Harvard University Press, 2001, p. x.

⑥ G. A. Cohen, If You're an Egalitarian, How Come You're So Rich? p. 1.

和原则都简化为阶级利益的合理化，相反，我认为它是把阶级统治的终结视为一个由'超越阶级对立的真正人的道德'所统治的社会的开始，这种道德往往在阶级局限性中就已经得到某种历史的表现"①。换句话说，平等作为一种规范性价值可以是非历史的，但是受不同历史环境的影响，平等的具体要求在不同的时间会有不同的内容，社会主义平等是超越阶级对立的道德。另外，历史唯物主义所蕴含的两大事实性论断即有组织的工人阶级的兴起和生产力发展带来的物质极大丰富，使得社会主义平等一度是作为肯定会发生的事实来接受的。有组织的工人阶级不仅有能力而且有充足的道德理由去实现社会主义的平等，因而弱化了对其提供规范性证成的必要性；物质的极大丰富成为实现社会主义平等的充分且必要条件，因而使得在当前物质匮乏的条件下考虑"什么是正当的分配方式"即分配正义问题成为徒劳，而在未来物质极大丰富的条件下思考这一问题又缺乏必要性。然而根据科恩的分析，随着资本主义的发展，上述两大事实性论断的可信性已经荡然无存，无产阶级力量的日趋分化使得对社会主义平等进行规范性辩护显得尤为重要，生产力的发展所遭遇的资源不足使得分配正义无论对于目前还是未来社会都是不得不面临和解决的问题。②由此可见，科恩对规范性问题的重视以及他一贯坚持的分析哲学的方法使他可能对平等主义的自由主义采取"迎合"的态度，然而其立志对社会主义进行辩护的立场必然预示着他对平等主义的自由主义展开一系列修正。

我们接着来看科恩是如何在批判修正平等主义的自由主义的基础上完成了对社会主义平等的辩护的。社会主义平等是科恩从小就坚信不疑的理想，如他所言："一种强烈的社会主义的平等主义成为我童年时期的思想乳汁，而我的理论工作就是力图用这种遗传特质来思考，遗弃不应被保留的，保留不能被遗弃的。"③遗弃了保证社会主义平等必然实现的事实性论断之后，科恩意识到马克思主义者要比之前更加清楚地回答这三个问题：社会主义的平等是什么，如何证成这种平等以及如何以制度来实现它。与多数马克思主义者一样，科恩一度对社会主义平等的内涵所指保持着笼统的认识，即"物质上的平等，获得物品（goods）和服务（services）的平等机

---

① G. A. Cohen, Self-Ownership, Freedom, and Equality, p. 2.

② G. A. Cohen, If You're an Egalitarian, How Come You're So Rich? pp. 101-105.

③ G. A. Cohen, If You're an Egalitarian, How Come You're So Rich? p. ix.

会"①。然而，当他认识到从平等的角度为社会主义提供规范性辩护的重要性，而且这种辩护只能在资源匮乏的前提下进行即平等不可避免会与正义特别是分配正义问题交织在一起时，之前的笼统认识显然是不够的。科恩指出分配正义就是判断"社会中利益与负担的哪种分配是正义的"②，马克思主义者自然会将平等视为这一问题的答案。然而，在当代分配正义问题的框架之下，平等仅仅是诸多标准中的一种，即使就平等这一种标准来说也有平等主义的自由主义已经提出了强有力的论证。因而，将社会主义平等作为一项分配正义原则进行辩护，不仅要将这里的"平等"标准与分配正义的其他"非平等"标准进行比较，而且还要将这里的"社会主义"平等话语与其他"非社会主义"平等话语进行比较。这两个层次的比较在科恩那里主要体现为他对当代英美主流政治哲学家所展开的一系列批判。（1）通过批判诺齐克的自由至上主义以维护平等在分配正义判断中的正当性，从而使其获得了与平等主义的自由主义所共享的认知起点，他们都理所当然地认为"存在某种东西，正义要求人们对其拥有同等的数量，数量的多少不是不重要，而是无论多少都只能是在与分配平等相竞争的那些价值所允许的范围之内"③，即平等的追求和衡量要与其他价值兼容。（2）通过批判和修正德沃金和罗尔斯的平等思想以彰显社会主义平等原则相较自由主义的优越性，这里涉及社会主义平等的实质内容，值得我们着重分析一下。科恩认为："对平等主义的正确解读应该是，它致力于消除非自愿的不利（involuntary disadvantage）即遭受不利者不能够为之负责的不利，因为这种不利没有适当地反映出它已经做出或正在做出或可能做出的选择。"④可见，科恩赞成平等主义的自由主义将责任引入平等问题的考量以及与此相应的区分环境和选择的分析框架，而且极力主张将选择作为分配正义的核心考虑即如何鉴别出真正的选择，"平等主义的纠正要表现到各种不利不反映出真正选择的程度"⑤。然而，科恩指出罗尔斯的基本有用物品、德沃金的资源、森的可行能力和阿尼森的福利机会平等理论都不能保证平等主义目标的有效实现。虽然他在批判这些观点的同时也提出了

---

① G. A. Cohen, If You're an Egalitarian, How Come You're So Rich? p. 103.

② G. A. Cohen, If You're an Egalitarian, How Come You're So Rich? p. 2.

③ G. A. Cohen, On the Currency of Egalitarian Justice, Ethics 99(4)，1989, p. 906.

④ G. A. Cohen, On the Currency of Egalitarian Justice, Ethics 99(4), 1989, p. 916.

⑤ G. A. Cohen, On the Currency of Egalitarian Justice, Ethics 99(4), 1989, p. 934.

自己的观点即"可得利益平等"（equal access to advantage），但这仅能被看作在平等主义的自由主义理论内部的一种修正。为了彰显其平等理论的"社会主义"特色，科恩在《为什么不要社会主义》中将追求和实现"可得利益平等"的分配正义原则视为"社会主义的机会平等"原则，其本质上是一种机会平等，因此它可以兼容一些不平等的结果，即这些不平等是正义所容许的；[①]但相比资产阶级的机会平等和左翼自由主义的机会平等来说，这种机会平等纠正所有"非自愿的不利"，在程度上来讲更加激进，由此更具社会主义特色。[②]为了更加突出其社会主义平等理论的优越性，科恩指出，"那些不能以社会主义机会平等的名义加以禁止的不平等，应该以共同体（community）的名义加以禁止"[③]，即基于对共同体关系的重视，我们可以自愿与他人分享本来属于自己应得的利益，这是对达到超出正义要求的平等所作出的奉献。除此之外，共同体原则还包含着一种互相体谅彼此的需要，并在资源分配上互相合作的互惠精神，在此合作的动机不是出于自利的考虑，而是出于对彼此处境和命运的关怀。因此，机会平等原则和共同体原则共同成为科恩所捍卫的社会主义理想社会的必要条件。

三、伍德：马克思不是一个平等主义者

伍德在否定排斥平等主义的自由主义的同时，对马克思和恩格斯的相关文本展开了相当细致入微的解读和辨析，指出马克思一定会拒绝将他自己视为这种形式的平等主义者。

我们先来看伍德之所以拒斥平等主义的自由主义的理由。面对不平等现象在全球范围内不断加剧的趋势，当今人类好像比以往任何时候都更加重视对社会、政治和经济平等的呼吁。当代政治哲学领域的思想家们也自然不会对此视而不见，平等主义的自由主义就是其中最有影响力的一股理论力量。首先，伍德认为平等主义的自由主义理论本身存在一些困难。如前文所述，对于平等主义的自由主义者来说，不言自明的一点是：正义要求对某种东西进行平等分配。但是，一旦平等主义者追问这种东西是什么

① G. A. Cohen, Why not Socialism? Oxford: Princeton University Press, 2009, p. 12.

② G. A. Cohen, Why not Socialism? p. 16.

③ G. A. Cohen, Why not Socialism? p. 37.

时，"他们就会陷入争论和混乱。一些人认为是福利的平等，另一些则认为是财富和收入的平等，还有人认为是机会或能力的平等。其他一些哲学家认识到，衡量平等所依据的标准是复杂多维的"①。因此，伍德对平等主义者能否在衡量平等的标准上达成一致是极度怀疑的；即使这一标准最终能够在平等主义者之间得以确定，伍德对其主张能否获得逻辑自洽性仍然提出质疑，"假设某种东西 X，无论 X 是什么，正义都要求每个人拥有同等数量的 X，那么再让任何其他价值观允许我们分配给一些人比另一些人更多 X 的做法就是不正义的"②。其次，伍德认为平等主义的自由主义对当今不平等现象的认识和把握并不准确。当平等主义的自由主义将责任引入平等问题的分析架构时，我们对不平等现象的分析被导向追踪和确认哪些是人们不需要为之负责的原生运气，这种运气造成的不平等，根据正义的要求应该给予补偿，有学者称其为"运气平等主义"③。伍德虽然认为"'运气平等主义'的初衷是好的，而且他们在实践中所提倡的那些政策或许我可能也会赞成"④，但是他又指出当今全球范围内的不平等"与其说是'运气'使然，不如说是现代资本主义结构的必然结果，即让多数工人受到资本宰治并且处于无助的状态。所以'运气平等主义'（从字面理解）原封不动地保留了资本主义的压迫（因为这种压迫不是运气所致）"⑤。或许运气平等主义者会反驳说正是那些人们无法为之负责的运气决定着一个人归属于哪个阶级，而他们要做的正是对那些处于受压迫的人给予补偿。即便如此，这种补偿也丝毫未能撼动资本主义的压迫结构，而且运气平等主义对"运气"的这种任意的界定，使"运气平等主义不再是平等主义的一种形式，而是允许以任何方式不平等待人，只要这种不平等待人的方式在我们看来似乎比任何一种平等待人的方式更加公平"⑥。综上所述，伍德认为平等主义的自由主义不仅在理论的逻辑立足点上而且在对现实不平

---

① 艾伦·伍德：《马克思论平等》，赵亚琼译，《国外理论动态》2015 年第 3 期。

② 艾伦·伍德：《马克思论平等》，赵亚琼译，《国外理论动态》2015 年第 3 期。

③ Elizabeth Anderson, What is the Point of Equality? Ethics, Vol. 109, No. 2(1999), p. 289.

④ Allen W. Wood, The Free Development of Each: Studies on Freedom, Right and Ethics in Classical German Philosophy, Oxford: Oxford University Press, 2014, p. 270n. 3.

⑤ Allen W. Wood, The Free Development of Each: Studies on Freedom, Right and Ethics in Classical German Philosophy, p. 270n. 3.

⑥ Allen W. Wood, The Free Development of Each: Studies on Freedom, Right and Ethics in Classical German Philosophy, p. 270n. 3.

等的认知和阐释上都是不可靠的。

除此之外，伍德还致力于澄清马克思有关平等问题的看法与平等主义的自由主义之间的根本区别。借助对马克思和恩格斯文本的详细分析和比较，伍德指出虽然两人对平等的理解略有差异，但是基本上都持有如下两点看法[①]：第一，平等确切地说只是一种政治概念，甚至特指资产阶级的政治观念；第二，无产阶级所要求的平等的真实含义是要消灭阶级，这是对无产阶级愿望的更加成熟、更加明确的表述。他认为有必要对上述两点内容分别展开更加深入的探讨，以便进一步弄清楚马克思可能会拒斥平等主义的自由主义的具体理由。

首先，在马克思的语境中平等作为一种政治概念，（1）最直接、最具体的表现形式是资本主义社会中的法律面前人人平等，这种平等以权利为核心，保障人们具有同样的政治身份，并且这种平等权利完全可以容纳财富、利益或机会方面的不平等。伍德认为"'权利'对马克思来说，如同对卢梭、康德和费希特一样，是一个在本质上与政治法律制度相关联的概念。在其历史唯物主义理论中，政治法律制度只是产生于现存生产方式这一真实基础之上的法律政治上层建筑。在资本主义社会的条件下，任何运用那些与资本主义生产方式不相适应的权利标准的尝试"[②]都必然是荒谬的。所以，平等主义的自由主义是"在雇佣劳动制度的基础上要求平等的或仅仅是公平的报酬，就犹如在奴隶制的基础上要求自由一样"[③]，不仅是不可能的而且是徒劳的。（2）另外，马克思还指出："权利，就它的本性来讲，只在于使用同一尺度；但是不同等的个人（而如果他们不是不同等的，他们就不成其为不同的个人）要用同一尺度去计量，就只有从同一个角度去看待他们，从一个特定的方面去对待他们，例如在现在所讲的这个场合，把他们只当作劳动者，再不把他们看作别的什么，把其他一切都撇开了。……一个劳动者已经结婚，另一个则没有；一个劳动者的子女较多，另一个的子女较少，如此等等。因此，在提供的劳动相同，从而由社会消费基金中分得的份额相同的条件下，某一个人事实上所得到的比另一个人多些，也就比另一个人富些，如此等等。要避免所有这些弊病，权利就不

① 艾伦·伍德：《马克思论平等》，赵亚琼译，《国外理论动态》2015 年第 3 期。

② 艾伦·伍德：《马克思论平等》，赵亚琼译，《国外理论动态》2015 年第 3 期。

③ 马克思、恩格斯：《马克思恩格斯选集》第 2 卷，中央编译局编译，北京：人民出版社，1995 年，第 76 页。

应当是平等的，而应当是不平等的。"①伍德认为从对资产阶级权利平等的这种特殊的批判中，马克思看到了任何一种平等标准都可能会存在的缺陷，据此推知"他认为没有任何平等标准可以用来系统地阐述某种理想的正义的要求"②。（3）如果说（1）（2）还是马克思对平等作为资产阶级这种特殊的政治观念进行的批判，那么其中所包含的深层原因必将是他对平等作为一般的政治概念的批判，而马克思对政治国家或政治解放的批判则包含着对平等观念更加普遍的批判维度。"无论人们以何种方式被平等对待，他们都将被视为某种政治实体如国家的公民，并在此身份上被视为根本平等的。"③当平等主义的自由主义说正义要求平等地对待每一个人时，或者说人们有权获得同等数量的某种东西时，这种平等对待或平等获得也必然涉及政治国家的行为。马克思质疑以权利为核心的平等和正义等观念的深层原因在于，这些观念仅仅适用于人们具体的政治身份。然而，依据在《论犹太人问题》一文中的相关论述，"人类的政治生活并非他们真正的社会生活，政治解放并非人类解放。平等连同权利、正义以及其他仅仅属于政治的观念，必然都不足以充分表达人类成为自由共同体成员的愿望"④。

其次，在马克思的语境中出现的无产阶级所使用的平等，很容易被视为他们的斗争目标。换句话说，我们往往会用平等来设想通过无产阶级革命所实现的共产主义社会。伍德依据其对马克思文本的解读，指出这些自然而然的想法是错误的。虽然马克思对共产主义社会谈论甚少，但他谈得最多的是我们当今所处的阶级社会，所以我们可以通过这些内容来了解其有关共产主义或未来无阶级差别的社会。"阶级社会是其中一些人的利益与另一些人的利益处于不可调和的对立的社会。在这种社会中，任何有关普遍利益或者对所有社会成员来说是规范性权威的普遍价值或原则，必然是错误的幻象：通常是统治阶级的错误观念。"⑤也就是说，在马克思看来，"普遍的道德权威这个概念是阶级社会的产物，假如不是在阶级斗争中起到迷惑人的和意识形态的作用，这个概念就没有用武之地"⑥。共产主义要

① 马克思、恩格斯：《马克思恩格斯选集》第 3 卷，中央编译局编译，北京：人民出版社，1995 年，第 305 页。

② 艾伦·伍德：《马克思论平等》，赵亚琼译，《国外理论动态》2015 年第 3 期。

③ 艾伦·伍德：《马克思论平等》，赵亚琼译，《国外理论动态》2015 年第 3 期。

④ 艾伦·伍德：《马克思论平等》，赵亚琼译，《国外理论动态》2015 年第 3 期。

⑤ 艾伦·伍德：《马克思论平等》，赵亚琼译，《国外理论动态》2015 年第 3 期。

⑥ 艾伦·伍德：《马克思论平等》，赵亚琼译，《国外理论动态》2015 年第 3 期。

消灭阶级，就是要消除普遍性的利益或者普遍性的道德价值发挥作用的现实条件，因而共产主义不需要也不可能通过平等话语来获得理解。"一个已经超越了阶级对抗的社会不会是个人利益必须为之牺牲的某种真正的普遍利益最后在其中占据主导地位的社会。相反，超越阶级对抗的社会将是一个个体在其中可以作为真正的人类个体自由行动的社会。"①

四、结语

当今马克思主义政治哲学的理论建构已经从前提性问题的说明即追问马克思主义哲学是否具有规范性维度，逐渐转向具体的规范性议题如正义、平等和民主等问题的理论阐释。其中平等因其直接关涉正义和民主问题的理解而显得尤为重要，应当成为我们系统建构马克思主义政治哲学理论首先予以考虑和解决的议题。当代英美左翼学者面临平等主义的自由主义的挑战，围绕马克思和平等之间的关系展开的理论探索，给我们提供了新视角、新观点和新方法，值得认真反思并加以借鉴。科恩大胆尝试在平等主义的自由主义内部进行修正并将其拿来补充马克思主义在平等问题上规范性内容的缺失，但是他面临的困难是如何解决社会主义机会平等原则所蕴含的市场逻辑与共同体原则所蕴含的反市场逻辑之间的矛盾关系。伍德在马克思和恩格斯文本研究上的深厚功力使其对有关马克思与当代平等主义的自由主义之间的关系所作的本质区分显得格外具有说服力，然而他仍然没有说明今天的马克思主义应如何回应和解决不平等日趋严重这个现实问题。如果社会主义社会作为资本主义走向共产主义的过渡阶段是一个无法预料的漫长时期，那么我们还是需要在当代建构一种规范性的马克思主义平等观，问题是如何在合理吸收当代其他平等理论优势的同时，坚持并凸显社会主义平等理论的本质特色。

（本文原载于《山东社会科学》2020 年第 6 期）

---

① 艾伦·伍德：《马克思论平等》，赵亚琼译，《国外理论动态》2015 年第 3 期。

阿多诺《认识论元批判》的社会哲学意蕴*

侯振武　黄亚明

顾名思义，阿多诺的《认识论元批判——胡塞尔与现象学的二律背反研究》（以下简称为《认识论元批判》）的主题是认识论问题，具体而言是集中于作为一种现代认识论方案的胡塞尔现象学。如果要进一步理解阿多诺的理论意图，我们更应当关注的是阿多诺在该书中采取的研究进路，即"元批判"。这种批判方式包含着双重维度：一方面，揭示胡塞尔现象学内在具有的不可克服的种种二律背反及其理论逻辑；另一方面，站在历史唯物主义的立场上，阐明其理论困境之所以发生的社会根源。后者虽然在《认识论元批判》中着墨不多，但从阿多诺乃至整个法兰克福学派的理论工作角度来说，可能恰恰是该书真正意义之所在，因为正是由此生发出了一种马克思主义的社会哲学意蕴。

一、作为物化意识的胡塞尔现象学

在写作《认识论元批判》手稿时期，阿多诺完成了从新康德主义到马克思主义的转向，在这一转向中起着极为重要的引路人作用的便是卢卡奇。众所周知，《历史与阶级意识》集中呈现了卢卡奇物化理论的，是"物化和无产阶级意识"一文。其中第二部分"资产阶级思想的二律背反"是卢卡奇运用其物化理论对自康德至黑格尔的德国古典哲学的分析批判。之所以在如此重要的、为应革命现实而做的文章中专门辟出这一回顾哲学史的部

---

* 本文为天津市哲学社科规划项目"阿多诺社会批判理论中的认识论维度研究"（项目号：TJZXQ N20-002）的阶段性研究成果。

分，是因为在卢卡奇看来，德国古典哲学作为哲学把握总体的典型形态，虽然意识到了物化现象并试图克服之，但最终并未真正实现对物化的超越。归根结底，作为资产阶级思想的德国古典哲学，"在资产阶级社会的基础上，要使立场来一个根本性的变化，是不可能的"[①]。通过这种分析批判，卢卡奇不仅以例证的方式证明了物化意识与物化的社会现实之间的内在关联，而且试图重新激活哲学超越物化的可能性。作为深受卢卡奇影响的后辈，阿多诺的《认识论元批判》可以视为对这位前辈工作的继承和拓展，并"与卢卡奇一样，对唯物主义理论的阐释主要依赖于对唯心主义的一种元批判"[②]。在这里，阿多诺将胡塞尔现象学视为资产阶级思想的新成果，并指明其本质是充满种种二律背反的物化意识，甚至可以说，这部著作的副标题就是对"资产阶级思想的二律背反"的一种模仿。

在批判胡塞尔现象学时，阿多诺选择了三个突破口即逻辑绝对主义立场、意向性理论和纯粹自我观念。这三点分别指向了胡塞尔现象学的基本立场、其作为认识论方案的核心构件以及最终的"阿基米德点"。同时，在《认识论元批判》的一开篇，阿多诺就提醒读者说，"胡塞尔哲学是诱因，但不是目标"[③]。因此，他的批判虽然命中了胡塞尔现象学的要害，但并不是进行事无巨细的体系性研究，而是要将之置于哲学史与社会历史视野当中，探求促使其种种二律背反发生的社会根源。例如，阿多诺后来说道，"《认识论元批判》中对逻辑绝对主义的批判……是与对社会学相对主义的批判相结合的"[④]。因此，我们不妨选择阿多诺对逻辑绝对主义的批判来呈现其运思理路。

作为一种认识论，胡塞尔现象学中的"逻辑"指的是构成知识的基本要素，如概念、范畴、命题等。相应地，逻辑问题则涵盖着这些基本要素的定义、它们之间关系的规定以及它们的应用等一系列子问题。而要回答这些问题，首先要解决的是，如何证明这些基本要素的客观有效性或真理性，否则上述逻辑问题也将成为无意义的假问题。为此，胡塞尔主张一种

---

① 卢卡奇：《历史与阶级意识》，杜章智等译，北京：商务印书馆，2009 年，第 179 页。

② 霍尔：《物化、唯物主义与实践——阿多诺对卢卡奇的批判》，谢永康、毛林林译，黄晓武校，周凡主编：《超越物化的狂欢》，北京：中央编译出版社，2012 年，第 129 页。

③ 阿多诺：《认识论元批判——胡塞尔与现象学的二律背反研究》，侯振武、黄亚明译，谢永康校，上海：上海人民出版社，2020 年，前言第 1 页。

④ Theodor W. Adorno, Zur Logik der Sozialwissenschaften, in Rolf Tiedemann, Hg., Theodor W. Adorno: Gesammelte Schriften, Bd., 8, Frankfurt am Main: Suhrkamp, 2015, S. 551-552.

"纯粹逻辑学"，其关键是数学式的"严格科学的"方法和直接的明见性。

阿多诺认为，"在胡塞尔这里，数学自始至终都是纯粹逻辑学的等价物"，甚至"胡塞尔所有阶段的模型都是数学"，"数学主义一直支配着胡塞尔的整个思考"。①对于胡塞尔来说，数学之所以能够起到如此独一无二的作用，要归因于数学本身的特征。从构成要素角度来说，数学的核心是数，数虽然可以代表现实事物，但其本身是具有无质的高度抽象性的。从运算过程角度来说，数学演绎是按照一系列已被证明客观有效的公理、定理、规则等展开的，其过程虽然是以人为使用者，但其有效性不会因使用者之主观意愿而丧失，即便出现错误，也会被归咎于使用者的理解或运用。

不过，如果仅止于对数学的倚重，那么胡塞尔的逻辑学与被他视为"先验主义"先驱的康德认识论方案似乎并无不同，因为在康德那里，数学的客观有效性也被视为既定事实，是先天综合判断的典型。然而，胡塞尔对康德方案是不满意的，在他看来，对于"在先验主体性中建立真正的客体性之原则的可能性的先验的科学理论"②这一任务来说，康德失败了，因为他关于自在之物的设定为本应起建构作用的主体性划下了不可逾越的界限。康德之后的古典哲学家们虽然力图消解自在之物，但最终却走向了客观主义道路，同样错失了建立"科学理论"的机会。为此，胡塞尔通过对"逻辑学的本质，尤其是对认识活动的主观性和认识内容的客观性之间的关系做出普遍批判的反思"③，发现了明见性。这指的是对事物本质的明察，即剥离掉一切不能确定之物，剩余的便是事物本质向主体的最直接的呈现。因此，作为纯粹逻辑学得以成立的条件，明见性虽然带有主体的"印记"，但它是不依赖于现实的人的心理活动、思维活动的。这使得纯粹逻辑学不仅具有先验的确定性维度，而且还具有直观的特征。换言之，胡塞尔试图赋予逻辑以自在存在的特性，并且这种自在存在可被主体明察而又不会损害其自在性。至此，胡塞尔的逻辑学不仅证明了逻辑的客观有效性，而且表明，这种客观有效性并非传统逻辑学意义上单纯"形式的"，而是"顾及认识的'质料'"，④是与主观的认识活动相应合的。

然而，在阿多诺看来，这种绝对主义立场不仅未能达成其论证目的，

① 阿多诺：《认识论元批判——胡塞尔与现象学的二律背反研究》，侯振武、黄亚明译，第45、47页。

② 胡塞尔：《第一哲学》上卷，王炳文译，北京：商务印书馆，2006年，第293页。

③ 胡塞尔：《逻辑研究》第1卷，倪梁康译，北京：商务印书馆，2018年，第5页。

④ 胡塞尔：《逻辑研究》第1卷，倪梁康译，第18页。

反倒使胡塞尔陷入了二律背反当中。在论证过程中，胡塞尔强调逻辑的客观有效性是自在的，为的是表明其不会因思维活动、心理活动而发生改变。但同时，这种自在性又要以主观的明见性为支撑，正是在这一点上，悖谬产生了，因为"如果在判断的关联中存在着'一门理论之可能性的主观条件'，那就不能断言逻辑理论是自在的"①。不仅如此，明见性概念本身也具有二律背反的性质。阿多诺指出，这一概念包含着两重内涵："一方面通过主观质询来论证，另一方面觉察到不可还原的绝对'实事状态'。"②然而，这两重内涵实际上是相互矛盾的。发挥主观的质询论证能力，就承认了某种主观因素是逻辑的客观有效性得以成立的条件，而绝对的"实事状态"即逻辑之自在存在本身之作为"绝对的"，又不需要这种主观条件就应当是可以成立的。

阿多诺指出，上述这些二律背反的实质，是"将已建立的科学方法论运用到科学自身的合法性上"③的循环论证错误。按照胡塞尔的设想，为了证成逻辑之客观有效性，纯粹逻辑学应当对逻辑乃至于科学的本质做出"哲学的澄清"。但同时，为了确定性，胡塞尔将数学作为先天普遍有效的讨论形式并由此来构建他的纯粹逻辑学，这就意味着，所谓的"哲学的澄清"是"以科学方式被激发"的，这里所称的"科学方式"实际上就是以自然科学为模型的科学方法论，由此，"这种澄清理应依赖于科学的持存"。④所谓的明见性则更是强化了这种预设，因为它强调的正是对被认为具有自在性的科学方式、科学方法论的直观。因此，我们依然可以追问的是，这种预设的根据何在？这在胡塞尔现象学中是得不到答案的，因而只能是一种独断的设定。

进一步地，阿多诺认为，胡塞尔现象学的这种独断性，是其切断逻辑有效性与社会历史之间的联系的结果，正是在这一点上，其物化意识的本质暴露无遗。胡塞尔指出，纯粹逻辑学"区别于历史科学的比较性考察方式——后者试图将科学作为各个时代的具体文化产物，根据它们的类型特征和共性来把握它们，并从时代状况出发去说明它们"⑤。在阿多诺看来，

① 阿多诺：《认识论元批判——胡塞尔与现象学的二律背反研究》，侯振武、黄亚明译，第49页。
② 阿多诺：《认识论元批判——胡塞尔与现象学的二律背反研究》，侯振武、黄亚明译，第49页。
③ 阿多诺：《认识论元批判——胡塞尔与现象学的二律背反研究》，侯振武、黄亚明译，第46页。
④ 阿多诺：《认识论元批判——胡塞尔与现象学的二律背反研究》，侯振武、黄亚明译，第44页。
⑤ 胡塞尔：《逻辑研究》第1卷，倪梁康译，第34—35页。

胡塞尔的这种观点表明，他是将逻辑的客观有效性与其相应的社会历史割裂并对立了起来，从而无视了逻辑的起源问题。卢卡奇曾指出，在胡塞尔的现象学中，"逻辑学的整个领域最终被变成了一种更高级的'事实性的体系'"，如此一来，所谓的体系就"只能是对事实的尽可能一目了然的记载，一种尽可能条分缕析的描述"。①阿多诺继承了卢卡奇的这一论断："如果像胡塞尔那样把科学设计为'自在命题'的统一，这种统一是体系性的、连贯内在的，那么科学就陷入到拜物教特征之中了。"②总之，胡塞尔没有认识到，他所试图澄清的逻辑，实际上都是人的现实认识活动即脑力劳动的结晶化，具有属人性质，而非只可描述的被给予之物。如果不能认识到这一点，陷入物化意识就在所难免。

物化意识是胡塞尔现象学的底色，而这种底色又有其社会根源，即物化的社会现实。因此，阿多诺指出，胡塞尔"未能理解的社会过程才是他所要说明的真理，这一过程的客观性被转换为自在命题的精神性的存在、观念性的存在"③。限于物化底色，胡塞尔在现象学框架内是不可能去真正反思物化的。与此相对，阿多诺站在历史唯物主义立场上，力图以胡塞尔现象学为标靶，进一步揭示物化意识与物化的社会现实之间的关联。

二、历史唯物主义视野下的物化现象

在《〈政治经济学批判〉序言》中，马克思写道，"物质生活的生产方式制约着整个社会生活、政治生活和精神生活的过程。不是人们的意识决定人们的存在，相反，是人们的社会存在决定人们的意识"④。阿多诺在《认识论元批判》中的物化批判，是继卢卡奇之后，对上述历史唯物主义经典阐述的又一次应用。综观全书，我们可以从如下三方面来看阿多诺的这一工作。

第一，异变的同一性原则是物化意识与物化的社会现实的共同原则。

---

① 卢卡奇：《历史与阶级意识》，杜章智等译，第 190 页。
② 阿多诺：《认识论元批判——胡塞尔与现象学的二律背反研究》，侯振武、黄亚明译，第 50 页。
③ 阿多诺：《认识论元批判——胡塞尔与现象学的二律背反研究》，侯振武、黄亚明译，第 66 页。
④ 马克思、恩格斯：《马克思恩格斯选集》第 2 卷，中央编译局编译，北京：人民出版社，2012年，第 2 页。

与同一性原则的斗争贯穿着阿多诺理论工作的始终，与此相对的"非同一性"或"非同一物"似乎成了阿多诺思想的标签。不过，阿多诺并非要求彻底抛弃同一性原则本身，他真正反对的，是同一性原则之量化特征的片面扩张吞噬了本不应被漠视的、具有质上差异的"非同一性"或"非同一物"。这种异变了的同一性原则才是物化意识与物化的社会现实的真正的共同原则。为了说明这一点，阿多诺做了两个层次的分析。

其一，认识活动中的同一性原则来自社会现实中的同一性原则，即交换原则。如前所述，胡塞尔要以数学为模型来讨论逻辑学，数学本身就是同一性原则的典型产物，即无须考虑对象在质上的差异，而仅考虑作为现实对象之替代者的位值及其数量关系。而明见性虽然属于主观条件并且要求与对象的关系，但它实际上是与现实主体及其世界是无关的，因为胡塞尔要求的是"不附带任何实存的设定关系，无论是与经验的自我的关系，还是一个实在世界的关系"①。可见，数学模型与明见性的核心要义都是以同一性为原则的抽象化。阿多诺认为，这种操作"可回溯到商品形式当中，后者的同一性存在于交换价值的'等同'中"②。这一观点，在阿多诺后来具体地展开其社会哲学构想时表现得更为明显。例如，他在讨论作为社会哲学之核心概念的"社会"时提到，"客观抽象不仅发生在科学思考中，而且也发生在交换的普遍展开过程中；生产者和消费者的质上的特性被忽视了、生产模式被忽视了、甚至连需求（社会机制顺带将之当作第二位的东西来满足）也被忽视了"③。基于此，关于认识活动中物化产生的根源，就需要进入社会现实的层面去寻找。

其二，交换原则本身包含有走向物化的可能性。关于这一点，《认识论元批判》并未做详细说明，我们可以借助阿多诺其他文本中关于交换的讨论来理解。如在《否定辩证法》中，阿多诺指出，"商品的拜物教特征不能被归罪于主体的错误意识，而是从社会的先天性，即交换过程中客观地演绎出来的"④。在交换过程中，具有不同使用价值、由不同劳动者生产的商品之所以能够交换，在于祛除这些质上的差别，形成了可通约的、量化

---

① 胡塞尔：《现象学的观念——五篇讲座稿》，倪梁康译，北京：商务印书馆，2019 年，第 88-89 页。
② 阿多诺：《认识论元批判——胡塞尔与现象学的二律背反研究》，侯振武、黄亚明译，第 60 页。
③ Theodor W. Adorno, Gesellschaft, in Rolf Tiedemann, Hg., Theodor W. Adorno: Gesammelte Schriften, Bd., 8, S. 13.
④ 阿多诺：《否定辩证法》，王凤才译，北京：商务印书馆，2019 年，第 215 页。

的交换价值，因此，"自古以来，等价交换正在于：不同的东西以等价的名义交换"①。这种等价交换是对"人们本身劳动的社会性质"、对"生产者同总劳动的社会关系"②的遗忘，总之，是对人生产商品、创造商品世界这一事实的遗忘。虽然古往今来的交换过程有着相同的本质，但阿多诺也意识到，交换在不同的时代所起的作用是不同的。在"某种程度上自然发生的社会关系"中即在前现代社会中，"交换的机制应该还没有完全主宰人们之间的关系"，"生产还没有彻底服从交换，劳动者和消费者距离较近，他们之间的关系也还没有完全物化"。③然而，在现代社会中，整个交换过程成了一个似乎有着独立于人的客观机制的自动系统，而人为了生存，必须进入并服从于这一系统。结果便是，"交换价值对人的普遍支配先天地拒绝主体成为主体，将主观性本身贬低为纯粹的客观性"④，贬低为物。因此，在阿多诺的语境中，被交换关系、交换价值统治的社会即"交换社会"，常常用作物化社会的同义词。

第二，物化意识是对物化的社会现实的"单纯重构"。

上述关于同一性原则的分析表明，虽然社会意识与社会现实是相互异质的，但前者发生发展的最终根据，还是要到后者中去寻找。基于此，阿多诺将物化意识规定为"对一种通过社会范畴并最终通过生产关系已预先形成的东西的单纯重构"⑤。

意识是作为意识生产者的人，通过将自己所面对的自然现实或社会现实进行重构而形成的。这就是说，无论是何种现实存在，一旦进入人的头脑形成意识，它就必然是被重构了的，否则所谓的意识将至多只是镜像。物化意识对社会现实的把握当然也是以重构的方式进行的。然而，这种意识的症结就在于，它只做到了重构，而正是由于这种"单纯性"，它错失了恰当把握社会现实的可能性。按照卢卡奇及法兰克福学派理论家们的看法，从认识领域内部来说，这种"单纯性"可追溯至自然科学。自然科学在面对其研究对象时，要求尽可能地排除掉主体的作用，将对象当作外在于主

---

① 阿多诺：《否定辩证法》，王凤才译，第167页。
② 马克思、恩格斯：《马克思恩格斯选集》第2卷，中央编译局编译，第123页。
③ 阿多诺：《本真性的行话——论德意志意识形态》，谢永康译，上海：上海人民出版社，2021年，第46页、第82页。
④ 阿多诺：《否定辩证法》，王凤才译，第202-203页。
⑤ 阿多诺：《认识论元批判——胡塞尔与现象学的二律背反研究》，侯振武、黄亚明译，第38页。

体的、必须完全接受下来的纯粹客体。由于"关于人类和社会的各门学科一致试图效法那些取得了巨大成就的自然科学"[①]，自然科学中的这种思维方式渗透进了社会研究领域中，直接促生了这一领域中的物化意识，这表现为：将社会现实视为独立于人且与人相对立的、有着无情规律性的"第二自然"，并将其理所当然地接受下来。

在《认识论元批判》中，阿多诺就对胡塞尔现象学中的单纯接受态度屡屡做出批判。例如，在批判现象学之"阿基米德点"纯粹自我时，阿多诺指出，这样一种自我作为蕴含在"我思"中的抽象的、形式的"我"，作为意向活动的施行者，其作用不过是以悬搁方式对所谓实事的接受。悬搁是将真实的物世界置于括号当中，对物世界的历史性变化不闻不问，也就放弃了主体干预物世界的权力，本应在物世界中有所作为的主体，在现象学态度中也成了单纯的旁观者。从社会层面来说，这种自我观念反映的是"资产阶级社会必然产生的幻象"[②]，在这种社会中，主体"完全依赖在先被给予的现实，并且仅致力于接受"[③]，正如前文提及的交换对人的普遍统治中那样。

第三，批判物化现象的真正动力在于社会现实。

物化意识是对物化的社会现实的接受，相应地，作为一种哲学层面上的物化意识形式，胡塞尔现象学的力量"是从社会过程的客观性那里借用过来的，对于个体来说，这种社会过程既对自己发挥强制作用，又是自己所不能看透的"[④]。因此，要超越物化，不仅要对物化意识本身的二律背反进行批判，而且，要想实现批判的彻底性，还必须深入物化的社会现实当中。

从学科角度来说，这就不得不提到社会学。阿多诺指出，"集合在社会学这门学科名称下的各种处理方式，只在一种最抽象的意义上是相互结合着的，这就是，它们都是处理社会的某种方式"。其中，有两种处理方式是主要的并且是对立的，一种"适用于个别的社会现象"，另一种则"适用于

---

① 霍克海默：《传统理论和批判理论》，曹卫东编选：《霍克海默集：文明批判》，上海：上海远东出版社，2004年，第170页。

② 阿多诺：《认识论元批判——胡塞尔与现象学的二律背反研究》，侯振武、黄亚明译，第187页。

③ 阿多诺：《认识论元批判——胡塞尔与现象学的二律背反研究》，侯振武、黄亚明译，第174页。

④ 阿多诺：《认识论元批判——胡塞尔与现象学的二律背反研究》，侯振武、黄亚明译，第66页。

社会总体及其运动规律"。①前者是作为实证科学的社会学或阿多诺所称的"经验的社会学"，后者则是阿多诺构想的"批判的社会学"。

在阿多诺看来，当前占据主流的"经验的社会学"陷入了实证主义，不能对社会中现实存在着的对抗性矛盾做出合理的解释，至多是试图将之转化为形式逻辑意义上的语义矛盾，这从根本上来说是一种顺从现实的物化意识。与之相对，以批判物化为己任的"批判的社会学"可以被视为一种社会哲学，它是从哲学传统中发展而来的，它坚持整体性的社会概念、坚持显象与本质的区分。这些被"经验的社会学"视为过时之物的要素，实际上正是"对并非仅仅作为个体的、而是作为社会共同体成员的人的命运进行哲学阐释"②所必需的，具有着穿透物化的社会现实的力量。接下来，为了更为清晰地呈现这种社会哲学，我们将进一步考察其基本轮廓。

三、作为辩证法的社会哲学

在 20 世纪 60 年代德国社会学界的"实证主义之争"中，以阿多诺、哈贝马斯为代表的法兰克福学派理论家与以波普尔为代表的实证主义者就社会研究方法展开了争论。对于这场争论，当时大多数评论家认为双方是没有根本差异的，因为对于双方来说，"批判"都是各自最为重要的关键词："批判的社会理论"几乎是法兰克福学派的同义词，而"批判理性主义"则是波普尔哲学的标签。但在阿多诺看来，正是由于用语上的同一性，遮蔽了马克思主义社会哲学与实证主义社会学的分野，也就愈发有必要通过争论做出澄清，从而辨明理解社会的恰当方法。本文将结合《认识论元批判》与阿多诺在"实证主义之争"时期的论述，勾画阿多诺所构想的社会哲学的轮廓。

对于社会认识来说，首先必须要解决的是如何理解其与社会现实之间的关系，这涉及的是社会认识本身的合法性。在"经验的社会学"看来，这似乎不成问题，因为这门学科的产生与发展作为事实，已经证明了对社

---

① Theodor W. Adorno, Soziologie und empirische Forschung, in Rolf Tiedemann, Hg., Theodor W. Adorno: Gesammelte Schriften, Bd., 8, S. 196.

② 霍克海默：《社会哲学的现状与社会研究所的任务》，王凤才译，《马克思主义与现实》2011 年第 5 期。

会现实的认识是可能的。然而，对于社会哲学来说，这种所谓的事实是不充分的。正如康德在其《纯粹理性批判》中为自然科学奠基那样，社会哲学也需要为包括自身在内的一切社会认识奠基，这是一种看似悖谬的但却必须面对的循环。在阿多诺看来，要想解答这一问题，社会哲学必须采取辩证法的形式。

从理论渊源上来说，阿多诺的辩证法思想是处在黑格尔-马克思传统当中的。如马克思所说，黑格尔"第一个全面地有意识地叙述了辩证法的一般运动形式"①，其中，"中介"无疑是最为重要的概念之一。黑格尔就曾提到，"最重要的逻辑真理之一，就是作为对立面而处于极端地位的特定环节，由于它同时又是居间者，因而就不再是对立面，而是一种有机的环节"②，此即中介环节。正是通过运用中介观念，黑格尔能够在自己的体系中克服形而上学历史上的种种二元论。在日常用语中，中介意味着外在于两个相对立者之间且能够将二者联结起来的第三者。但是，如果以此来理解辩证法的中介观念将无疑会导致无穷后退，因为一旦引入这种第三者，原本的二者对立就变为了三者对立，从而又需要为此新的对立关系找到新的中介，由此以至于无穷。关于如何理解辩证法的中介观念，黑格尔曾做过一个比喻："磁体在中项（Mitte）里，……把自己的两极结合起来，从而这两极在其差别中直接就是一个东西。"③阿多诺准确地把握到了这种辩证中介的精髓，他指出，"在黑格尔这里中介从来就不是两极之间的中间者（Mitteler），正如自克尔凯郭尔以来那最致命的误解所想象的那样；中介是贯穿两极，在它们之中发生的"④。因此，根据黑格尔和阿多诺的表述，中介并非某种静止不变的要素，而是应当被理解为对立双方在差别前提下实现统一的运动过程，反过来，这一运动过程又是双方得以形成为自身的过程。

社会认识是主观的，它与客观的社会现实是对立的，二者之间的统一性似乎仅在于社会认识是"关于"社会现实的认识这一点上。但显而易见的是，二者之间的主客异质性足以摧毁这种脆弱的统一性。面对这种状况，辩证的中介观念究竟应当如何理解社会现实与社会认识的关系？鉴于社会

① 马克思、恩格斯：《马克思恩格斯选集》第 2 卷，中央编译局编译，第 94 页。
② 黑格尔：《法哲学原理》，范扬、张企泰译，北京：商务印书馆，2016 年，第 365 页。
③ 黑格尔：《逻辑学》，梁志学译，北京：人民出版社，2002 年，第 155 页。
④ 阿多诺：《黑格尔三论》，谢永康译，上海：上海人民出版社，2020 年，第 7 页。

哲学本身作为社会认识的属性，我们可以从社会认识概念出发，将这一问题分为如下三个子问题，并结合阿多诺的论述分别予以回答。

第一，为何能够形成社会认识？

答案似乎是显而易见的，即我们具有诸如理性等认识能力以及由此形成的各种包括概念范畴、命题、判断等在内的认识构件。然而，可以继续追问的是，这些认识能力与认识构件又是来自何处？正如胡塞尔现象学所表现的，为了回答这一问题，唯心主义形成了其作为认识之最终根据的主体观念。对此，哈贝马斯曾批评说，这种主体"不是作为先验能力的本源被放到一个基础的位置上，就是作为精神本身被提高到绝对的高度"[①]，总之是外在于人且高居于人之上的（人至多是其一部分），因此，唯心主义认识论陷入了从人出发而又压制人的悖论当中。

与此相对，在历史唯物主义的视野中，认识主体不再是纯粹的理性存在者，而是通过社会实践特别是劳动实践来维持自身存在与实现自我发展的有限主体。与此相应，社会认识虽然是主体的直接产物，但其内容是来自社会现实的。因此，对"为何能够形成社会认识？"这一问题的回答意在强调社会现实之于社会认识的规定性，并且这种规定性具有客观约束力。对此，阿多诺曾做过一个看似令人费解的表述："在社会学中，一切认识的主体恰恰是社会。"[②]表面看来，社会学中对社会进行认识的主体是研究者，可能还包括运用社会学理论的人。但要注意的是，阿多诺这里所说的是"一切认识"，就人的理性有限性而言，任何具体的个人都不可能完成"一切认识"，这些个人的认识归根结底是社会性的。在理解社会时，我们凭借的是某些既已形成的认识构件，它们不能被视为胡塞尔现象学意义上的直接之物、被给予之物，而始终是由产生它们的社会历史过程中介的。因此，对"中介性的坚持，正是辩证思维以及唯物主义思维的模型，只要它规定了，偶然的个体经验是在社会中预先形成的。"[③]当然，这并不意味着可以将社会认识的一切内容都还原到社会现实上去。社会认识一旦形成，就有其独有的运动逻辑，我们可以将之理解为社会现实的派生物，但绝不能将之视为对社会现实的单纯摹写。

---

① 哈贝马斯：《后形而上学思想》，曹卫东、付德根译，南京：译林出版社，2012年，第31页。

② Theodor W. Adorno, Einleitung zum Positivismusstreit in der deutschen Soziologie, in Rolf Tiedemann, Hg., Theodor W. Adorno: Gesammelte Schriften, Bd., 8, S. 316.

③ 阿多诺：《认识论元批判——胡塞尔与现象学的二律背反研究》，侯振武、黄亚明译，第135页。

第二，社会认识何以为真？

关于"为何能够形成社会认识？"问题的回答，只是关于社会认识之可能性的讨论。即便如此，我们依然可以质疑，具体的社会认识可能并未实现对社会现实的真正把握。这实际上是人类一切认识始终不得不面对但又不得其解的难题。对此，实证主义给出的解答是，完全中立地观察、描述不可进一步追溯的"事实"（Faktum）。这是一种剩余真理观，也就是"将真理视为扣除产生真理所用消耗之后'剩下'的东西，……简单来说，被删除掉的是服从于实证主义的科学通常所称的'主观因素'"[①]。

但是，如阿多诺所说，"社会事实不会像自然科学事实那样是可预测的，后者具有一定程度上同质的连续性"[②]，即符合机械论意义上的自然因果律。社会是由人组成的，人是处于社会现实当中并在自身实践活动中不断更新社会现实的主体，换言之，既是社会现实的剧中人又是其剧作者。这也就造就了社会现实兼具客观性与主体性的双重性质。因此，实证主义所追求的事实，不仅不是纯粹客观的，而且由于其"以可用方法的优先性为取向"[③]的特征，这种事实不过是"以认识批判方式提出的最终的主观现象，……就其本身而言，恰恰是这里被还原到主体上的客观性的贫乏副本"。与之相对，辩证法"本着坚定不移地要求客观性的精神"，"不会满足于那些只是表面看来最客观的事实"，而是要认识所谓社会事实背后的、真正起决定性作用的客观结构。而这就要求走向批判。[④]

第三，如何批判物化的社会现实？

在《认识论元批判》中，阿多诺援引黑格尔说道，"真的驳斥必须在对手强有力的范围内，和他角力较量；在他以外的地方去攻击他，在他不在的地方去主张权利，对于事情是没有进益的"[⑤]。这种"真的驳斥"也就是阿多诺一直主张的内在批判，他甚至认为，"辩证法的操作本身是一种内在批判"，这就意味着"辩证法根本不会恪守实事与方法的区分"。[⑥]阿多诺一再强调，辩证法真正关注的不是实证主义意义上事实，而是实事，二

① 阿多诺：《认识论元批判——胡塞尔与现象学的二律背反研究》，侯振武、黄亚明译，第 60 页。

② Theodor W. Adorno, Einleitung zum Positivismusstreit in der deutschen Soziologie, in Rolf Tiedemann, Hg., Theodor W. Adorno: Gesammelte Schriften, Bd., 8, S. 326.

③ Ebenda, S. 294.

④ Ebenda, S. 313.

⑤ 黑格尔：《逻辑学》下卷，杨一之译，北京：商务印书馆，2011 年，第 244 页。

⑥ 阿多诺：《认识论元批判——胡塞尔与现象学的二律背反研究》，侯振武、黄亚明译，第 3 页。

者的差别在于，前者是显象，而后者才是应当追问的本质。这种实事显然不是胡塞尔现象学口号"回到实事本身"意义上的，甚至是与之恰恰相反的，因为对于社会哲学来说，现象学中的实事概念不过是遮蔽了人的脑力劳动成果的图像，因而遮蔽了最重要的实事，即物化的社会现实。

"社会是主体性的，因为它要回溯到人，是人形成了社会，即便其组织原则也要回溯至主体意识，并且其最一般的抽象形式，即逻辑，本质上也是某种主体间的东西。"①因此，社会之形成，归根结底是人为了自身的存在与发展而创造的。然而，在物化的社会现实中，原本作为社会主体的人也被物化了，异化为了服从于社会规律性的、有着客观外壳的"物"。如前所述，造成这种状况的最关键因素是交换这一社会基本构件的物化过程。而社会哲学中的内在批判，可以视为对被批判对象的一种彻底实现，也就是要使社会现实真正成为人作为主体实现持存与满足的条件。因此，对交换之物化的批判是一种拯救性的批判，而不是要彻底抛弃之，那不过是一种抽象的否定，"是为退回至古代的'不法'寻找借口"，其结果将是"让位于直接地暴力占有，今天就是让位于垄断集团赤裸裸的特权"②。

至此，我们可以看到，阿多诺关于胡塞尔现象学之物化性质的分析及由此生发的对物化现象的批判，正是以上述三个子问题所构成的框架展开的。不过，我们必须承认的是，即便以上的回答成立，那也仅在哲学学科内部完成了社会哲学建构，这只是第一步。社会现实绝非一个抽象的名词，而是一个有着极为复杂内容的有机整体。这也就决定了社会哲学研究自身的丰富性。霍克海默曾就社会哲学的内容做如下概括："社会哲学主要关心那些只有处于人类社会生活关系中才能够理解的现象，即国家、法律、经济、宗教，简言之，社会哲学从根本上关心人类的全部物质文化和精神文化。"③如此丰富的内容，仅仅依靠哲学是无法完成的，因此哲学与各个具体学科的交叉与跨界是不可避免的。而且，这也是处于历史唯物主义传统当中的社会哲学基于改变世界之旨归而必然要求的："从有效地改变世界这一马克思主义哲学之根本目标看，历史唯物主义必然具有基于价值理想的

---

① Theodor W. Adorno, Einleitung zum Positivismusstreit in der deutschen Soziologie, in Rolf Tiedemann, Hg., Theodor W. Adorno: Gesammelte Schriften, Bd., 8, S. 316.

② 阿多诺：《否定辩证法》，王凤才译，第 167 页。

③ 霍克海默：《社会哲学的现状与社会研究所的任务》，《马克思主义与现实》2011 年第 5 期。

社会批判与基于科学考察的社会建构的双重功能。"①这是因为，缺失实证性维度，价值性维度就是脱离实际的空想；反之，如果缺失价值性维度，实证性维度就仅是被动性的描述。为此，阿多诺提出，哲学应当"将它从科学那里得来的要素放进变化着的星丛中"，"放进变化着的试验组合中"，②或者如霍克海默所说，实现"哲学理论和具体科学实践持续的辩证渗透"③。

当然，人们可以指责上述说法不过是些原则性的规定，还是过于抽象了，这似乎也为实证主义者批评辩证法是"偷偷从后门溜入的神学"、辩证法家追求的是"不受约束的大全"④提供了明证。不仅如此，实证性与价值性的结合绝非易事，因为它们依凭的世界观是相互对立的：实证性依凭的是决定论的世界观，以对世界做出合规律性认识；价值性依凭的是能动论的世界观，以对世界做出合目的性的改造。不过，这并不意味着建立社会哲学是无望的。例如，关于马克思《资本论》究竟是哲学著作还是经济学著作的争论虽表明了两种维度结合的难度，但这也意味着，《资本论》是实现这种结合的典范，因此阿多诺指出，"马克思的著作以一种宏大的方式，揭示了科学意义上的批判和元科学意义上的批判的统一：这被称为政治经济学批判"⑤。同时，以霍克海默、阿多诺为代表的法兰克福学派第一代理论家们数十年如一日地在做的、"以马克思政治经济学批判为基础"⑥的工作，也是力图实现哲学与各门具体科学的"辩证渗透"。因此，在我们构建适于理解当代世界、理解当今中国社会的马克思主义社会哲学过程中，认真考察马克思政治经济学批判蕴含的社会哲学方法论、考察法兰克福学派的社会哲学工作，无疑十分必要。

（本文原载于《马克思主义与现实》2022 年第 1 期）

---

① 王南湜：《历史唯物主义的功能变化与当代中国社会科学的构建》，《江苏社会科学》2020 年第 4 期。

② Theodor W. Adorno, "Die Aktualität der Philosophie", in Rolf Tiedemann, Hg., Theodor W. Adorno: Gesammelte Schriften, Bd., 1, Frankfurt am Main: Suhrkamp, 1990, S. 335.

③ 霍克海默：《社会哲学的现状与社会研究所的任务》，《马克思主义与现实》2011 年第 5 期。

④ Theodor W. Adorno, Einleitung zum Positivismusstreit in der deutschen Soziologie, in Rolf Tiedemann, Hg., Theodor W. Adorno: Gesammelte Schriften, Bd., 8, S. 321.

⑤ Theodor W. Adorno, Einleitung zum Positivismusstreit in der deutschen Soziologie, in Rolf Tiedemann, Hg., Theodor W. Adorno: Gesammelte Schriften, Bd., 8, S. 307.

⑥ 霍克海默：《批判理论》，李小兵等译，重庆：重庆出版社，1993 年，第 230 页。

被遗忘的起源

——梅洛-庞蒂对胡塞尔《几何学的起源》的解读[*]

王亚娟

作为胡塞尔现象学在法国的继承者,梅洛-庞蒂对胡塞尔思想做出了创造性的解读。在梅洛-庞蒂看来,《几何学的起源》这一短文清晰而又突出地体现了胡塞尔思想的分叉。[①]在这一文本中,胡塞尔对"几何学起源"的历史分析始终着眼于先验性,却使人们注意到与先验世界关联的生活世界,因而把现象学带向不可避免的分裂。梅洛-庞蒂在《知觉现象学》等文本中已然陈述了他与胡塞尔本质主义立场的不同:当梅洛-庞蒂转向生活世界以消除存在与本质之间的对立时,研究者纷纷质疑他是不是胡塞尔意义上的现象学家。[②]这种质疑的关键在于,梅洛-庞蒂如何在还原中看待由否定所形成的对立,他又如何在否定性的追溯中把胡塞尔的意识起源推进到感性本体论。此前的研究多致力于评述梅洛-庞蒂的激进化立场,而并未就起源关联的否定性问题展开分析。因此,本文将围绕这些问题深入梅洛-庞蒂对胡塞尔《几何学的起源》的解读[③],以期呈现二人在起源问题上的

* 本文系国家社会科学基金青年项目"梅洛-庞蒂晚期思想研究"（项目号：15CZX041）的阶段性成果。

① 在胡塞尔之后,有关几何学起源的探问吸引了梅洛-庞蒂、德里达等现象学家。然而,在德里达有关胡塞尔几何学起源的研究被广泛重视时,梅洛-庞蒂关于此论题的手稿却仍鲜为人知。

② 勒洛·巴尔巴拉:《梅洛-庞蒂与自然》,王亚娟译,《现代哲学》2010 年第 6 期, 第 66 页; 杨大春:《意识哲学解体的身体间性之维——梅洛-庞蒂对胡塞尔他人意识问题的创造性读解与展开》,《哲学研究》2003 年第 11 期, 第 74 页。

③ 梅洛-庞蒂有关《几何学的起源》的手稿存放在法国国家图书馆,馆藏编码共计 47 个页面,除第 33-36 页有关海德格尔外,其余 44 个页面都围绕胡塞尔而展开。在这些页面中,梅洛-庞蒂严格恪守胡塞尔的本义进行解释和评论,并在起源的深度追问中展现出独特的风格。巴尔巴拉（R. Barbaras）教授指导刊印了这些手稿,即 1998 年出版的《胡塞尔几何学起源的课程笔记》(简称《几何学课程笔记》)。

深度关联，并通过细致的追踪阐明二人如何在还原的共同进路中走向不可避免的分离。

一、理念的起源包含否定

在《欧洲科学的危机与超越论的现象学》中，胡塞尔选择几何学作为现象学还原的示范，这并非偶然。这是因为几何学在近代摆脱了神话和一般传统的束缚，达到对无限存在整体的普遍构想，即"形式的数学的理念的构想"①。因此，科学的普遍性理念在近代几何学中拥有真实的起源。②现象学需要对几何学起源做出批判性的考察，以阐明科学"从其起源时就内在地具有的统一的意义"③。这就是为什么胡塞尔始终围绕几何学的"理念性"（ideality）问题，展开对几何学原初意义与后续发展的探问。梅洛-庞蒂遵照胡塞尔的本义追问几何学起源：它是胡塞尔还原方法的彻底化运用，在根本上着眼于几何学意义在历史发展中的普遍性与客观性。因此，梅洛-庞蒂对几何学起源的追溯并非经验的历史追问，而是遵循"胡塞尔发现几何学理念性的方法"④。像伯奈特那样认为梅洛-庞蒂在理念本质与经验存在之间"简单抹杀这些区别"是过于武断的。⑤然而，人们为什么会对梅洛-庞蒂持有类似的误解呢？回答这一问题的关键在于，他如何看待胡塞尔的理念性与经验起源之间的关联。

胡塞尔认为，几何学在柏拉图那里已经体现出理念性，它从一开始就是对经验空间的理念化。几何学的点、线、面、体等形态，是"一系列个别的完善化都将它作为一个不变的永远地达不到的极"而呈现的"极限形态"。⑥这里的"永远达不到"与"极限"表明，几何学在起源上的理念是

---

① 胡塞尔：《欧洲科学的危机与超越论的现象学》，王炳文译，北京：商务印书馆，2011 年，第 35 页。

② 对胡塞尔而言，尽管希腊数学与自然科学包含了近代科学的片段，如几何学的点、线、面、演绎推理等，但只有包含了普遍理念构想的近代数学才被看作科学真正的起源。（参见胡塞尔：《欧洲科学的危机与超越论的现象学》，王炳文译，第 33-34 页）

③ 胡塞尔：《欧洲科学的危机与超越论的现象学》，王炳文译，第 27 页。

④ Merleau-Ponty, M. Notes de cours sur l'Origine de la géométrie de Husserl, Paris: P. U. F., 1998, p. 2.

⑤ 伯奈特：《论德里达关于胡塞尔〈几何学起源〉的"引论"》，张晓华译，《世界哲学》2014 年第 5 期，第 5 页。

⑥ 胡塞尔：《欧洲科学的危机与超越论的现象学》，王炳文译，第 39 页。

对经验事实的绝对否定。胡塞尔丝毫不掩饰几何学起源中的否定性：尽管几何学的经验起源体现为实际的测量活动，但正是几何学理念对实际测量的完全否定，使几何学理念把自身预先确立为实践的"精确性"，从而"达到了在经验的实践中达不到的东西"[①]。胡塞尔指出，几何学的"纯粹极限形态"在实践中作为感性"模型"起作用，它在测量活动中指导人们把经验的-实践的兴趣转变为"纯理论的兴趣"。[②]因此，几何学的示范意义在于由理念化所达成的兴趣转变，它否定了经验的-实践的目的，而使几何学具有超越时间的客观有效性。这种转变不仅是几何学的特征，而且被认为是认识的普遍特征。因为几何学的理念与空间的本质形式相对应，后者作为"一种关于世界的普遍形式"始终制约着物体的客观性质。尽管事物的认识在主观心理中有其起源，但人们只能通过理念化才能把握这种普遍形式。[③]

胡塞尔对几何学起源的追问表明，几何学的理念是通过对经验事实与存在的否定而构成的。他明确指出，在伽利略自然的数学化步骤完成之后，那些不精确的、不以理念化为基础的自然观就已经被抛弃了。[④]因此，理念性是几何学在历史中所具有的"唯一的"普遍本质，它作为一种跨越时间仍然自明的沉淀物，被看作超时间的客观存在。然而，问题在于这种跨越究竟是时间的风格还是历史的形成呢？当胡塞尔用起源的否定性来论证普遍理念的构成时，梅洛-庞蒂指出这种构成不过是一种现象学的操作：几何学作为"贯穿于一切变体的本质普遍的存在"[⑤]，是在变项的自由变更中获取"不变项"的结果。[⑥]胡塞尔在本质主义的还原中恪守彻底性要求，而梅洛-庞蒂则对彻底主义方法持审慎的态度："真正彻底主义的哲学不可避免地包含情感的气氛。"[⑦]对梅洛-庞蒂而言，彻底主义走向成熟之后，会转向对自身的彻底反思，这会引向对彻底主义自身界限的思考。因此，"胡塞尔之后芬克的研究——通过现象学来看待一切（并扩大一切）"，是"意

---

① 胡塞尔：《欧洲科学的危机与超越论的现象学》，王炳文译，第40页。
② 胡塞尔：《欧洲科学的危机与超越论的现象学》，王炳文译，第42页。
③ 胡塞尔：《欧洲科学的危机与超越论的现象学》，王炳文译，第50页。
④ 胡塞尔：《欧洲科学的危机与超越论的现象学》，王炳文译，第69页。
⑤ 胡塞尔：《欧洲科学的危机与超越论的现象学》，王炳文译，第473页。
⑥ 胡塞尔：《经验与判断》，邓晓芒、张廷国译，北京：生活·读书·新知三联书店，1999年，第395页。
⑦ Merleau-Ponty, M. Notes de cours sur l'Origine de la géométrie de Husserl, p. 14.

见、和声与学生们"的教条与误解。①

梅洛-庞蒂在对起源的追问中继承了胡塞尔的还原,但他不认同先验还原对经验起源的否定。在梅洛-庞蒂看来,几何学理念对经验起源的否定形成了几何学的传统。②当胡塞尔对传统的追问着眼于本质时,梅洛-庞蒂则认为传统是对起源的遗忘(l'oublie)。遗忘是胡塞尔追溯起源的隐秘环节:几何学的理念通过对经验起源的否定,而预先确立了自身作为"最终根源的真实性"③。但在梅洛-庞蒂看来,建立在否定性基础上的真实性需要被进一步还原:遗忘所否定的不仅是意义的经验起源,它使人们在意义根据的后续使用中否定了意义发生,这种否定使人们忽略了原初意义在发生之后的"延续中拥有不同于过去的方式"。④因此,梅洛-庞蒂与胡塞尔在遗忘的否定性问题上持不同的态度:胡塞尔的否定性是对经验事实的纯粹否定,他由此得出几何学的意义本质(Sinngemäß);梅洛-庞蒂并不把经验事实与先天本质对立起来,因此他拒绝把起源看作对存在的否定,⑤而认为几何学在起源中遗忘了意义发生。故此,当胡塞尔从否定出发来思考起源时,梅洛-庞蒂则要追溯否定性中丰富的发生与运动。

梅洛-庞蒂主张在起源上追溯遗忘,这并不是重返心理主义,而是在还原的彻底化推进中呈现新的维度,即深层维度。⑥这种深层维度是意义发生的维度,"它并不诉诸理念性,而是决定并包含了发生,它是对意义的运动、对意义发生(Sinngenisis)的揭示"⑦。因而,在几何学原初意义的追问中,胡塞尔与梅洛-庞蒂并不处在对立面,他们的不同源于二者现象学方

---

① Merleau-Ponty, M. Notes de cours sur l'Origine de la géométrie de Husserl, p. 14.

② 梅洛-庞蒂同胡塞尔一样,认为所有精神存在、理智的构造物、"人性空间"都在这种传统之中,传统据此可被看作形成了原初意义与几何学统一性的"场"。(cf. Merleau-Ponty, Notes de cours sur l'Origine de la géométrie de Husserl, p. 21.)

③ 胡塞尔:《欧洲科学的危机与超越论的现象学》,王炳文译,第31页。

④ Merleau-Ponty, M. Notes de cours sur l'Origine de la géométrie de Husserl, p. 33.

⑤ 巴尔巴拉指出,自然存在是某种包裹了否定性维度的东西,在这个意义上,不应把否定性看作是对存在的否定,而应该在自然存在的研究中复兴否定性。(参见勒洛·巴尔巴拉:《梅洛-庞蒂与自然》,王亚娟译,第64页)达利西耶在此基础上指出,梅洛-庞蒂讨论了"自然的否定性"(negativité naturelle),它是自然存在的应有之义,它对应于不可见的与不可能之物,以不在或虚无的方式把人们引向存在。(cf. Dalissier, M., La Métaphysique chez Merleau-Ponty, Louvain: Peeters, 2017, pp. 907-908.)

⑥ Merleau-Ponty, M. Notes de cours sur l'Origine de la géométrie de Husserl, p. 20.

⑦ Merleau-Ponty, M. Notes de cours sur l'Origine de la géométrie de Husserl, p. 33.

法的差异。①对梅洛-庞蒂而言，历史经验主义的反面并不是永恒的本质主义。他在起源的追溯中发现传统对起源的遗忘，这要求把现象学的还原不断推进下去，向着遗忘的深层维度追问意义的发生。遗忘表明意义发生与意义传递之间不可逆的区别与关联，尽管胡塞尔并未主题化遗忘问题，但当他一再追问理念性如何在意义传递中保持客观性时，②其所关注的应是同样的问题。正如胡塞尔所说，理念的客观性"是借助于语言达到的"③，换言之，语言为意义发生之后的传递提供了躯体。梅洛-庞蒂由此发现语言在阐明遗忘与理念性形成中的独特作用，并把胡塞尔以数学理念反思的形式展开的追问，转向"以表达的一般反思或语言学特性反思的形式"④。

二、语言的沉淀造成遗忘

《几何学的起源》中始终困扰胡塞尔的问题是："几何学的理念性是如何从最初的个人心中的起源而达到它的理念上的客观性的？"⑤面对这一问题，胡塞尔论及语言，因为几何学的理念是用语言表述的；但几何学的理念不同于语词、句子或理论等语言构成物，所以他并不打算通过语言阐明几何学的理念性。梅洛-庞蒂依据胡塞尔的思路指出：通过语言分析几何学的起源——"这将是对现象学的放弃"⑥。然而，当胡塞尔在意识范围内理解语言，把语言看作人与世界的功能性关联时，⑦梅洛-庞蒂则转向对这种关联的深层研究，这揭示了语言存在的双重层面：一方面作为交流体现了人与世界之间的关联，另一方面在书写中呈现出表达的可能性。他由此把几何学起源的研究建立在语言现象学基础上。那么，梅洛-庞蒂是如何在

---

① 胡塞尔的还原始终通过对纯粹意识的考察而获得理论的普遍有效性与明证性，而梅洛-庞蒂在还原中所发现的不是胡塞尔所言的明证性，而是本源的两间性，这使他在意识与存在的往复穿梭中抵达世界的开放性与丰富性。（参见王亚娟：《完全还原的不可能性——兼论梅洛-庞蒂与胡塞尔现象学的差异》，《世界哲学》2017 年第 4 期）

② 胡塞尔：《欧洲科学的危机与超越论的现象学》，王炳文译，第 450-451 页。

③ 胡塞尔：《欧洲科学的危机与超越论的现象学》，王炳文译，第 451 页。

④ Merleau-Ponty, M. Notes de cours sur l'Origine de la géométrie de Husserl, p. 2.

⑤ 胡塞尔：《欧洲科学的危机与超越论的现象学》，王炳文译，第 450-451 页。

⑥ Merleau-Ponty, M. Notes de cours sur l'Origine de la géométrie de Husserl, p. 27.

⑦ 胡塞尔：《欧洲科学的危机与超越论的现象学》，王炳文译，第 451 页。

胡塞尔的诠释中达成这种转变的？这需要澄清语言在什么意义上参与了理念性的形成，梅洛-庞蒂又是在什么意义上接近而又偏离了胡塞尔。

事实上，梅洛-庞蒂之所以在《几何学的起源》中读出语言的重要性，是因为胡塞尔在理念性由主观起源达到客观性的各个层次都谈到了语言。一方面，胡塞尔肯定语言在功能上呈现出人与他人、人与世界的关联，他以"视域"[①]来描述这种关联，认为理念性在经验起源上依赖于这种视域。[②]然而，这并不意味着胡塞尔把经验的关联看作理念性的先天条件，因为它始终包含主观（间）的、心理的含混性。理念性原初的自明性不是来自语言交流，而是最初生产活动的自明性。另一方面，胡塞尔区分了交流的语言与书写的语言。书写使交流实践的鲜活意义在语言符号中沉淀下来，这样符号所记录的意义便脱离了直接与间接的交流。"通过书写就发生了意义构成物之原初存在样式的改变"[③]，这使经验起源中含混的能动作用陷入沉睡，逻辑性的解释活动把原初的自明性传递下来。[④]因此，无论在交流语言还是在书写层面，胡塞尔都未肯定语言在理念性形成中的真实作用，几何学的理念性尽管由语言来表达，但它在根本上区别于语言的构成物。[⑤]

梅洛-庞蒂认同胡塞尔对两种不同的语言所做的区分，即作为言语（parole）[⑥]的语言和书写的语言，但他与胡塞尔在两种语言的态度上截然不同。首先，他不像胡塞尔那样否定交流的语言对理念性的作用，而是把言语看作语言的实践层面。"语言作为言语是理念性的实践"，鲜活的言语

---

① 视域的原文是"Horizont"，它在《危机》中统一被译为"地平线"。在德文中"视域"与"地平线"是同一个词，它们共同被用来描绘由主观视觉所达成的"视力范围"。在胡塞尔那里，"视域"作为意识对象与周围环境的关联，使人们注意到"对象与作为对象之总和的世界之间的过渡关系"。（参见倪梁康：《胡塞尔现象学概念通释》，北京：生活·读书·新知三联书店，2007年，第219页。）对这种过渡关系的过度解释会把人们引向世界论题，并得出胡塞尔的晚期哲学从意识走向世界的结论，但这种解释对胡塞尔而言并不合适。这是因为胡塞尔的视域是一种与主体有关的能力，它着重于精神的观看。因此，世界视域始终是意识构造的产物，它需要以绝对自我为最终的源泉。

② 胡塞尔：《欧洲科学的危机与超越论的现象学》，王炳文译，第452页。

③ 胡塞尔：《欧洲科学的危机与超越论的现象学》，王炳文译，第455页。

④ 胡塞尔：《欧洲科学的危机与超越论的现象学》，王炳文译，第461页。

⑤ 胡塞尔：《欧洲科学的危机与超越论的现象学》，王炳文译，第450页。

⑥ 梅洛-庞蒂的言语（parole）与胡塞尔的"交流的语言"相对应，它指的是直接或间接交流着的语言。因而，在言语中传递了语言鲜活的意义，它指向言说者与倾听者在世的关联。梅洛-庞蒂最初从索绪尔那里继承了言语概念，并围绕言语所包含的"语言录入的种种可能性"展开专题讨论。（cf. Merleau-Ponty, Résumés de Cours, Collège de France, 1952-1960, Paris: Gallimard, 1968, p. 33）

是自我与他人的交织，它作为纵向的存在是实践的存在。①在实践意义上看待言语，而不再把交流仅仅看作人类的功能或能力，这是梅洛-庞蒂与胡塞尔在语言问题上的根本区别。事实上，如巴尔巴拉所说，梅洛-庞蒂对几何学起源的思考与他对现象学界限的反思相关联，②在后一反思中他曾围绕言语问题展开专题讨论。在他看来，言语作为符号与意义两个序列的统一体，③是分化语言背后的原初层面；因而言语中人与世界、自我与他人的交织不应被彻底地拒绝，而应当被接受为原初意义的可能性条件。质言之，言语作为理念性的实践参与了理念性的形成，它不仅是胡塞尔所说的理念性的经验的-历史的起源，而且作为可能条件成为理念性不可或缺的先验起源。

在澄清了言语在理念性形成中的作用之后，梅洛-庞蒂进一步讨论了书写问题。如果说胡塞尔看重书写对存在模式的改变，那么梅洛-庞蒂则从言语出发来讨论书写带来的转变。梅洛-庞蒂指出被转变的不仅是存在模式，而且是实践中原初的生产。④对他而言，言语作为直接的或间接的交流，承载了意义创生与原初生产的信息，这种信息在书写中沉淀和保存下来。当胡塞尔肯定书写中的沉淀与再激活能力时，梅洛-庞蒂则反过来指出，这种可被重新激活的沉淀物使人们不可能回到原初意义。"沉淀使我们能够走得更远，却同时使我们受到空洞思想的威胁，并使起源的意义被掏空。"⑤原初意义形成于原初的生产活动，梅洛-庞蒂用原创造（Urstiftung）来描述这种生产，而沉淀物的再激活所对应的不再是意义创生，而是再创造（Nachstiftung）等后续阶段。⑥在原创活动后续的生产实践中，尽管初始的获得物得以保存下来，但不可避免的遗忘使意义的完全激活在根本上成为不可能。⑦

由此，梅洛-庞蒂在语言的现象学分析中澄清了遗忘。在胡塞尔那里，逻辑演绎的明见性瓦解了语言在理念性起源中的含混作用，这使胡塞尔不

---

① Merleau-Ponty, M. Notes de cours sur l'Origine de la géométrie de Husserl, p. 28.

② Merleau-Ponty, M. Notes de cours sur l'Origine de la géométrie de Husserl, p. 1.

③ Merleau-Ponty, M. Résumés de Cours, Collège de France, 1952-1960, p. 34.

④ Merleau-Ponty, M. Notes de cours sur l'Origine de la géométrie de Husserl, p. 29.

⑤ Merleau-Ponty, M. Notes de cours sur l'Origine de la géométrie de Husserl, p. 167.

⑥ Merleau-Ponty, M. Notes de cours sur l'Origine de la géométrie de Husserl, pp. 161-162, p. 31.

⑦ 人们可以在这个意义上理解梅洛-庞蒂关于还原的态度："我们关于还原获得的最大教义就是完全还原的不可能性。"（梅洛-庞蒂：《知觉现象学》，姜志辉译，北京：商务印书馆，2000 年，第 10 页）

再追问遗忘的深层维度。梅洛-庞蒂则在起源上从语言实践出发，肯定语言作为潜在的交流包含着未完成性与可理解性，它朝向两个不同的维度：一方面是自我与他人在言语中的交织，另一方面是理念性在书写中的积淀。在前一维度上，"人类语言是理念存在的事实"①，它为理念性提供了形体和肉身，从而使理念性降临到存在之中。在后一维度上，他对语言的追溯揭示了语言超出意识的力量：语言的命名活动包含原初的生产，当胡塞尔强调原初生产在表达中的再激活与再实现时，梅洛-庞蒂则是在生产实践的回溯性探问中，发现了再生产、再激活与沉淀对原初实践的"遗忘"。这意味着人们只有在语言起源的追溯中，才能领会原初意义的遗忘，并在原初意义的持续探问中真实地把握理念性的发生或涌现。

三、深度的交织重返存在

在胡塞尔对几何学起源的历史追溯中，理念性作为起源的真实性是通过否定性而预先确立的。梅洛-庞蒂揭示了胡塞尔的理念性与否定性之间的隐秘关联——正是否定性使理念性在自我与他人的传递中达到客观性。因而，否定性既是对经验中自我与他人关联的"否定"，亦在否定中见证了二者在起源中的关联。正是在这个意义上，胡塞尔与梅洛-庞蒂关于起源的最终思考都聚焦于"自我与自我以及自我与他人之间的关系"。面对这一问题，胡塞尔始终用意识主体的构成活动来解释关联，这使他人要么是另一个"自我"，要么作为自我的"对象"被给予。这种构成性的解释在起源上否定了"他我"的存在，并为胡塞尔赢得了"唯我论"的骂名。尽管"唯我论"的指责对胡塞尔言过其实，但当他强调先验自我是绝对的源泉时，梅洛-庞蒂完全有理由指责他遗忘了自我与他人的原初关联，从而遗忘了起源。

在梅洛-庞蒂看来，自我与他人关系的阐明依赖于语言：言语作为语言的原初层面呈现出自我与他人、人与世界之间的原初关联，这种关联在主观心理学中被描述为言语的移情，而在现象学中被称为"交织"（Verflechtung）。在这种交织中，言语作为原初的表达实践，实现了语言符

---

① Merleau-Ponty, M. Notes de cours sur l'Origine de la géométrie de Husserl, p. 25.

号与含义两个方面的统一。①②因此，语言并非思维的产物，而是人与世界、自我与他人的原初生产活动。在这种原初活动中，自我与他人交织在一起，其中既没有超越，也不存在纯粹的理念性。胡塞尔认为理念性作为精神的沉淀物具有客观的意义，而梅洛-庞蒂则认为它是一种"僵化的、沉淀的、潜在的或休眠的意义"③，对这种意义的"赞词"表明人们遗忘了交织的处境。梅洛-庞蒂对理念性起源的追溯揭示了本源的交织，它曾活生生地存在于原创活动中，却在后续生产中被人们遗忘。遗忘使人们获得了客观性，也使人们远离了鲜活的原初意义。梅洛-庞蒂援用胡塞尔的说法指出，构造物中任何一个步骤都不能被部分地激活。④与此相对，再激活不可避免原初意义丧失的风险，这正是现象学的任务和使命之所在，即通过对起源的不断追溯，向人们呈现世界与人之间不可割裂的关联。

当梅洛-庞蒂把根源的交织看作理念性起源的必然条件时，交织便脱离了经验主义与相对主义而具有先验性特征。⑤对梅洛-庞蒂而言，交织是以语言为躯体所承载的人与世界、自我与他人的深度关联，它既是历史的深度，亦是理念性发生的源头。因而，他对理念性的历史追溯与语言的起源融合在一起：理念性是被生成的，它在语言的诞生中拥有其意义发生

---

① 在梅洛-庞蒂那里，言语作为符号与含义的统一，意指与次级表达相对应的初始表达。在初始的表达中，能指与所指处于原初的统一之中，它在次级表达中走向不可逆的分化。因而，梅洛-庞蒂对言语问题的阐明，与他对表达问题的主题反思密切关联。事实上，对语言表达与文化世界的研究，是梅洛-庞蒂在《知觉现象学》之后十余年的工作方向，读者可以在这一阶段众多文本中找到相关证据，如《意义与无意义》《眼与心》《符号》《可见的与不可见的》等。有关表达问题的研究围绕文学与艺术创作等主题展开，揭示了"机制作为生成各种可能言语之活动的本性"——这把研究引向历史与社会领域。（cf. Merleau-Ponty, Résumés de Cours, Collège de France, 1952-1960, pp. 41-42.）因而，在言语及其关联的能指与所指问题上，梅洛-庞蒂并不仅仅是索绪尔等人的复写，而是做出了一定程度的扩展。

② Merleau-Ponty, M. Notes de cours sur l'Origine de la géométrie de Husserl, p. 77.

③ Merleau-Ponty, M. Résumés de Cours, Collège de France, 1952-1960, p. 166.

④ 胡塞尔：《欧洲科学的危机与超越论的现象学》，王炳文译，第 458 页；Merleau-Ponty, M. Résumés de Cours, Collège de France, 1952-1960, p. 31.

⑤ 对胡塞尔而言，先验还原呈现了意识的绝对的自身被给予性。（参见胡塞尔：《现象学的观念》，倪梁康译，上海：上海译文出版社，2007 年，第 9 页）但在梅洛-庞蒂看来，先验还原不仅通向绝对意识，而且在起源的追溯中呈现出自然态度的先验意义。（参见梅洛-庞蒂：《符号》，姜志辉译，北京：商务印书馆，2003 年，第 203-204 页）这表明，自然存在的直接所与性同样具有根源的真实性，尽管这种根源与胡塞尔所说的"无条件的普遍有效性的形式"全然不同。因此，研究者认为梅洛-庞蒂的回溯性探问是对先验方法的"彻底反思"，在根本上是对先验哲学的继承。（cf. Matherne. "Toward a New Transcendental Aesthetic: Merleau-Ponty's Appraisal of Kant's Philosophical Method", in British Journal for the History of Philosophy, 27: 2, 2019, p. 380）

（Sinngenesis）。当胡塞尔着眼于意义沉淀时，梅洛-庞蒂则把目光转向意义发生：起源中的交织与延迟的沉淀都朝向"生命深度"或"理念的深度历史性"。①梅洛-庞蒂对几何学起源的回溯性探问，正是朝向这种"深度"的尝试，它意味着区别于事实系列与非时间的意义系列的"第三维度"。②③这个维度是理念性与历史性发生的维度，它在本源的交织中呈现出起源的开放性与无限性，这使还原不再受限于先验的意识生活，而重返在现象学中被还原的意识的"世界"。

在《几何学课程笔记》的最后，梅洛-庞蒂参照了胡塞尔的《作为原-方舟的大地不动》④。胡塞尔在这一文本中主题化了"大地"（Erde）问题，它作为世界视域是一切认识的本源之基。因而，大地并非现实中运动的大地，亦不是躯体意义上的"整体"，它作为开放的视域包含了物体之间的关联。这种关联在躯体运动中呈现出可能视域的开放性与无限性，所以尽管地球在运动，但作为原-方舟的大地不动。⑤胡塞尔强调"大地"概念的独特性，因为它作为世界观似乎是被预先设定的。然而，这种自然主义观念需要通过现象学的还原来澄清：看似先行设定的世界观只能以"绝然的自我"的"先行被给予性和构造"为最终源泉，⑥而自然世界只是先验意识

---

① Merleau-Ponty, M. Résumés de Cours, Collège de France, 1952-1960, p. 167；德里达：《〈几何学的起源〉引论》，方向红译，南京：南京大学出版社，2005 年，第 114 页。

② 梅洛-庞蒂晚期在视觉关联的存在问题中多次谈到深度，如《现象学界限上的胡塞尔》《眼与心》与《可见的与不可见的》等。对深度的进一步探究，将会与梅洛-庞蒂的肉身本体论关联起来。事实上，在《可见的与不可见的》中，深度即为"肉身"的另一种表达。（参见梅洛-庞蒂：《可见的与不可见的》，罗国祥译，北京：商务印书馆，2008 年，第 168-169 页）

③ Merleau-Ponty, M. Résumés de Cours, Collège de France, 1952-1960, p. 161.

④ 这是胡塞尔写于 1934 年 5 月 7 日至 9 日的一个手稿，他并没有给为这个手稿确定一个最终的题目，而是在手稿的封面上描述了手稿的内容："颠覆日常世界观解释的哥白尼学说。本源之基的大地不动。对第一科学意义上的自然的空间性的现象学起源的诸基本研究。一切必要的初步调查。"（cf. Husserl, E., "Grundlegende Untersuchungen Zum Phänomenologischen Ursprung der Räumlichkeit der Natur", Philosophical Essays in Memory of Edmund Husserl, ed. Farber, Marvin, Cambridge: Harvard University Press, 1940, p. 305）这一手稿在 1989 年被翻译为法文版，题目变更为《作为原-方舟的大地不动》（L'Arche-Originaire Terre ne se Meutpas）。（cf. Merleau-Ponty, Notes de cours sur l'Origine de la géométrie de Husserl, p. 6.）需要指出，梅洛-庞蒂不仅在《几何学课程笔记》中参照《作为原-方舟的大地不动》，其他作品也多次援引了这一文本。（参见梅洛-庞蒂：《符号》，姜志辉译，第 203 页；Merleau-Ponty, Notes de cours sur l'Origine de la géométrie de Husserl, pp. 168-169；Merleau-Ponty, La Nature. Notes, Cours du Collège de France, Paris: Seuil, 1995, pp. 110-113）

⑤ 胡塞尔：《自然空间性的现象学起源的基本研究》，单斌译，《中国现象学与哲学评论》2016 年第 2 期，第 244 页。

⑥ 胡塞尔：《自然空间性的现象学起源的基本研究》，单斌译，第 254 页。

构成的统一的世界视域。在梅洛-庞蒂看来，起源对"自我-极"的强化极化了作为意识构成物的世界，这使胡塞尔在先验世界向着生活世界的回溯中，呈现出自然态度与先验态度之间摇摆或矛盾。[①]

梅洛-庞蒂指出，所谓的摇摆或矛盾使现象学具有令人迷惑的特征。现象学还原揭示了意识与世界之间的众多层次：有构成能力的意识、被还原的世界、被意识构成的世界、被构成的意识、作为意识构成物的纯粹意识等。当人们纠结于这些研究对象时，实已落入构成能力与被构成物的漩涡。梅洛-庞蒂并非要在这些层次之间做出取舍，而是指出只有把握现象学的方法，才能理解并脱离漩涡。对他而言，还原方法从来不意味着某种起点或终点，它毋宁是"在某种意义上的整个研究，因为他（胡塞尔）说研究是连续的开始"[②]。因而，与构成关联的各层次之间的对应或对立，取决于还原操作的起点与推进。当胡塞尔在起源的追溯中叩问本源的基础时，他事实上彻底化了本质的还原。因而纯粹意识与纯粹事物（blosse Sache）被共同追溯到有意识构成能力的绝对源泉，当它与被构成的诸世界绝然分离时，便不得不在意义创生中接受世界的直接所与性。"所有概念都必须以共存于一个唯一世界的具体存在的我们的原始时期为前提。"[③]因此，有构成能力的意识与在原初意义上的世界都是构成的结果，它们是连续开始的还原的产物；当胡塞尔以自我极为世界极奠基时，梅洛-庞蒂则基于胡塞尔的局限性指出，应当以蕴含着诸构成物之间关联的世界为根基。

正是在这个意义上，梅洛-庞蒂把胡塞尔的"大地"概念引向大地存在，它既不是物体意义上的地球，亦不是"我们通过理念化确立的逻辑存在系统"，而是作为"周围世界（Umwelt）的敞开"，意味着一种非观念的存在模式。[④]那么，这是不是说梅洛-庞蒂从胡塞尔的观念主义走向了唯物主义了呢？答案当然是否定的，因为大地存在并不是一种躯体性的存在，而是一种深度存在，即第三维度的存在。它既不是纯粹的事物，也不是纯粹的意识——这两者都是意识的构成物，而深度是存在在根源上的交织与关联。

---

① Merleau-Ponty, M. La Nature. Notes, Cours du Collège de France, Paris: Seuil, 1995, p. 103；梅洛-庞蒂：《符号》，姜志辉译，第 200 页。

② 梅洛-庞蒂：《符号》，姜志辉译，第 199 页。

③ 梅洛-庞蒂：《符号》，姜志辉译，第 225 页。

④ Merleau-Ponty, M. Résumés de Cours, Collège de France, 1952-1960, p. 168；Merleau-Ponty, M. Notes de cours sur l'Origine de la géométrie de Husserl, pp. 82-83.

对梅洛-庞蒂而言，我们不可能只有意识，因为构成着的意识与被构成的世界是同时被构成的，这就是为什么梅洛-庞蒂总是强调交织与理念的同时性。①然而，一方面我们无法摆脱意识构成的观点，因为只有沉思才能让我们在主体意识中把握世界，并由主观的心理起源达到逻辑的客观性；另一方面，认识从具体的主体间性走向客观性时产生了遗忘，这要求人们重新学习一种"在任何论点和理论之前的'世界的论点'"②。因此，人们需要在还原的连续开始中突破"完全还原"③的界限，寻找被还原的"世界"与意识构成的世界之间的差异与中介，以便在意识的连接与框架中找回被遗忘的存在。

综上所述，胡塞尔基于严格科学的普遍性理念来考察几何学的起源，他在几何学的历史发展中排除了经验的事实系列以追溯先验的本质起源。梅洛-庞蒂以胡塞尔发现理念性的方法解读几何学的起源，却在根源的真实性中发现了否定性。梅洛-庞蒂认为否定是现象学还原的隐藏环节：还原的严格性与彻底性之所以能保证理念的客观性，是因为人们在起源上遗忘了存在根源的交织与关联。这种遗忘隐藏在胡塞尔对还原的彻底化操作中，使他能够用超时间的意义系列排除经验的事实系列，这种操作在根本上包含着消极的否定性。梅洛-庞蒂不再消极地把先天本质与事实存在对立起来，而是积极地看待否定性背后的存在关联，这使他在遗忘的追溯中发现了本源的交织与理念性的涌现。这一发现使现象学重返对存在的深度拷问，并与他的肉身本体论密切相关。④于是，在几何学起源的追问中，梅洛-庞蒂沿着胡塞尔的道路突破现象学的界限，并在还原的持续推进中与胡塞尔渐行渐远。

① Merleau-Ponty, M. Notes de cours sur l'Origine de la géométrie de Husserl, p. 77.

② 梅洛-庞蒂：《符号》，姜志辉译，第 225 页。

③ 胡塞尔并不使用完全还原这一表达，在他看来，现象学作为严格科学的哲学，始终通过对纯粹意识的考察而获得理论的普遍有效性与明证性。《知觉现象学》评论胡塞尔的还原时使用了"完全还原"，梅洛-庞蒂以此描述胡塞尔彻底追求明证性的还原，因而先验还原和本质还原都属于完全还原。（参见梅洛-庞蒂：《知觉现象学》，姜志辉译，第 10 页。）

④ 在《几何学课程笔记》中，梅洛-庞蒂在评述胡塞尔的最后提出了存在问题及其肉身关联。因而，只有在肉身存在的深度追问中，才能阐明梅洛-庞蒂关于起源的最终论点。研究者可以在《可见的与不可见的》等著作或手稿中，看到他有关存在与肉身问题的进一步阐明，而本文所涉内容可算作一个预先说明或导言。

参考文献：

[1] 勒洛·巴尔巴拉：《梅洛-庞蒂与自然》，王亚娟译，《现代哲学》2010 年第 6 期。

[2] R. 伯奈特：《论德里达关于胡塞尔〈几何学起源〉的"引论"》，张晓华译，《世界哲学》2014 年第 5 期。

[3] 雅克·德里达：《〈几何学的起源〉引论》，方向红译，南京：南京大学出版社，2005 年。

[4] 胡塞尔：《经验与判断》，邓晓芒、张廷国译，北京：生活·读书·新知三联书店，1999 年。

[5] 胡塞尔：《现象学的观念》，倪梁康译，上海：上海译文出版社，2007 年。

[6] 胡塞尔：《欧洲科学的危机与超越论的现象学》，王炳文译，北京：商务印书馆，2011 年。

[7] 胡塞尔：《自然空间性的现象学起源的基本研究》，单斌译，《中国现象学与哲学评论》2016 年第 2 期。

[8] 梅洛-庞蒂：《符号》，姜志辉译，北京：商务印书馆，2003 年。

[9] 梅洛-庞蒂：《知觉现象学》，姜志辉译，北京：商务印书馆，2007 年。

[10] 梅洛-庞蒂：《可见的与不可见的》，罗国祥译，北京：商务印书馆，2008 年。

[11] 倪梁康：《胡塞尔现象学概念通释》，北京：生活·读书·新知三联书店，2007 年。

[12] 王亚娟：《完全还原的不可能性——兼论梅洛-庞蒂与胡塞尔现象学的差异》，《世界哲学》2017 年第 4 期。

[13] 杨大春：《意识哲学解体的身体间性之维——梅洛-庞蒂对胡塞尔他人意识问题的创造性读解与展开》，《哲学研究》2003 年第 11 期。

[14] Dalissier, M., La Métaphysique chez Merleau-Ponty, Louvain: Peeters, 2017.

[15] Husserl, E., Grundlegende Untersuchungen Zum Phänomenologischen Ursprung der Räumlichkeit der Natur, *Philosophical Essays in Memory of Edmund Husserl,* ed. Farber, Marvin, Cambridge: Harvard University Press,

1940, pp. 307-326.

［16］Merleau-Ponty, M., *Résumés de Cours, Collège de France,* 1952-1960, Paris: Gallimard, 1968.

［17］Merleau-Ponty, M. *La Nature. Notes, Cours du Collège de France,* Paris: Seuil, 1995.

［18］Merleau-Ponty, M., *Notes de cours sur l'Origine de la géométrie de Husserl,* Paris: P. U. F., 1998.

［19］Matherne, S., Toward a New Transcendental Aesthetic: Merleau-Ponty's Appraisal of Kant's Philosophical Method, in *British Journal for the History of Philosophy,* 27: 2, 2019, pp. 378-401.

（本文原载于《哲学研究》2020 年第 1 期）

从黑格尔的《怀疑论》文章
看怀疑论与辩证法的关系[*]

夏 钊

　　黑格尔研究中一个经典的问题是，黑格尔如何避免独断。而对此问题的回应，一种具有代表性的做法是将黑格尔与康德的批判方法结合起来，认为黑格尔继承了康德的先验哲学立场，从而容纳了批判与自我批判，最大限度地避免了独断论，比如罗伯特·皮平[①]等。除此之外，还有另一种重要的思路，就是看到黑格尔与怀疑论之间的关系，从而将怀疑论的怀疑方法吸收进来以对抗独断，比如米夏埃尔·福斯特、克劳斯·费维克[②]等。而所有这些最终的归结点其实就是，黑格尔的辩证法如何避免独断论，怎样理解这种辩证法。本文将从第二种思路入手，来探究怀疑论对于黑格尔建构自身辩证方法的内在关系和重要意义，并且试图给出怀疑论与辩证法的可能结合点以及差异性，从而为进一步深入辩证法的内在机制提供一种可能参照。

　　考察怀疑论跟辩证法的关系，一个重要的节点就是黑格尔自己对于怀疑论的研究，显然这可以定位到黑格尔的耶拿早期，因为这一时期黑格尔

　　* 本文系国家社会科学基金青年项目"新辩证法学派扩展研究"（项目号：21CZX001）的阶段性成果。

　　① 罗伯特·皮平：《黑格尔的观念论》，陈虎平译，北京：华夏出版社，2006 年。以皮平为代表的这种做法有其合理性，看到了黑格尔哲学在哲学史发展中的连续性，即作为"后康德哲学"如何继承并谨慎地处理自身与康德之间的关系。

　　② Cf. Michael N. Forster, Hegel and Skepticism, Cambridge and London: Harvard University Press, 1989; Klaus Vieweg, Philosophie des Remis: Der junge Hegel und das "Gespenst des Skepticismus", München: Wilhelm Fink Verlag, 1999. 这里的怀疑论主要是在皮浪主义的意义上来说的，这其实与黑格尔自身对怀疑论的理解、对真正怀疑论的界定密切相关，这些后文将会谈到。

就在仔细研究怀疑论的相关问题。①而之所以关注怀疑论，恰恰就因为黑格尔也希望通过对怀疑论这种"否定性力量"的研究，特别是通过对他那个时代新近怀疑论与古代怀疑论的比较，找出一条通向"真正哲学"的方法道路，也就是说，黑格尔很大程度上寄希望于通过研究怀疑论发现一些关键线索，从而为最终构建自己独特的哲学体系和方法做好准备。这一时期的集中成果就是 1802 年的《怀疑论》②一文，尽管后来黑格尔也在很多地方谈到过怀疑论，但就直面怀疑论的初次性以及分析上的系统性而言，这一论文成果也是很值得我们着重关注的。本文分为三部分：第一部分将预先处理一些与怀疑论相关的基础概念和背景问题，以说明怀疑论问题的研究对黑格尔的必要性；第二部分则结合《怀疑论》文章，进入黑格尔对于诸新旧怀疑论形态的分析，从而呈现黑格尔对怀疑论的独特理解；第三部分将展开怀疑论和辩证法在黑格尔那里的深度关联，特别是二者的统一性以及差异性，从而说明怀疑论对辩证法生成的关键促进作用，揭示辩证法自身独特的构成要件。

一、怀疑与哲学的需求

首先怀疑论到底意味着什么？它是如何产生的？黑格尔又为什么要花精力去钻研它呢？

总体来看，怀疑论的形成有双重契机。在宽泛的意义上，③它的出现其实并不是什么隆重的特殊事件，就像黑格尔所断定的"怀疑论的发生是很早的"，这主要跟某种不确定性（Ungewißheit）有关，"感性事物的不确定性，乃是一种古老的信念，不研究哲学的一般群众是这样看的，从来的

---

① Vgl. Hartmut Buchner, Skeptizismus und Dialektik, in Manfred Riedel (Hrsg.), Hegel und die antike Dialektik, Frankfurt am Main: Suhrkamp, 1990, S. 228 ff.

② 这里是指黑格尔耶拿时期发表在《哲学批判杂志》（Kritisches Journal der Philosophie）第 1 卷第二册上的论文《怀疑论与哲学的关系：对怀疑论不同变形的描述以及最新怀疑论与古代怀疑论的比较》，以下都简称为"《怀疑论》文章"。Vgl. Hegel, Jenaer kritische Schriften, in Gesammelte Werke, Bd. 4, hrsg. von Harmut Buchner und Otto Pöggeler, Hambrug: Felix Meiner Verlag, 1968, S. 197 ff. 后面涉及黑格尔历史考定版全集时，将简写为 GW，并省略相关出版信息。

③ 这里可以理解为一种怀疑态度，理论化和主题化则是之后的事情。

哲学家们也是这样看的"①，或者也可以说跟事物的流转变化有关，而这种流变的不确定性并不需要任何特殊的理论准备和反思，仅从日常状态的自然意识中就可直接获得，而且在其中就包含着这样的过程：事物存在或者不存在，这样存在或者那样存在，彼此过渡，也彼此质疑取消；它的存在是不真的，因为它也会不存在、会变化，反之亦然。这也与自然意识的时间之感相关，流变成了必然的，相应的不确定性也就是必然的。所以，怀疑的态度反而跟日常态度中的自然主义、感性经验或者经验实在论具有某种天然的亲缘关系。

当然，这里还存在另一种契机，促成了怀疑态度，即近代之后主体试图挣脱宗教神学而开始获得独立的地位，"因为一旦离开最高实体或上帝的保障，有限的主体就必须为知识的可能性负责，而这从一开始就处于矛盾之中，即处于起源与有效性、经验特殊性与真理的普遍性之间的张力之中"②。在本体论神学（Ontotheologie）模式下永恒的最高实体或上帝开始失效时，主体似乎就成为提供确定性的保障，但主体本身恰恰包含了不确定性，或者联系上文提到的日常态度的自然主义，主体本身也是变化的：主体存在或者不存在，具有这样的状态或者那样的状态，此主体这样而彼主体又那样。主体恰恰在这种特殊性和不确定性中给怀疑论的出现提供了契机。出于这双重契机，怀疑态度一直充当着哲学思考的底色，而理论化、主题化了的怀疑论就在这样的底色中伺机而动。

从词源来看，怀疑的动词来自"σκέπτεσθαι"，其本意是"探究""寻求""调查"，相关的词还有"σκεπτικός"（怀疑的）、"σκέψις"（怀疑）等。而依据词源本意，怀疑的态度或者怀疑本身就是一种"追问和探究方面的活动"，所以怀疑论者也可被称作"ζητητικοί"（追问派）。③而且黑格尔也谈到过，联系怀疑在德语中的写法"Zweifel"，它是由"zwei"（二）而来，这也就意味着"一种反复游移于二者或者多者之间的状态，人们既不安于此，也不安于彼"④，所以，仅就怀疑而言，这种探究和追问活动始终无

① 黑格尔：《哲学史讲演录》第 3 卷，贺麟、王太庆译，北京：商务印书馆，1983 年，第 109 页。

② 谢永康：《经验的客观内涵——阿多诺对黑格尔唯心主义的阐释》，《哲学研究》2021 年第 7 期。

③ Sextus Empiricus, Pyrrhoniae Hypotyposes, 1. 7；塞克斯都·恩披里柯：《皮浪学说概要》，崔延强译注，北京：商务印书馆，2019 年，第 4-5 页。

④ Hegel, Vorlesungen über die Geschichte der Philosophie II, in Theorie-Werkausgabe, Bd. 19, Frankfurt am Main: Suhrkamp, 1986, S. 371.（黑格尔理论版全集后面将简写为"TW"，并省略相关出版信息）

法避免一种二重化的不安局面，并且只会在其间来回摆荡。不过，怀疑还是会发展成为怀疑论，虽然黑格尔认为怀疑论在本质特征上不同于怀疑，并且作为"哲学"的怀疑论总是比较晚才出现，这里的关键就是，通过探究和追问得到的结果以及随之产生的感受，"我们首先进入存疑（ἐποχην），随后达致宁静（ἀταραξία）"①，所以怀疑论者也可以被称为"ἐφεκτικοί"（存疑派）。而这里的存疑，某种意义上可以看作上面说到的怀疑二重化的不安或者疑惑的进一步发展和极端化，塞克斯都将其理解为"心灵的一种站立（στάσις）状态，因之我们既不否弃也不确定任何东西"②，也就是在面对怀疑二重化或者某种思考的对立两方面时，既不倾向这边，也不倾向那边，不做选择，保留判断，对一切都表现出黑格尔所说的"漠不关心"（gleichgültig），从而从不安走向宁静，走向心灵的不受打扰，也即"不动心"。③

而恰恰在这样的"gleichgültig"（漠不关心）的过程中，展现出了怀疑论的核心方法原则"ἰσοσθένεια"（其直接含义翻译成德语就是"gleiche Gültigkeit"，即等效性，也就是"均势"），这意味着怀疑论主要就是确立"对于每个论证都有一个对立的等效论证"，在此之上相互对立、排斥的双方在可信性或不可信性上势均力敌，所以我们就会保留判断，从而"进入不持有任何信念的状态"④，也就不会变得独断。而基于这一原则方法，最直接的后果就是对独断论的反驳和批判，其中实际上有两个层面：其一，这一原则某种意义上是对人的感受的描述，即"对我来说""对我所考察"的任何一个独断式的论证，似乎都有另一个同等效力上可信或不可信的独断论证与之相对；其二，这里又蕴含着一种方法论层面上的操作指导（ἀγωγη），即为了针对每个独断论证，我们所能做的就是将另一与之对立的、同等效力的论证树立起来。毋庸置疑，怀疑论者们用这一原则描述自身状态，同时又用其指导自身免于受独断论影响而放弃怀疑和探究，从而

① Sextus Empiricus, Pyrrhoniae Hypotyposes, 1.8；塞克斯都·恩披里柯：《皮浪学说概要》，崔延强译注，第5页。"ἐποχην"一般也会看作"悬置""悬搁"，而"ἀταραξία"也会被译为"不动心"。

② Sextus Empiricus, Pyrrhoniae Hypotyposes, 1.10；塞克斯都·恩披里柯：《皮浪学说概要》，崔延强译注，第6-7页。

③ 在哲学史上一般将这种探究-存疑/悬置-不动心的整个怀疑进程称为"皮浪主义"。

④ Sextus Empiricus, Pyrrhoniae Hypotyposes, 1.12, 202-205；塞克斯都·恩披里柯：《皮浪学说概要》，崔延强译注，第8、61-62页。"παντι λογῳ λογος ισος ἀντικειται"（对于每个论证都有一个对立的等效论证）这一怀疑论的原则和方法，黑格尔在其《怀疑论》文章中也重点引用了，vgl. GW Bd. 4, S. 208.

避免轻易盖棺定论而无法走向一种内心的安宁和不动。

怀疑论的这种"均势攻击"（Äquipollenzattacke）原则和策略，无疑成为后来哲学发展的隐含线索与资源。在笛卡尔那里，虽然"普遍怀疑"的方法最终是指向寻求完全不可再怀疑的真的东西，但是其怀疑过程也在排除可疑和成见时隐含地利用了这种策略，比如：感官有时会欺骗我们，感官有时不会欺骗我们；有些人推理会出错，有些人推理不会出错；等等。这些同等效力的说法在笛卡尔看来，都体现了感官、推理等的可疑之处。①而这种均势攻击策略，在康德那里就更加明显，《纯粹理性批判》的"先验辩证论"部分就以它为底色组织起来：康德将理性介入认知过程从而造成对经验现象边界的跨越、对超验东西的追求看成一种辩证法、一种"幻相的逻辑"，并且认为怀疑的方式就是"交替地提出命题和反命题，使它们作为具有同等重要地位的反驳、其中每一方交替地作为信条而另一方作为它的反驳相互对立起来，所以怀疑论的反驳在这两个相互对立的方面从表面上看都是独断的，以便将有关这一对象的一切判断都完全取消掉"，②而对其最鲜明的展示就是在"二律背反"（Antinomie）的部分。在费希特那里，均势原则转变成了意识结构的构造方式，即"对立（opposition）而不是联结是心灵的基本结构"，而费希特最重要的洞见之一就是使"正题与反题先于任何综合的想法"成为"观念论体系的最重要的概念策略之一"。③

与这些哲学发展相关，特别是到了18世纪末的后康德时期，出现了一种以怀疑论为旨趣的哲学形态，即以迈蒙（S. Maimon）、舒尔茨（G. E. Schulze）为代表的"后康德怀疑论"，在他们的努力下怀疑论赢得了巨大的声望与热烈的讨论度，而其主要攻击的就是康德主义的先验观念论、理性批判以及实在论的独断主义，黑格尔的《怀疑论》就是在这样的现实背景下直接产生出来的。④除了客观环境，黑格尔写作这篇论文更主要的原因是为了实现已经提出的理性思辨的"哲学需求"，找到一条通向真正哲学

---

① 笛卡尔：《谈谈方法》，王太庆译，北京：商务印书馆，2001年，第26-27页；笛卡尔：《第一哲学沉思集》，庞景仁译，北京：商务印书馆，1986年，第14-33页。

② Kant, Kritik der reinen Vernunft, A 388-389 f; 康德：《纯粹理性批判》，邓晓芒译，杨祖陶校，北京：人民出版社，2004年，第336页。

③ 迪特·亨利希：《在康德与黑格尔之间——德国观念论讲座》，乐小军译，北京：商务印书馆，2013年，第283-284页。

④ Vgl. Walter Jaeschke, Hegel-Handbuch: Leben-Werk-Schule, Stuttgart: J. B. Metzler Verlag, 2016, S. 123.

的道路。在 1801 年的《费希特与谢林哲学体系的差别》中，他已经提出：一方面，"二重化、分裂是哲学需求的源泉"，理性需要必然的二重化的力量；另一方面，理性也需要"重建总体"（Totalität），真正哲学的需求就是要将"绝对的东西"与"二重化的东西"统一起来，"将存在结合到非存在中成为变易，将二重化结合到绝对的东西中成为其现象，将有限的东西结合到无限的东西中成为生命"①。所以，哲学的需求本身就来自二重化、对立矛盾的力量，怀疑论在此意义上与黑格尔所设想的真正哲学（辩证法）内在相关，因而要进一步走向理性的统一、总体的重建，怀疑之路就是必然的，这也才是黑格尔之所以直面和探究怀疑论其内在的理论逻辑。

二、从后康德怀疑论到古代怀疑论

经过第一部分，我们看到了产生怀疑态度和出于理性哲学需求去探究怀疑论的必要性和必然性，那么，回到《怀疑论》文章，黑格尔又是怎么具体看待各个不同的新旧怀疑论的？这些怀疑论对黑格尔又意味着什么呢？

黑格尔写作《怀疑论》文章的最直接导火索是后康德怀疑论阵营的舒尔茨 1801 年出版了自己的大部头专著《理论哲学批判》，而黑格尔正是想通过《怀疑论》这篇文章来回应和批判舒尔茨的怀疑论。很有意思的是，在整篇文章中，黑格尔对古代怀疑论的评价明显要高于舒尔茨，因为从结果上看，舒尔茨的怀疑论虽然批判康德所具有的独断色彩，也提出了一些用于怀疑的根据，但最终还是诉诸可感知的与经验相关的意识事实（Tatsache des Bewußtseins）②的不可否认的确定性，反对超越意识范围的诉因，并且将知性的规定和原理也当作这种意识事实，从而完全不怀疑意识的有限性，在这个意义上它就又成了一种独断论。③所以，在黑格尔看来，舒尔茨的怀疑论并不是一个合格的怀疑论，它完全没有克服独断论，没有达到一种

---

① GW, Bd. 4, S. 12 ff.

② 意识事实在舒尔茨看来具有完全的确定性，不可怀疑，因为甚至对其确定性的怀疑本身也是一个意识事实，所以明显能看到舒尔茨一定程度上对雅可比和早期浪漫派"直接知识"以及笛卡尔主义的吸收。

③ GW, Bd. 4, S. 202 ff.

首尾一贯、彻底的批判怀疑。而与舒尔茨相比，古代怀疑论一般而言都反对限定性和有限性，体现出了对独断论克服的努力，所以在黑格尔眼里，反而要比陷入独断论的舒尔茨强得多。从这里就可以看出，黑格尔对于怀疑论某种彻底性的坚持，其首要标志就是是否克服了独断论，也即是否消除了有限性（Endlichkeit），是否在进行"无限的怀疑"，这也同时与其提出的哲学需求一脉相承。第一类本身就符合真正哲学的概念，或者说能够满足理性的哲学需求，其对应的是柏拉图的《巴门尼德斯篇》。"这种在《巴门尼德斯篇》中以纯粹明确的形态所呈现的怀疑论，可以在每个真正的哲学体系中隐含地被发现，因为它是每个哲学的自由面向"，而"除了通过知性概念包含并摧毁整个知识领域的《巴门尼德斯篇》，我们还能再找到更完美的代表着真正怀疑论的文献和体系吗？"[1]显然，黑格尔将柏拉图在《巴门尼德斯篇》中所呈现的怀疑对话，特别是结尾处作为基本思维规定"一与多"的相互对立与彼此取消完成当作了怀疑论的最高形态，看到了其中出现的某种彻底性，并且随着这种彻底性，片面性、有限性也被克服，从而很大程度上实现了理性思辨的哲学需求。

第二类古代怀疑论虽然本身还不符合理性哲学的需求，但并没有反对理性，反而为真正的哲学之路做好了铺垫，这里对应的就是塞克斯都所提到的老一代怀疑论者埃奈西德穆（Aenesidemus）的"十大论式"，即由之可以达到之前谈到的存疑状态的十个论式（τρόπος），包括：动物的多样性，人的差异性，感官的差异性，环境，位置、距离和场所，混杂，事物不同的量和构成，关系性，发生的经常性或罕见性，教养、习俗、法律、信仰和前见的差异性。[2]基于这"十大论式"，黑格尔指出可以通过其提出均势的论题说法来对抗"普通意识的独断论"，揭示日常状态下的自然意识、常识的虚假性和有限性，达到在经验现象前的"漠不关心"，从而为精神的提升、进一步实现哲学需求打好基础，所以黑格尔也将"十大论式"这一类在经验自然意识层面对抗有限性的怀疑论称为"哲学的第一阶段"[3]。

第三类古代怀疑论既不符合理性哲学的需求，又反对理性本身，从而消解哲学，其对应的是新一代怀疑论者阿格里帕（Agrippa）的"五大论式"：

---

① GW, Bd. 4, S. 207 f.

② Sextus Empiricus, Pyrrhoniae Hypotyposes, 1. 36-37；塞克斯都·恩披里柯：《皮浪学说概要》，崔延强译注，第16-17页。

③ GW, Bd. 4, S. 215 f.

第一，命题与命题之间、理论与理论之间存在分歧或争议；第二，诉因陷入无穷后退，原因又需要原因来证明，从而无限进行下去；第三，关系性，所有规定都是相对的，且只能在与其他规定的关系中得到理解；第四，纯粹假设的出发点、第一因，这一出发点不能进一步被证明，所以只是纯假设，因此也可以有其他纯假设充当这一出发点；第五，循环推理，证明的原因反过来也需要被证明者充当自身的证明原因，从而形成了一个循环圈。①在这一时期的黑格尔看来，"五大论式"一方面是任何独断论都无法逃避的，特别是对反思层面的独断论也具有杀伤力，而另一方面，它们看似反对理性本身，好像会带来消解哲学的严重后果，其实还只是一种有限的反思知性概念的运用，从而无法威胁到真正的理性。②

总之，从舒尔茨的后康德怀疑论再到三种古代怀疑论，黑格尔始终给予了能攻击并克服有限性的怀疑论更高的位置。而如果基于思维层次，我们也可以在整体上将其分成两大类：一类是以经验反对经验，比如"十大论式"，一类是以思维反对思维，比如"五大论式"、柏拉图、舒尔茨的怀疑论。特别需要说明的是，舒尔茨虽然最终走向了与经验相关的直接确定的意识事实，但却是怀疑的进程促使他走到那里的，舒尔茨那里提出了三大哲学上的怀疑根据（Gründe）③：第一，反对无条件的哲学原理的；第二，反对知性概念；第三，反对因果推论。④三者一起来反对哲学的确定性，这显然也是以思维反对思维，只不过最后存疑的结果促使舒尔茨走向了另一领域（经验的意识事实），因此可以说，舒尔茨的怀疑论层次其实并没有黑格尔评价的那么低。

经过这些不同怀疑论之间的比较，我们发现，黑格尔在实现真正的哲学需求、追求理性思辨的哲学的过程中，为了克服独断论、摆脱有限性，其实借助了怀疑论，特别是真正意义上的怀疑论（也即皮浪主义）本身内在的均势攻击策略，玩了一个从"gleichgültig"（漠不关心）到"gleiche Gültigkeit"（等效性）的文字游戏。进而比照康德那里理性的二律背反的

---

① Sextus Empiricus, Pyrrhoniae Hypotyposes, 1. 164-169；塞克斯都·恩披里柯：《皮浪学说概要》，崔延强译注，第47-48页。

② GW, Bd. 4, S. 219 f. 后来在《哲学史讲演录》中，黑格尔更加正面地评价了"五大论式"，认为其是发展了的、高级的反思意识，"包含着规定的概念自身的辩证法"，vgl. TW, Bd. 19, S. 386.

③ 舒尔茨为了避免独断意义上的"Dogma"（信念）或"Grundsatz"（原理），而选择"Grund"一词，可与古代怀疑论的"Trope"（论式、比方）联系起来理解。

④ GW, Bd. 4, S. 227 ff.

辩证法操作，黑格尔提出了一种"完备"（Vervollständigung）原则，即"知性通过设置作为条件的对立的限制（Beschränkungen），使它的这些限制更完备了，而这些对立的限制需要同样的完备，因而知性的任务就扩展成无限的。在此反思似乎只是知性的，但这种向必然性的总体的引导是理性的事务和秘密的作用"[①]。也就是存疑的对立矛盾双方蕴含着彼此对彼此的完善补充，在无限的指向"完备"的扩展中被引导至总体，理性的功能就出现了。而作为统一矛盾对立的理性思辨，黑格尔这时将其理解为理智直观与反思规定的结合，也就是说，如果基于均势策略，出现了无法消除的矛盾，那么完备原则后的理性就需要提升已然片面化的矛盾规定，直至对立同时也是综合，这时怀疑论也就自然转化成了辩证法的形式。[②]

三、怀疑论与辩证法的统一及其差异

由第二部分我们看到，黑格尔通过其《怀疑论》文章亲自对各种怀疑论形态进行考察，发现基于均势机制的存疑，独断论受到了检验，感性经验的有限性和知性反思的有限性都得到了揭示和反对，进而基于完备原则的提出，出现了追求无限性、总体性的可能，辩证法的雏形因此而显现。那么，怀疑论与辩证法究竟存在着怎样的深度关联？这样的关联又对我们的辩证法研究意味着什么？

在《怀疑论》文章中黑格尔就已经表达了，怀疑论其实并不与哲学本身相冲突，而且甚至需要将怀疑论与哲学结合，让其成为哲学必然的否定面向，从而避免独断论和有限性，"任何真正的哲学都是与怀疑论自身紧密合一的"[③]，在黑格尔这里真正的哲学无疑也就是其辩证法体系。所以，黑格尔有理由来设想，如何处理怀疑论跟自己所追求的哲学体系的关系，如何将怀疑论妥当地融入自己的哲学方法之中。

后来，黑格尔在其《小逻辑》中曾就哲学思想的形式做过一个经典的

---

① GW, Bd. 4, S. 17；黑格尔：《费希特与谢林哲学体系的差别》，宋祖良、程志民译，杨一之校，北京：商务印书馆，1994 年，第 14 页。

② 在整篇《怀疑论》文章中从未出现"辩证法"一词，由此也可见到，此时黑格尔并未完全形成像后来那样成熟的辩证法形式，他仍在探索中。

③ GW, Bd. 4, S. 206 ff.

划分：第一，"抽象的或知性的方面"；第二，"辩证的或否定理性的方面"；第三，"思辨的或肯定理性的方面"。①很显然，怀疑论和辩证法都被黑格尔划归到了第二层次的"否定理性"（negative Vernunft）。如前所述，怀疑论虽然有各种变形和形态，但其最本真的特征是借由均势攻击策略提出对立的等效论证，从而进入存疑或悬置（ἐποχην），也就是否定做选择，对对立的二者不做判断，保持寂静主义的中立和不动心，谁也不倾向，谁也不沾染，这某种意义上可以说是一种单纯的否定、一种"弱"的意义上的否定，即只质疑而不明确否认拒绝，②因为一旦拒绝也便是一种确定的立场，所以黑格尔在《精神现象学》中也称这样的怀疑论只能看到"纯粹的虚无"③。而辩证法则意味着"有限的规定扬弃它们自身，并且过渡到它们的反面"，只有通过辩证法原则"科学内容才达到内在联系和必然性"④，所以辩证法的否定是一种还要过渡到其反面的否定、一种"强"的意义上的否定，也就是黑格尔所说的"规定的否定"（bestimmte Negation），⑤在这个意义上否定就不再是纯粹虚无，而是有内容的，从而也就成了"过渡"（Übergehen），与怀疑论否定后果的"宁静"不同。但需要指出的是，既然都作为理性的否定方面，怀疑论和辩证法同时都会反对有限性，只不过怀疑论是外在的超出有限，而辩证法则是内在的超越有限之物。

　　基于以上的异同点，可以说，怀疑论的存疑和均势策略完全可以为辩证法所吸纳，甚至成为辩证法自身的关键部件，但是怀疑论毕竟还不是辩证法；我们可以在辩证法中拆解出怀疑论，但是怀疑论自身却无法完全还原辩证法。如果用一个不太恰切的比喻来说就是，怀疑论是"夭折"的辩证法，显然这里存在着一种不对称性：我们能在辩证法视角下，透视怀疑论，说怀疑论与辩证法是统一的，且辩证法将怀疑论作为一个环节包括在自身之内；不过在怀疑论的视角下，我们似乎就只能说怀疑论"表现出一种具有极高教养的辩证意识"⑥。这一切追根究底，就在于二者在否定上的不对称，一个是单纯的否定，一个是规定的否定，但同时恰恰是单纯的

---

① 黑格尔：《小逻辑》，贺麟译，北京：商务印书馆，1996 年，第 172 页。

② Cf. P. F. Strawson, Skepticism and Naturalism: Some Varieties, New York: Columbia University Press, 1985, p. 2.

③ GW, Bd. 9, S. 57.

④ GW, Bd. 20, S. 119；黑格尔：《小逻辑》，贺麟译，第 176 页。

⑤ Cf. Terje Sparby, Hegel's Conception of the Determinate Negation, Leiden and Boston: Brill, 2015.

⑥ TW, Bd. 19, S. 395.

否定为规定的否定奠定了基础，从而成为连接怀疑论和辩证法的关节点。

　　由此，黑格尔提出的完备原则也可得到理解，因为完备原则正是对规定的否定的展现。通过设置对立的限制或规定而使原限制更加完善，而对立限制或规定也需要同样的完善，以此类推以至无穷，从而走向总体，这个过程也恰好呈现了规定的否定的统一性功能。我们上面说到的作为"否定理性"的辩证法，可以理解为狭义的辩证法，当然也存在广义的辩证法，那就是将肯定理性也包含进来的整体，也就是思辨肯定的统一性的展现，而在这个意义上，怀疑论依然还会以单纯否定的形式存在于其中。

　　不过，即使皮浪主义式的怀疑论达到了这种单纯的否定，黑格尔还是察觉了其自身的某种不彻底性，因为存疑本身还未被存疑，不做判断本身也是判断，尽管强度微弱。因而"自身完成着的怀疑论"（Sich vollbringender Skeptizismus）就是黑格尔在《精神现象学》中所设想出来的怀疑论彻底化方案，它意味着，首先意识经验的过程要走上一条"怀疑之路"，对意识现象的全部领域都要进行怀疑，从而自觉到现象知识的非真理性，[①]或者正如《小逻辑》中所说的，要怀疑一切，要对一切都感到绝望（Verzweiflung），也就是一种完全的无前提性（Voraussetzungslosigkeit），那么这就意味着需要一种来进行纯思的决断（Entschluß）。[②]这里给出的怀疑论的极端化设想，毋庸置疑是黑格尔对传统怀疑论改造的结果，也就是将均势策略从原本皮浪主义式的怀疑论的存疑、悬置（单纯的否定）推向辩证法的批判、否定（规定的否定）的结果，将单纯的否定转化成了规定的否定。可以说，"自我完成着的怀疑论"展现了独属于黑格尔的怀疑论的辩证版本，也可以说是他的辩证法的怀疑版本，他在最大程度上整合了怀疑论和辩证法。

　　综上，我们明确地看到了怀疑论跟辩证法的亲缘性——既紧密一体，又各具特性，并且在与日俱增的交流中，愈发默契和配合，致使人们从外部来看很容易忽略各自原本的特点。所以，为了更深入地推进辩证法在认

---

　　① GW, Bd. 9, S. 56. 怀疑论在《精神现象学》中除了以这种彻底化的方案标示出整个意识科学的方法，同时也是作为意识现象经验发展的一个具体阶段，代表着自由的自我意识从斯多亚主义中出来发展到自身的否定阶段，进而最后更要进入苦恼意识的形态。

　　② GW Bd. 19, S. 90f; Vgl. Dietmar H. Heidemann, "Sich vollbringender Skeptizismus und Geschichte des Selbstbewusstseins in Hegels Phänomenologie des Geistes," in Wir sind keine Skeptiker, denn wir wissen, hrsg. C. Ilbrig, Wehrhahn Verlag 2013, S. 89ff; Klaus Vieweg, "Freiheit und Weisheit: Hegels Phänomenologie des Geistes als 'sich vollbringender Skeptizismus'", in Apuntes Filosóficos 29 (2006), S. 277ff.

识论和方法论上的研究，更清楚地剖析辩证法的内在构成与运作机制，怀疑论方向的考察无疑是重中之重，这也是黑格尔提供给我们的宝贵经验。

（本文原载于《社会科学战线》2022 年第 5 期）

句形树白描

——符号指谓的句法结构图解[*]

周宏胤

异质性哲学把人类认识划分为直观认识和符号认识两大领域：前者是自然的认识，后者是人工的认识；前者是整个认识中比较可靠的区域，后者是认识中问题较多的区域。[①]在此前提下，异质性哲学重点关注符号认识领域，从两个方面出发对符号认识进行考察：一方面，分析符号认识的机制，划分符号认识的种类；另一方面，澄清不同种类的符号认识和直观认识的关系，划定它们各自的问题域。[②]本文所阐释的符号指谓的句法结构即是异质性哲学对符号认识的机制进行分析的理论成果。[③]

符号指谓是符号认识的基本形式，其基本句式可表示为"s 是 p"。其中，s 代表主词，其作用在于指出一个对象；p 代表谓词，其作用在于说明该对象；指谓配合，从而实现对该对象的一种认识。通过对基本句式中所包含的主词和谓词的种类进行区分，符号指谓还可以进一步划分为三个次级句式，它们共同构成了符号指谓的句法结构。所谓句形树，是以图形的方式对符号指谓的句法结构加以阐释的一个方便模型，该模型的建构受到

* 本文系教育部人文社会科学重点研究基地重大项目"马克思主义实践哲学与全球化时代的人类理想"（项目号：16JJD710015）的阶段性成果。

① 徐长福：《直观认识与符号认识：异质性哲学引论》，《江海学刊》2019 年第 2 期。

② 前一方面的考察可比作异质性哲学关于符号认识的生理学研究，其目的是揭示符号认识的一般原理；后一方面的考察可比作异质性哲学关于符号认识的病理学研究，其目的是分析不同种类的符号认识出现问题的原因。参见徐长福：《拯救实践》第 1 卷，重庆：重庆出版社，2012 年，第 307-308 页。

③ 异质性哲学对符号认识机制的分析集中体现在徐长福教授所著的《拯救实践》第 1 卷中；近年来，徐长福教授还在《异质性哲学要义》中对原有分析进行了拓展。详见徐长福：《拯救实践》第 1 卷，重庆：重庆出版社，2012 年，第 1—5 章；《异质性哲学要义》（待出版），第 2—3 章。

逻辑史上著名的"波菲利树"（Porphyrian tree）的启发。[①]其基本思路是，使用树状结构来表示各级词类之间的主谓关系。其优点在于，通过最简练的线条和图形勾画出不同类型的符号指谓的句法特点，并直观地呈现出符号指谓在句法结构上的总体情况。因这一阐释方法和绘画创作中使用单色线条勾描形象而不藻修饰的白描技法有相通之处，故称为"句形树白描"。

全文共分为四个部分：第一部分阐明符号指谓句法结构的三个基本要素，分别是：个别词、实在词和范畴词；第二部分对符号指谓的基本句式进行初步分析，并提出作为分析工具的句形树模型；第三部分考察基本句式涵盖的三个次级句式的句法特征，并绘制了它们各自的句形树；第四部分把三个次级句式的句形树关联起来，并在此基础上对符号指谓在句法结构上的情况进行总结。

一、符号指谓句法结构的三要素

结构是由要素构成的，符号指谓句法结构的要素就是非复合的单词。单词可分为实词和虚词：实词是表示对象的词，如"张三""李四""人""动物""高""矮""胖""瘦"；虚词是表示词与词之间连接的词，如"之""乎""者""也""的""地""得"。本文着重考察表示对象的词。

（1）个别词与普遍词

表示对象的词原则上可划为两类，分别是个别词与普遍词。

个别词是表示个别对象的词，其特点是词跟个别对象是一对一的关系。严格意义上的个别词就是通常所谓专名，包括人或拟人事物的专名和非人事物的专名。前者如"张三""李四""苏格拉底""柏拉图""孙悟空"，后者如"天安门""长江""地球""太阳"。除了专名外，个别词还包括指示代词"这""那"和人称代词"我""你""他"以及物称代词"它"，这些代词在每一次具体的使用中都意指一个个别对象。

跟个别词相对，普遍词是表示类的词，其特点是词跟类是一对一的关系，但跟类下面的个别对象是一对多的关系。普遍词可进一步分为两类：

---

① 新柏拉图主义者波菲利（Porphyry, 232—304 年）在其著作《〈范畴篇〉导论》（Isagoge）中曾为各级类名制定过一个谱系，这一谱系后来被中世纪逻辑学家以树状图的方式加以表示，并命名为"波菲利树"。参见吕穆迪：《亚里士多德〈分析学前编〉注》，北京：北京时代华文书局，2014 年，第 179 页。

实在词与范畴词。

①普遍词之一：实在词

普遍词的第一个子类为实在词。实在词是表示实在类的词。实在类即具体事物的类，这些具体事物具有空间或时间规定性，可以被我们的直观认识机能所把握。

我们日常语言所使用的普遍词绝大部分都属于实在词，如表示物质事物的"人""猫""狗""花""草""树""红""黄""蓝"；表示心理事物的"喜""怒""哀""乐"；表示社会事物的"家庭""社会""国家""政府""生产力""生产关系"；表示文化事物的"诗""词""曲""赋"。尽管这些实在词表示的实在类千差万别，但至少它们在一点上是一致的，即它们的意义成分中包含可以直观检验的经验信息。

②普遍词之二：范畴词

普遍词的第二个子类为范畴词。范畴词是表示范畴类的词。范畴类即符号所涉及的程序性角色的类。符号和符号之间的结合不是任意的，而是按照一定的程序进行的。所谓"程序性角色"，就是符号本身、符号所表示的意识内容和符号所表示的对象在符号的程序系统中被规定的身份和所起的作用。举例来说，在"'苏格拉底'是个别词"中，"个别词"作为范畴词，表明"苏格拉底"这个符号所从属的类，这个类的符号都用来指代个别事物，在句子中只能作主词而不能作谓词；在"苏格拉底是殊相"中，"殊相"作为范畴词，表明"苏格拉底"所表示的意识内容所从属的类，这个类的意识内容都是人脑对个别事物的心理表象；在"苏格拉底是实体"中，"实体"作为范畴词，表明"苏格拉底"意指的对象所从属的类，这个类的对象都是独立存在的。

哲学探讨中所使用的普遍词绝大多数都是范畴词，如本文中反复出现的表示句法结构的"主词""谓词"；表示本体结构的"实体""偶性"；表示意义关系的"意指""述谓"。和实在词不同，这些范畴词的意义成分中不包含任何可以直观检验的经验信息，只包含必须在符号指谓的程序系统中加以辨识的程序信息。

（2）三种要素的句法功能

所有符号指谓都是由个别词、实在词和范畴词按照主词加谓词的方式组合而成的。其中，个别词不包含说明性信息，只能作主词而不能作谓词，其作用仅在于指出一个个别对象。普遍词（包括实在词和范畴词）既可作主词也可作谓词。当其作主词时，其作用在于指出一个类等待其他谓词的说明；当其作谓词时，其作用在于说明主词所指出的对象。

二、符号指谓的基本句式的句法结构

如前所言，符号指谓的基本句式为"s 是 p"。其中，s 代表主词，作用在于指出一个对象；p 代表谓词，作用在于说明该对象。

除了主词和谓词的结构外，符号指谓的基本句式还有谓词之间的结构。任何一个真正意义的谓词，要么说明主词所指对象"是什么"，是为属谓词或种谓词，简称属种谓词；要么说明主词所指对象"是怎样"，是为偶性谓词。属谓词的例子如"咪咪是猫"中的"猫"，种谓词的例子如"咪咪是动物"中的"动物"。属谓词和种谓词在外延上有包含与被包含的关系，它们在不同的层次上说明了主词所指对象"是什么"。偶性谓词的例子如"咪咪是白的"中的"白的"、"咪咪是胖的"中的"胖的"。偶性谓词的作用在于和属种谓词相搭配，对主词所指对象进行补充说明。并且，一个属种谓词可以搭配多个偶性谓词，这些偶性谓词之间互相异质，它们从不同的方面说明主词所指对象"是怎样"。

图 1 对符号指谓的基本句式的句法结构（包括主谓结构和谓词结构）进行了刻画。从总体形态上看，这一结构充分展开后就像一棵主干清晰而枝杈层出的树，可称之为"句形树"。树的根基为主词所意指的对象（以圆形标示），由此出发，句形树向上生长。其中，尚未长出枝杈的基干部分相当于主词（以菱形标示）；长出枝杈后的部分相当于谓词，包括主干部分的属谓词、种谓词（分别以单框、双框矩形标示[①]）和枝杈部分的偶性谓词（以椭圆形标示）。在偶性谓词的枝杈中，既有属层次的偶性枝杈，也有种层次的偶性枝杈。并且，每个层次的偶性枝杈都不止一根；那些未能反映到句形树中的偶性枝杈均以省略号的方式加以标示，以表其剩余之意。

① 句形树中所有的属词均以单框的图形加以标示；种词不止一个层级，最低层级的种词以双框的图形加以标示，比之高一个层级的种词以三框的图形加以标示，如此类推。这一标示方法意在强调属词和不同层级的种词在外延上的逐层包含关系。

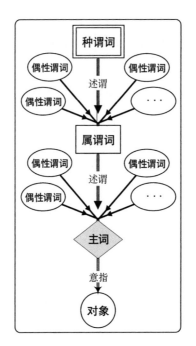

图1 符号指谓的基本句式的句法结构

从原则上说，任一符号指谓的句法结构都可以借助句形树进行分析。在此前提下，由个别词、实在词和范畴词所组合而成的不同句式还有各自的句法特点。

三、符号指谓的三个次级句式的句法结构

通过对符号指谓基本句式中所包含的主词和谓词的种类进行区分，我们可以进一步划分出符号指谓的三个次级句式，分别是个别句（主词为个别词，谓词为实在词）、实在句（主词和谓词均为实在词）和范畴句（谓词为范畴词）。它们除了体现上述基本句式的主谓结构和谓词结构外，还有各自的句法特征。

（1）个别句

个别句的主词为个别词，谓词为实在词。

在日常语用中，我们最初的疑问往往是针对个别对象的。当我们遇见

一个陌生的个别对象后，便会忍不住发问："这是什么？"当我们得到答案后，还可能继续追问："这是怎样的？"我们用来回答上述疑问的谓词便是实在词。其中，实在属种词回答"是什么"的问题，实在偶性词回答"是怎样"的问题。

　　图2借助句形树对个别句的句法结构进行了刻画。整棵句形树以个别词及其所意指的个别对象为根基，向上生长出由实在属词、实在种词构成的主干和由众多实在偶性词构成的枝杈。主干和枝杈一起构成了句形树的谓词部分，它们互相配合，共同回答了句形树的主词部分（即个别词）所意指的个别对象"是什么"和"是怎样"的问题。

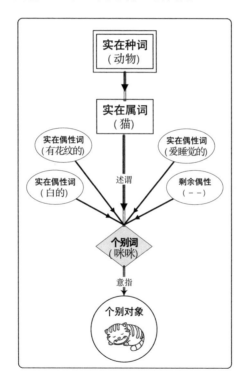

图2　个别句的句法结构

　　如图 2 中所包含的"咪咪"的例子[①]所示。假设我和朋友聊起家里养

　　[①] 在句形树的结构图中，具体例子均以括号加以标示，以区别于未加括号的原理内容。下文中其他各图的情况相同，不再另作说明。

的宠物"咪咪"，朋友疑惑地问我"咪咪是什么？"此时，答"咪咪是猫"或"咪咪是动物"都可以。[①]在这组句子中，"猫"作为实在属词，"动物"作为实在种词，回答了主词"咪咪"意指的个别对象是什么的问题。假如朋友继续问道："咪咪是一只怎样的猫呢？"这时候，我就必须借助一系列的实在偶性词来对咪咪的特征进行进一步的说明。比如我可以说："咪咪是白的猫""咪咪是有花纹的猫""咪咪是爱睡觉的猫"。换言之，我使用实在偶性词"白的""有花纹的""爱睡觉的"和实在属词"猫"相搭配，回答了主词"咪咪"所意指的对象"是怎样"的问题。在这一假设的情景中，我所使用的所有例句均以个别词"咪咪"为主词，以实在词（包括实在属种词和实在偶性词）为谓词，在句法结构上均可划为个别句。

（2）实在句

在个别句中，我们使用实在词作谓词来说明个别对象"是什么"或"是怎样"。这种说明能够顺利进行的前提是：我们对作谓词的实在词本身的意义已经有所认识。如果这个前提尚不具备，那么我们的说明便是无效的。对实在词意义的认识也必须在符号指谓"s 是 p"的基本句式中完成。具体的做法是，把实在词放在主词的位置上，再通过其他的实在词作谓词对其进行说明。在此情况下，句子的主词和谓词均为实在词，这一句式可称为"实在句"。

个别句中所涉及的三种谓词，即实在属词、实在种词和实在偶性词都可以转化为实在句的主词，成为实在句追问的对象。鉴于在个别句中作谓词的实在属词和实在种词所表述的是实体属和实体种，所以在接下来的讨论中，我将把它们更加准确地称为"实在实体属词"和"实在实体种词"，以区别于表述偶性属和偶性种的"实在偶性属词"和"实在偶性种词"。

如图 3 所示，当实在句的主词是实在实体属词的时候，相应的谓词有两种：要么是实在实体种词，要么是实在偶性词。比如，以实在实体属词"猫"为主词，相应的谓词要么是实在实体种词"动物"，它表明猫这个实在类从属于动物这个外延更大的实在类；要么是实在偶性词"敏捷的"

---

① 对于个别对象的"是什么"，最优先的答案是该对象的实在属的名称。因此，在这个例子中，如果我们知道猫包含于动物，并且不知道猫之下是否有更小的类，那么，回答"'咪咪'是猫"肯定要好于回答"'咪咪'是动物"。

"哺乳的""食肉的"，它们表明猫这个实在类所具有的实在偶性。如果我们继续追问实在实体种词的意义，则上述说明的链条还可以继续进行下去。比如，以实在实体种词"动物"为主词，则相应的谓词要么是更高层级的实在实体种词"生物"，它表明动物这个实在类从属于生物这个外延更大的实在类；要么是实在偶性词"能自主活动的""有感觉的""能自主繁殖的"，它们表明动物这个实在类所具有的实在偶性。

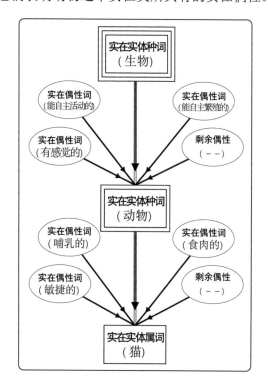

图3　实在句的句法结构（实体属种序列）

　　如图4所示，当实在句的主词是实在偶性属词的时候，则相应的谓词同样有两种：要么是实在偶性种词，要么是实在偶性词。这也就意味着，有两种层次的偶性：首先是相对于实体而言的偶性，其次是相对于偶性属种而言的偶性。这里讨论的是第二个层次的偶性。比如，以实在偶性属词"白"为主词，则相应的谓词要么是实在偶性种词"颜色"，它表明"白"这个实在偶性类从属于颜色这个外延更大的实在偶性类；要么是实在偶性词"浅色系的""纯洁的""光亮的"，它们表明"白"这个实在偶性类所具有的实在偶性。如果我们继续追问实在偶性种词的意义，则上述说明的链条还可以继续进行下去。比如，以实在偶性种词"颜色"为主词，则相应的谓词要么是更高层级的实在偶性种词"感受"，它表明颜色这个实在偶性类从属于感受这个外延更大的实在偶性类；要么是实在偶性词"视觉的""刺激性的""由光波引起的"，它表明颜色这个实在偶性类所具有的实在偶性。

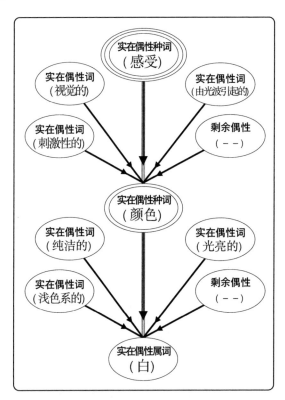

图4 实在句的句法结构（偶性属种序列）

　　图3和图4中两棵句形树的主干部分代表的属种序列具有本质性的区别。图3的句形树所涉及的属种序列是以个别实体为基点的，表现为个别实体从属于实体属，实体属从属于实体种。比如，咪咪从属于猫这个实体属，猫从属于动物这个实体种，动物从属于生物这个更高层级的实体种。图4的句形树所涉及的属种序列是以依附于个别实体的个别偶性为基点的，表现为个别偶性从属于偶性属，偶性属从属于偶性种。比如，咪咪身

上的那种白从属于白这个偶性属，白这个偶性属从属于颜色这个偶性种，颜色这个偶性种从属于感受这个更高层级的偶性种。前一属种序列可称为实在句的实体属种序列，后一属种序列可称为实在句的偶性属种序列。

这里遗留的一个问题是：实在句的实体属种序列和偶性属种序列可否无限延伸下去？答案是否定的。先以实体属种序列的情况为例，我们可以依次说"猫是动物""动物是生物""生物是物质"，但"物质"作为层级最高的实在种词，已经不再有更高层级的实在种词可以对其进行说明了。如果我们一定要说明"物质"是什么，就不得不如哲学教科书那样说"物质是客观实在"。此时，作为种谓词的"实在"已不再带有任何经验性信息，它所提供给主词"物质"的意义已经不再是一种实在意义而是一种范畴意义了。再以偶性属种序列的情况为例，我们可以依次说"白是颜色""颜色是感受""感受是机能"，但如果我们要进一步说明"机能"是什么，就不得不说出"机能是属性"这样的句子。此时，作为种谓词的"属性"也不再带有任何经验性信息，它所提供给主词"机能"的意义也不再是一种实在意义而是一种范畴意义。

上述情况表明，实在句的实体属种序列和偶性属种序列均有其上限，最高层级或外延最大的实在种词不可能再有进一步的实在种谓词。当我们处于这个界限的边缘试图对最高层级的实在种词（包括实在实体种词和实在偶性种词）进行说明时，相应的谓词就不再是实在谓词而是范畴谓词了。这种以范畴词为谓词的符号指谓就是我们接下来要讨论的范畴句。

（3）范畴句

范畴句的谓词是范畴词（包括范畴属种词和范畴偶性词），主词可以是个别词、实在词和范畴词中的任何一种。主词为个别词或实在词的范畴句可称为"应用性范畴句"，主词为范畴词的范畴句可称为"原理性范畴句"。

图 5 借助句形树对应用性范畴句的句法结构进行了刻画。其特点如下：第一，该句形树的表示主词的基干部分可以由个别词或实在词（包括实在实体属种词和实在偶性属种词）构成；第二，该句形树中所有的范畴谓词（包括范畴属种词和范畴偶性词）均以灰色为底色，区别于以白色为底色的实在词，以表明范畴词所表述的范畴意义和实在词所表述的实在意义之间的本质性区别；第三，该句形树由基干部分所生长出来的表示属种谓词的主干不止一根，而是分属符号、意识和对象维度的三根，且每一根主干都有各自的表示范畴偶性的枝权。

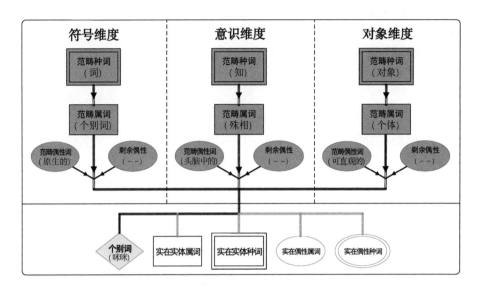

图 5 应用性范畴句的句法结构

需要我们特别关注的是该句形树的第三个特点。在之前我们所绘制的个别句与实在句的句形树中，表示属种谓词的主干都是唯一的。其原因在于，不管是个别句还是实在句都仅仅以主词所指出的对象为认识目标，因此它们所涉及的属种谓词也仅仅是对象维度的属种谓词。比如，在个别句"咪咪是猫"中，实在实体属词"猫"表示咪咪这个个别对象所从属的实在类；在实在句"猫是动物""动物是生物""生物是物质"中，实在实体种词"动物""生物""物质"表示猫这个实在类所层层从属的外延更大的实在类，它们构成了以主词"咪咪"为基点的一个逐层包含的属种谓词序列；对于咪咪这个个别对象来说，不存在第二个对象维度的属种谓词序列。与之相对照，应用性范畴句同时以主词这个符号本身、主词所表示的意识内容和主词所指出的对象为认识目标，因此其涉及的属种谓词也同时分属符号、意识和对象三个维度。

如图 5 中包含的例子所示，以个别词"咪咪"为主词，我既可以说"'咪咪'是个别词""'咪咪'是词"；也可以说"'咪咪'是殊相""'咪咪'是知"；还可以说"'咪咪'是个体""'咪咪'是对象"。在这三组句子中，第一组的范畴属词"个别词"和范畴种词，"词"说明的是"咪咪"这个符号本身；第二组的范畴属词"殊相"和范畴种词"知"说明的是"咪咪"所表述的意识内容;第三组的范畴属词"个体"和范畴种词"对象"说明的是"咪咪"所指出的对象;它们构成了以主词"咪咪"为基点的分属符号、意识和对象三个不同维度的属种谓词序列。上述三个不同维度的属种谓词序列在句形树中体现为分属三个维度的三根不同的主干。

如果我们继续对在应用性范畴句中作谓词的范畴属种词和范畴偶性词的意义进行追问,那么我们就需要把它们放在主词的位置上,并借助其他范畴词(包括范畴种词和范畴偶性词)来对它们进行说明。由此得到的句式的主词和谓词均为范畴词,可称为原理性范畴句。

图6借助句形树对原理性范畴句的句法结构进行了刻画。在总体结构上,该句形树和应用性范畴句的句形树类似,只在一点上有所区别,即该句形树的表示主词的基干部分由范畴词(包括范畴属种词和范畴偶性属种词)构成。这一特点标示着原理性范畴句的主词和谓词均为范畴词,其实质是范畴词之间的互相述谓。值得我们注意的是,在应用性范畴句中已经阐明的属种谓词序列的多重性的情况在原理性范畴句中也同样出现。

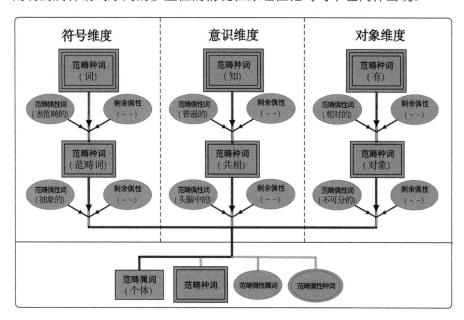

图6　原理性范畴句的句法结构

如图6中所包含的例子所示,以范畴属词"个体"为主词,我们既可以从符号维度说"'个体'是范畴词""'范畴词'是词";也可以从意识维度说"'个体'是共相""'共相'是知"；还可以从对象维度说"'个体'是对象""'对象'是有"。实际上，正是因为原理性范畴句展显了范畴词兼有符号、意识和对象三个维度的复杂意义结构，用范畴词去述谓个别词和实在词时才能够将这两种词所隐含的三维结构揭示出来，这也表明了以范畴词为考察对象的原理性范畴句对改进一般符号指谓的用处。

由图 5、图 6 可知，相较于个别句和实在句，范畴句的句形树在形态上要复杂得多。造成这种复杂性的原因在于，范畴句是符号意识的程序系统。一方面，范畴句要为个别句和实在句中所使用的每一个符号提供程序规范；另一方面，范畴句还要制作程序规范本身。这也就意味着，范畴句构成了符号指谓的上限，在其之上不可能再有更高层级的指谓句式。

四、符号指谓的句法结构总论

在厘清了个别句、实在句和范畴句各自的句法特征之后，我们不妨对它们在句法结构上的关联情况进行总结。图 7 把个别句、实在句和范畴句的句形树勾连了起来。

如图 7 所示，个别句的句形树位于整张图的底部。在符号指谓的三个次级句式中，只有个别句的句形树直接和个别对象相关联，其根系直接扎在个别对象身上，从个别对象的意义成分中汲取实在意义的养料，并生长出表示实在属种谓词的主干和表示实在偶性谓词的众多枝杈。在此意义上，个别句构成所有符号认识的起点。不管是实在句对实在类的认识，还是范畴句对于范畴类的认识，都可以视为从该起点出发的拓展：前者是内容上的拓展，即从对一个个别对象的认识上升到对一类个别对象的认识；后者是程序上的拓展，即从对个别对象的认识上升到对这种认识得以进行的程序规则的认识，即反思。

实在句的句形树位于整张图的中部。根据作主词的实在词所表示的实在类究竟是实在实体类还是实在偶性类，实在句又可分为实体属种序列和偶性属种序列两个部分。从句形树上看，实在句的这两个部分可分别视为个别句的句形树在属种谓词的主干和偶性谓词的枝杈两个方向上的延伸。主干方向上的延伸意味着在个别句中说明个别对象"是什么"的实在实体属词可以在实在句中得到不同层级的实在实体种词和与之相搭配的实在偶

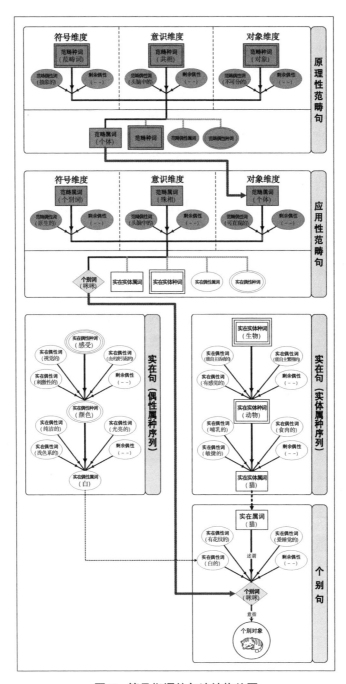

图 7　符号指谓的句法结构总图

性词的逐层说明；枝杈方向的延伸意味着在个别句中说明个别对象"是怎样"的众多实在偶性属词可以在实在句中得到不同层级的实在偶性种词和与之相搭配的实在偶性词的逐层说明。这些实在实体属种词和实在偶性属种词的意义在得到澄清后，可以更好地充当个别句的谓词，帮助我们对个别对象进行认识。在此意义上，实在句相当于实在意义的加工区，或者说实在词的生产车间，其原材料由个别句的句形树从直观认识的土壤中摄取，并向上输送，产品则回到个别句的句形树中充当谓词说明个别对象。

范畴句的句形树位于整张图的顶端。从句形树上看，应用性范畴句的句形树直接生长在个别句和实在句所使用的每一个符号之上，从这些符号的实际用法中汲取程序意义的养料，从而生长出分属符号、意识和对象三个维度的表示范畴属种谓词的主干和表示范畴偶性谓词的众多枝杈。和实在句的句形树和个别句的句形树之间的关系类似，原理性范畴句的句形树同样可以视为应用性范畴句的句形树在主干和枝杈两个方向上的延伸：主干上的延伸意味着范畴属词还可以有不同层级的范畴种词及相应的范畴偶性词对其进行说明；枝杈上的延伸意味着范畴偶性属词还可以有不同层级的范畴偶性种词及相应的范畴偶性词对其进行说明。在此意义上，原理性范畴句相当于范畴意义的加工区，其原材料由应用性范畴句的句形树输送，表现为语用例示，产品则返回到应用性范畴句中充当谓词去说明个别词和实在词。

至此，以句形树为分析工具，笔者已经阐明符号指谓的三个次级句式各自的句法结构和它们之间的关联情况。图 7 可视为符号指谓的句法结构总图，它表明了符号指谓的句法总结构。此外，图 7 中还包含了一个具体案例，它展示了我们在对"咪咪"这个个别对象进行认识时所可能展开的所有类型的符号指谓的句法结构。这一案例表明，符号指谓的复杂的句法结构直接体现在我们对于"咪咪"这个个别对象的说明中。并且，脱离开"咪咪"这个具体的案例，从任意一个个别对象出发，我们都可以展开这样一个层级分明的树状句法结构，我们关于该对象的所有符号指谓都可以在该结构中加以定位，以明确其句法特征和句法功能。

五、结语

本文从对个别词、实在词和范畴词的划分开始,通过句形树模型对符号指谓的基本句式及其下所涵盖的三个次级句式的句法结构进行了刻画,最后阐明了三种次级句式之间的关联和符号指谓的句法总结构。对符号指谓的句法结构进行阐明,有助于我们对自己和他人每日都在使用的大量符号指谓的句法结构进行分析,甄别它们的类型,从而为我们进一步对它们各自的问题域进行考察奠定基础。

(本文原载于《江海学刊》2020 年第 2 期)

跨国垄断资本与主权国家的当代矛盾

——论当代新资本形态内在矛盾的一种表现形式*

牛子牛

2018 年前后，世界政治和经济局势表现出了深度调整的迹象。英国脱欧、美国频繁"退群"、欧美国家兴起的排外主义和民粹主义思潮、悬而未决的中美贸易摩擦等，均意味着 20 世纪晚期以来貌似势不可挡的"全球化"浪潮正在经历收缩。在全球化正值鼎盛的 2000 年，哈特和奈格里的名著《帝国》的出版成了一时间炙手可热的思想事件：它预言，当代的全球统治形式已经脱离了以主权国家为单位的帝国主义形式，转入了以美国为基地的跨国资本所主导的、内外边界模糊的"帝国"形式。但是，在历史进入 21 世纪 20 年代之际，我们却观察到"帝国"正在瓦解：在全球经济增长放缓、全球化红利近乎耗尽的背景下，各国纷纷收缩开放尺度，保护本国利益；"主权国家"的形象重新被凸显为一种同全球化相冲突的政治力量。

全球化进程的收缩，并不意味着简单退回到全球化之前的世界格局，即退回到传统的帝国主义格局中去。相反，全球化的收缩要受到全球化本身的制约，而"帝国"的瓦解也是帝国的一种表现形式。具体来说，全球化造就了一种新的资本形态，即以金融资本为主导的、将全球生产网络联系在一起的跨国资本；但是，它同主权国家之间协同增长的"蜜月期"却已经接近尾声。这一局面，导致跨国资本同主权国家之间的利益张力逐渐加剧，从而影响了全球资本主义内在矛盾在当代的具体表现。关于 21 世纪

　＊ 本文曾发表于《学术月刊》2021 年第 7 期，有改动。本文受到了国家社会科学基金重点项目"当代全球资本主义视域下的《资本论》研究"（项目号：19AZD002）的资助。

国际统治形式的既有讨论，如"帝国"或"新帝国主义"等理论，或者认为主权国家这一政治实体正在被生产的社会化过程消灭，或者认为主权国家同垄断资本之间的关系仍像传统帝国主义时期那样亲密无间；这两种观点，均低估了主权国家同当代新资本形态之间发生矛盾的可能性，以及这种矛盾对当代世界的形塑作用。

本文试图说明，跨国资本同主权国家之间的矛盾，是当代全球资本主义内在矛盾的主要形式之一。这一矛盾是在过去 30 余年的全球化浪潮中，由金融垄断资本的发展所塑造的，它是列宁等马克思主义理论家所揭示的资本主义发展时空不平衡这一矛盾的当代表现。跨国资本同主权国家在当代相互依存、相互挟持，但其利益又在一定程度上相互冲突，这种冲突在当代不平等的国际秩序的不同层次上表现出了不同的面貌。这种矛盾所孕育的新的革命契机，不仅像在帝国主义时代那样，存在于多个帝国主义国家之间地域性的矛盾当中，而且也存在于跨国资本同主权国家之间地域性的或非地域性的矛盾当中。革命形势的此种变化，对现时代的革命策略和新兴国家的发展策略均提出了新的要求。

一、当代新资本形态的形成与资本同国家间关系的变动

资本同主权国家之间的关系，在马克思主义政治思想的传统中是一个恒久的议题。在马克思本人的著作中，资产阶级国家被视为资本主义经济活动的派生物。例如："国家内部的一切斗争……不过是一些虚幻的形式……在这些形式下进行着各个不同阶级间的真正的斗争"[①]，"现代的国家政权不过是管理整个资产阶级的共同事务的委员会罢了"[②]，等等。因此，资产阶级国家很少有机会同资本本身发生决定性的矛盾。只有当无产阶级占领了国家机器并将其反过来对准资产阶级时，现代国家才表现为资本铸造来毁灭自身的武器。在马克思之后，列宁首先将主权国家当作了资本主义内在矛盾中的一个不可化约的变量。列宁认为，垄断资本主义或帝国主义发展的地域性不平衡，使得社会主义革命有可能在一国率先取得胜

[①]《马克思恩格斯文集》第 1 卷，北京：人民出版社，2009 年，第 536 页。
[②]《马克思恩格斯文集》第 2 卷，北京：人民出版社，2009 年，第 33 页。

利；在这一语境下，资本逻辑在多个主权国家之间不平衡的现实布展，始终是反抗资本的革命得以可能的内在条件。在此后的中国革命中，列宁的相关学说又发展为同中国实际相结合的革命理论与革命策略。然而，如果列宁关于在一国之内夺取革命胜利的思想至今仍有历久弥新的价值的话，那么他关于垄断资本同帝国主义国家之间关系的论述，则更多的是针对19世纪末20世纪初的特殊局势的。列宁吸收了希法亭的金融资本理论，将金融资本界定为同产业资本联合在一起的银行资本，这在很大程度上代表了当时欧洲的特殊情况；但是，这种做法却相对高估了各部门资本同国家之间亲密合作的程度，同时相对低估了金融资本同产业资本之间、金融垄断资本同国家之间发生矛盾的可能性。

然而，这些矛盾的可能性在20世纪初期毕竟没有爆发；相反，国家同垄断资本之间的紧密联合日益成了一个普遍的现实。当时诸多重要的理论家都已经感到，这种联合不利于马克思所预言的革命局势的发展。这是因为，国家通过将工人组织和工人政党纳入议会政治的范围，让相当一部分革命力量投入了有关劳动待遇的"议会斗争"当中，从而偏离了以变革资本主义制度本身为目的的革命行动。同时，包括国家公职人员、企业中层管理人员等在内的"中间阶层"的兴起，也在工人阶级内部造成了分裂，从而缓和了"阶级对立简单化"[1]的趋势。例如，恩格斯在晚年认为，"在阶级斗争中，中间阶层大概永远不会毫无例外地统统团结在无产阶级的周围……就是说'人民'看来将总是分开的，因而也就不会有一个强有力的像在1848年那样非常起作用的杠杆了"[2]。基于这一背景，恩格斯提出工人可以利用选举权开展议会斗争。不久之后，马克斯·韦伯尽管对社会主义革命持不信任的态度，但也洞见到了类似的趋势："在各项公办事业和专业协会当中，是公职人员而不是工人独揽大权；工人想在这方面通过罢工来达到什么目的，比在私人企业当中还要难。无论如何，当下正在到来的是公职人员的专政，而不是工人的专政。"[3]

---

① 《马克思恩格斯文集》第2卷，第32页："但是，我们的时代，资产阶级时代，却有一个特点：它使阶级对立简单化了。整个社会日益分裂为两大敌对的阵营，分裂为两大相互直接对立的阶级：资产阶级和无产阶级。"

② 《马克思恩格斯文集》第4卷，北京：人民出版社，2009年，第548页。

③ M. Weber: Socialism, in Peter Lassman and Ronald Speirs eds., Political Writings, Cambridge: Cambridge University Press, 1994, p.292.

国家同垄断资本之间的这种深度嵌合关系，尽管时有波动，但大体上持续到了 20 世纪 70 年代。在此期间，如著名的劳动过程学者爱德华兹所说，"官僚控制成功地加速腐蚀了私人部门和公共部门之间的'自然'边界……在工人的经验和意识中，公司从资本所有者的创造物变成了一个社会机构"[①]。同时，第二次世界大战后的国家干预政策和福利国家体制，通过提高工人收入、激励大众消费等方式，又在一定程度上将工人的革命热情疏导到了提高个人物质生活质量的欲求当中。这一系列因素，让发达国家的革命局势陷入了长期低迷的状态，也让国外马克思主义思潮的发展陷入了某种"后革命"的氛围当中。

但是，20 世纪 70 年代末以来，随着全球资本主义内部一系列调整措施的展开，垄断资本同主权国家之间的深度嵌合关系渐趋松动、二者之间的矛盾逐渐凸显，这在一定程度上造成了一些有利于新的革命形势的因素。为了摆脱 70 年代的"滞胀"危机，西方国家先后采取了"新自由主义""金融化""新经济"等多个阶段的调整措施。首先，通过国有资产的私有化、基本公共服务的商品化、国家干预的收缩和社会福利的削减等，大部分社会资源进入了由市场调节的商品化流通之中；其次，通过打击工会力量和工人政党，西方国家以工人实际工资的停滞为代价重建了利润率，但这也导致这些国家的民主机构实际上失去了节制资本活动的能力；最后，随着金融管制的放开，资本逐渐离开了积累过剩、投资机会稀少的实体部门，进入了享有"阶级-垄断租金"的金融部门[②]，并转而通过金融资产泡沫及其产生的财富效应来调节实体部门投资的走向。这样，一个可以让金融资本在全球范围内自由流通和集中并按照自身利益对实体部门做出调节的经济环境就被建立起来。

关于金融资本，列宁已经洞见到，"金融资本特别机动灵活……特别容易集中而且已经特别高度地集中"[③]。但列宁所未及预判的是，金融资本的全球流动和高度集中，有可能让以金融资本为主导的跨国垄断资本形成

---

① Richard Edwards: Contested Terrain, New York: Basic Books, Inc., 1979, pp.159-160.

② "阶级-垄断租金"是大卫·哈维创造的概念，起初用来描述资本通过进入房地产、基础设施投资等"次级循环"领域来吸收剩余，同时赚取垄断租金的现象。孟捷、龚剑将这一概念拓展到金融市场，提出"次级循环的界定应更为宽泛，可将一切虚拟资本的循环都纳入其中，成为包括土地在内的各种虚拟资本循环的叠加"。参见孟捷、龚剑：《金融资本与"阶级-垄断地租"——哈维对资本主义都市化的制度分析》，《中国社会科学》2014 年第 8 期，第 105-106 页。

③ 《列宁全集》第 27 卷，北京：人民出版社，1990 年，第 142 页。

脱离于主权国家的独立利益：金融资本几乎无限制地跨国流动，迫使各国的政策制定受到金融资本盲目逐利运动的绑架，而不是让金融资本的利益同主权国家的利益相一致。如德国社会学家沃尔夫冈·斯特里克所说："金融化将金融部门变成了一个跨国的私人政府，它管束着各国家的政治共同体和它们的公共政府，但不对任何民主机构负责。"①此外，经济结构的金融化也推进了产业资本的全球化。由于金融部门垄断了实体部门投资所需的货币供给，实体部门不得不遵循"股东价值最大化"的原则，将自身的制造业环节分包到各项成本均较低的第三世界国家，以便在短期内压低账面成本、推高股价，其结果是形成了一张几乎囊括全球所有主要国家的全球生产网络。跨国垄断资本以这一网络为载体，在相当程度上脱离了主权国家的地域限制，形成了"富可敌国"的独立"经济体"。按照程恩富等学者的统计，"如果把当今的跨国公司和近 200 个国家和地区混合一起，按照产值进行排名，那么，全球 100 个最大的经济实体中，国家的数量占比不到三成，其余都是跨国公司"②。这些跨国垄断资本的行为，不仅未必同主权国家的利益相符，甚至有可能与之相悖（例如将就业机会撤出本国）。

　　当然，跨国资本同主权国家之间的利益对立，并不是一种截然外在的对立，否则这一组对立就不成为一组"矛盾"了。在全球化进程的塑造之下，这两者在关键的方面上彼此依存，但在同样关键的方面上又彼此冲突；这种冲突在经济繁荣时期尚有妥协的余地，但在经济停滞或衰退时期则会显著激化。正是此种内在紧张的情形，掣肘了垄断资本同资产阶级国家之间遏制工人反抗的联盟，从而有利于形成新的革命形势。

　　我们可以以美国和发源于美国的垄断资本为例来说明这种关系。一方面，美国垄断资本的世界性权力，在很大程度上依赖于美元霸权，而美元霸权又依赖于美国的军事和政治霸权；正是基于美元作为主权货币的强势地位，美国才能形成输出美元和美元资产（如美国国债）的经济增长模式，为国内金融市场和消费市场提供充足的流动性，从而带动以美国为基地的垄断资本的发展。另一方面，美国作为主权国家的经济安全，在很大程度上又依赖于维持现有的金融化体制。这是因为，美国在金融化过程中积累

---

① Wolfgang Streeck: How Will Capitalism End? London: Verso, 2016, p.24.

② 程恩富、鲁保林、俞使超：《论新帝国主义的五大特征和特性——以列宁的帝国主义理论为基础》，《马克思主义研究》2019 年第 5 期，第 51 页。

了大量的政府债务和企业债务①，而实体部门企业的投资亦依赖于资产价格泡沫的激励；这导致美国经济整体具有高度的内在脆弱性，无法承受对现有体制进行实质性变革所带来的经济风险。而且，美国还需要通过产业链的全球化来维持本国消费品的低价格以及国民的消费主义生活，从而缓和暗中加剧的阶级矛盾。可见，金融垄断资本和主权国家，在最关键的方面上仍然是彼此依赖的。

但是，在全球化红利耗尽、经济增长放缓的背景下，跨国资本同主权国家之间的利益矛盾却愈发明显地暴露出来。首先，金融资本利益同美元霸权之间存在着矛盾。金融资本的利润和金融资产价格的维系，有赖于廉价信贷的可获得性，也就是有赖于央行维持充足的货币供给和较低的利率；但是，长期货币超发有可能威胁美元币值稳定进而威胁美元霸权。因此，美联储有必要周期性地进行利率调整，但这种做法却有可能直接戳破资产价格泡沫，从而威胁金融垄断资本的利益。其次，供应链的全球扩张同主权国家大多数人民的利益之间存在矛盾。美国主要由消费驱动的经济循环以及消费部门企业的股价水平，很大程度上以供应链的全球扩张为前提，也就是以第三世界国家低廉的各项成本以及建立在此基础上的低廉的商品价格为前提；但是，制造业环节的大量外流也极大地威胁了国内的就业，加剧了收入分配的不平等，引起了种族冲突、民粹主义乃至新法西斯主义等一系列政治问题。同时，全球生产网络的形成，还会迫使各主权国家为吸引私人资本流入而展开逐底竞争，竞相削减关税、税收以及建立在此基础上的社会保障，最终削弱主权国家履行民生方面职能的能力。

更重要的是，当代最有代表性的产业形态，即信息科技产业的开放性特征，同主权国家利益的地域性特征之间也存在着矛盾。2008 年金融危机之后，基于房地产泡沫的金融化积累模式宣告终结，资本主义国家为了建立一种新的、长期稳定的增长体制，采取了各种尝试方案。在这些尝试当中，最引人注目的是基于互联网、云计算、大数据以及人工智能等当代高科技产业的发展模式。然而，这一模式所造就的新的资本形态，同时也激化了跨国资本同主权国家之间的矛盾。

具体来说，当代信息技术产业的显著特征，是其独有的"网络效应"：

---

① 美国家庭部门的债务在 2008 年金融危机之前一度也很高，但金融危机之后转移为政府债务，因而有了下降的趋势。参见恒大研究院、任泽平等：《我们正站在全球金融危机的边缘》，原载雪球网"泽平宏观"专栏，2020 年 3 月 15 日，https://xueqiu.com/4286133092/143988240。

当网络达到一定规模时，加入网络的节点越多，网络的使用价值越大，即所谓的"越用越好用"。通过这一机制，用户的使用行为成了被平台资本所无偿占有的"协作生产力"，免费使用互联网产品的用户也成了平台资本的免费工人。为了最大限度地发挥此种协作生产力，互联网资本往往倾向于低价或者免费地提供在线服务，甚至在金融资本的加持下，首先通过牺牲一部分利润来扩张网络规模，在占有了巨大的免费用户群之后，再经由其他方式来实现盈利（如出卖广告位、出卖用户数据等等）。即使对于较少提供免费服务的科技企业（如微软、苹果等）来说，通过扩张网络、订立标准、拉高用户的"转移成本"等方式来收取"技术垄断租金"，也是最主要的获利方式之一。

因此，在当代科技产业当中，将产品和服务（有时是免费地）开放给尽可能多的用户使用，对资本本身是有利的；以"开源""赋能"为名义的开放性策略，往往优于片面地赚取知识产权租金的封闭性策略。但是，对于主权国家来说，情况则恰好相反。在全球经济普遍停滞的背景下，有实力的主权国家无不希望能够预测、抢占乃至引领新一波技术变革的方向，从而在下一波经济增长浪潮中占据主导地位。因此，主权国家往往倾向于将本国取得的科技创新成果限制在本国范围之内，不与其他国家共享，以免在其他国家催生出具有统治力的技术范式和商业范式。这样，在金融-科技垄断资本的开放性策略和主权国家相对封闭性的策略之间，就产生了显著的矛盾。

此外，新的技术条件和资本形态，也造就了新的资本集中方式和垄断方式。当代科技产业的"平台资本"和"数据资本"的集中，不同于传统固定资本的集中：它在理论上既不需要将大量固定资本置于同一空间中以获得规模效应，也不需要切实占有这些固定资本的所有权，而是只需要通过提供在线服务或股权融资的方式，打通同用户（可能是个人、群体或企业）之间的数据通道，形成一个表面上互不消灭和兼并的"生态系统"。而且，科技产业的此种超空间性，同金融资本的相似属性也是相互增强的：一方面，金融资本通过互联网信息技术实现了超空间的快速流动，甚至变成了不可捕捉和摧毁的"云端"存在；另一方面，金融资本的超空间流动，也为科技产业在全球范围内的快速扩张提供了必要条件，并且在其中找到了炒作的题材。这种超空间，某种程度上也超产权的资本集中方式，减弱了资本对于主权国家这一特定空间的依赖，从而加剧了两者之间的矛盾。

这一矛盾目前最突出的表现，是美国政府对以华为、中兴等为代表的中国科技企业所采取的政策。为了遏制华为公司领先世界的 5G 移动互联网技术，美国政府试图鼓动以谷歌为主的本土科技企业停止对华为的供应；但是，谷歌出于自身利益考虑，并不愿意对华为完全断供开源的安卓系统，且在这一问题上同美国政府展开了反复拉锯。[①]同样，华为自身也并不愿意对欧美国家停供 5G 基础设施。在笔者看来，中美贸易摩擦中的这一段插曲，不仅表明了两个主权国家在全球化收缩阶段的对抗性矛盾，也表明了全球化进程所塑造的新资本形态同主权国家这一政治形式之间的异质性矛盾；这种矛盾，不仅存在于彼之资本与此之主权之间，也存在于主权国家同以这一国家本身为基地的资本之间，因此很难被纳入传统帝国主义理论的框架之内。

二、资本积累与社会治理的分裂及其在不同国家的表现

跨国资本同主权国家之间的矛盾高度激化的表现，是经济活动的资本积累功能同其社会整合或社会治理功能之间的全面分离。我们知道，按照亚当·斯密以及受其影响的黑格尔的观点，现代私有制下的经济活动，除了包含物质生活的维度，也一向包含着社会整合的维度：在现代社会中，人们通过普遍的分工交换来满足彼此的物质需要，从而形成了一个"需要的体系"[②]；同时，在普遍交换的中介之下，从私人动机出发的经济活动也建构了一种公共利益，从而具有了"形式上的普遍性"。这两个维度共同构成了现代"市民社会"的本质规定。鉴于斯密和黑格尔对马克思的影响，学界也长期存在着一种从"市民社会"视角出发来解读马克思著作的观点。

---

① 据报道，2019 年 5 月 16 日，美国将华为等中国企业列入"实体清单"，随后的 5 月 20 日，谷歌宣布暂停与华为的部分业务。6 月 8 日，英国《金融时报》援引消息人士称，谷歌正在游说特朗普政府，争取延迟实施甚至完全豁免对华为的限制措施。2020 年 2 月 27 日，据外媒 Gsmarena 报道，谷歌向美国政府申请继续与华为合作，包括提供 GMS 移动服务等。以上消息参见王恺雯：《担忧华为自给自足，谷歌搬出"国安风险"要美取消禁令》，观察者网，2019 年 6 月 7 日，https://www.guancha.cn/politics/2019_06_07_504782.shtml，以及 Ivan: Google applies for license to let it continue do business with Huawei, Gsmarena, 26 February, 2020, https://www.gsmarena.com/google_reportedly_applied_for_exemption_to_give_huawei_its_services-news-41719.php。

② 黑格尔：《法哲学原理》，《黑格尔著作集》第 7 卷，邓安庆译，北京：人民出版社，第 335 页。

这种观点认为，资本主义遮蔽或误用了现代生产活动中已经存在着的社会整合机制，资本主义的主要矛盾就在于生产活动的这种间接的社会性同其直接的私人性之间的矛盾。这一矛盾的解决，需要诉诸马克思在《论犹太人问题》中提出的构想，即人"作为个人，在自己的经验生活、自己的个体劳动、自己的个体关系中间，成为类存在物"①。

但是，当代资本主义的社会现实却表明，资本同国家之间矛盾的加剧，阻碍了资产阶级国家为社会治理提供有效的保障；因此，私有制下的生产活动的所谓社会整合功能，即便不是在倒行逆施，至少也已经失去作用了。这一点首先表现在上文提及的失业、公共事业衰落和种族矛盾等问题中，而在 2019 年以来的新冠肺炎疫情当中，这些问题不出意料地全部被激化了。面对疫情，跨国垄断资本在债务和股价的压力之下，为了保持生产活动的连续性，希望维持消费活动和人口流动，维持国家间边界开放，缩短隔离时间，尽快复工复产；但主权国家在经济职能之外，还拥有公共卫生或"生命政治"方面的社会治理职能，因而要求在较长时间内限制工商业活动，以便阻断疫情传播。这两种行为逻辑之间的关系，不是相互保障和促进，而是相互冲突和遏制。如阿兰·巴迪欧所说，"我们在这里碰到了当代社会的一个重大矛盾：包含工业制成品的大规模生产过程在内的经济活动依赖于世界市场……但是另一方面，政治权力在根本上还是国家的"②。

资本活动同国家行为之间的此种矛盾，以新冠肺炎疫情为引，造成了各种生存窘境。仍以美国为例，在制造业外流已然造成了大量失业的基础上，疫情又迫使原本能够吸收就业的消费行业和服务行业停止运营，从而创造了"大萧条"以来最高的失业率③；与此同时，全球供应链高速运转的要求、金融化资本主义的内在脆弱性，以及公共部门支出的长期衰落，又导致国家缺乏应对疫情的能力，其既不能果断采取隔离措施，也没有能力在维持经济平稳运行的条件下控制疫情。而疫情期间爆发的"黑人命贵"等抗议运动也表明，跨国垄断资本长期实施的种族分治政策，使得社会的良好整合在种族的层面上难以得到实现。

尤其吊诡的是，在全球停工停产、失业泛滥的时期，美国顶级科技巨

---

① 《马克思恩格斯文集》第 1 卷，第 46 页。

② Alain Badiou: Sur la situation épidémique, 26/03/2020, https://qg.media/2020/03/26/sur-la-situati on-epidemique-par-alain-badiou/.

③ 吴乐珺：《美国失业率创新高》，《人民日报》，2020 年 5 月 13 日 16 版。

头的资产价值却凭空暴涨①。这似乎表明，尽管雇佣劳动目前仍是西方世界最熟悉的社会整合方式，但是，由于金融-科技垄断资本通过剥削"用户劳动"、炒作资产价格等方式也能获利，因而它们同正式的雇佣劳动以及工人需要的满足之间的关系已经日渐疏远了。换言之，当代占主导地位的资本形态，已经表现出了某种"抛弃社会"的迹象。与此相关，美国国会于2020年7月29日对亚马逊、苹果、脸书和谷歌四大科技行业巨头的实控人召开了有关反垄断问题的听证会，并于10月7日公布了针对四巨头的反垄断调查报告，认定其在关键业务领域拥有"垄断权"②。这或许是当代新资本形态同以国家为单位的社会治理之间的矛盾进一步明朗化的征兆。

上述社会现实，要求我们更新对于资本逻辑的理解，从而纠正上文所述的那种从"社会整合"的观点出发对马克思思想所做的阐释。这种阐释的偏差在于，它将马克思政治经济学批判中的"资本主义社会"或"资产阶级社会"等同于马克思早期著作中的"市民社会"，因此忽略了二者之间的根本差别。在资产阶级社会中，生产活动的主要目的是（剩余）价值或利润的增长，而不是需要的满足。这两者之间的明确区分，只有在《资本论》中才通过"价值"和"使用价值"之间的区分而被确定下来；而《资本论》的论述主题，与其说是这两者之间的有条件的统一，不如说是这两者之间的差异所引发的无止境的矛盾。因此，既然以利润为目的的资本主义生产活动并不必然构成一个"需要的体系"，它也就不可能稳定地提供斯密和黑格尔所想象的那种社会整合方案。

实际上，马克思所指出的社会发展趋势毋宁说是相反的：资本主义的拜物教倾向，会让利润表现为资本的直接产物，而不是剩余劳动的结果；因此，资本反而会不断地从雇佣活人转向添置死物（如固定资本），并最终演变为脱离实际劳动过程的 G-G′ 运动，即金融资本运动。在这一过程中，

---

① 根据政策研究所（Institute for Policy Studies）和美国税收公平组织（Americans for Tax Fairness）分析，从2020年3月18日到5月19日，美国最富有的600人的净资产增加了15%，最富有的五个人（其中包括杰夫·贝佐斯、比尔·盖茨和马克·扎克伯格三位科技巨头）的净资产增加了19%。见 Tale of Two Crises: Billionaires Gain as Workers Feel Pandemic Pain, Americans For Tax Fairness, May 21, 2020, https://americansfortaxfairness.org/issue/tale-two-crises-billionaires-gain-workers-feel-pandemic-pain/。

② 见邓圩：《谷歌、脸书、亚马逊、苹果 CEO 集体出席国会山听证会》，人民网，2020年7月30日，http://world.people.com.cn/gb/n1/2020/0730/c1002-31804110.html；钱童心：《美国国会公布反垄断调查报告，认定苹果、谷歌等四大科技公司滥用市场主导地位》，第一财经，2020年10月7日。https://www.yicai.com/news/100792614.html。

资本所主导的经济活动形态，将会越发脱离对人的治理的需要，从而将人的生活置于一个对它漠不关心的盲目过程的支配之下。这一趋势已经被相当一部分学者洞察到了。例如，20 世纪 90 年代末，法国著名的马克思主义理论家安德烈·高兹已经提出，"资本从活生生的、可感现实的世界中抽离出来，用自身增长的绝对命令取代了人类的判断标准，让自己的权力脱离了人类的掌握：资本实现了出走（Exodus）"①。最近，我国学者杨典等也指出，金融资本利益脱离社会利益的过程，类似于卡尔·波兰尼所描述的"脱嵌"过程②，等等。因此，当代跨国垄断资本从社会治理职能中全面脱离的现象，不仅不是资本逻辑的变异，反而意味着资本逻辑在当代的极致发展中暴露了本来面目。

经济活动的资本积累功能同社会治理功能之间的分裂，同时也造成了国家职能内部的分裂。这是因为，资本活动越是脱离活劳动这个基础，其内在矛盾就越是加剧，这反而又要求国家的干预能力更加深刻地卷入资本增殖运动之中，让一部分国家职能受到资本的绑架，并同另一部分国家职能相对立。这种对立，我们可以将其称作"资本的国家"同"人民的国家"之间的对立。以美联储为例，在 2008 年金融危机和 2020 年新冠肺炎疫情期间的美股暴跌当中，美联储都多次试图通过廉价信贷来拯救金融机构，从而缓解本来就是由金融机构的行为所造成的危机。这意味着，主权国家的货币政策，已经成了内在于资本积累模式的一个有机组件，而不再是外在于市场活动的一种干预措施。如桑德斯在参加 2016 年美国总统竞选期间所说，"美联储被它本应该监管的那些银行家们给绑架了"③。但与此同时，中央银行也是当代最为重要的、福柯意义上的"生命政治"机构：它通过调节一些宏观统计数字（如货币供给和利率），干预总人口的经济活动，从而间接决定着无数个体的生计和命运。美国政府在经济危机期间，尤其是疫情期间，依照"救市不救人"的原则来运用这一机构，充分印证了国家的资本积累职能同社会治理职能之间的分裂关系。

---

① A. Gorz: Reclaiming Work, trans. Chris Turner, Cambridge: Polity Press, 1999, p.6.

② 杨典、欧阳璇宇：《金融资本主义的崛起及其影响——对资本主义新形态的社会学分析》，《中国社会科学》，2018 年第 12 期。

③ Pam Martens and Russ Martens: Key Segments of Bernie Sanders' Speech on Wall Street Reform Disappear, January 6, 2016, https://wallstreetonparade.com/2016/01/key-segments-of-bernie-sanders- speech-on-wall-street-reform-disappear/.

在前文中，我们主要以美国等西方发达国家为例，论述了当代新资本形态同主权国家之间的矛盾关系。但是，由于当代国际秩序内在地包含着不平衡，所以这种关系在不同的国家那里势必表现为不同的形态。萨米尔·阿明在去世前不久的一篇文章中，曾经将当代国际支配体系下的国家区分为三类：中心国家、外围国家和新兴国家[①]。笔者认为，这一分类框架对于我们眼下的讨论仍是适宜的。可以预见的是，如果处在国际支配格局顶端的国家，都尚且经历着跨国垄断资本同主权国家之间的分裂，那么这种分裂在处境相对不利的国家那里就只会表现得更加明显。

在中心国家，跨国垄断资本同国家之间的矛盾表现为激烈的对抗性矛盾。这是因为，这两者的运行方式在这里都已变得十分脆弱，以至于任何一方一旦向另一方妥协，就有可能迅速摧毁自身。具体来说，金融资本的利益是以供应链的全球配置为前提的，而制造业一旦回流，势必对目前居于统治地位的金融资本家阶级造成损害，甚至通过提高生产成本而对制造商造成损害；但是，如果政府无法有效地节制金融资本活动，那么它就无法缓和国内激烈的社会矛盾。而唯一能在资本和国家之间造成妥协、在经济活动的资本积累职能和社会治理职能之间造成和解的东西，如福利国家、工人组织、制造业中的工会传统，以及包含不同阶级政党的真正的民主政治，却已经在过去的全球化进程中被抽空了。因此，上述这种对抗性矛盾，最终可能导致各种带有民粹主义色彩的社会分裂运动的爆发。如俄国学者亚历山大·杜金所说，美国目前甚至真实存在着爆发全面内战的可能[②]，这种可能性在 2020 年大选前后两党支持者的暴力冲突当中已然可见一斑。

在外围国家，即阿明所称的"买办国家"那里，政府的利益同跨国垄断资本的利益高度一致，但两者都以牺牲人民的利益为代价；于是，跨国资本同"资本的国家"联合起来对抗"人民的国家"，以至于后一种国家有时被削弱到"失败国家"的地步。在频繁的主权债务危机中，外围国家的政府依照跨国资本的意志被塑造为奉行新自由主义政策的政府，这与随之兴起的国内买办资产阶级的利益是一致的。其后果是在本国建立起一种高度外向依赖型的经济，耽搁了培育民族工业的历史窗口期，并且通过资本项目的开放为国际游资掠夺本国财富创造了方便。最终，在政府缺乏公共

---

① 萨米尔·阿明：《新帝国主义的结构》，陈俊昆、韩志伟译，《国外理论动态》2020 年第 1 期。

② 亚历山大·杜金：《美国爆发"新内战"，是什么构建了坐标轴》，凯莉译，观察者网，2020 年 6 月 17 日，https://www.guancha.cn/AlexanderDugin/2020_06_17_554406_s.shtml。

事业能力的情况下，外围国家的人民将沦为跨国资本廉价而无保护的剥削对象。

在上述两个类型的国家当中，我们将有可能观察到"无产阶级化"或"阶级对立简单化"过程的重新开启。如前所述，20 世纪以来垄断资本同主权国家之间的深度嵌合关系，在西方发达国家内部塑造了一个庞大的"中间阶层"或"中产阶级"，从而在一定程度上缓和了阶级对立简单化的趋势，分裂、安抚并削弱了工人阶级的革命力量。但是，20 世纪 80 年代以来，跨国资本同主权国家日益分裂的趋势，却让以资本同国家的联合为基础的"中间阶层"变得难以维持下去。在中心国家，早在 2008 年金融危机之前，工人力量的衰落和社会福利的削减就已经造成了实际工资的停滞，而制造业的外流又将大部分工人抛入了缺乏工会传统的新兴服务业部门。同时，金融资本又借机引诱劳工阶层，采取消费信贷和住房抵押贷款等手段，勉强维持中产阶级的消费主义生活，从而在工资收入的基础上构造起新的金融资产泡沫。其结果是，2008 年金融危机爆发后，劳工阶层又由于房产止赎和高额负债而遭遇了进一步的无产阶级化。此外，互联网数据技术尤其是人工智能技术的发展，让垄断资本能够通过剥削海量用户的"数据劳动"来取代"中间阶层"的脑力劳动，从而将后者重新抛入底层劳动者队伍或产业后备军。有报道称，最先被人工智能技术取代的劳动，恰恰不是直接的体力劳动，而是财务、法务、金融交易等脑力劳动[①]。2020 年新冠肺炎疫情期间，大量美国中产阶级成员"开豪车领救济"的景象，将美国社会重新无产阶级化的现实暴露无遗。在外围国家，无产阶级是随着跨国资本的进入而新近发展起来的；在现有国际支配格局的制约下，这些国家几乎都没能跨过"中等收入陷阱"，因而其"中产阶级"的膨胀可以说还没有开始就结束了。[②]

今天正在中心国家和外围国家展开的"无产阶级化"或"重新无产阶级化"过程，挑战了从"不发达"到"发达"的"发展"叙事。这一现象

---

① 例如，据《麻省理工技术评论》报道，高盛纽约总部在 2000 年的巅峰时期雇用了 600 名交易员，但在 2017 年已经被人工智能取代至只剩两人。见 Nanette Byrnes: As Goldman Embraces Automation, Even the Masters of the Universe Are Threatened, MIT Technology Review, February 7, 2017, https://www.technologyreview.com/2017/02/07/154141/as-goldman-embraces-automation-even-the-masters-of-the-universe-are-threatened/。

② 关于外围国家的发展情况，可以参见朱民：《疫情背景下双轮驱动中国经济走向高收入阶段》，《清华金融评论》2020 年 05 期，第 18 页。

表明，既有的"高收入国家"的形成，仅仅是垄断资本同帝国主义国家在一段时间内彼此深度嵌合的偶然结果，但从长期来看，私有制下的经济增长仍然是以大部分地区和人口的贫困化为条件的。垄断资本的新形态同主权国家之间矛盾的激化，将有可能重启这一贫困化进程，从而逆转一度低迷的革命形势，促使全世界被资本抛弃的人们重新走向联合。

三、结语：新的革命形势的可能性与新兴国家的选择

在当代新资本形态的内在矛盾所塑造的世界格局中，如果新的革命形势可能存在，那么这种革命及其条件也将与帝国主义时代的革命有所不同。在传统帝国主义时期，革命的契机源出于帝国主义发展的空间不平衡这一现实，以及这一现实在各主权国家之间所构造的特定关系。例如，俄国革命作为帝国主义国家内部革命的代表，是在"帝国主义链条的薄弱环节"之上、借帝国主义国家之间分赃战争的机会而爆发的；而中国革命作为殖民地半殖民地国家革命的代表，是在多个帝国主义国家共同剥削中国的条件下，在帝国主义国家之间相互斗争的裂隙中孕育出来的[1]。而在当代，由于帝国主义以及相应的政治斗争的形式已经发生了变化，因此可能的革命形势也就不同于往日。当代资本主义的内在矛盾，不仅发生在多个中心国家之间、发生在中心国家同被剥削国家之间，也发生在跨国垄断资本同主权国家本身之间。这种矛盾，掣肘了垄断资本同资产阶级国家联合起来分化或收买工人的能力，重启了"无产阶级化"进程，从而营造了有利于新的革命形势的现实裂隙。只是，革命形势的这种新的表现形式，同帝国主义时代在一国或几国率先取得胜利的革命一样，都不是马克思在《德意志意识形态》中所预言的那种"占统治地位的各民族'一下子'同时发生的行动"[2]。它们并不是特殊性与普遍性之间的思辨逻辑关系发展到顶峰

---

① 参见毛泽东：《中国的红色政权为什么能够存在？》，《毛泽东选集》第1卷，北京：人民出版社，1966年，第49页："帝国主义和国内买办豪绅阶级支持着的各派新旧军阀，从民国元年以来，相互间进行着继续不断的战争，这是半殖民地中国的特征之一。……因为有了白色政权间的长期的分裂和战争，便给了一种条件，使一小块或若干小块的共产党领导的红色区域，能够在四围白色政权包围的中间发生和坚持下来。"

② 《马克思恩格斯文集》第1卷，第539页。

之后的一次"辩证的"过渡，而是意味着资本逻辑的普遍的理想性在主权国家的特殊的、地域性的现实性面前遇到了不可跨越的障碍。

　　然而，必须承认的是，尽管垄断资本同主权国家之间的嵌合关系在当代出现了松动和裂隙，但这远远不等于现实革命条件的具备；相反，这一局势也内在地包含着一定的不可靠性。这主要是因为，在中心国家和外围国家，由于社会整合机制的瓦解，工人阶级已经丧失了以往的联合形式。这意味着，即使革命人群存在，它的成分也很可能是游民流众、失业者、少数族裔以及"身份政治"所塑造的各种四分五裂的认同群体等等，即"流氓无产阶级"的当代形态。这类群体，往往难以将联合的基础建立在共同的阶级利益之上，因而很难充当可靠的革命主体。

　　马克思在《路易·波拿巴的雾月十八日》等著作中，已经揭示了流氓无产阶级与金融资产阶级的共生关系，以及这种情势下革命主体的软弱性格。"金融贵族，不论就其发财致富的方式还是就其享乐的性质来说，都不过是流氓无产阶级在资产阶级社会上层的再生罢了"①；"流氓无产阶级是旧社会最下层中消极的腐化的部分，他们在一些地方也被无产阶级革命卷到运动里来，但是，由于他们的整个生活状况，他们更甘心于被人收买，去干反动的勾当"②；等等。当代的现实状况，同马克思的这些论述颇有类似之处。一方面，唐纳德·特朗普这样路易·波拿巴式的人物在各方政治势力的分裂摇摆中一度取得了权力，并不遗余力地推行财政赤字货币化，以便"使金融贵族获得新的机会去盘剥被人为地保持在濒于破产状态的国家"③；另一方面，新冠肺炎疫情期间的抗议运动本来有望唤醒阶级共识，但最终还是导向了容易造成工人内部分裂的种族议题，甚至陷入了"为复工而革命"的悖谬状况之中。这些情况，都同马克思对 1848 年革命失败的描述如出一辙。这样看来，垄断资本同主权国家之间的矛盾在中心国家和外围国家的表现形式，尽管富有政治潜力，但在最坏的情况下，它或许仅能做到替新兴国家"排除从各方面向它袭

---

①《马克思恩格斯文集》第 2 卷，第 83 页。

②《马克思恩格斯文集》第 2 卷，第 42 页。有关这一问题，也可参见夏莹、邢冰：《论"流氓无产阶级"及其在当代哲学语境中的嬗变》，《探索与争鸣》2019 年第 2 期。

③《马克思恩格斯文集》第 2 卷，第 81 页。

来的破坏性影响"①，从而为新兴国家跨越"卡夫丁峡谷"的历史进程充当策应。

在笔者看来，当代新资本形态的内在矛盾所昭示的新的历史发展，更有可能是由诸多新兴国家，尤其是社会主义国家来承担的，这是由社会主义国家在资本主导的全球秩序中的特殊地位所决定的。如前所述，20 世纪的社会主义革命，并不是马克思所预言的在全球范围内同时爆发的革命，而是在若干主权国家内部取得胜利的革命；这些革命所造就的现代社会主义国家，不得不同全球资本主义秩序长期并存、长期共生。但是，这些社会主义国家的存在，尤其是它们对当代全球经济分工的参与，也在一定程度上扭转了全球资本主义的发展轨迹，使之再也不能纯粹地按照资本逻辑的内在趋势来发展，而是只能"不纯粹"地发展。例如，中国作为现代社会主义国家的代表，其实现经济腾飞的过程，同当代全球生产网络的形成几乎是同步的，这两者都不可能脱离对方而独自成立。在这种意义上，当代世界固然是一个尚未革命并等待着革命的世界，但也是一个继承了 20 世纪社会主义革命的世界；这种革命的遗产，就是社会主义国家这一特殊的国家形态，以及它们同跨国垄断资本之间特殊的共生关系。

这种共生关系意味着，跨国资本同主权国家之间的矛盾，从一开始就内嵌于中国新时期的经济发展进程中。但是，这一当代矛盾在我国必然有着与别处不同的表现形式。这是因为，现代社会主义国家是一种有别于资产阶级民族国家的新的国家形态，它既不是一种凌驾于经济活动的"虚幻的共同体"②，也不能在"资产阶级委员会"的概念下得到理解。按照汪晖的界定，现代社会主义国家是在垄断资本主义地域发展不平衡的背景下，在以民族为单位的反帝国主义、反资本主义和封建主义的革命运动中，即在"国家要独立，民族要解放，人民要革命"的历史要求中建立起来的。换言之，社会主义国家的建立，与民族独立和阶级整合的任务是同一的，国家是作

---

① 《马克思给维·伊·查苏利奇的复信》，《马克思恩格斯选集》第 3 卷，北京：人民出版社，2012 年，第 840 页。

② 《马克思恩格斯文集》第 1 卷，第 536 页。

为政治范畴的"人民"的手段和结果。①因此，在社会主义国家的立国理念中，向来就包含着对资本进行批判和节制的要求，包含着用联合起来的人（作为"人民"或"工人阶级"）的需要来制约资本增殖的盲目运动的要求。在此种理念下，"资本的国家"与"人民的国家"的分裂、经济活动的资本积累职能和社会整合职能的分裂，是社会主义国家的国家政治所不能允许的。

因此，在新时代的中国，国家有能力将政府的调节职能深刻地嵌入经济活动之中，通过平稳金融市场开放步伐、引导金融资本服务实体经济、确保居民收入同劳动生产率同步增长、构建国内国际双循环等多项举措，将资本同国家之间的当代矛盾制约在一种良性正和博弈的限度之内。今天，中国等新兴国家在全球生产网络中居于要冲地位，将越来越多和平、民主和社会主义的力量注入了世界经济和政治格局之中，为这一格局所包含的内在矛盾提供了一定的缓和空间乃至解决方案，而这种空间和方案在其他地方是不存在的。可以说，只有在此种当代视角下，20 世纪社会主义革命的遗产才充分表现出了它的世界历史意义：现代社会主义国家，是全球资本主义的不平衡发展在自身内部孕育出的自我否定；它将有可能调和那些在资本主义体制下不可调和的矛盾，以和平的方式引领 21 世纪新文明形态的建立和传播，甚至实现对世界历史的资本主义阶段的最终扬弃。

2020 年新冠肺炎疫情期间，中国本着人民生命至上的原则，在抗疫斗争中取得了举世瞩目的成就。这充分表明，在过去 30 余年间，两种国家形态在政策取向和治理能力方面积累了巨大的差异。如果说，当代新资本形态的形成，让西方国家垄断资本的全球霸权得以空前扩张，但最终也掣肘了这种霸权本身的话，那么这种资本形态的内在矛盾的暴露，就为以中国

---

① 参见汪晖：《作为思想对象的二十世纪中国（下）——空间革命、横向时间与置换的政治》，《开放时代》，2018 年 6 月，第 64 页："如果说'国家要独立，民族要解放，人民要革命'构成了 20 世纪政治的主题，那么，在殖民主义和帝国主义时代寻求国家独立和民族解放也必然与通过人民革命创造一种新的政治形式密切地联系在一起"；关于这种"新的政治形式"，又见'"亚洲的觉醒"时刻的革命与妥协——论中国'短 20 世纪'中的两个独特性》，《人民论坛·学术前沿》，2012 年 17 期，第 86 页："中国革命中的'人民'的概念就建立在这些政治范畴之上，或者说，是通过对这些政治范畴的整合而产生的。……革命政党的主要功能是通过不同形式的动员和斗争，创造'人民'及其革命和战争（'人民战争'）"，等等。

为代表的新兴国家及其新文明形态的发展提供了历史性的机遇。这种机遇，不仅是当今世界的特殊局势的特殊产物，更是 20 世纪诸多伟大的革命斗争在百年之后的回声。

（本文原载于《学术月刊》2021 年第 7 期）

追寻消失的真实：从不可能出发

宋德超

"追寻消失的真实"（À la recherche du réel perdu）这个书名很容易让人联想到普鲁斯特的《追寻逝去的时光》（*À la recherche du temps perdu*）。普鲁斯特在时间的缝隙中摸索着"真实的生活"，气味、声音、触感都是他无意识的居所，通过无意识，他似乎找到了已逝的时光，并重新发现了真实的面孔。无意识捕捉生活中最微小的细节，从中窥探真实的奥秘。对于普鲁斯特来说，真实就是"显现涌出的运动；是不可见的厚度的内在推进，但这个厚度却与其表面一样意味深长；是对超越了客体最纯粹型构的视域的发掘"[1]。在《追寻逝去的时光》中，"玛德莱娜蛋糕"与"凡德伊的小乐句"都属于普鲁斯特世界中真实涌现的时刻。巴迪欧在普鲁斯特的写作中发现了思想的痕迹，他认为思想"意味着一场与真实的遭遇"[2]，而普鲁斯特的"玛德莱娜蛋糕"正是处在语言与真实重叠的地域，变成了"一个绝对，从而不再可能辨别出初始和终点"[3]。这个绝对之点是思想在真实中的寓居之所，将不可能的真实带入世界。"玛德莱娜蛋糕"是普鲁斯特接近真实的途径，而对于巴迪欧而言，什么才是其追寻真实的旅程中遇见的那个"玛德莱娜蛋糕"，即真实的绝对之点呢？

---

① SIMON, Anne, «Phénoménologie et référence: Proust et la redéfinition du réel», in Littérature, numéro 132, 2003, p. 57.

② BADIOU, Alain, «Qu'est-ce que la littérature pense?», in Paragraph, 28 (2), 2005, p. 35-40. 参见米歇尔·福柯等：《文字即垃圾》，赵子龙等译，重庆：重庆大学出版社，2016 年。

③ Ibid.

一、从无能到不可能

雅克·拉康（Jacques LACAN）在谈及分析治疗时经常使用一句话，即"从无能到不可能"（de l'impuissance à l'impossible），其核心便是从想象的无能向真实的不可能的过渡。拉康在分析歇斯底里话语时认为，无能是所有话语结构的某种必需，作为享乐（jouissance）的障碍，它最终造成"产品与真理之间的分离"①（1970 年 6 月 10 日研讨班）。而这种无能导致分析对象"不可能处在话语的源头位置"（1970 年 6 月 10 日研讨班），因此，无能遮蔽了真实。分析师的角色，或者说精神分析的角色，就是让分析对象首先面对真实的不可能。

众所周知，拉康同尼采、维特根斯坦一道，远离了形而上学的传统，因此被认为是"反哲学"（anti-philosophie）的坚定支持者。而拉康的"反哲学"自有其独特性：不同于将意义置于真理之上的其他"反哲学"，他更倾向于对知识与真实的拷问，因为哲学中缺失的是缺意（ab-sens），"真实就是缺意"②。然而，拉康对于真实的探究在何种意义上与巴迪欧追寻真实的尝试发生关系呢？尤其是考虑到拉康的"反哲学"立场与巴迪欧所维护的哲学本体论之间不可协调的冲突，巴迪欧为何将拉康作为切入点，又是如何利用拉康为哲学辩护呢？

巴迪欧在其关于拉康的著作、研讨班及访谈中都提到了一点，那便是他研究拉康时所秉持的立场："我的宗旨与以往一样，就是考察拉康与哲学的关系。"③在更普遍的意义上，面对"反哲学"之际，巴迪欧试图揭示的是其中"一个新客体的独特挑战"④，从而重新发掘哲学所遗忘的角落。在拉康那里，这个"新客体"就是真实。

围绕真实这一问题，拉康给我们留下了一个极其重要的公式

---

① 原文参见：拉康精神分析学派（Ecole lacanienne de psychanalyse）网站（下同）：http://ecole-lacanienne.net/bibliolacan/stenotypies-version-j-l-et-non-j-l/

② BADIOU, Alain, CASSIN, Barbara, Il n'y a pas de rapport sexuel. Deux leçons sur «L'Etourdit» de Lacan, Paris: Fayard, 2010, p. 115.

③ Ibid., p. 105.

④ Ibid., p. 106.

（formule）："从无能到不可能。"虽然这个公式意在为分析治疗提供理想的解决办法，并非纯粹意义上的哲学论题，但巴迪欧从该公式出发，在拉康的遗产中发现了哲学的可能。

斯拉沃热·齐泽克（Slavoj ŽIŽEK）在《欢迎来到真实的荒漠》一书中提到了真实在面对现实时的困境："正因为它是真实的，因为它创伤/过度的特性，我们不能将它纳入（我们所经验的）现实，因此我们不得不像噩梦到来一样经验着真实。"①换言之，经验现实一旦与真实相遇，它便表现为无力、不知所措。巴迪欧正是将经验现实的无能作为出发点，对拉康的这个公式进行哲学意义上的解读。无力的现实与不可能的真实之间常常由某种普遍的情感（affect）联系起来，这种情感就是焦虑（angoisse）。焦虑无处不在：小到日常生活的种种焦虑，大到存在意义上的焦虑。人类面对焦虑往往无力，进而向焦虑妥协。而这种焦虑在真实面前——对于巴迪欧来说，如今的真实就是具有强制性的资本主义政治与经济制度——尤其显得无力。人类似乎完全受制于资本主义的强制性，既不能摆脱普遍的焦虑，亦不能提出对抗强制性的洞见。因此，巴迪欧回到拉康，回到拉康的这个公式，试图通过从无能向不可能的过渡为我们提供一个可能的解决方法。

对巴迪欧而言，虽然围绕着无能与焦虑的严肃思考为人类更好地适应周遭书写了指南，但是当代哲学不能停留在这个层面上，哲学的任务在于直面不可能。当人们说"这是唯一的可能"时，也是在说"剩下的都不可能"，因此，哲学便要探寻什么才是不可能的真实，也就是说，在真实的层面上讨论可能性与不可能性，而不再停留于主观层面上的有力与无力。这便是巴迪欧在《追寻消失的真实》这本书中首先论述资本主义经济强制性的原因，即在资本主义制度的真实中深入分析、揭露弊端、寻找方案。

以拉康为代表的精神分析话语把无能看作一种病理学上的"症候"（symptôme），而如今的哲学也面临着类似的"症候"：它不再能够为可能性/不可能性提供任何新的真理。巴迪欧在《世纪》中总结道："这个世纪（20世纪）在不可能的主体创新、安逸、重复之主题上终结。这一切有一个明确的名称，那便是顽念。这个世纪在安全的顽念中完结，表现为某种可怕的准则：你的处境已然不错，其他地方更加糟糕，以往更是不堪入

---

① ŽIŽEK, Slavoj, Welcome to the desert of the Real!, London&New-York: Verso, 2002, p. 19.

目。"^①当代社会的主体——当然也包括哲学家——已经从根本上抛弃了可能/不可能的观念，只求在重复中寻求慰藉。围绕着真理，似乎存在两种无能：第一种无能表现为追求真理的进程中主体的无能，而第二种无能是真理，或者关于可能/不可能的真理本身的无能。关于第二点，拉康在 1970 年 6 月 10 日的研讨班中明确地指出："所有的不可能性，无论它如何展现——它是我们这里的重点——都总是可以被表述出来的，确定无疑的是，如果它令我们在其真理周围屏气凝神，那是因为某物保护着它，我们称这个某物为无能。"拉康认为，不可能的权力建筑在真理的无能之上，因此，当人们选择追求真理（热爱真理）时，便不得不承认真理的弱点。拉康就此质疑对真理的热爱，并把人们在热切追求之际从真理之口涌出的东西称为一具"腐尸"（charogne）。

然而，这并不是说真理的无能排除了力量的所有形式，真理的力量其实就位于它的无能之中。我们甚至可以说，真理只有在无能之中才能找到其力量的可能条件。巴迪欧在重读拉康时也重申了这一点："显然，对有着难以逾越的限制的真理施加影响的是阉割（castration）。真理是盖在将其完全道出的不可能性上的一块面纱。"^②于是，对真理的热爱实际上首先要求我们承认无能对真理的阉割，进而肯定阉割之爱（amour de la castration）。

不仅如此，就连真理的意义（sens）这一问题都需要被重新提出。因为哲学并不需要把真理阐释为意义，它不可能"移动意义与真理这一对关系，因为唯一能够使这对关系发生变动的是作为真实之功能的缺意（ab-sens）或缺性意义（sens ab-sexe）的范畴"^③。换言之，真正的问题并不在于真理是否有意义，而是缺意或缺性意义如何影响真理与意义的关系。真实进入了这对关系之中，试图阐明一个事实："哲学以某种方式过快地陷入到真理之中。这种仓促隐藏了或涂抹了作为缺席的真实的时间。"^④因此，拉康的那句"性关系不存在"（il n'y a pas de rapport sexuel）便是在真理之前召唤持续缺席的不可能的真实。

---

① BADIOU, Alain, Le Siècle, Paris: Editions du Seuil, 2005, p. 100-101.

② BADIOU, Alain, Conditions, Paris: Editions du Seuil, 1992, p. 197.

③ BADIOU, Alain, CASSIN, Barbara, Il n'y a pas de rapport sexuel. Deux leçons sur «L'Etourdit» de Lacan, op. cit., p. 115.

④ Ibid., p. 114.

二、不可能的可能性

在巴迪欧的哲学版图中，政治占据着极其重要的位置，以至于他将政治看作真理的进程之一。巴迪欧从根本上批判资本主义，这源于他对资本主义的深刻认知，他认为具有强制性的资本主义是如今世界的真实。虽然巴迪欧始终站在共产主义的阵营，但是他也不得不承认，帝国主义在西方世界仍然占据着统治地位。这个统治地位目前不可撼动，因此，人们被迫接受这样的事实：即便资本主义已走向终结，即便在该制度下的种种社会矛盾日趋尖锐，资本主义仍然是西方世界目前唯一可能的制度。

然而，值得注意的是，资本主义只是真实的一种形式。这就意味着人们可以对其施加影响，从而将不可能的真实转化为某种可能性。这类尝试在人类历史上以政治实验的形式展开，从古代社会到现代社会，从东方到西方，人类始终在探索位于不可能之上的道路。将不可能转化为可能性，这对于巴迪欧来说无疑是一个"事件"（événement），而这个事件的定义就是"在法则上为不可能的某物忽然成为可能"①。

除了诸多政治实验，巴迪欧在另一个领域也注意到了不可能的可能性，这个领域便是当代艺术。他在《当代艺术的十五个论题》②中阐明了当代艺术的真实内容，即"一切皆有可能，并且一切皆不可能"。徘徊在可能与不可能之间的艺术究竟如何抉择？巴迪欧在该文中认为，当代艺术创作的"真实功能就在于说出某些东西的可能性，在于创造一种新的可能性"。诚然，当代艺术在不断前进，不断推陈出新，不断制造产品，然而，我们在用严肃目光审视当代艺术之前，首先需要了解两个概念："作品"和"创新"。

巴迪欧在《真理的内在性：存在与事件3》中明确地定义了"作品"，并且将其与另一个概念对立起来：

> 我把位于有限性范畴之中，并作为系统无限性发展的消极方面的事物称为"垃圾"（déchet）。抑或："垃圾"是除了遵守显现于其中的

---

① 参见阿兰·巴迪欧2013年11月15日在《法国文化》（France Culture）广播台 Hors-Champs 栏目名为《将无能提升为不可能》（Elever l'impuissance à l'impossible）的采访。

② https://www.lacan.com/frameXXIII7.htm

世界的法则，并无其他存在形象的多（multiples）的实存模式。参照第二部分，我们还可以说：垃圾就是所有显曝于具有压迫性质之覆盖（recouvrement）的物；作品就是所有触及绝对属性并摆脱了覆盖效力之物。①

根据这一定义，"作品"的范围被大大地缩减了。面对当代艺术种类繁多的产品时，我们应该首先辨别出那些只是单纯重复前人的"垃圾"，将它们从艺术的范畴中筛除，并试图保留那些同时具有多样性与无限性的作品，因为只有这些真正的"作品"才能够为当代艺术带来一次又一次的创新，而创新就是创造新的可能性，把不可能转化为可能。正是在这个意义上，政治与艺术密不可分：两者都在探索新的可能性，艺术问题同时也是一个政治问题，因为两者都与自由关联。

巴迪欧曾把从不可能向可能的过渡称作"唯一真正的自由操演（exercice）"②，由此可见，无论是政治还是艺术，其真实内容都包含着自由向度。这里所说的自由并非帝国主义秩序下的自由，而是与其完全决裂的自由。巴迪欧这样写道：

　　我们可以如此描述类似于因艺术而定义的自由，它既是思想的，又是物质的，就像处在逻辑框架之中的共产主义，因为没有逻辑框架就没有自由，如同一个新的开端，一种新的可能性，一次新的决裂，最终类似于一个新的世界，一道新的光亮，一座新的星系。(《当代艺术的十五个论题》)

艺术新世界的自由与政治一同为人类提供可能性，这是因为艺术具有政治性。然而，这种共存的情景不仅仅停留在艺术与政治的关系上，它同时也是艺术本身的问题。在巴迪欧看来，新世界的艺术在于"反对全球化带来的抽象普遍性"。这便要求艺术"创造出和世界的新的感性关联"(《当代艺术的十五个论题》)，正因为如此，它进入了真理的层面：艺术作为真实的可能性创造着真理。巴迪欧在《真理的内在性：存在与事件 3》一书中分析了奥利维耶·梅西安（Olivier Messiaen）的作品《黑喜鹊》(*Le Merle*

---

① BADIOU, Alain, L'Immanence des Vérités. L'être et l'événement 3, Paris: Fayard, 2018, p. 511.
② 参见阿兰·巴迪欧 2013 年 11 月 15 日在《法国文化》(France Culture) 广播台 Hors-Champs 栏目名为《将无能提升为不可能》(Elever l'impuissance à l'impossible) 的采访。

noir），他如是评价这支曲子带有模仿性质的结尾：“模仿黑喜鹊，我们实际上并不能以一部作品的形式来实现这一点。我们没有能力。但我们能做到的是：创造模仿黑喜鹊的绝对理念。”[1]梅西安的《黑喜鹊》在巴迪欧的艺术理论中并不是一次基于感性材料的临摹，而是“理念自身在感性世界中的事件”（《当代艺术的十五个论题》），即艺术的真理。

三、无限的可能

无限问题在巴迪欧的哲学中占据着不可忽视的位置，自《存在与事件》（尤其是第三部分）以来，无限问题便成为自然多元性（multiplicité naturelle）的表现，《真理的内在性：存在与事件 3》更是在《存在与事件》的基础上将无限性作为追寻真实的核心。然而，事物的无限性并非始终展露在人们面前，甚至，“一个关于有限性的十分严格的意见——至少它目前在西方世界仍占统治地位——认为，我们以某种方式考虑的人类可缩减为有限的参数”[2]。由此可见，事物的无限性总是受制于有限性，因此，如何辨别有限性与无限性就成了巴迪欧接近真实的第一步，只有如此，我们才能证明无限性从根本上区别于有限性，从而摆脱相对主义（relativisme）的束缚。

1. 从有限到无限

《真理的内在性：存在与事件 3》根据时间维度区别了两类有限性，即有限性的古典形式以及有限性的现代性。巴迪欧将前者产生的原因归结为对无限性内在性的抑制（oppression），并且提出了抑制现身的四种主要方式：宗教的抑制、国家的抑制、经济的抑制以及哲学的抑制。这种抑制是如何阻碍无限性获得内在性，并因此影响其达到真正的解放呢？巴迪欧对此作了如下诠释：

> 若我们追求的目标的本性是抑制，两种无限性的运作则通常以这样的方式呈现：第一种无限性是超越的、不可触及的、无法接近的，而第二种无限性的存在则因第一种无限性假定的力量而成为对实存的禁止。有限性是对潜在地具有内在性质的无限性类型（第二种无限性）

---

[1] BADIOU, Alain, L'Immanence des Vérités. L'être et l'événement 3, op. cit., p. 559.
[2] Ibid., p. 23.

的压迫的消极结果，也就是垃圾，而这一压迫是通过另一无限性类型（第一种无限性）实现的，此类型被认为是分离的，也就是说，它的实存中并没有内在性的呈现。①

这种抑制的结果经常以相对主义的形式出现，相对主义始终认为作品（无限性）与垃圾（有限性）之间的差异并非绝对的，于是便采取将那些不入流的产品纳入一个更大的范畴的策略，试图为这些产品正名。相对主义的结论是，伟大的作品与其他产品同在一个文化装置当中，因此两者在这一前提下都同时具有价值，好坏只是相对的。

作为有限性最显著形式的相对主义又是如何阻碍我们接近真实的呢？

首先，相对主义否认真理的绝对性。相对主义认为真理只是相对的真理，然而，相对主义者的矛盾之处在于他们不得不承认相对性的普遍存在，否则就间接否认了相对性。但问题就在于，一旦承认了这一点，便意味着承认了相对性的绝对真实。巴迪欧在为甘当·梅亚苏（Quentin Meillassoux）《无限性之后：论偶然性的必然性》一书所作的序言中提到了梅亚苏的一个论证："只有一件事是绝对必然的，即自然法则都应是偶然的。"②《真理的内在性：存在与事件 3》在此基础上对其进行补充，从而有了如下变式："除了偶然性是必然的，自然法则不带来任何必然性。"③梅亚苏以此为基础，透过标志其哲学转折的"实际性"（facticité）原则，在关系主义（corrélationisme）中进行了一系列的论证，最终得出了绝对真理可能存在的结论。对于巴迪欧而言，绝对真理就是纯粹多元性，而相对主义却不能认识到在世之中的多元客体，因为它仅仅通过已存在的参数认识世界。

同时，巴迪欧也将纯粹多元性理论描述为存在的可能形式（les formes possibles de l'être），并且强调是"真实现象的形式，意即这个现象之所是的形式"④，在这个意义上，真理同真实紧密地联系在一起。相对主义的症结实际上在于它不能够如其所是地确定现象的真实，更不能够思考无限性与有限性之间的根本差异。

此外，有限性在现代社会也获得了某种"新"形式，巴迪欧称之为"覆

---

① Ibid., p. 77.

② MEILLASSOUX, Quentin, Après la finitude. Essai sur la nécessité de la contingence, Paris: Editions du Seuil, 2006, p. 10.

③ BADIOU, Alain, L'Immanence des Vérités. L'être et l'événement 3, op. cit., p. 64.

④ Ibid., p. 41.

盖"（recouvrement），其定义是：

> 对在某种情境下具有无限潜在性的所有定位的遏制，而占统治地位的权力将这种情境强制规定在有限法则之下。遏制的产生并非通过对潜在性直接且对立的否认而实现，而是通过截取自位于初始情境中的有限力量的动机而实现，有限力量覆盖无限性的所有假设，并使之难以辨认。①

不同于抑制，覆盖并非将否定作为强制性，从而限制事物通向无限，例如宗教抑制中的谦卑，国家抑制中的权力，以及经济抑制中的市场。覆盖意在消解新生事物的力量，也就是说，利用业已存在的陈词滥调（这是覆盖最明显的实现方式，即词汇与修辞）分析新生事物。其目的不言而喻，就是将含有无限性质的新生事物尽可能地转化为俗成的宣传，而不顾新生事物真正的内容。有限性的现代性——以"覆盖"为名——善于掩盖和粉饰，过时的形象似乎如今拥有了新的范例，但是，这正是覆盖的要求，因为在它看来，非智识性才是无限性的归宿。

然而，这一切并不是说有限性完全不能通达无限性。巴迪欧在塞缪尔·贝克特（Samuel Beckett）晚期的诗歌中找到了揭开覆盖之物的真正的诗性语言。巴迪欧认为，贝克特作品中的否定性并非指向虚无、绝望、生活的无意义，而是透过否定性揭露覆盖真实之物："它（否定性）只是在占据主导地位的意识形态与在其间展开的日常生活中猛烈地揭露覆盖真实的无限之物，这种覆盖就像是铺在虚假意义上的一张软地毯。"②贝克特的否定性一般在语言中展现，更确切地说，通过其特殊的言说方式（le dire）显露自身。贝克特诗歌中全新的言说方式——例如，其在 1988 年 10 月 29 日所写的法语诗《怎么说呢》（*Comment dire*）中创造的疯狂的语言——实际上意在超越语言的平常状态（被交付给覆盖），进而抵达语言的真实。

2. 无限的可能

巴迪欧把集合论（théorie des ensembles）归结为多元性理论，并且特别强调了多元性的可能形式（les formes possibles）。提出这些可能形式并非没有意义，而是"意味着数学思考的形式是能够完美地找到'真实的'

---

① Ibid., p. 223.
② Ibid., p. 231.

实现方式（我们通常所说的'具体的'实现方式），也就是说：在确定世界中能够被定位的"[1]。巴迪欧的这一观点从本体论上确定了可能的存在及其绝对性，同时，也将其与无限性紧密地联系在一起，因为实际上，可能的形式是否存在正是区分有限性与无限性的关键。V[2]就是集合论实现无限的可能的场所。

数学本体论为无限的可能提供了理论上的支撑，而在确定世界中，无限的可能以作品的形式作为其实现的方式。巴迪欧将作品分为两大类：第一类是根据客体而规定的，其中包括艺术与科学；第二类是根据生成（le devenir）而规定的，其中包括爱与政治。而作品的实现离不开语言，具有无限性的作品自然就会要求一个脱离了强制话语的无限的语言。那么，无限的语言对于巴迪欧来说又是如何成为可能的呢？以创造为内在特征的诗性语言在其哲学中究竟占据着怎样的位置呢？

我们在上文中已经提及实现覆盖最明显的方式，即通过词汇和修辞。换言之，具有强制性的语言是有限性得以对事物持续施加影响的关键。巴迪欧指出了有限语言最显著的特点："如果一个集合中的所有元素都是可定义的（définissables），也就是说，它们位于占支配地位的语言之中，以带有汇编性质的语言形式出现且为众人熟知，那么，我们就可以说这个集合是有限的。"[3]由此可见，有限语言的特点就是它的可定义性。

可定义性要求语言汇聚至一个共同的、给定的、可规造的（constructible）地点，在其中，"新"词汇将不断诞生，但最终都不会有所生成。在这一点上，巴迪欧与德勒兹，甚至与德里达一致，他们都认为语言能够拓展世界的边界，但首先，语言本身必须是无限的、能够生成新事物的、最终有创造力的。从这个观点出发，巴迪欧认为我们应该跨越强制话语，找寻一种无限的语言，即"不从给定的可规造之物出发而获得定义的多元性创造"[4]。这就是巴迪欧在不同著作中多次提到贝克特的原因，因为后者的语言是无法命名的。

---

[1] Ibid., p. 40.

[2] V 这一符号在巴迪欧的数学本体论中代表绝对全集。在《真理的内在性》中，作者是这样界定 V 的："我们约定俗成地把 V，字母 V，称为所有能够使关于多元性本身的命题生效的场所，我们可以说 V 形式化了真空、空集以及真理。"参见：BADIOU, Alain, L'Immanence des Vérités. L'être et l'événement 3, op. cit., p. 40.

[3] Ibid., p. 237.

[4] Ibid., p. 242.

　　诗性语言一直都是哲学接近真实的最佳途径，尤其是在"形而上学的终结"之后，海德格尔曾试图在诗性语言中寻找存在的踪迹。如果回到巴迪欧"三部曲"的第一部《存在与事件》，我们能够看到巴迪欧在一定程度上对海德格尔诗学本体论的认可："我称这种类型的本体论为诗学本体论，它始终被在场的消散与根源的消失萦绕。从巴门尼德一直到勒内·夏尔，这期间还有荷尔德林与特拉克尔，我们知道诗人在海德格尔的阐释中所扮演的角色是什么。"①然而，巴迪欧并未沿着海德格尔诗学本体论的道路揭示诗性语言中的真实，而是诉诸无限性的概念。这也是巴迪欧在《追寻消失的真实》中分析帕索里尼的诗歌《葛兰西的骨灰》时为我们展现的道路："所有伟大的诗篇都是从根本上与真实对抗的语言场所。一首诗逼迫语言处在一个不可说的真实点上。"②言说语言不可言说之物是诗歌独有的创造力，而不可言说是因为诗歌正在尝试为仍处在未知状态的新事物命名，这个时刻就是诗性语言无限接近真实、将不可言说转化为无限趋近可能的话语的时刻。

　　让我们回到那个不知如何言说的贝克特。他终其一生都在语言中流浪，在双重声音（英语与法语）中一次次尝试，一次次失败。然而，巴迪欧却在他的流浪（errance）中看到了无限的可能："一切无限性都需要流浪。"③

　　3. 真理的迷误？

　　若上溯至法语 errance 一词的词源，我们会发现该词有两个可能的词源：①iterare（中古拉丁语，意为旅行，尤其指骑士从一个国家到另一个国家的冒险旅行）；②errare（中古拉丁语）。根据《利特雷词典》（*Le Littré*）的解释，第二个词源可有两种含义：①在冒险中无目的地到处走；②犯错，持有一个错误的观点。根据该词的不同含义，我们可以作出如下的结论：errance 一词同时具有经验维度上的含义（冒险旅行）——这也是中文将该词普遍译作"流浪""游荡"等的原因——以及真理维度上的含义（迷误）。我们在此提及该词，首先是因为巴迪欧此前在分析贝克特的诗歌时将它与无限性联系起来，更重要的是因为它通常被认为是追寻真理的道路上的阻碍物。

　　海德格尔在《论真理的本质》一文中提出了非真理（Un-wahrheit）的

---

① BADIOU, Alain, L'Etre et l'événement, Paris: Editions du Seuil, 1988, p. 16.

② 阿兰·巴迪欧，《追寻消失的真实》，宋德超译，南宁：广西人民出版社，第 45 页。

③ BADIOU, Alain, L'Immanence des Vérités. L'être et l'événement 3, op. cit., p. 236.

概念，并把迷误同遮蔽一道作为产生非真理的缘由："迷误是原初的真理之本质的本质性的反本质。迷误公开自身为本质性真理的每一个对立面的敞开领域。迷误（Irre）乃错误（Irrtum）的敞开之所和根据。"①然而，迷误并非完全是人在解蔽时所犯下的错误（对真理的遮蔽），它能够为人敞开某种可能性："这是一种能够从绽出之生存中获得的可能性，那就是：人通过经验迷误本身，并且在此之在的神秘那里不出差错，人就可能不让自己误入歧途。"②因此，不同于因存在之遗忘而产生的遮蔽，迷误总是以某种方式已经处在解蔽的过程之中了。然而，这一追问过程指向真理的本质中更加原初的状态，人却无法把握不断涌现的存在者及其整体，才会陷入迷误之中。海德格尔所谓的真理的本质之中的原初状态便是深邃的自由（Abgrund der Freiheit），它只能位于自由的起始处，是处在敞开领域的原初自由。总之，在海德格尔那里，迷误是始终指向此在之敞开状态的。

德里达无疑是在海德格尔的深刻影响下才于 1968 年提出了"延异"（différance）的思想，他将延异描述为一种冒险，因为"它最终是没有最终性的策略，我们可以称之为盲目的策略，经验的迷误（errance）"③。德里达在此处似乎抛弃了真理，因此延异的本质并不存在。延异并不探寻真理的迷误，它处在所有存在之思的外部，进而在语言的外部为思想打开无限的可能性。德里达在《延异》的结束部分所提出的问题也是其最好的答案："延异之'非'（dis-）难道不是把我们遣送至存在之历史的外部，直至我们的语言之外部以及一切能够在语言中被命名之物的外部吗？它难道不是在存在之语言中召唤一种全然不同的语言对这一语言施加一种必然暴力的改造吗？"④

巴迪欧似乎处在海德格尔与德里达之间，他相信迷误始终指向真理，而非真理的对面，但他也接受德里达从解构语言出发而获得无限性的道路。

巴迪欧在《追寻消失的真实》中为我们讲述了葛兰西的生平：一位处在"三重流放"（国家的、社会的、阶级的流放）之中的异乡人。在历史上（当然也包括语言的历史），流放（exil）是流浪（errance）最常见的形式。早在《旧约》中，该隐（Caïn）就因为杀死了兄弟亚伯（Abel）而被上帝

---

① 海德格尔，《海德格尔选集》，孙周兴选编，上海：上海三联书店，第 230 页。
② 海德格尔，《海德格尔选集》，孙周兴选编，上海：上海三联书店，第 231 页。
③ DERRIDA, Jacques, Marges de la philosophie, Paris: Les Editions de Minuit, 1972, p. 7.
④ Ibid., p. 26.

惩戒，成了第一位被流放者，从此在大地上流浪。帕索里尼用诗歌向葛兰西致敬，同时也被生活的消散、历史的崩塌撕裂。在葛兰西的三重流放中，帕索里尼认识到生活的迷失和诚实的信仰的缺失，而不论是生活的迷失还是诚实的信仰的缺失，都是真理的缺失，因为在此处，"真理这个词能够代替'真实'这个词的出现。当帕索里尼谈到诚实的信仰的缺失时，他并非意指通常意义上的信仰。'诚实的信仰'仅仅表示对于可能的真理的信念"①。

我们似乎可以说，我们同帕索里尼一道，都处在某种双重的流放之中：首先是为了追寻消失的真实而进行的激情的冒险旅程，其次是面对真理时因迷误而踟蹰不前。然而，这一切并非完全被否定性占据，冒险与迷误实际上具有强大的肯定性的力量，因为它们是无限可能的要求。

[本文摘自阿兰·巴迪欧：《追寻消失的真实》，宋德超译，南宁：广西人民出版社，2020年（内容有删改）]

---

① 阿兰·巴迪欧，《追寻消失的真实》，宋德超译，南宁：广西人民出版社，第60页。